APAGANDO O LAMPIÃO

VIDA E MORTE DO REI DO CANGAÇO

Frederico Pernambucano de Mello

APAGANDO O LAMPIÃO

VIDA E MORTE DO REI DO CANGAÇO

global
editora

© Frederico Pernambucano de Mello, 2018

1ª Edição, Global Editora, São Paulo 2018
4ª Reimpressão, 2022

Jefferson L. Alves – diretor editorial
Gustavo Henrique Tuna – editor assistente
Flávio Samuel – gerente de produção
Jefferson Campos – assistente de produção
Erika Nakahata – assistente editorial
Ana Lúcia Santana – revisão
Lauro Cabral de Oliveira Leite – foto de capa
Victor Burton – capa

CIP-BRASIL. CATALOGAÇÃO NA PUBLICAÇÃO
SINDICATO NACIONAL DOS EDITORES DE LIVROS, RJ

M478a

    Mello, Frederico Pernambucano de
        Apagando o Lampião : vida e morte do rei do cangaço /
Frederico Pernambucano de Mello. – 1. ed. – São Paulo :
Global, 2018.

    400 p. ; 23 cm.

    ISBN 978-85-260-2455-7

    1. Lampião, 1900-1938. 2. Cangaceiros – Biografia. I. Título.

18-53594   CDD: 920.93641066
                               CDU: 929:343.919

Índices para catálogo sistemático:
Meri Gleice Rodrigues de Souza – Bibliotecária – CRB-7/6439

Obra atualizada conforme o
NOVO ACORDO ORTOGRÁFICO DA LÍNGUA PORTUGUESA

global
editora

Global Editora e Distribuidora Ltda.
Rua Pirapitingui, 111 — Liberdade
CEP 01508-020 — São Paulo — SP
Tel.: (11) 3277-7999
e-mail: global@globaleditora.com.br

globaleditora.com.br   @globaleditora
/globaleditora   @globaleditora
/globaleditora   /globaleditora
blog.grupoeditorialglobal.com.br

Direitos reservados.
Colabore com a produção científica e cultural.
Proibida a reprodução total ou parcial desta
obra sem a autorização do editor.

Nº de Catálogo: **4387**

APAGANDO O LAMPIÃO
VIDA E MORTE DO REI DO CANGAÇO

SUMÁRIO

Introdução 9

    1. Oitenta anos depois 27

    2. Retrato do rei com alfaias 43

    3. Palco e tradição da "vida da espingarda" 55

    4. Um reino na gangorra 67

    5. O capanga da legalidade 107

    6. A serra e o tigre 125

    7. Maria Bonita e o sonho baiano 139

    8. Comando da morte 185

    9. Campanha militar e crise social 197

    10. Ouro de Minas 217

    11. A flor do pereiro 231

    12. O preá na macambira 247

    13. Por quem os sinos não dobraram 295

Apêndice 307

Fontes 323

Introdução

Há quatro coisas no mundo
Que alegra um cabra-macho:
Dinheiro e moça bonita,
Cavalo estradeiro-baixo,
Clavinote e cartucheira
Pra quem anda no cangaço.

José Rodrigues de Carvalho,
Cancioneiro do Norte, Fortaleza, 1903.

São cabras do couro duro,
Onde bala bate e amassa,
Punhal enverga e não rompe,
Chuço quebra e não traspassa:
Com indivíduos assim,
Nem o diabo quer graça...

Leandro Gomes de Barros,
Canção de Santa Cruz, 1912.

Desde o princípio do mundo
Que há homem valentão,
Um Golias, um Davi,
Carlos Magno, um Roldão,
Um Oliveiro, um Joab,
Um Josué, um Sansão.

Manuel Clementino Leite, em cantoria com José Patrício,
s. d., apud Pedro Baptista, *Cangaceiros do Nordeste*, Paraíba, 1929.

A edição de 28 de junho de 1938 da *Gazeta de Alagoas*, jornal de proa que Maceió possuía à época e ainda possui, dava notícia de cantoria de viola ocorrida em casa de Theo Brandão, liderança intelectual de cidade que se destacava nesse plano, entre as capitais brasileiras, havia muitas décadas. Residiam ou tinham residido ali, por motivos diversos, ninguém menos que José Lins do Rego e Rachel de Queiroz, a animar tertúlias com a inteligência da terra, que não ficava a dever aos adventícios, por nomes do porte de um Graciliano Ramos, um Jorge de Lima, um Valdemar Cavalcanti, um Pontes de Miranda, uma Nise da Silveira e dos que veremos logo adiante, presentes à cantoria.

No centro da festa regional, o poeta e repentista Manoel Neném, nome artístico de Manoel Floriano Ferreira – melhor dizer Fuloriano, atendendo à prosódia regional – nascido em Bom Conselho de Papacaça, Pernambuco, mas radicado desde novo em Viçosa, Alagoas, onde vem a despertar para as belezas de sua arte. Talvez por isso, sempre se declarou viçosense.

A frequência à casa de Brandão depõe em favor da qualidade de quem era considerado "o melhor cantador do sertão alagoano", como o apresenta a folha. Que diz ter o poeta "versejado por três horas, fazendo louvores aos presentes, cantando a vida de Lampião, improvisando uma interessante história do mundo, compondo 'martelos' sobre os cavalheiros e senhoras que o ouviam, oferecendo, assim, oportunidade a todos de conhecerem a poesia sertaneja em sua rusticidade e beleza". Entusiasmado, o jornalista arremata o registro com palavras de José Maria de Mello, para quem o menestrel não era menos que um "documento vivo do nosso folclore, verdadeiro patrimônio poético de nossas fontes populares".

Até a meia-noite, ouviram-se os aplausos de José Aloísio Brandão Villela, que tomara a iniciativa de trazer o poeta de Viçosa, de Eloy e de Manoel Brandão, do padre Diégues Neto, de Jacques Azevedo, de Nominando Maia Gomes, de Freitas Cavalcanti, de Humberto Bastos, de Aurélio Buarque de Holanda Ferreira, de Olympio de Almeida, de Joaquim e de Manuel Diégues Júnior. Uma academia de letras ocupava as cadeiras em casa de Brandão.

O curioso desse registro é a legenda de Lampião ter-se feito presente à sala de visitas de tantos intelectuais de prestígio, sublimada em tema de cantoria, quando o próprio cangaceiro ainda campeava livre de canga e corda pelo sertão, zombando da lei como de costume, e quando nem bem tinham-se passado dois meses de uma de suas mais impiedosas incursões de rapina pelo estado de Alagoas, o bando tendo vasculhado as algibeiras magras e gordas das populações de parte da mata, do agreste e de alguns municípios sertanejos do estado, varando o território, de sul a norte, até entrar em Pernambuco, olhos de cobiça sobre o apurado da cana--de-açúcar, do fumo e da pata do boi. Ao que a imprensa regional abrira manchete em uníssono, como se combinada entre chefes de redação: "Reaparece o Terror dos Sertões do Nordeste". Nada menos. Assunto favorito das páginas policiais.

A conclusão se impõe: passados mais de vinte anos de vida no cangaço, depois de dominar pelo terror porções relevantes de sete estados da Federação, Lampião estava mais para mito do que para personagem de crônica policial naquele 27 de junho de 1938, data em que se verificou a cantoria de Manoel Neném. Relutava em se prender às páginas de crime dos jornais. Morreria no final do mês seguinte e sua morte encarnaria alguma coisa muito maior do que a destruição de um bandido famoso.

Do modo como a Guerra de Canudos, de 1897, significou para o Nordeste rural muito mais do que o 1889, de Deodoro da Fonseca, como porta de entrada na modernidade republicana – por boa ou má que tenha sido esta – a morte de Lampião, de sua mulher e de nove de seus auxiliares na Grota do Angico, a 28 de julho de 1938, com a decretação do final do cangaço nos dois anos que se seguiriam, veio a cristalizar-se em marco da extinção tardia da República Velha em nossos sertões. Porção de Brasil onde o movimento revolucionário de 1930 não representou muito aos olhos do residente da caatinga.

O desmoronamento do bando de Lampião, aliado ao extermínio, também à bala, do foco de religiosidade popular de Pau de Colher, em Riacho da Casa Nova, Bahia, em dias de janeiro do mesmo ano de 1938, ergue-se como virada de página autêntica na existência do homem do campo de nossa região. Mudanças perceptíveis para além do círculo da elite. Condicionantes de futuros a se abrirem à frente, doravante. Diante destas, a retórica de cartão-postal do Estado Novo, de Getúlio Vargas, levantaria brindes à superação final dos "estadualismos anacrônicos porventura ainda vicejantes nas periferias do Brasil". Pois que se eliminavam, passados apenas sete meses do Golpe de Estado de 10 de novembro de 1937, os dois cânceres que corroíam o Nordeste profundo, na visão do regime novo em folha: o "fanatismo religioso" e o "banditismo rural", para não fugir aos conceitos então em voga no papelório oficial, tendenciosos a mais não poder. Eis a modernidade do Estado Novo, brandida a dente de cachorro pelo positivismo castilhista de Vargas.

A morte de Lampião, estrondando mundo afora pela imprensa do Rio de Janeiro, de São Paulo, de Buenos Aires, de Nova York e até mesmo de Paris, para não falar das ondas curtas da Rádio Nacional, do Rio de Janeiro, jogando para toda a América do Sul os comentários vivos sobre o acontecimento, responderá por nova cantoria. Mais uma. Pela segunda vez, Manoel Neném é retirado de Viçosa e trazido para a capital por seu protetor, José Aloísio Villela, para espetáculo ainda maior, presentes os mesmos fãs maceioenses da festa anterior, cada qual trazendo agora pelo braço um curioso a mais, a se mesclarem, os da terra, com os repórteres de jornais do Sudeste que tinham tomado a cidade de assalto em busca de notícias para suas reportagens especiais sobre o acontecimento do Angico.

A novidade ficava por conta do imperativo de fazer justiça à façanha gigantesca da polícia de Alagoas, que levara as corporações congêneres de todos os demais estados do Nordeste a mergulhar em frustração mal disfarçada, à frente Pernambuco, Paraíba e Bahia, os mais atingidos pelas tropelias de um Rei do Cangaço agora sem coroa, sem bando e sem cabeça. O caso de Pernambuco chegava a ser doloroso, diante de um passivo de duas décadas de luta, ao preço de dezenas de vidas sacrificadas e de milhares de contos de réis despendidos na campanha.

Cantoria iniciada, impõe-se enaltecer o valor guerreiro da vítima e aquilatar esse mérito indiscutível quando posto em cotejo com a orientação moral dada pelo cangaceiro à sua existência, tudo confluindo para o propósito que se apossava de todos: o de consagrar as armas alagoanas com maior propriedade. Vem o mote, apregoado por Villela para toda a sala: "Apagaram o Lampião". O bardo de Viçosa não decepciona. Os repentes vão saindo com a espontaneidade que lhe era própria, o copista pelejando para prender tudo no papel:

> De muitos anos atrás
> Que o nosso sertão sofria
> De uma fera bravia
> Com os seus leões: voraz!
> Tirou do sertão a paz,
> Plantou a conflagração,
> Estragou todo o sertão
> Essa fera horrenda e bruta,
> Com vinte anos de luta,
> Apagaram o Lampião...

O Lampião se acendeu,
Todo o sertão pegou fogo,
Outro mais terrível jogo
Nunca houve igual ao seu.
Dizem que agora morreu
Pro bem da população,
Findou-se aquele dragão,
Pela força alagoana,
Graças à mão soberana,
Apagaram o Lampião.

Chegou muito telegrama,
Contando esse ocorrido,
Que Lampião, com os bandidos,
Perderam a vida e a fama.
Acabou-se a cruel chama,
Findou-se a conspiração,
Haja festa no sertão,
Dê vivas toda pessoa,
Que a polícia de Alagoas
Apagou o Lampião.

Lá no estado de Sergipe,
Ele sempre se escondia,
Mas, quando Deus quer, um dia,
Não há mal que não dissipe.
Quem souber, me participe
Como apagaram o vulcão,
Se foi Deus, com sua mão,
Que mandou a trovoada,
Com uma chuva de rajada,
Apagar o Lampião.

Eu agora estou ciente
Que isso por Deus foi mandado:
Anjos, em vez de soldados,
Um santo, em vez de um tenente,
Agarraram ele de frente
Sem ter dele compaixão,
Com raio, corisco e trovão,
Fuzilaria e rajada,
Nessa horrenda trovoada,
Apagaram o Lampião.

> Nunca mais há de acender
> O tal Lampião falado,
> Na capital do estado,
> Sua cabeça se vê,
> Pro Governo conhecer,
> Sua terrível feição
> E dizer: este é o dragão,
> Forte, cruel e valente,
> Porém, mandei minha gente
> E apagaram o Lampião!

O mote desdobrava título de artigo de Bastos Tigre, nome de guerra de Manoel Bastos Tigre, publicitário premiado, satírico incorrigível, poeta, compositor, humorista e filósofo do cotidiano, reproduzido na imprensa de todo o país, na virada de julho para agosto de 1938 – nossa fonte sendo o diário *O Imparcial*, de Salvador, Bahia, edição de 2 de agosto, para quem desejar ler o escrito por inteiro – em que o precursor de Millôr Fernandes alertava os nordestinos para os malefícios que estariam por se abater sobre a região, em decorrência de estar chovendo na caatinga e de Lampião ter sido morto. Bem ao seu estilo, fechava o artigo "Apagou-se Lampião" com palavras de denúncia sobre duas reivindicações que vinham expondo cronicamente o Nordeste à censura da opinião pública nacional, em vista da recorrência com que eram brandidas sobre o país, apontadas pelo articulista como pés de cabra para arrancar verbas públicas: a "indústria da seca" e a "indústria do cangaço".

"Para o Brasil, o banditismo e a seca são males necessários", abria Tigre, sem esconder a que vinha. "Ai do sertão se os dois fenômenos desaparecessem totalmente!", aumentava o mistério, esclarecendo com uma pergunta: "Sem seca para combater e sem bandidos a perseguir, quem se lembraria nas capitais de que o sertão existe?". Vinha a ilustração: "Como esses mendigos de porta de igreja, que 'cultivam' a chaga da perna para que não feche, assim deve o sertão cultivar a seca e alimentar discretamente o cangaço, porque eles é que lembrarão às gentes do litoral a necessidade de tocar para o oeste a locomotiva civilizadora". A carga maior de ironia ficava reservada para o fecho do artigo, à guisa de advertência: "Chove no Nordeste e foi morto Lampião, vocês, sertanejos, precisam tomar as providências: as coisas não vão indo bem...".

O livro que se vai ler é estudo que nos tomou muitos anos sobre a morte de Lampião, porventura o assunto mais controvertido da história do cangaço, com uma dezena de publicações a respeito. Escritos valiosos, na maioria, mas que deixam em aberto boa parte do complexo de causas sociais, econômicas, políticas e até tecnológicas que confluíram para o desfecho de 1938. A deficiência provindo, em dose maior, da ideia entranhada na região de que todos os acontecimentos do cangaço possam encontrar explicação bastante no próprio universo sertanejo. Suficientismo de vistas baixas que nos remete para o caso do historiador que malha em ferro frio sobre a história do Brasil por não conhecer a de Portugal.

Cada tópico do episódio que ecoou mundo afora se abre em armadilha para o pesquisador, a ponto de nos trazer à mente verso com que outro repentista extraordinário, Pinto do Monteiro, converteu a si mesmo na imagem do perigo, fazendo uso de cores bem sertanejas:

> Eu sou um pé de cardeiro
> Na beirada do riacho,
> Com um arapuá por cima
> E um rolo de cobra embaixo,
> Um mangangá se arranchando:
> Só vem a mim quem for macho!

O quadro é preciso nas tintas. Reproduzi-lo aqui vale por homenagem deliberada do autor deste livro àqueles que se debruçaram sobre o tema com a coragem de enfrentar-lhe a complexidade, arrostando paixões que se inflamam a cada ano decorrido do acontecimento. Paixões que, longe de arrefecer, parecem cristalizar-se em desafio permanente, convertendo o tema em campo minado. A despeito do comentário, tivemos o cuidado de não fazer tábua rasa de nenhuma dessas fontes escritas, do que dá prova a bibliografia ao final. A todas analisamos demoradamente. Demora de anos. As obras que chegaram ao "cardeiro" e as que deste sequer se aproximaram.

Não nos surpreendem as dificuldades enfrentadas por seus autores. Afinal, debruçaram-se sobre um mito em vida, que a morte não fez senão ampliar. Dos mais completos exemplos do processo psicológico de sublimação de perfil humano que o Brasil pôde ver em sua história, esse de Lampião.

Nos anos 1930 – para sair do abstrato – pululuraram "lampiões" por todo o Brasil e até mesmo no estrangeiro. O cognome arrebentando o substantivo próprio, dilatando-o em comum e o convertendo em sinônimo perfeito de salteador rural.

Sob a manchete "O Lampião de São Paulo", o *Diário de Pernambuco* de 24 de agosto de 1935 ocupava-se de certo Aníbal Vieira, "que acaba de escapar de cerco na fazenda Nova Granada", esclarecendo que o bandoleiro assim conhecido "costuma atuar no município de Olímpia, à frente de um grupo de cangaceiros".

O mesmo jornal, a 30 de março de 1937, abre a manchete "Morto o Lampião capixaba", dando conta de ter sido eliminado em Colatina, por força volante comandada pelo tenente Maia, o "conhecido chefe de facínoras Levindo Neto", tombando a uma "rajada de metralhadora".

No mês seguinte, a 13, a revista nacional *A Noite Ilustrada*, do Rio de Janeiro, registrava a morte em combate de José Queiroz de Quadros, ou José da Cunha, ou José Polaio, que se intitulava o "Lampião do Paraná, mais feroz e mais temido de que o Capitão Virgulino, o autêntico Lampião". E não se tratava de aparição recente. "Há muito tempo, várias cidades do estado do Paraná viviam alarmadas com as tropelias de quem, em suas andanças, zombava da polícia que, por mais esforços que envidasse, não conseguia prendê-lo".

Em maio de 1939, a 19 do mês, tombava em combate o "Lampião do Mato Grosso", Silvino Jacques, famigerado pelos saques e crimes de sangue com que mantinha em polvorosa os municípios derredor de Bela Vista, na fronteira com o Paraguai, havia dez anos. O jornal *A Tarde*, de Salvador, resenhava o episódio final na edição de 29.

Por fim, o caso trazido pelo jornal *Correio de Aracaju*, de 11 de julho desse mesmo 1939, sob a manchete "O fascínio da antonomásia de Lampião", em que se relatam os passos mais recentes do "Lampião de Portugal", que agia no município de Faro, "trazendo em polvorosa as freguesias montanhosas de Alvim, Adruelas e Salgueiros". Mencionando os estados do Rio Grande do Sul, de São Paulo e do Mato Grosso, a folha fechava a matéria sustentando que "apareceram outros bandidos que, com grande orgulho e garbo, se deram também a antonomásia de Lampião", restando claro que o célebre cangaceiro "criou discípulos e êmulos até no estrangeiro".

Como nos pareceu adequado, o ponto de partida do trabalho atual foi a biografia compacta *Quem foi Lampião*, que publicamos em Zurique, Suíça, em 1993, e que chegou a uma terceira edição, esgotada há alguns anos. Eis aí um dos motivos do aproveitamento. No plano do testemunho de época, trazendo novidades ao que agora vêm a ser os quatro capítulos iniciais do livro atual, agigantam-se três contribuições de primeiríssima ordem: 1) a de José Alves de Barros, o Zé Saturnino, ou Saturnino da Pedreira, apontado invariavelmente por Lampião como seu "inimigo número um", que nos confiou, em entrevista gravada na sua fazenda Maniçoba, à sombra da Serra Vermelha, em Serra Talhada, no ano de 1970, revelações corajosas, por vezes contra si, somente agora trazidas à luz, sobre o nascedouro das questões que envolveram seu maior desafeto, no município de origem de ambos; 2) o esclarecimento que nos deu, nesse mesmo ano de 1970, o coronel Audálio Tenório de Albuquerque, chefe político de Águas Belas, agreste meridional de Pernambuco, amigo muito próximo de Lampião, sobre o arranjo secreto que livrou o governador Estácio de Albuquerque Coimbra da presença do já então Rei do Cangaço em seu estado de Pernambuco, empurrando-o para longa sobrevida na Bahia do colega e amigo Francisco Marques de Góes Calmon, no meado de 1928, "presente de grego" compreensivelmente mantido à sombra até agora por solicitação da fonte; 3) os detalhes do dia a dia do cangaço ao tempo de Lampião, que nos trouxe o ex-cangaceiro Miguel Feitosa Lima, amigo de mocidade do tropeiro Virgulino e de toda a família Ferreira, convertido no Medalha do bando entre os anos de 1922 e 1925, depois de passagem breve pelo grupelho de Clementino José Furtado, o Quelé, antes que este trocasse o punhal pelo sabre, cooptado para sargento de volantes pelo Governo da Paraíba. A lista completa dos depoentes acha-se no final desta parte.

À biografia "suíça", assim enriquecida com vistas ao aproveitamento atual, seguem-se seis capítulos com a tentativa de devassa que promovemos sobre o combate de 28 de julho de 1938, somente ao leitor cabendo avaliar o resultado. Com tantas e tão expressivas novidades, fica claro que o livro que se vai ler representa obra nova, não simples reedição. Há mais a dizer.

Ausente o brilho no escrito, advogamos em seu favor a seriedade, feita de isenção e da paciência de muitos anos, não custa repetir. Houve fonte testemunhal que perseguimos – a palavra é essa mesmo – por quase 25 anos, antes que conseguíssemos ouvi-la. É o caso do coiteiro, depois soldado volante, Sebastião Vieira Sandes, o Santo, do apelido na caserna. Perseguição iniciada no ano de 1978, em seu endereço do Farol, em Maceió, e concluída em São Paulo, para onde veio a se mudar com a família, e de onde nos veio o telefonema surpreendente do final de 2003, em que ele recordava o compromisso espontâneo que assumira conosco a partir daquele ano, repetido em diversas ocasiões por seus parentes, a modo de estribilho: "Sebastião manda dizer que não tem nada contra o senhor e até o conhece.

O que se passa é que, como sobrinho-neto da baronesa de Água Branca, ele não fala sobre uma história em que nunca deveria ter se metido. Mas se um dia falar, será ao senhor, ele garante". Prometeu e cumpriu. Indiferente a ofertas de vantagem da parte de mais de um pesquisador, manteve a palavra de sertanejo.

O depoimento precioso compensou a busca, coroada finalmente de êxito quando o colhemos em três dias de gravação, na cidade da Pedra de Delmiro Gouveia, Alagoas, graças a encontro organizado por seu parente Eliseu Gomes Neto, a quem ficamos a dever não só as finezas de anfitrião, como a paciência de servir de testemunha, da primeira à última palavra captada, em dispêndio de um tempo que lhe era precioso como autoridade pública estadual à época.

Valeu o esforço. Depois de 65 anos completados naquela oportunidade, chegava-se a uma hipótese plausível quanto à autoria material da morte de Lampião, embora não se restringisse a tanto o objeto do estudo que estávamos empreendendo. Quanto a nós ainda, dada a responsabilidade profissional, somente consideraríamos confirmada a hipótese dez anos depois, tempo no qual submetemos os fatos a todos os filtros históricos de que pode se valer um historiador, não nos bastando a confissão emotiva, vistas baixas, mãos crispadas, colhida no fecho do longo depoimento.

Confissão – como nos acudiu no primeiro momento – coincidente com o que nos soprara o coronel Audálio Tenório de Albuquerque no ano de 1970, como pista puxada por ele dos cochichos derradeiros com o parente e amigo íntimo, coronel José Lucena de Albuquerque Maranhão – comandante do II Batalhão do Regimento Policial Militar do Estado de Alagoas, com sede em Santana do Ipanema, por ocasião do combate do Angico – cochichos recolhidos, a bem dizer, no leito de morte do oficial, que se verificou no apartamento do primeiro, no Edifício Capibaribe, rua da Aurora, Recife, a 19 de maio de 1955. E que dissera Lucena a Audálio? Que o matador de Lampião fora um dos guarda-costas do aspirante Francisco Ferreira de Mello, mas não tinha sido o soldado de nº 145, Antônio Honorato da Silva, como a imprensa da época assoalhara.

Quando, em 1978, descobrimos que não tinham sido muitos, mas apenas dois, os guarda-costas do aspirante na campanha contra o cangaço, fomos em cima do que permanecera à sombra por disposição de vontade. E não era outro senão o "cabo Santo", à época com pouco mais de sessenta anos, residindo em Maceió. Começava a busca pelo contato. No ano mesmo de 1978.

Mostra-se sintomático que o aspirante Ferreira, na entrevista mais completa que deu à imprensa sobre sua vida de chefe de volantes contra o cangaço, concedida ao jornalista Antônio Sapucaia e publicada no jornal *Gazeta de Alagoas*, edições de 12 a 14 de dezembro de 1965, além de reproduzida, a 12 de maio de 1966, pelo *Correio Braziliense*, tivesse mencionado elogiosamente e por extenso apenas o nome de um de seus auxiliares. Suas palavras: "Sebastião Vieira Sandes, conhecido por Santo, meu compadre e um dos mais corajosos milicianos que conheci".

Palavras ditas sobre um rapaz de apenas 22 anos de idade, em 1938. De fato, o aspirante viria a apadrinhar a menina Socorro, no ano de 1943, convertendo-se em compadre do já então cabo Santo, a quem tanto admirava, segundo nos revelou sua esposa, Lourdes Ramalho de Figueiredo Sandes.

Informação generalizada entre os soldados volantes que combateram no Angico diz respeito a ter sido Santo quem decepou a cabeça de Lampião com o próprio facão deste, retirando-lhe o lenço-jabiraca do pescoço e recolhendo as mais de trinta alianças de ouro da presilha que prendia o tecido, o chamado "cartucho".

A exemplo do que se passa no futebol, em que cabe ao autor do gol apanhar a bola no fundo da rede e não a outro qualquer, no cangaço a autoria definida da morte credenciava o responsável ao "privilégio" de cortar a cabeça da vítima. Uma precedência natural. Quando mais não fosse, para fundar a certeza de que sobreviria a promoção de patente por ato de bravura. Os exemplos são inúmeros. Para não falar do tiro com que foi abatido o cachorro Guarani, único de Lampião naquela quadra, sabidamente dado por Santo. Ou a apropriação da pistola Luger Parabellum do cangaceiro, além de valores em ouro e dinheiro. Tradição militar antiquíssima, essa da apropriação do espólio de guerra pelo combatente que o conquistasse em risco de vida, conservada no tempo e no lugar deste estudo, que não se aplicava ali tão somente quanto às armas longas militares, fuzis ou mosquetões, que cumpria fossem entregues ao superior em comando para que as encaminhasse à corporação.

A considerar ainda, em favor de Santo, a remoção para Maceió, em fins desse ano mesmo de 1938, para integrar a guarda pessoal do governador do estado, federalizado à época em interventor, Osman Loureiro de Farias, com base em indicação única feita pelo aspirante Ferreira. Ou ainda as palavras de Melchiades da Rocha, primeiro repórter da grande imprensa do Sudeste a chegar a Alagoas – e mesmo à Grota do Angico – para a cobertura do episódio de 1938, representando o jornal diário *A Noite*, do Rio de Janeiro, um dos maiores do país na ocasião: "Após ter entrevistado o tenente Bezerra, fui ter com alguns dos soldados que tomaram parte na sangueira da Grota do Angico. Entre os mesmos, quero destacar aqui o de nome Antônio Honorato da Silva, o Noratinho, como é ele conhecido no seio da tropa, e os seus companheiros Sebastião Vieira Sandes e Antônio Bertholdo da Silva. O primeiro, segundo suas próprias palavras, ratificadas por vários de seus companheiros, fora o herói da sangrenta façanha, pois Lampião tombara em consequência de um tiro certeiro de seu fuzil. Quanto a Sandes e a Bertoldo, coubera-lhes, respectivamente, a 'honra' da degola do Rei do Cangaço e a de Maria Bonita".

Nas fotografias da revista semanal *A Noite Ilustrada*, Noratinho e Santo ocupam o centro de uma das imagens ladeados, em alguns casos, pelos companheiros Agostinho Teixeira de Souza e Abdon Cosmo de Andrade. Este último, permitindo-se o farsesco de servir de manequim para a exibição à imprensa dos atavios tomados ao chefe cangaceiro, ao longo do ritual de exibição das cabeças, de cidade em cidade, nas comemorações do 1938.

Quanto ao silêncio de mais de sessenta anos sobre a autoria da façanha, o qual viria a quebrar somente às vésperas da morte – de que tinha perfeita consciência, desenganado que fora por médicos paulistas quanto a um aneurisma inoperável em vias de estrangular – a explicação de Santo nos põe diante da singeleza do menino sertanejo: "O aspirante me disse que eu era muito novo para ficar um homem marcado e que Lampião possuía amigos muito poderosos, o que eu não desconhecia. Pensei na família".

E pensou certo, cuidamos nós. O expansivo Noratinho, já como sargento reformado, seria morto de madrugada, com um tiro no peito dado de longa distância, no sítio em que residia no Tabuleiro dos Martins, Alagoas, no final de agosto de 1962, em circunstâncias misteriosas que levaram a revista ilustrada *Fatos & Fotos*, Brasília-DF, nº 84, de 8 de setembro de 1962, a abrir manchete vociferando a cisma geral: "A vingança de Lampião".

Depois de mais de duas décadas de anonimato, Noratinho acabava de voltar à cena nacional pela mesma revista, nº 61, de 31 de março de 1962, sob a manchete: "Eu matei Lampião". Dessa vez, caindo no descuido de revelar onde morava e como ir até lá...

Em 2003 – precisamente de 8 a 12 de dezembro – quando levamos a efeito a entrevista com Santo, na Pedra de Delmiro Gouveia, este era o último dos que tinham assistido à queda do corpo de Lampião, para dizer o menos. O coiteiro da delação fatal, Pedro Rodrigues Rosa, o Pedro de Cândido, aproveitado como cabo na polícia de Alagoas, fora assassinado a 22 de agosto de 1941, nos arredores de Piranhas, debaixo de circunstâncias de mistério equivalentes às da morte de Noratinho. Escuro da noite. Facada no peito. Um menino tolo apontado como autor. O aspirante Francisco Ferreira de Mello, reformado como coronel da mesma corporação, falecera mansamente a 9 de março de 1967, aos 61 anos, em Pilar, litoral de Alagoas. Vela na mão. Agostinho Teixeira de Souza, soldado, e Zé Cocadinha, paisano contratado como volante, jamais deram notícia de si. Além dos nomes acima, ninguém mais vira a queda da águia, no rol dos homens da lei. Somente Santo.

A exclusividade duraria pouco tempo. A 2 de janeiro de 2004, menos de um mês transcorrido da entrevista que nos deu, Santo morria em São Paulo, confirmando a previsão que fizera – a Eliseu Gomes Neto e a nós – na despedida de 12 de dezembro, com a serenidade de quem convivera com a "morte morrida" e com a "morte matada" por toda a existência. Morria "aliviado do peso de levar para a cova um segredo tão grande", como dissera no telefonema com que nos convocou para a conversa na Pedra de Delmiro Gouveia. Nenhum resultado material lhe veio da confissão, salta aos olhos. E abona a isenção da entrevista, de par com a coerência de quem a concedeu.

Para que o leitor se inteire da linha que adotamos na pesquisa para o tratamento das revelações não apenas de Santo, mas de todas as testemunhas que ouvimos sem dar atenção ao relógio, algumas por diversas vezes, diremos que a plausibilidade do relato finalmente aproveitado no estudo resultou do cotejo entre as diferentes vozes, umas corrigindo os excessos ou imprecisões das outras, num jogo de contrastes purificador.

Para não falar da crítica da fonte e de seu contributo, que caracteriza modernamente a historiografia, desde quando despiu o espartilho positivista. E cedeu à modéstia de receber a contribuição de ciências afins, particularmente da antropologia e da psicologia. Desde então, a chamada prova histórica abandona o sacrário e fica ao alcance dos vários recursos de que se vale o historiador para aferir-lhe a plausibilidade, dimensionando-lhe o potencial probatório como resultado, sem prejuízo da inteireza da mensagem contida no documento, cujo núcleo essencial prossegue intocável, é claro.

No caso do soldado Santo, tomado naturalmente como ilustração do caminho que seguimos, deve ser visto que, ao lado do testemunho tardio que nos deu, o de 2003 – quando resolve revelar o segredo de vida inteira somente aos 87 anos de idade, à vista da sentença de morte a que aludimos, e nos convoca para conversar na Pedra de Delmiro Gouveia, para onde se deslocava "na despedida aos parentes" – havia outro, muito anterior, fornecido por ele ao colega de farda José Panta, em conversa contemporânea ao episódio do Angico, do qual ambos participaram ativamente.

Panta nos reproduziu o relato informal segredado em 1938 pelo amigo e camarada de armas, para o que se valeu da meticulosidade da boa memória de sertanejo, a este juntando seu próprio testemunho de vista, não menos valioso, tudo colhido por nós em sua casa da Pedra de Delmiro Gouveia, a 24 de abril de 1993. Relato que tivemos a oportunidade rara de confirmar três anos depois, no palco mesmo do episódio estudado, a Grota do Angico, ao longo de todo o dia 21 de julho de 1996, sob condições privilegiadas de estímulo à memória de todos, em razão do que há de sugestivo no ambiente, e sobretudo das presenças ali, animando a conversa, de Candeeiro, antigo membro da guarda pessoal de Lampião, e de um dos coiteiros do bando na derradeira hora, a privar com o chefe de cangaço até a véspera do combate final, Manoel Félix, o Mané Félix, como gostava de ser chamado. Colhemos então, no que respeita às narrativas de Santo, uma coerência digna de nota.

Na ordem secundária, a conciliação de discrepâncias entre detalhes colhidos nos testemunhos dados por Santo a Panta, em 1938, e a nós, em 2003, resultou da perícia científica de que falaremos abaixo. O testemunhal cruzando-se com o pericial, em exemplo de como se vertebra a síntese histórica mais confiável, segundo entendemos.

Ao lado do relato dos sobreviventes envolvidos no episódio, protagonistas, na maior parte, mas não somente destes, também da poesia de gesta, do jornal de época, da bibliografia especializada, do documento de governo ou do registro cartorial, com seus rarefeitos processos criminais conservados – sabe Deus como – nas comarcas sertanejas, a fotografia inscreve-se como fonte de primeira ordem no estudo presente. De todos esses mananciais lançamos mão aqui, e de outros tantos subsídios, alguns de menor formalismo científico, como a convivência familiar com figuras do ciclo estudado ou a vivência pungente das peculiaridades do meio social desenvolvido e como que mumificado na caatinga ao longo de séculos, tudo confluindo para um saber de impregnação difusamente iluminadora dos fatos explorados na investigação que se vai ler.

Cremos possível administrar a fluidez generosa dessas fontes especiais, sem prejuízo do que há de engomado na ciência histórica. Aproveitando a contribuição da antropologia sem atropelar necessariamente os cânones que conferem à história, como pedra de toque, a segurança epistemológica. Afinal, se vimos em ação na caatinga, no verdor dos nossos vinte anos, um dos últimos bandos de cangaceiros do Nordeste, chefiado por Floro Gomes Novaes, o Capitão Fuloro – segundo a prosódia local – da Ribeira do Ipanema, zona da fronteira entre Pernambuco e Alagoas, que chegou a comandar grupo formado por Mané Prata, Zé Prata e Faísca, tendo por lugar-tenente o não menos famoso Valderedo Ferreira, todos no mosquetão, no punhal, na cartucheira e no chapéu de couro, por que não fazer de impressões tão profundas uma gávea a mais, talvez incomparável, para a compreensão de fenômeno notoriamente complexo em seus tons de drama, em suas motivações épicas, em seu arraigamento cultural, enfim?

Razão ao sábio João Ribeiro quando, em artigo de 1918 sobre o papel do documento formal na investigação histórica, lembrava "ser verdade que os ossos ficam e são, por isso, mais acessíveis [ao historiador]; todavia, o passado não pode ser composto de esqueletos: há de ser vida ou coisa nenhuma".

Aprendemos com Gilberto Freyre a exercitar a promiscuidade no aproveitamento das fontes, atendendo a que umas corrigem as outras, ao historiador cabendo sopesar-lhes a força do discurso, graduando-lhes a contribuição para o produto final. A nenhuma recusando por princípio, mas somente depois de crítica detida. Para o que existe, de muitos anos, a psicologia do testemunho, para tomar esse recurso de prova como exemplo.

Chamamos a atenção do leitor, por outro lado, para a assimetria que adotamos no trato das várias "estações" de que se integra a trajetória biográfica de Lampião, privilegiando os acontecimentos ainda controversos ou à sombra, a despeito dos oitenta anos decorridos de sua morte. Uma fuga ao repetitivo. Há boas biografias lineares sobre o maior dos cangaceiros.

Ponto alto do estudo, pela originalidade de que se reveste, acha-se na perícia feita gentilmente pelo perito criminal federal Eduardo Makoto Sato, do Instituto Nacional de Criminalística, da bem equipada Polícia Federal brasileira, que nos permitiu purificar a informação acerca do tiro único que vitimou o Rei do Cangaço, abrindo margem à eliminação de algumas "candidaturas" à autoria do feito histórico gigantesco. Pretensões derrubadas por se revelarem incompatíveis com a evidência balística a que se chegou. Pelas marcas impressas na lâmina do longo punhal e respectiva bainha metálica da vítima, conjunto baleado pelo mesmo disparo causador da morte de seu dono, na voz de todas as testemunhas, foi-nos possível recuperar a trajetória do projétil com segurança científica. Resta agradecer ao presidente do Instituto Histórico e Geográfico de Alagoas, em Maceió, professor Jayme Lustosa de Altavila, o acesso privilegiado à relíquia, preservada exemplarmente ali desde 1938. Privilégio de pesquisa, bem entendido.

Por aí o leitor já vê que não recebemos os depoimentos de testemunhas ou de informantes como dogma, recapitulemos. Mais. Superando o velho respeito sacral dos positivistas quanto às provas históricas, submetemos cada uma destas ao crivo do cruzamento de fontes, de modo a que umas iluminassem as outras, corroborando-lhes o conteúdo ou lhes extraindo aquela borra que Emilio Mira y López identificava como produto humano do que chamou de "afã de notoriedade", contra o qual Tucídides tratara de vacinar-se ainda na Antiguidade, em seu clássico *História da Guerra do Peloponeso*, com palavras que merecem transcrição aqui pelas lições que encerram:

> Quanto à narrativa dos acontecimentos da guerra, pensei não dever escrevê-los confiando em informações de qualquer um, nem nas minhas impressões pessoais. Falo apenas por testemunhos oculares ou depois de uma crítica, tão apurada e completa quanto possível, das minhas informações. Isso não se faz sem dificuldades, pois, em cada acontecimento, os testemunhos divergem segundo as simpatias e a memória de cada um.

Aos depoentes que nos auxiliaram por meio de entrevista presencial, por telefone ou por carta, à frente os ex-cangaceiros Adília, Aristéa, Barreira, Candeeiro, Dadá, Medalha, Sila e Tirania; ao lado dos soldados volantes, os ditos "macacos" do deboche do cangaço, Antonino Marques de Oliveira; Antônio Vieira da Silva; David Gomes Jurubeba; Elias Marques de Alencar; Francisco Florentino da Silva, o Chico Rouco; Francisco Geraldo de Carvalho, o Cabo Chiquinho; Hygino José Bellarmino, o Nego Gino; Luiz de Souza Nogueira, o Luiz Flor; Oseas Rodrigues da Silva, o Chorrochó; João Gomes de Lira; João de Siqueira Campos; Joaquim de Souza Neto, o Quinca de Pedro; José Antônio dos Santos; José Alves de Barros, o Zé Saturnino da Pedreira; Manoel Cavalcanti de Souza, o Neco de Pedro Gregório;

Philadelpho Correia Lima, o Fuzileiro; Pompeu Aristides de Moura; José Panta e Sebastião Vieira Sandes, o Santo, e aos "paisanos", ora agentes, ora pacientes na guerra do cangaço, testemunhas presenciais em todo caso, Adauta Paiva, Afonso Deodato Pereira; Amália Xavier de Oliveira; Audálio Tenório de Albuquerque; Andrelino Pereira Nunes, o Sinhozinho da Beleza; Antônio Leite Cavalcanti, o Antônio Grosso; Antônio Paranhos; Austriclínio de Barros Correia; Cyra de Britto Bezerra; Djeni Alencar Ribeiro; Fortunato de Sá Gominho, o Ciato; Francisco Rodrigues Pereira, o Chiquinho Rodrigues; Gerson de Albuquerque Maranhão; Jackson Alves de Carvalho; João de Sá Gominho; Joaquim Conrado de Lorena e Sá; Lauro Cabral de Oliveira Leite; Luiz Andrelino Nogueira; Luís Carlos Prestes; Manoel Félix; Manoel Luiz Bezerra, o Mané Lulu; Manoel Pereira Valões, o Neco Valões; Maura Lima Cabral; Melchiades da Rocha; Moreira Campos; Nalige de Souza Leão Fleury; Osman Loureiro de Farias; Pedro de Albuquerque Cavalcanti, o Pedrinho de Salvador; Rosa Mineiro Dias; Risoleta Maciel Brandão, Valdemar Damasceno de Souza, Zélia Ferreira Leite, a Mocinha, seja consignado o primeiro agradecimento.

Aos colaboradores de hoje, que instrumentalizaram o estudo por meio de informações orais, perícia científica, documentos escritos ou imagens, cabe agradecimento não menor. Casos de Alcino Alves Costa; Antônio Correia Rosa; Antônio Neto; Antônio Sapucaia; Carlos Eduardo Gomes; Carlos Nogueira; Deiró Eunápio Borges Neto; Eduardo Gaia Maia; Eduardo Makoto Sato; Eliseu Gomes Neto; Euler Gonçalves de Oliveira; Geraldo Ferraz de Sá Torres Neto; Getúlio Bezerra dos Santos; Jairo Luiz de Oliveira; Lamartine de Andrade Lima; Leandro Cardoso Fernandes; Luiz Ruben Bonfim; João de Souza Lima; Maria Rocha; Mauro Gurgel; Melquíades Pinto Paiva; Nivaldo Carvalho; Paulo Britto Bezerra; Pedro Nunes Filho; Pedro Correia do Lago; Peter Burke; Robério Barreto Santos; Rostand Medeiros; Sérgio Augusto Souza Dantas; Severino Ribeiro; Sousa Neto; Wilson Lucena de Albuquerque Maranhão e Zezito Guedes.

Fazendo nossas as ressalvas de Tucídides, tão antigas quanto atuais, ao leitor caberá dizer se conseguimos nos aproximar do cardeiro plantado em desafio por Severino Pinto.

Sítio do Caldeireiro, Recife
julho de 2018

Frederico Pernambucano de Mello

1
Oitenta anos depois

Os guerreiros da minha terra já nascem feitos. Não aprenderam esgrima nem tiveram instrução. Brigar é do seu destino:
– Cabeleira!
– Conselheiro!
– Tempestade!
– Lampião!

Ascenso Ferreira, *Catimbó*. Recife: Of. Revista do Norte, 1927.

É possível, pois, que haja em nós, escondidos, alguns vestígios da energia de Lampião. Talvez a energia esteja apenas adormecida, abafada pela verminose e pelos adjetivos idiotas que nos ensinaram na escola.

Graciliano Ramos, *Novidade*, Maceió, 1931.

Há algum pensamento certo atrás dos óculos de Lampião; suas alpercatas rudes pisam algum terreno sagrado.

Rubem Braga, *O conde e o passarinho*. Rio de Janeiro: J. Olympio, 1935.

A evolução social e econômica do Nordeste do Brasil tem sido lenta. No interior em especial, que é do que deseja se ocupar este estudo, há muito do Nordeste de ontem em nosso presente. Bem mais do que seria lícito imaginar, em contraste com o ritmo com que se renova a vida social em outras regiões do país, particularmente no Sudeste. Na economia, na política, na cultura como um todo, nos costumes, nas praxes negociais, na propriedade da terra, na pobreza endêmica – alongada em epidêmica nos períodos de seca – em um senhorialismo vazio contra o qual já se batiam, no século XIX, Antônio Pedro de Figueiredo e Tobias Barreto, as marcas do que fomos nos três séculos sedimentares de nossa formação colonial parecem vir à tona a cada passo dado no presente, não como fonte de inspiração, mas como obstáculo a avanços a que tais passos nos pudessem conduzir.

Tão negativo quanto foi para Portugal a volta da dominação jesuítica após o declínio de Pombal, para pinçarmos exemplo notório em matéria de assalto ao futuro cometido pelo passado, mostrou-se entre nós, guardadas as proporções, o assassinato à bala de Delmiro Gouveia, ao final da segunda década do século passado. A 10 de outubro de 1917, por meio de três tiros de rifle, para os que amam as exatidões. Porque do seu "arrojo ianque", da sua "disciplina teutônica", da sua "urbanidade latina" – para empregarmos adjetivações de que fez uso o jornalista Assis Chateaubriand, em testemunho de vista dado ao *Diário de Pernambuco* de 1º de setembro de 1917 – e do seu modo superior de converter humilhações em matéria-prima para vitórias pessoais, o mundo rural de nossa região vinha se beneficiando como ainda não foi avaliado por inteiro.

O farol aceso no interior pelo empreendimento da vila da Pedra, a partir de outubro de 1902, com sua abrangência vertiginosa de infraestrutura para a vida urbana – de água, inicialmente a coletada em açude, depois a encanada por adução do São Francisco, vencendo 24 km de distância e permitindo a irrigação em pontos do trajeto; de energia elétrica, por fim a hidroelétrica; de estradas carroçáveis, em que os primeiros automóveis chegavam a desenvolver 50 km/h; da mobilização de riquezas por meio de tropas de burro, depois por caminhões; das escolas gratuitas; das fossas sanitárias nas casas da vila industrial erguida em 1912, assistida esta por gabinetes médico, farmacêutico e dentário; do aprimoramento de linhagens genéticas na agricultura e na pecuária, até mesmo a suína; da revolução do uso da escova de dentes e do pente de cabelo pela matutada, ao lado da proibição complementar do turbante de uso das mulheres e da cusparada dos fumantes em área pública; da proteção da fauna e, quanto possível, da flora, de equilíbrio delicado na caatinga; da instituição do lazer domingueiro condicionado pela assiduidade no trabalho ou no estudo, com os concertos por banda de música, os bailes ao ar livre, a patinação em rinque especialmente concebido e as sessões de cinema para cerca de mil espectadores; da difusão dos jornais e revistas, além da montagem da oficina de periódico local, o *Correio da Pedra*, que circularia no ano seguinte ao da morte do pioneiro, tudo isso é testemunho dado aos gritos de que poderia ser bem outro o ritmo de desenvolvimento do Nordeste profundo.

Nem é preciso invadir a sala de visitas da biografia de Delmiro, em que se destaca a façanha ciclópica da captação de energia elétrica a partir das águas do São Francisco, precipitadas na cachoeira de Paulo Afonso, a dividir Alagoas e Bahia, para qualificar a voz que se calou naquele 1917, rouca de pregar no deserto da opinião pública nacional. E quando não são balas, é a indiferença que se entrincheira no bacharelismo e na politicagem, para manter as estruturas sociais de modo a que se possa passar a sela sobre as populações e cavalgá-las como a cavalo.

Que prestígio oficial tiveram entre nós os empreendimentos progressistas levados a efeito pelos jovens engenheiros Carlos Alberto de Menezes e Pierre Collier, no ramo da indústria têxtil, sob inspiração da encíclica *Rerum Novarum*, de Leão XIII, em 1891? Iniciativa que nos legou a primeira vila operária da América Latina, ao lado de outros pioneirismos corajosos. Ou a experiência similar de Luiz Tarquínio, na Bahia, no mesmo ano, um autodidata filho de escrava liberta, introdutor entre nós da licença-maternidade? Talvez o de seus responsáveis não terem sido abatidos a tiros de rifle, como Delmiro Gouveia...

Pouca gente sabe que o grande reformador de modos e costumes por todo o interior do Nordeste – em artigo de 27 de janeiro de 1918, pelo *Diário de Pernambuco*, o historiador Oliveira Lima dizia ter surpreendido na Pedra não apenas uma revolução econômica, senão um "edifício moral" – chegou a ter sob sua influência direta, lá mesmo na vilazinha caiada de um branco de doer nos olhos, a três dos maiores cangaceiros do século XX. Um destes, Sebastião Pereira e Silva, o Sinhô Pereira, como agregado por um tempo, em 1916, juntamente com o primo e sócio de comando do grupo que depois viriam a formar, Luiz Pereira da Costa Jacobina, o Luiz Padre. E como contratado para transportar peles de cabra e ovelha em tropas de burro, na então florescente vida da almocrevaria, a ninguém menos que o jovem Virgulino Ferreira da Silva, o futuro Lampião. Com 20, 25 e 18 anos de idade, respectivamente, Sinhô, Padre e Virgulino, sob a influência que o meio de origem lhes inculcara, andavam já então de namoro com o rifle. Contudo, para o casamento fervoroso que contrairiam daí a meses não somente com este, mas também com o punhal e a cartucheira, a eliminação de Delmiro pelas balas do cangaço regional há de ter funcionado como fator determinante de primeira ordem. Exemplo capaz de gerar frutos amargos por muitos anos.

No sertão todo do Nordeste, com irradiação pelas Minas Gerais, o Senhor da Pedra não era senão um imperador. Um *condottiere* do Renascimento, de olhos abertos para as luzes do progresso material, com o que não se está a dizer que tivesse sido menos duro em seu despotismo de autocrata convicto. Prova disso reside no desinteresse de Delmiro em reivindicar do governo estadual a designação do tripé institucional juiz-promotor-delegado de polícia para a Pedra, quando a população e a pujança econômica do lugar já autorizavam que o burgo se desvinculasse das autoridades do município vizinho de Água Branca.

Até a morte de Delmiro, os conflitos foram arbitrados, ali, pela direção da Companhia Agro Fabril Mercantil, produtora das linhas Estrela e Barrilejo para o mercado brasileiro e para a exportação, respectivamente, com recursos para o próprio Delmiro. Afinal, como a poesia local tratara de registrar:

> Quando Delmiro chegou
> Naquele triste lugar,
> Havia só um deserto,
> De ninguém poder morar,
> Não tinha casa nem gente,
> Nem estrada pra passar.
>
> Terra de pedra e espinho,
> De macambira rasteira,
> Naquele sertão medonho
> Só se ouvia, a vida inteira,
> Rosnado de canguçu
> E o ronco da cachoeira.

No momento em que o cangaço faz desmoronar aquilo tudo por tiros de tocaia desferidos em início de noite iluminada pela melhor energia elétrica do Nordeste, como era a da Pedra em 1917, apagando as luzes do progresso por toda a região, mostra aos rapazes da terra que ainda não havia chegado ao mundo rural o tempo de fundar impérios sobre a caldeira a vapor e o dínamo, e que a tradição orgulhosa de uma vida selvagem, consolidada em verdadeira subcultura dentro da relativa homogeneidade da cultura pastoril envolvente, seguia dando as cartas na caatinga. O efeito desastroso não se detinha por aí.

O brilho da administração nucleada na Pedra, caracterizado pelo uso sistemático da delegação de poderes a agentes espalhados pelas diferentes praças do interior, os conhecidos "comissários locais" de Delmiro, ou ainda pelo emprego de praxes modernizantes, a exemplo da franquia e da terceirização, com transferência de responsabilidades em graus variados de autonomia, vai sendo transposto para a escuridão do cangaço, transformando a tradição brasileira secularmente desorganizada e boêmia do nosso banditismo rural em vetor de poder econômico e político à margem da lei. Naquilo que temos chamado de Cangaço S/A, para definir o lampionismo como etapa final do fenômeno. Final e sofisticadamente montada em padrões capitalistas postos em ação desde meados de 1926, pelo menos. Exagero?

Ao morrer, em 1938, Lampião supervisionava dez subgrupos de cangaço espalhados pela caatinga de vários estados do Nordeste, a partir de um grupo central de cerca de 22 membros selecionados a dedo, à frente dos quais se deslocava ao lado de Maria Bonita. Que eram então Corisco, Luiz Pedro, Moreno, Zé Sereno, Labareda, Português, Balão, Criança, Juriti e Diferente senão "franqueados" do Rei do Cangaço, mobilizando capitais altíssimos por meio do assalto direto e da extorsão, pela venda de segurança quanto a vidas e propriedades? A ascendência do chefe maior jamais sendo posta em dúvida graças não somente ao seu carisma e aos dotes de administrador, ambos indiscutíveis, como por motivo das ligações protomafiosas com políticos regionais que chegaram ao nível de governador de estado. Relações de silêncio das quais vinha a satisfação de uma logística pesada, difícil sobretudo no tocante à munição de guerra fora de comércio, necessária aos fuzis e mosquetões militares de última geração adotados pelo bando. Armas e balas mais modernas do que as de uso das polícias estaduais no período.

Em artigo de outubro de 1938 para a revista carioca *Diretrizes*, sob o título sintomático de "Dois cangaços", Graciliano Ramos, um sertanejo visceral, queixava-se de que "o cangaço é hoje muito diferente do que era no fim do século passado ou já no princípio deste século". Referindo-se, é claro, à virada entre os séculos XIX e XX, contrasteava necessariamente os períodos anterior e posterior à chegada de Delmiro ao sertão em 1902, com o início da disseminação do delmirismo por todo o Nordeste. Delmirismo que iria fornecer o instrumental necessário para que o lampionismo fosse empinado nos anos 1920 e 1930. Graciliano cravava no ponto ao sustentar sobre a conduta dos cangaceiros que "os métodos antigos divergiam dos presentemente adotados".

Em vida, a racionalidade cosmopolita trazida do Recife por Delmiro influenciou futuros capitães de cangaço que residiram ou trabalharam na Pedra enquanto ainda "paisanos". Lições presenciais, cotidianas, mexendo com todos os aspectos da vida social e econômica, ministradas por empresário irrequieto, dinâmico, preciso e contundente nas ordens dadas aos gritos. A se movimentar por todos os setores da vila em ritmo que nada tinha de sertanejo. Ianque, como flagrou Assis Chateaubriand.

Ao tombar assassinado, seu corpo se faz bandeira de que o cangaço seguiria como presença ativa na sociedade sertaneja ainda por muito tempo – pelo menos até a morte de Corisco, em 1940, como sabemos – contribuindo para que o fenômeno alcançasse uma sobrevida indesejável de quase três décadas, quando poderia ter sido atalhada em 1917. Uma sobrevida caracterizada pela expansão das correrias selvagens e pela organização empresarial que se fizeram marcas do lampionismo. Eis por que nos debruçamos aqui sobre o significado histórico do visionário da Pedra para o semiárido brasileiro. Com ele, foi enterrada a possibilidade de termos um século XX praticamente livre de cangaço.

Visitemos as origens desse universo de ressonâncias épicas à flor da pele. Nos primórdios da vida social sertaneja, ao longo dos séculos XVII e XVIII, de forma generalizada, e mesmo de boa parte do XIX, em bolsões remotos, a "vida da espingarda" não se constituía apenas em procedimento legítimo à luz das circunstâncias, mas em ocupação francamente preferencial. O homem violento, afeito ao sangue pelo traquejo das tarefas pecuárias e adestrado no manejo das armas branca e de fogo, mostrava-se vital a um meio em que se impunha dobrar as resistências do índio e do animal bravio como condição para o assentamento dos currais de gado, embrião das fazendas de criar.

Naquele mundo primitivo, o heroísmo forjava-se pela valentia revelada no trato com o semelhante e pelo talento na condução cotidiana do empreendimento pecuário. Nas "festas de apartação", também denominadas de "partilha", em que se engalanavam as fazendas no meado do ano, um e outro desses valores – é dizer, valentia e talento – precisavam somar-se para a produção ou confirmação de heróis pela via da vaquejada bruta, a chamada "pega do boi", corrida pelo homem "nos couros" e "por dentro dos paus" da caatinga mais cerrada, ou depois, muito tempo depois, pela via da "corrida de mourão", expressão moderna em que se estilizou a lúdica sertaneja da derrubada do boi a partir do final do século XIX. O tombo já não mais se destinando à "ferra" em brasa, assinaladora da propriedade no pasto comum, e sim, cada vez mais, apenas "para as moças verem". A vaquejada como esporte popular em nossos dias, quando já não mais existem os tratos de léguas de caatinga bruta de outrora.

Sobre a realidade primitiva, há versos de gesta que valem por um retrato sociológico, como os de Francisco das Chagas Batista:

> Ali se aprecia muito
> Um cantador, um vaqueiro,
> Um amansador de potro
> Que seja bom catingueiro,
> Um homem que mata onça
> Ou então um cangaceiro.

Em torno do meado do século XIX, começando a ordem pública a deitar seu longo braço no sertão, o que se vê é a criminalização paulatina do viver pelas armas, no plano da administração da justiça, correndo em paralelo com a superação no tempo do estilo de vida selvagem que vinha dos primeiros momentos da colonização. O heroísmo cotidiano de seus protagonistas, por cada vez menos necessário, adquirindo contornos de arcaísmo. Data daí o emprego solto das expressões nativas "cangaço" e "cangaceiro", para amaldiçoar modo de vida e seu agente, tornados incompatíveis com um tempo social em que não mais se podia "viver sem lei nem rei", na forma do apanágio vulgarizado entre as gerações que se sucederam desde o momento inicial da penetração das terras do Nordeste profundo.

É tempo de abrir parênteses para dizer que ambos os conceitos parecem derivar da palavra "canga", peça de madeira com que se sujeita o boi pelo pescoço, fazendo-o puxar carro ou peso diverso. Antes de significar uma forma de vida ou profissão, o primeiro destes designava o conjunto necessariamente volumoso do equipamento que o bandido sertanejo carregava à tiracolo sobre o corpo, a receber do paisano a variante pejorativa de "galinheiro". Galinheiro do cabra, como se dizia sobretudo no Ceará.

Porque na caatinga a desvalorização do viver absoluto se deu muito mais por causa da imposição de um código de valores litorâneos do que pela superação natural de uma etapa de desenvolvimento, o sertanejo relutou em deixar de amar os bons velhos tempos em que não se precisava esperar pela justiça pública para rebater as afrontas. Tempos em que a guerra e a vingança privadas se mostravam mais simples e fáceis de compreender como procedimentos punitivos. Como mecanismos provedores de uma ordem o seu tanto bárbara, porém real. Eficaz. Direta como a lâmina do punhal de que tantas vezes se valeu, aliás.

Relatando façanhas do chefe cangaceiro Antônio Silvino, imortalizado pela poesia de gesta como Rifle de Ouro e Governador do Sertão, Leandro Gomes de Barros consegue sumariar, em três estrofes de ocasiões distintas, essa justiça *sui generis* tão da nostalgia do sertanejo:

> Onde eu estou, não se rouba
> Nem se fala em vida alheia,
> Porque, na minha justiça,
> Não vai ninguém pra cadeia:
> Paga logo o que tem feito
> Com o sangue da própria veia!

> No bacamarte eu achei
> Leis que decidem questão,
> Que fazem melhor processo
> Do que qualquer escrivão,
> As balas eram os soldados
> Com que eu fazia prisão.

> A minha justiça é reta
> Para qualquer criatura,
> Sempre prendi os meus réus
> Em casa muito segura,
> Pois nunca se viu alguém
> Fugir de uma sepultura...

Por tudo isso, não é de estranhar que o cangaço tenha sido uma forma de vida orgulhosa, ostensiva, escancarada. Até mesmo carnavalesca, como a imprensa disse por vezes, notadamente em razão do traje, inconfundível no apuro e nas cores vivas. Ou da música, o "xaxado", sincopado como um tiroteio. Ou ainda quanto à dança conexa a este: a "pisada". Dança só de homens – perfilados em duas filas indianas a evoluírem em paralelo ou uma contra a outra, até os "cabeceiras" se encontrarem, baterem as alpercatas e recuarem sem perder o passo – diversamente do que se tem reproduzido de forma estilizada em apresentações de arte nos dia atuais, em que a mulher se faz presença ativa. Licença compreensível.

A sociedade do interior abonava o cangaço de forma platônica, a despeito do caráter criminal declarado pelo oficialismo, sobretudo o litorâneo, com as populações indo ao extremo de torcer pela vitória dos grupos com que simpatizavam, como se dá hoje com os torneios esportivos, guardadas as proporções.

A legenda dos capitães de cangaço ia sendo esculpida de forma sedimentar pelos versos dos cantadores de pátio de feira, emboladores e cegos rabequeiros, todos dispostos a glosar a última façanha de guerra do grupo de sua preferência. Também a literatura impressa se encarregava da formação de imagem por meio do folheto estampado em xilogravura singela, o que se tem chamado eruditamente de literatura de cordel.

De início, cabia situar o bandoleiro em seu pasto de origem ou de atuação. Como fez o poeta anônimo do quartel final do século XVIII com o "bárbaro e cruel matador José Gomes", o Cabeleira, finalmente enforcado no Recife, em 1786, como veremos adiante:

> Lá na minha terra,
> Lá em Santo Antão,
> Encontrei um homem
> Feito um guaribão,
> Pus-lhe o bacamarte,
> Foi direto ao chão.

Um século depois, contemporaneamente à maior seca de todos os tempos, a de 1877-79, o alagoano João Jaqueira traçava a geografia do poder fora da lei, partilhado naquele momento de fome entre os grandes do punhal e do bacamarte:

> Foi aí que os cangaceiros
> Caíram no gado sem dó:
> Calango, no Cariri,
> Sereno, no Piancó,
> Barbosa, em todo o Navio,
> Antõi Grande, em Moxotó.

Ao lado desses nomes, fizeram-se notáveis as gestas de um Jesuíno Brilhante, dos Viriato, dos irmãos Guabiraba, do ex-escravo Rio Preto, de Cassimiro Honório – nome de guerra de Cassimiro Gomes da Silva – de André Tripa, de Jeremias dos Santos, de Vicente do Areal, de Antônio Silvino, de Antão Godê, de Cocada, de Tempestade, de Sinhô Pereira e de Luiz Padre, para não falar na de Lampião e, por fim, na de Corisco, todas de abrangência espacial e intensidade difíceis de avaliar porque montadas, boa parte, em oralidade que não chegou ao papel.

A importância do registro ressalta da riqueza poética, por vezes musical, da tradição sertaneja do Nordeste, não apenas presente, como exacerbada ao máximo nas correrias do cangaço, chegando a se erguer à condição de crônica paralela dos fastos épicos de um chão tardiamente feudal. Crônica confiável até mesmo como fonte para o historiador interessado na dimensão humana dos fatos, a perda da precisão dos registros dando-se apenas nas passagens – fáceis de identificar – em que se derramava o enaltecimento mais desabrido de virtudes guerreiras. A "pabulagem", quando posta na boca do próprio louvado. Dois exemplos bem expressivos do passo seguinte na construção de gesta:

> Eu tocaio como onça,
> Salto em cima como gato,
> Rastejo como cachorro,
> Rasteja bicho no mato,
> Brigo a tiro e a ferro frio...
> Caindo dentro de um rio,
> Eu nado mais do que um pato.
>
> E, sou capaz de apostar,
> Salto com qualquer veado,
> Venço serpente no bote,
> Novilho, estando acuado,
> A onça, em sagacidade,
> O trem, em velocidade,
> Comigo, corre atrasado!

No plano da crônica dos acontecimentos, é difícil apontar feito d'armas ou de galanteria que não madrugasse na feira seguinte de vilarejo próximo, traduzido em repente fanhoso de cantador, com direito a ornato de viola, rabeca ou pandeiro. Com poucos dias, espalhava-se por toda uma ribeira em folhetos cuspidos da prensa oportunista do poeta com tombo de empresário e já estabelecido em centro de maior clientela. Um João Mendes de Oliveira, por exemplo, que encimava a oficina de versos no Juazeiro do Padre Cícero com placa onde se lia, além do nome, a condição funcional: "historiador brasileiro".

Esses vates de alpercata, nunca distraídos do compromisso com o belo, foram além da arte e fizeram ciência sob as espécies mais aparentes da história, da biografia, da toponímia, da antropologia cultural e do folclore. Ao tempo de suas produções, foram também repórteres. Correspondentes de guerra, os mais ousados.

Que dizer do autor anônimo – um soldado, provavelmente – do ABC sobre o cerco de Fagundes, em 1898, cangaceiros e "macacos" travados em combate que quase põe abaixo o vilarejo paraibano próximo a Campina Grande? Vejamos parte dos versos, de ritmo que não fica a dever às composições guerreiras de um Gonçalves Dias, na forma como Leonardo Mota os recolheu da memória do cantador Bernardo Cintura, publicando-os em 1925:

>   Agora estou me alembrando
>   Do tempo dos Guabiraba...
>   O capitão Zé Augusto
>   Cercou a serra e as aba,
>   Encontrou os cangaceiro:
>   Quase Fagunde se acaba!
>
>   Cercou a serra e as aba,
>   Com trinta soldados junto,
>   Falou para os cangaceiro
>   – São pouco! Apareça muito!
>   Tomou a boca da furna,
>   Trouxe carga de defunto...
>
>   Deram fogo duas horas
>   Bala na serra zoando,
>   Com distância de três léguas,
>   Toda a gente apreciando
>   E o povo todo dizendo:
>   Fagunde está se acabando...
>
>   Guerreava o capitão
>   Com dezoito cangaceiro,

> Passando bala por bala,
> Como troco de dinheiro,
> Matou dois, baleou três,
> O resto, depois, correro...
>
> Mandou o chefe da turba
> Retirar os baleado,
> Que o sangue regava o chão
> Como em matança de gado,
> E disse, devagarinho:
> – Os "macaco" tão danado!
>
> Nada se pode fazer,
> Guardemos para o futuro...
> Que a noite está como breu,
> Ninguém enxerga no escuro:
> Pode ser que em outro baile
> A gente atire seguro.

Por muito tempo, o cantador-repórter foi o único a promover a circulação de notícias nos ermos sertanejos, disputando em sagacidade com o cigano o monopólio da novidade no deserto. Muito mais o leitor atentará para os versos e modinhas da produção popular do chamado ciclo heroico, se tiver em vista que o abraço da viola com o punhal se deu muitas vezes na própria intimidade dos grupos combatentes, dispensando o rapsodo profissional, de algum modo um intruso. Um "paisano", na linguagem comum a cangaceiros e "macacos".

Rio Preto, no quartel derradeiro do século XIX, foi cangaceiro de fama e cantador apreciado na fronteira sertaneja da Paraíba com Pernambuco, dele não se sabendo se mais temido por conta dos "desafios" em cantoria de viola ou das "brigadas" em que se envolveu, superando a origem ínfima. Afinal, como registrou a gesta:

> Rio Preto era um negro
> Escravo de sujeição,
> Quando veio a liberdade,
> Logo deu pra valentão
> A poder de cartucheira,
> Clavinote e um bom facão.

Seu brado d'armas denotava o amor pela liberdade da parte de quem viveu privado dela por tantos anos. De poesia era feito o "grito de alevante" que cantava em meio ao *staccato* dos tiros:

> Rio Preto foi quem disse
> E, como disse, não nega:
> Leva faca, leva chumbo,
> Morre solto e não se entrega!

Findo o combate, armas ainda em brasa, do bando de Sinhô Pereira – de atuação na mesma área, mas já no século XX – alteava-se uma voz de tenor que fazia a crônica em versos de todo o combate. Era o cangaceiro Sereno, negro e analfabeto, dando-se ao orgulho de iluminar o campo de batalha depois de morto o clarão dos tiros. Nesse mesmo bando, quando das permanências ociosas nos coitos dos coronéis de confiança, cabia a Luiz Cacheado ou a João Dedé, o Criança, cantar "mexidos" ao ritmo da batida de mão na argola à esquerda da culatra do rifle "cruzeta", assim chamado o Winchester de modelo 1892, arma padrão nas lutas sertanejas do período. Criança era louvado entre os cabras também por outra de suas habilidades: a de alfaiate em pano e em couro.

A tradição musical do cangaço, percebida desde fins do século XVIII, quando o Cabeleira fascinava a filha do capitão-mor Cristovam de Hollanda Cavalcanti, que o prendera nos canaviais do Engenho Novo do Pau d'Alho, Pernambuco, não perderia terreno com Lampião, por mãos de quem se apresentava bem viva, século e meio depois.

Quando em visita de cortesia à fazenda da Pedra, de Laurindo Diniz, em Princesa, Paraíba, fins de setembro de 1922, "os rapazes de Virgulino cantavam em primeira, segunda e terceira vozes, animando o xaxado", revelou-nos a testemunha Maura Lima Cabral, da vizinha Triunfo, Pernambuco. Seu pai, Genésio Gonçalves de Lima, fotógrafo profissional, colheria na oportunidade as primeiras imagens do nascente bando de cangaceiros, fazendo-o "a convite insistente de Lampião". Há de ter tido motivos o folclorista cearense Leonardo Mota quando disse em seu livro *Sertão alegre*, de 1928: "Lampião tem a volúpia da espetaculosidade".

Na década de 1930, Zé Baiano e Mourão, na primeira metade, e Jitirana, nos anos finais, dividiam a palma da composição e da execução musicais no bando do já comissionado Capitão Virgulino, ele próprio um amante discreto do canto, além de bom tocador de sanfona, segundo revelou o cangaceiro Volta Seca.

Todo esse mundo de poesia, musicalidade e ritmo, condicionado, quanto ao último, pelo tchac-tchac binário da alavanca do rifle Winchester ou pelo pra-pra-pra-pra quaternário do ferrolho do fuzil Mauser, convém não deixar de lado no esforço por compreender o cangaço em face das sociedades sertaneja e regional nordestina, bem como a projeção do nosso biografado para além das esferas sociais em que atuou.

Lampião é hoje, muito mais do que era em vida, figura internacional, possuindo, como poucos brasileiros, biografia em inglês, lançada no mercado norte-americano em 1978, por Billy Jaynes Chandler, sem esquecer que o *New York Times* cobriu-lhe as façanhas de maior ousadia entre 1930 e 1938.

A fotografia, ao chegar ao sertão na década inicial do século passado, faz as delícias do cangaço. Dessa forma de existência aventureira que há de ser reconhecida – não custa insistir – pela força de gerar uma subcultura dentro da cultura pastoril sertaneja envolvente. E que parece ter sido criada para rechear uma fotografia, tamanhos os cuidados dos cangaceiros com a estética, com a imponência da estampa, com o fascínio do traje guerreiro de que se serviam. Nisso, o cavaleiro medieval europeu e o samurai oriental são seus rivais mais à mão. Pintados para a guerra e se fazendo suporte de sua própria arte. Arte nunca desligada da vida do homem e de seu cotidiano. Portada, trançada à tiracolo, afivelada por todo o corpo, a ampliar os limites físicos do usuário. Arte de projeção do homem, como a definiu Gilberto Freyre ao se referir à arte nativa do Brasil, cultuada por nossos índios antes de se descaracterizar frente aos padrões europeus que nos brandiu a educação religiosa jesuítica ou oratoriana desde os primórdios da colonização.

A presença abundante da fotografia nas décadas finais do ciclo histórico proporciona ao estudioso do fenômeno a possibilidade de chegar a elucidações e reconstituições técnicas bastante precisas. Assim, quanto ao traje, ao armamento empregado, à motivação estética, à postura física, aos equipamentos. Conjunto, esse último, em que se salienta o "jogo" de duas ou quatro bolsas de brim grosso, dispostas em xis sobre o tórax, os chamados "bornais" – portados à guisa de armário do nômade, como já dissemos em livro – sobre os quais se deve atentar para a distribuição anatomicamente hábil pelo corpo, com a resposta funcional de deixar o combatente livre para os meneios da guerra móvel sertaneja. A ponto de rolar pelo chão para se furtar das balas sem perda de objetos. Salvo a farinha, quando não entrouxada devidamente. O peso aqui oscilava de ordinário entre os vinte e os

25 quilos, podendo chegar aos trinta quilos em viagens mais longas. Níveis que excedem a prescrição dos manuais militares voltados para a infantaria, até mesmo os concebidos para países europeus de clima mais ameno que o nosso.

Em visita pacífica a Capela, Sergipe, novembro de 1929, em meio a viagem que o trouxera dos sertões baianos, Lampião permite a pesagem de seu equipamento, satisfazendo prazerosamente a curiosidade popular que o rodeia na ocasião. A balança do armazém faz cair o queixo aos presentes: 29 quilos, sem as armas branca e de fogo, vazios os depósitos de água. A literatura militar europeia recomenda para o infante os 22 quilos como limite de condução na marcha. No trópico – e que dizer do nosso ardente semiárido! – o peso ideal deve sofrer redução. Olhando para os presentes, Lampião sai-se com um arremate jocoso ao encontro, sustentando carregar consigo três coisas: "coragem, dinheiro e bala". E como carregava...

Tomando a fotografia como base de estudo que empreendemos em 1988, com apoio nos recursos de memória dos ex-cangaceiros Medalha e Candeeiro, e do ex-soldado volante Luiz Flor, chegamos à recomposição por alfaiates de pano e de couro da Ribeira do Navio, Pernambuco, de um traje completo de cangaceiro, do chapéu de couro à alpercata de rabicho, mostrado em julho daquele ano na Fundação Joaquim Nabuco, no Recife. Levado para Zurique, Suíça, em 1992, o conjunto esteve exposto em museu ilustre daquela cidade, objeto da curiosidade do europeu durante dois meses.

Por tudo quanto vimos, não nos parece presa de ardor retórico, antes animado do afã de sacudir verdades sobre o país dormente do litoral, o Euclides da Cunha que sustentava que "o heroísmo tem nos sertões, para todo sempre perdidas, tragédias espantosas". Uma destas, a que o cronista insuperável chamou de "martírio secular da terra", atendendo ao desequilíbrio dos elementos naturais, à frente a distribuição irregular das chuvas no espaço e no tempo. Outra, a do misticismo espessamente messiânico, por vezes amaneirado em sebastianismo, com as cotas de sangue do Rodeador, da Pedra do Reino, de Canudos, do Caldeirão da Santa Cruz do Deserto, de Pau de Colher e de tantos outros episódios, o último dos quais combatido ferrenhamente pelo Estado Novo já em dias de 1938, com o resultado do extermínio à bala de quatrocentos homens, mulheres e meninos, não custa repetir. Outra, por fim, a do próprio cangaço: o "de vingança", arruinando famílias inteiras no calor das guerras privadas, e o profissional ou "de ofício", ombreando, pela força da rapina mais gulosa, capitães de trabuco a coronéis de barranco, o rifle fazendo as vezes da terra como fonte de poder, segundo categorias que propusemos no livro *Guerreiros do sol: violência e banditismo no Nordeste do Brasil*, de 1985, ora em sexta edição.

Nesse mundo de despotismos incríveis, Lampião foi o paroxismo, a demasia, a culminância de tudo. Não há ficção que lhe chegue às alpercatas. Um super-homem na resistência, uma inteligência calculista e fulgurante, uma coragem ímpar, um carisma eficaz no trato social, uma diplomacia atapetada de seduções para possíveis aliados, uma vontade de ferro alongada em agulha de bússola exclusiva na orientação moral de toda uma vida de quarenta anos. O bem era o que ele queria. O que recomendava. Bom era aquele de quem gostasse. Porque não sendo assim, na simples falta de apoio, e principalmente na traição, pecado máximo, nada lhe custava matar. E matar malsinando previamente o condenado, como se fosse um deus, com a frase tornada sinistramente notória nos sertões do Nordeste: "Vai-te pros infernos, cão!".

Por mais idônea que nos pareça a informação transmitida nas páginas à frente sobre Lampião, seu tempo e seu ocaso, o autor sente-se tentado a repetir aqui, fazendo sua, a indagação de Sartre no estudo sobre Flaubert: "Que se pode saber de um homem?".

2
Retrato do rei com alfaias

Vinham tão ornamentados e ataviados de cores berrantes – lenços vermelhos, bolotas nos chapéus – que mais pareciam fantasiados para um Carnaval.

Demóstenes Martins de Andrade, testemunha da entrada de Lampião em Tucano, Bahia, 1928. *Diário de Notícias*, Salvador, 14 de janeiro de 1929.

É Lampião que vai entrando: amando, gozando, querendo bem... Bom como arroz-doce, estando calmo. Zangado é salamanta!

Palavras de Lampião nas ruas de Capela, Sergipe, novembro de 1929, apud Ranulpho Prata, *Lampião*, 1934.

Ele tinha 1,74 metro de altura, puxado na fita métrica pelo fotógrafo sírio Benjamin Abrahão no meado de 1936, aventureiro que exploraria até onde pôde a concessão feita pelo Rei do Cangaço para que documentasse o dia a dia do bando, por imagens e por palavras. E foi assim que lançou em árabe, para resguardar o sigilo, cada centímetro do corpo do famoso Capitão Virgulino na caderneta de campo que conduzia na tranqueira de repórter itinerante, convertido em correspondente de guerra. Da guerra do cangaço. E vamos ao registro, palavra por palavra, grandezas expressas em centímetros: "Lampião: peito – 98; canela – 23; batata da perna – 35; comprimento da perna – 83; arco – 39". Arco é a palavra traduzida literalmente do árabe e única a não nos dar clareza pronta quanto à parte do corpo a que se refere, tudo levando a crer que Abrahão se referisse ao pescoço. Grossura do pescoço. Opinião também do tradutor, o perito Amin Seba Taissun.

Homem alto para os padrões do tempo, Lampião possuía ombros largos curvados para a frente ao peso dos bornais, quadris estreitos, pernas finas, ossos longos e delgados, joelhos que juntavam um pouco na caminhada, a musculatura rígida, mas não volumosa, descarnada pela ação intensa em meio físico hostil, pela alimentação irregular e por um incrível cotidiano de sobressaltos que ocupou a existência de quatro décadas, desde anos verdes.

A pele, nas porções expostas ao sol, mostrava-se acobreada, e os cabelos, negros, lisos, levemente ondulados, chegavam a lhe roçar os ombros – a partir da morte do irmão mais velho, Antônio, em fins de 1926 – untados por brilhantina de boa qualidade, a que fazia juntar respingos generosos de um dos bons perfumes que a França nos mandava à época: o Fleurs d'Amour, da *maison* Roger & Gallet, de Paris.

Pescoço curto, cabeça pequena, testa fugidia, pés bem dimensionados em relação à altura – Lampião calçava quarenta – mãos desenvolvidas, dedos longos e finos, traços faciais harmoniosos e igualmente finos, pelos escassos na face e no corpo, nada que aberrasse do seu tipo de caboclo, denominação brasileira dada ao mestiço do branco com o índio. Do coiteiro Manoel Félix, ouvimos apreciação que sumaria tudo quanto dissemos: "Alto, o Capitão Lampião era, porém homem de pouco corpo".

No particular, se alguma surpresa houve depois da morte, esta ficou para certo grupo de cientistas presos a suposto determinismo de conduta criminal presente em indivíduos portadores dos chamados "estigmas de atavismo", segundo listagem fornecida pela antropologia física do período – a exemplo da "projeção superciliar e zigomática acentuada", do "prognatismo da maxila inferior", das "deformações cranianas", da "desproporção entre o crânio facial e o cerebral", da "testa fugidia", da "assimetria entre as orelhas", da "abóboda palatina ogival", da "microdontia", dos "lábios finos" e de outras tantas bobagens responsáveis pela condenação à morte de um sem-número de delinquentes feiosos na passagem do século XIX para o XX – não se mostrando fácil a uma ciência assim eivada de preconceitos justificar a conformação dolicocéfala da cabeça do bandoleiro, arrancada e submetida a perícias em Maceió e em Salvador, de que a imprensa do Sudeste se ocuparia com estardalhaço. Afinal, a dolicocefalia – crânio estreito e alongado para trás, quando olhado pela face – era a porta de entrada para a caracterização do tipo humano considerado racialmente superior, para além da raridade de sua incidência em região do Brasil marcada pela braquicefalia, como é o caso do Nordeste. Atenuava o vexame dos deterministas a constatação de que Virgulino possuía as quatro últimas deformações arroladas acima...

Voltando ao prosaico das características físicas apresentadas por este, cabe registrar que a face se marcava por sinal de pele mais escura situado logo abaixo da vista direita, olho que vem a perder, ainda menino, por glaucoma de nascença precipitado por acidente de campo, a responder pelo predomínio crescente do branco sobre a córnea, o leucoma, e pela queda parcial da pálpebra sobre o olho arruinado, a ptose.

A caminhada se dava em movimento pendular lateral, o pé direito precisando ser sacudido para a frente como resultado de ferimento à bala que retira do órgão a função recuperadora ainda nos longes de 1924. Tiro sobre o dorso do pé, com perda de parte do calcâneo na saída da bala, após cirurgia feita em Triunfo, Pernambuco, por médicos que lhe abrem o membro sem anestesia.

Da perda do olho direito lhe viria a condição de falso canhoto e, desta, o engano em que incorreram tantos cronistas ao considerá-lo um canhoto verdadeiro, especialmente em razão de certa fotografia de 1936, em que, ajoelhado em posição de tiro, o coice da arma longa aparece calcado sobre o ombro esquerdo, a coronha beijando a face desse mesmo lado. Em tudo, um atirador canhoto.

A divulgação da pose no início dos anos 1940, através de livros de sucesso surgidos sobre os rescaldos da tragédia de 1938, parece ser a raiz do equívoco. De engano parecido com o que foi suscitado pela única imagem colhida em vida do famoso bandido norte-americano Billy the Kid, um ferrótipo batido em Fort Sumner em dias de 1880, no qual o coldre e respectivo revólver, vistos à esquerda do dono, findariam por levar um grande estúdio de cinema de Hollywood a realizar longa-metragem de título calcado na suposta particularidade, cedo derrubada pela consciência técnica de que o ferrótipo inverte a imagem colhida, não tendo existido o *left handed gun* – eis o título do filme de 1958 – da concepção de Gore Vidal e de Arthur Penn, papel principal entregue a Paul Newman.

Quanto à figura que nos dispusemos a estudar aqui, trata-se de um destro que precisou fazer uso do rifle como um sinistro, em esforço de adaptação a que se veem arrastados os que perdem o olho correspondente ao lado predominante da função cerebral. Mas por ser essa adaptação um imperativo que deriva da conformação das armas longas, em outros usos e funções guerreiras não há motivo para que ocorram inversões. E é assim que as fotografias de época e até mesmo um filme documental apanhado em 1936 – a que aludiremos à frente – nos põem diante de um homem que comia, escrevia, empunhava a pistola e sacava o punhal como fazem os destros, e que podendo afeiçoar os atavios de guerra ao modo que lhe conviesse, exímio alfaiate de couro que era, conservou sempre coldre e bainha voltados para a mão direita.

Aí estão revelações com que se pode iniciar a pintura de medalhão sobre o maior herói que a mitologia popular de linha épica foi capaz de projetar no Brasil, a partir da existência real, recente e bem documentada de um dos mais audaciosos aventureiros que a história registra em qualquer tempo ou lugar. Seu nome completo, Virgolino Ferreira de Silva, que ele grafava Virgulino, cedendo à oralidade – e nós o acompanhamos neste livro – de sabor português e origem latina, *virgo, virginis,* nominativo e genitivo da palavra que adjetiva a qualidade do que é virgem, casto, puro, escondeu-se toda uma vida por trás de apelido gigantesco: Lampião. Como nome comum, lampião nos remete a um tipo de luminária popular largamente utilizada antes da luz elétrica, funcionando com óleo e pavio, que se pode encontrar ainda hoje em grotões do Brasil profundo.

Quanto à inspiração de José Ferreira dos Santos para a escolha do nome, achamos plausível a cisma do velho tabelião de Vila Bela, Luiz Andrelino Nogueira, quanto ao vasto relacionamento do escrivão do geral da cidade à época, o prestativo Virgolino Epaminondas de Sá, junto a quem o pai de Lampião se orientava nas vindas semanais à feira. Morto somente em 1905, Epaminondas esteve em exercício por toda a década de transição do século XIX para o XX.

Vaidoso e dado à poesia, como os do meio em que viveu, Lampião sentia prazer em apregoar nome e vulgo, sem fugir das contradições de seu temperamento, desafiado pela vida de guerra permanente com que cedo se acostuma. E é assim que trovejava a presença com verso extravagante:

> Eu me chamo Virgulino
> Ferreira, Lampião:
> Manso como um cordeiro,
> Brabo como um leão,
> Trago o mundo em reboliço,
> Minha vida é um trovão!

Sua vontade, mantida a ferro e fogo por meio do terror, fez-se lei nas zonas rurais dos estados de Pernambuco, Paraíba, Ceará, Alagoas, Bahia, Rio Grande do Norte e Sergipe, em etapas de tempo que se sucedem ao longo de vinte anos. Uma época. O tempo de Lampião, tomado para título de livro pelo folclorista cearense Leonardo Mota ainda em 1930.

Com a força imperial de que chegou a dispor, poderia ter-se posto a serviço da redenção dos conterrâneos do Nordeste do Brasil, região pobre endemicamente, sobretudo nas porções semiáridas em que atuou com o bando em regra. Em vez disso, como certos reis da Antiguidade, preferiu passar toda a existência entregue a pilhagens as mais diversas sobre o povo, amealhando tesouro considerável em ouro, dinheiro e pedras preciosas, patrimônio tanto mais chocante quando erguido em área a que não era estranha a miséria. O destino, irônico como tantas vezes, tramará para que o cabedal se converta em condição de ruína para o próprio dono. E assim os fatos se darão.

A tropa de polícia que o alcança e destrói finalmente na Grota do Angico, vê-se animada bem mais do afã de enriquecer subitamente pela apropriação de despojos de valor elevado que do ideal de cumprimento do dever militar. Não surpreende. Há informações de que teriam sido encontrados em seu poder, e no da companheira, cerca de mil contos de réis em dinheiro, para além do que aplicava a juros de agiota – valendo-se de coiteiros de confiança – e não menos de cinco quilos de ouro conduzidos nos bornais ou costurados por todo o corpo pelo casal, grande parte disso manipulada pelos aplicadores mencionados, como se verá à frente. O cabedal em dinheiro, apenas este, daria para comprar duzentos automóveis novos, o prêmio da Loteria Federal não indo além dos trezentos contos de réis na ocasião. Impossível levantar a expressão exata desse cabedal na economia do sertão do Nordeste, a essa altura do tempo, não há exagero em ter na conta de fato econômico de relevância o grande cangaço de feitio lampiônico. Empresas prósperas na região até hoje multiplicaram seu capital após 1938...

O requinte não se restringia ao tesouro, que carregava com dificuldade crescente em razão do volume cada vez maior e da idade que avançava: também no traje, no equipamento, nos utensílios, nas joias e até nas armas, as atitudes dignas de um monarca podiam ser notadas. Se a vestimenta dos bandoleiros do Nordeste sempre se mostrou imponente, a ponto de muito jovem ceder à tentação de se ligar aos grupos levado pelo fascínio que o traje exercia sobre olhos habituados a cotidiano sem atrativos, a de Lampião se destacava até mesmo em meio aos seus homens. Começa pelo tecido. Enquanto o pano mais comum para a confecção da calça e da túnica era a mescla azul ou o brim cáqui, ele preferia o tecido de cor grafite, o "pólvora com farinha", salpicado por botões de ouro. Ou a mistura da mescla com o cáqui no mesmo uniforme: túnica azul com bolsos contendo lista vertical no castanho desmaiado do cáqui, ou o culote da moda pós-Revolução de 1930 a dividir essas cores por debrum horizontal no meio da coxa.

Sobre a túnica, estreitadas por dobras e presas nas pontas por presilhas, cingiam-se as cobertas em forma de xis sobre o tórax. A "de deitar" e a "de cobrir", como se dizia no costume. Ambas, de ordinário, em chita forrada, cores as mais berrantes na estamparia. As dele eram feitas em bramante da melhor qualidade.

O mesmo padrão elevado estava presente nos "bornais" ou embornais, bolsas em tecido resistente, do brim à lonita, alças largas endurecidas em cartilagem por entretela oculta e pela sobreposição interminável de pontos, divisões internas, dispostas também em xis sobre o peitoral e penduradas a tiracolo de ambos os lados do corpo, a mochila pousando nunca abaixo da cintura – para não dificultar a caminhada – dois, três ou quatro botões na tampa, profusamente ornamentadas nas partes visíveis por galões ou bordados feitos em máquina de costura.

Dependendo da viagem, cangaceiros e policiais – o uso era comum – empregavam duas ou quatro dessas bolsas com provisão suplementar de balas, alimentos, remédios e muda de roupa. Os bornais de bala ficavam por cima dos demais, que lhes serviam de acolchoado, com que a dureza da munição de guerra não feria o corpo nas caminhadas sem fim. Os botões, aqui de tamanho maior, também costumavam ser de ouro ou prata. Tesouro portado. Fácil de compreender em grupo sem paradeiro. O bornal, numa palavra, era o armário desse nômade, não custa repetir.

O lenço de pescoço, a "jabiraca" do falar, ia da seda pura inglesa ao tafetá francês. Estampado em cores fortes, o vermelho predominando entre os jovens. Monogramado, a depender da hierarquia. Além do ornamental e da remoção do suor, coava a água de primeira apanha.

Nas cartucheiras, cintos, coldres, bainhas e correias em geral, o mesmo apuro. O funcional da resistência do couro bem escolhido aliado a concessões estéticas exageradas pelo abuso no emprego de ilhoses esmaltados de branco, de moedas de ouro e prata cuidadosamente costuradas ou presas por rebites, de frisos e de pespontos em vaqueta de cor contrastante.

Ao ser morto, Lampião portava par de bornais – o chamado "jogo" – em lonita verde-oliva clara, bordados em composição harmoniosa de flores e frisos nas cores amarelo-ouro, rosa, azul-real e vinho. Sob estes, fora das vistas de curiosos, um bornal menor, o "sobresselente", destinado a valores. Todos costurados e bordados pelo próprio dono, no que era exímio. Como de resto costumavam ser, ao menos na costura, aqueles a quem ele ungia chefe de subgrupo, a exemplo de Antônio, seu irmão, o Esperança; de Virgínio, seu cunhado, o Moderno; de Luiz Pedro, o Salamanta, o maior amigo, que se converte em Esperança, por morte de Antônio; de Cristino, o Corisco; de Zé Sereno, de Português, de Pancada e de tantos outros. No conjunto, um porre de estímulo visual em meio à caatinga esverdeada ou cinzenta, segundo a sorte das chuvas.

A estética rural nordestina que serviu de base para a satisfação do anseio de arte do cangaceiro, chegada até nós através da Península Ibérica naturalmente, mas a que não era estranha a combinação de cores fortes das bolsas, mantas e toalhas originárias da Índia – festa de cores circulada pelo mundo colonial português a partir das navegações – expressava da frieza geométrica das faixas estreitadas por zigue-zague ao esoterismo oriental do signo de salomão, com passagem pela tradição da flor-de-lis, a evocar a pureza da velha dinastia de Avis, morta em 1580, e pela onipresença lusitana da cruz da Ordem de Cristo. A cruz de malta. Anseios de arte alongados em blindagem mística, onde esta se fazia necessária a cada instante de risco.

Sem prejuízo da virilidade, vimos que Lampião conhecia a fundo a arte da costura em pano e em couro, o que o aproxima do homem curraleiro dos primórdios da colonização sertaneja, arredado nos grotões de existência autárquica, a se prover com as próprias mãos à míngua de auxílios. E não somente costurava como bordava, vimos também, cedendo à modernidade da máquina de costura portátil ou "de mesa", de acionamento manual pelo chamado "veio". Daí a capacidade de confeccionar o próprio traje, caso desejasse, preenchendo permanências ociosas de até seis meses em refúgios seguros, como a de selecionar o que encomendava a terceiros, debaixo de especificações meticulosas. Meticulosidade presente, aliás, em todas as vias pelas quais fluíram as aptidões de um talento fulgurante, florescendo, em curiosa abrangência de contrastes, do comando militar a um tempo racional e carismático, coisa rara, à pachorra do bordado em ponto cheio, ponto corrido ou ponto de matiz; do exercício mais delicado da diplomacia de sedução de aliados de peso junto à elite, à execução de músicas em sanfona de oito baixos; da administração impecável de grupo que chegou aos 120 homens, sob comando direto, e aos mais de duzentos, sob controle mediato, ao desempenho elogiado dos ofícios de vaqueiro, amansador de burro brabo e de tropeiro. Além de dançarino tido por pé de valsa.

Sem limite no gosto oriental pelo ouro e pelas pedras preciosas, usava anel em todos os dedos da mão, difundindo a moda entre bandoleiros, alguns com esmeralda, outros com rubi, outros ainda com brilhante solitário ou em chuveiro. Houve dedo que recebeu a honra de mais de um anel. Aliança, crucifixo, lapiseira, tesoura de aparar ponta de charuto, tabaqueira, tudo em ouro puro. De ouro também as quinze moedas do Império que adornavam a bandoleira do mosquetão, em cuja boca de cano se incrustavam duas alianças no mesmo metal. Ouro corado, quase vermelho, de 22 quilates, esse da bandoleira.

O grande chapéu de couro macio de veado com que morreu, abas levantadas na frente e atrás segundo o costume, trazia nas correias uma quantidade de ouro que surpreendeu a imprensa periódica. A começar pela testa, cingida horizontalmente por moedas brasileiras de quatro centímetros de diâmetro no metal puríssimo do Brasil Colônia, datadas de 1776, 1802 e 1885, ladeadas por duas libras esterlinas inglesas e por dois escudos com a inscrição "Deus te guie", tudo em 22 quilates, a repousar, estes últimos, já quase sobre as têmporas, perfazendo um total de setenta peças no metal nobre, conjunto que o *Diário de São Paulo* caracterizaria como "verdadeira exposição numismática", na edição de 31 de outubro de 1938.

Acrescente-se ao rol de utensílios desse rei asiático o óculo de alcance retrátil de procedência alemã em metal amarelo, estojo em alpaca polida trazendo a inscrição "1936" e correias para condução a tiracolo; o punhal de lâmina delgada e oitenta centímetros de comprimento, três alianças de ouro incrustadas no cabo em liga de prata, mesmo metal da bainha rígida, e o facão curto, peça famosíssima com que lhe foi decepada a cabeça pela tropa, cabo também em prata, esculpido em feitio de águia em repouso, guarnecida por copo com dois cães atentos na divisão do olhar em direções opostas.

Os itens de consumo de bebida não desmentem a orientação para o luxo. Desde o licor de menta francês Marie Brizard, a surpreender comensais ainda nos anos 1920, ao *brandy* Macieira que Portugal nos mandava, ao Old Tom Gin e ao *whisky* White Horse vindos do Reino Unido, o último destes mencionado pelo bandoleiro em bom português: Cavalo Branco, preferência absoluta nos anos 1930, como veremos adiante, juntamente com a procedência de centro urbano da região.

Não menos dignos de nota são os papéis de que se servia para a correspondência, abundante por motivo das cartas de cobrança que enviava, à média de três ao dia, a fazendeiros, comerciantes e chefes políticos, o valor habitual das extorsões oscilando entre os dois e os cinco contos de réis.

Desde fins de 1926, as cartas traziam cabeçalho, coisa rara no sertão da época, contendo patente, nome e apelido datilografados em alinhamento perfeito: "Capitão Virgolino Ferreira (Lampeão)". A máquina de escrever não era presença vulgar por ali ao tempo. Foi grande o susto do prefeito Rodolpho Fernandes, de Mossoró, ao receber uma dessas cobranças no meado de 1927, ouvimos do seu filho, o médico Raul Fernandes. Tão grande quanto o valor arbitrado no papel: quatrocentos contos de réis. Veremos no capítulo 6 a origem dessa datilografia.

Em 1936, preocupado com falsificações de sua correspondência, manda confeccionar na capital do Ceará cartões de visita e postais com a própria fotografia no anverso, numa das quais aparece em corpo inteiro, fumando, o cachorro de estimação ao pé. Benjamin Abrahão, o sírio que lhe caiu nas graças, se encarregaria da encomenda na empresa Aba Film, de Fortaleza, toda a tramoia sendo revelada à *Gazeta de Alagoas* de 2 de agosto de 1938 por Francisco Albuquerque, sócio da empresa, juntamente com as quantidades aviadas: quinhentos cartões-postais e trezentos, de visita, todos com imagem.

Requinte e modernidade aliam-se também no afã de contar com o melhor armamento disponível. Não poderia ser de outro jeito na vida que abraçara. Do rifle norte-americano de repetição Winchester, modelo 1892, nos calibres 44-40 ou 32-20, o "cruzeta" da voz sertaneja, com que estreia em fins de 1916, evolui para armamento militar, incorporando, no meado de 1924, o mosquetão Mauser de modelo 1895, calibre sete milímetros e procedência alemã, o chamado "pé-duro", trocado, em 1926, pelo modelo 1908, mesmos calibre e procedência, mas que usava uma nova munição pontiaguda de maior alcance. No início dos anos 1930, apressa-se em galgar os benefícios trazidos pelo modelo 1922 do Mauser, de procedência belga, o derradeiro de que fez uso e que estava em suas mãos no momento da morte. Isso, por não ter conseguido uma metralhadora portátil, pela qual teria oferecido cem contos de réis em 1938, segundo sustentou a imprensa da época, com base em delação de coiteiros. Está tudo no *Jornal de Alagoas* de 1º de agosto e no *Sergipe Jornal* de 2 do mês, diários logo repetidos pela imprensa de todo o Brasil.

Nas armas curtas, passa da pistola belga FN Browning de modelo 1900, calibre 7,65 milímetros, a chamada "capa-de-pau", para a norte-americana Colt, calibre 38 curto, e daí para a Luger Parabellum alemã, da DWM, calibre nove milímetros, a preferência recaindo sobre o modelo "marine" de 1904, cano de seis polegadas.

Nas armas longas, Lampião evolui do petrecho civil para o militar, da bala de chumbo para a encamisada em liga de aço, cobre e níquel, embora não fosse além do sistema de repetição simples, em duas modalidades: o rifle "lavanca" e o mosquetão de "ferrolho" ou de "bilro", para não fugir dos termos locais. Nas armas curtas, o aprimoramento dá-se no âmbito do sistema de repetição semiautomática. Jamais se interessou pelo revólver, tão apreciado em seu tempo. O curioso gostará de saber que bilro era a peça de madeira de que se servia a rendeira no ofício, em tudo semelhante ao cabeçote do ferrolho do mosquetão.

À margem da preocupação em se atualizar, o cangaceiro manteve sempre um chamego especial pelo rifle "cruzeta", não somente por ser a arma da estreia, mas por lhe ter permitido criar – criação inteiramente sua – artifício de aceleração da cadência dos disparos, capaz de dar à simples arma de repetição desempenho próximo ao de um modelo automático. Desse processo, o chamado "peamento", porque feito com o emprego de uma "peia", que não era senão um lenço comum dobrado, sumamente engenhoso em sua singeleza de concepção, teria surgido, segundo alguns autores, o nome de guerra de seu criador, cuja boca de cano do rifle, nos tiroteios dos anos 1920, "não deixava de ter clarão", alumiando a noite "que nem um lampião", como nos disse Medalha, companheiro de armas, que não dava crédito a essa versão sobre o apelido, mas que aproveitou para puxar da memória o verso ouvido do chefe no inverno de 1923, em Santa Luzia da Baixa Verde, Pernambuco, em que este canta, com precisão de armeiro, a variante do "cruzeta" de sua preferência, sabido ter havido também modelos de seis, de oito e de doze tiros:

> Meu rifle é o de dez tiros,
> Desse da boca amarrada,
> Cruzeta do ponto branco
> Da argolinha pendurada,
> Cano de aço legítimo,
> Da culatra reforçada.

Por ter sido tropeiro e convivido, antes e depois de se tornar salteador, com a classe rica do sertão – classe interessada, de hábito, em alianças com o cangaço, fosse para a preservação do patrimônio, fosse para o extermínio de inimigos, fosse ainda para a divisão do apurado nas empreitadas de rapina, que tudo isso ocorreu em medida mais elevada do que normalmente se imagina – Lampião incorporava ao seu dia a dia novidades desconhecidas do matuto em geral. No fim dos anos 1920, causavam surpresa sua lanterna elétrica portátil, o *flashlight*, a capa de borracha e a garrafa térmica, mimos de poderosos de seu convívio.

Curioso ver a combinação do velho com o novo que o chefe cangaceiro promovia. Pés fincados em existência bandoleira de todo arcaica nos anos em que viveu, servindo de suporte a um espírito aberto a inovações que iam tangendo para o passado o velho sertão das superstições, das adivinhas, dos sonhos com botija, do isolamento, da desconfiança como norma de sobrevivência, da rigidez de costumes, da presença quase viva do demônio e das epidemias do medievo nas relações do cotidiano, expressa nas imprecações com apelo recorrente ao "diabo" e à "peste" no falar, do fatalismo, da luta entre famílias, da vingança privada, dos padres de prole numerosa, do culto à coragem, do próprio cangaço, enfim.

Espanta vê-lo assim tão antigo no modo de vida, a conviver desenvolto com o gramofone, o cinema, o telégrafo, o telefone, o automóvel, inclusive o caminhão e o ônibus, a luz elétrica, as máquinas de escrever e de costurar, o óculo de alcance, o binóculo, a arma automática.

Que instante mágico, pela mistura de tempos sociais diversos, não há de ter sido aquele em que um de seus subgrupos, o de Balão, pôde assistir, queixos caídos, à passagem do zepelim sobre os campos agrestes de Sergipe, no ano de 1937...

3
Palco e tradição da "vida da espingarda"

> Como ninguém ignora,
> Na minha pátria natal
> Ser cangaceiro é a coisa
> Mais comum e natural;
> Por isso herdei de meu pai
> Esse costume brutal...
>
> Francisco das Chagas Batista, *A história de Antônio Silvino*. Recife: Imp. Industrial, 1907.

> Eu sou cabra ignorante,
> Só aprendi a matar,
> A fazer ponta de faca,
> Limpar rifle e disparar,
> Só sei fazer pontaria
> E ver o bruto embolar!
>
> Leandro Gomes de Barros, *As proezas do bacharel Santa Cruz em Alagoa do Monteiro – Parahyba*, c. 1912.

> Mas também não sou ladrão,
> Pois não vivo de roubar:
> Para não morrer de fome,
> Peço a quem tem para dar
> E faço porque o governo
> Não me deixa trabalhar...
>
> Francisco das Chagas Batista, *A história de Antônio Silvino*. Recife: Imp. Industrial, 1907.

O banditismo protagonizado no campo por quadrilhas de salteadores é fenômeno universal, incidindo na etapa de organização social em que a autoridade pública ainda não se faz presente com seu aparato de imposição de leis e absorção dos conflitos. Administrações públicas ineficazes, corrompidas ou viciadas politicamente têm-se encarregado de prolongar tais etapas para além do que a história registra como regra na maioria dos países. Em quaisquer dos casos, o fenômeno acha-se ligado a fatores naturais e sociais que se acumpliciam com a circunstância histórica no sentido de lhe desatar a ocorrência. Vegetação intrincada, relevo acidentado, presença de um mínimo de água e de animais silvestres desfrutáveis pela caça, clima propício à existência a céu aberto, tudo são condições que ensejam o fenômeno.

No Brasil, presentes por séculos as condições naturais a que aludimos, exacerbadas pelo mandonismo aldeão e seus instrumentos de maior valia, a guerra e a vingança privadas, dando vida a uma cultura que inculcava a violência, o banditismo grassou de alto a baixo em nosso território. Do litoral, onde se inicia a colonização pelo sistema de capitanias hereditárias providas pela Coroa portuguesa ainda no século XVI, até o mais fundo dos sertões, onde a penetração começa a se efetivar em fins do século seguinte.

Na região Nordeste – vasto mundo de um milhão e meio de quilômetros quadrados de superfície, pouco menos de 20% do território nacional e cerca de 18% da população do país – de que nos interessa tratar aqui por ter sido o palco do personagem do estudo presente, convém ter em vista a coexistência de duas áreas fisiográficas não somente distintas senão opostas entre si por vários de seus aspectos: a de trópico úmido, expressa na exuberância da Mata Atlântica, zona de florestas originalmente tão densas quanto as que se encontram na Amazônia, de clima quente amenizado por ventos, solo fértil, chuvas abundantes e regulares, do que decorreu a vocação para o desenvolvimento de economia agrícola voltada para a produção do açúcar bruto para o mercado externo, sob o regime da monocultura escravocrata e latifundiária da cana sacarina; e a de trópico semiárido, com temperaturas tórridas, vegetação arbustiva e espinhosa – a chamada caatinga, da denominação indígena – chuvas relativamente escassas, sobretudo mal distribuídas no tempo e na superfície do solo. Este, além de pouco espesso, apesar de fértil, diretamente atingido pela soalheira, de rios "cortados", ou seja, correntes por poucos meses, e de secas periódicas.

Durando de um a cinco anos, a seca responde pela fragilidade da economia de pecuária extensiva que ali tem lugar, auxiliada por agricultura de subsistência de pequena expressão, bandeira verde que pode ser vista nas escassas manchas úmidas dos baixios, das ipueiras, dos pés de serra e dos brejos de altitude. A seca corta ciclicamente o ímpeto da economia. Faz-se tragédia em área onde o cinzento é a cor predominante em boa parte do ano, e que se encrava em porções dilatadas de todos os estados do Nordeste.

Sertão é o nome desse cenário de vida difícil, zona fisiográfica bem definida em seus contornos naturais e sociais. Impossível fechar os olhos aos campos de estio que correspondem a 50% do território da região como um todo, ousando beijar as praias do Atlântico em pontos da Paraíba, do Rio Grande do Norte e sobretudo do Ceará. Foi nesse universo que a decadência precoce da colonização sistemática iniciada em fins do século XVII, interrompendo o fluxo de penetração social menos de cem anos depois de seu início, vem a decretar o isolamento das populações já assentadas, empobrecidas a ponto de não se animarem a voltar para o litoral, além de asselvajadas por guerra longa e surda contra as tribos indígenas nativas e contra os animais bravios, notadamente, quanto a estes últimos, o felino que dizimava o gado nas soltas, nas mangas e até mesmo nos currais, dando azo a toda uma crônica de valentia em torno do herói social que foi o matador de onça.

A poesia de gesta tratou de empinar as legendas de Antônio Bezerra do Nascimento, de Miguelão das Marrecas, de Cazuza Sátiro, de Alexandre Pereira Valões, "cabras onceiros" que acudiam os sertões do Rio Grande do Norte, da Paraíba e de Pernambuco, chamados nas ribeiras para conter ora a canguçu ou pintada, ora a lombo-preto, ora a suçuarana ou vermelha, também conhecida como onça-de-bode, à frente de cachorros de confiança e com a "zagaia" na mão. A lança curta destinada a "esperar o bote da bicha" na hora fatal, presa às mãos e apoiada na coxa. É ouvir o poeta anônimo:

> Morreu Seu Cazuza Sátiro,
> O nosso herói do sertão,
> Grande matador de onça,
> Limpo na sua missão:
> Merecia uma estátua,
> Com a zagaia na mão!

Na questão dos índios, é preciso dizer que o extermínio que se abateu em comum sobre os incontáveis ramos da nação tapuia centrou-se na belicosidade extrema que adotavam e no fato de falarem uma língua estranha e plural, no fundo várias línguas, que o colonizador reuniu sob o nome de "língua travada", desistindo de traduzi-las. Procedimento bem diferente do adotado quanto ao falar único do tupi litorâneo, mais cordial, este, e com o qual foi possível abrir diálogo.

A impossibilidade de comunicação no interior frustrou o canal diplomático, chamando à cena as armas. Como se dá, por gravidade, em casos assim. Eis o destino comum de tragédia que viveram os cariris, pancararés, icós, janduís, sucurus, praquiós, canindés, caraíbas, bultrins, caratis, paiacus, anacés, crateús, jaguaribaras, aticuns, ararobás, anxus, pancararus, pipipãs, umãs, xocós, ariús, pegas, carijós, coremas, panatis, caracás, bruxarás, tuxás, trucás, rodelas, quiriris, de forma aguda no período que vai de 1687 a 1720, na chamada "Guerra do Bárbaros". O maior dos conflitos cobertos pela declaração de "guerra justa" por parte dos agentes locais da Coroa, a predispor os algozes das tribos para o recebimento de sesmarias que eram verdadeiros principados na caatinga. E também para obter o perdão dos criminosos que acoitavam, desde que estes se dispusessem a empregar suas armas contra os índios. Há notícia de companhias inteiras formadas por bandidos conscritos para a guerra de extermínio das tribos do chamado "sertão da terra".

Isolamento e incomunicabilidade respondem pela característica cultural mais marcante do universo sertanejo: o arcaísmo, insista-se no ponto. Ainda hoje se pode ouvir o eco do que foi esse traço fortíssimo da vida social fixada ali, em razão do abandono em que jazeu ao longo de séculos.

Nos modos de produção, nas relações negociais, na religiosidade, na moral, inclusive a de costumes, na linguagem, nas formas de resolução de conflitos, nos jogos, no lazer, na predominância do interesse privado sobre o público, do individual sobre o coletivo, em tudo, enfim, a mumificação dos costumes provocada pelo isolamento deitou seu braço poderoso, a ponto de se respirar, ainda nas primeiras décadas do século passado, clima humano próximo do quinhentismo e do seiscentismo, trazidos d'além-mar pelo português dos primeiros tempos da colonização. A cultura do "marinheiro".

Dois traços mais desse sertão tardiamente feudal nos interessa salientar no estudo: o da indiferença do homem em face da morte e o de sua insensibilidade no trato com o sangue. O primeiro destes parecendo derivar do fatalismo religioso oriundo das dizimações epidêmicas que pontilharam o medievo europeu; o segundo, dizendo respeito à natureza cruenta da atividade pecuária.

O menino sertanejo muito cedo se banha em sangue, ajudando o pai a sangrar o boi ou o bode para a salga da carne de sol, cortando o pescoço do peru, do capão, da galinha, ou esfolando o mocó para a refeição imediata. Auxiliava nas castrações, trazendo a cinza, o sal e a pimenta da assepsia rude. O creosoto só veio depois. Obra do século XIX. Num mundo cruento, dividido entre o carnal e o cabelo, em que todos os utensílios eram feitos de couro, a faca se impunha como bem de maior valia. E onde há faca...

A guerra contra o índio – que nada tinha de passivo, é preciso dizer, reagindo por vezes com flechas envenenadas – o combate às onças e, em fase seguinte, a reação aos bandidos que pululavam nos caminhos, "navegando" de ribeira em ribeira, explicam por que se impôs ali, fortíssimo, o culto da coragem, o apanágio da valentia e não só da valentia, senão do adestramento no uso das armas branca e de fogo.

A cutelaria artesanal prosperou nas tendas de "ferrageiros" de modo admirável, quer pela funcionalidade, quer pela estética apurada, quer pelos materiais empregados nas peças. Também pela variedade de tipos. E ao requinte da peça, fosse esta o facão, a faca de ponta, o estoque ou o punhal, correspondendo à habilidade do jogador, alguns dos quais chegando a ganhar nome na voz fanhosa dos violeiros.

Em ambos os universos rurais nordestinos o banditismo teve lugar. Na mata litorânea como no sertão profundo. Com diferenças, é claro. Afinal, são dois mundos. Dois homens. Duas culturas. Duas sociedades. O coletivismo da tarefa agrícola domesticou o litorâneo. Afeiçoou-o à hierarquia e à disciplina, muito fortes nos engenhos de açúcar. O sertanejo permaneceu puro em sua liberdade ostensiva, quase selvagem ao longo de séculos. A pecuária não veio a se cristalizar ali em trabalho massificado. Não embotou o individualismo do catingueiro. Seu livre-arbítrio. Ou a sobranceria. Vem daí o orgulho pessoal exagerado que apresentava. O brio de cristal.

As cercas de arame somente chegam ao sertão tardiamente. Por volta de 1915, para cravar referência. E sem convite local. Interesse do patrão distante, no geral dos casos. Com as cercas, abate-se sobre o vaqueiro o choque da noção de limites. Da liberdade com espaço definido. A visão amada pelo sertanejo era a da tradição. A da caatinga indivisa. Mar de caatinga. Com os homens se sentindo absolutos em paisagem absoluta. A propriedade honrada em comum à visão bastante do "ferro", no couro do gado grande, com identificação da ribeira e da família do dono, e do "sinal", na orelha das "criações" ou miunças, que são os caprinos e ovinos. A geografia natural daqueles campos sem fim nos diz que a ribeira antecedeu de dois séculos o aparecimento das figuras formais do município e do estado, convém saber. De maneira que o banditismo na faixa da cana-de-açúcar, ao longo de quatro séculos embora, não galgou em qualquer tempo o volume social, o aprofundamento na cultura, inclusive a de expressão artística, as gomas marciais e o caráter por vezes epidêmico de que desfrutaria no sertão.

As oportunidades econômicas abertas na área úmida pela agricultura intensiva roubavam possíveis vocações para a vida de aventuras. Não assim na pobreza feita de espinho e pedra do sertão, onde houve tempo – e não foi tempo curto, mas séculos – em que a um jovem que não fosse filho de fazendeiro ou ligado a outra expressão da acanhada elite econômica local pelo compadrio, restavam apenas as opções de ser policial ou bandido. "Macaco" ou cangaceiro. Uma e outra coisa se parecendo bastante em meio no qual a luta diária se orientava para a sobrevivência. Economia "da mão para a boca".

No sertão, o banditismo não vem a conhecer apenas o estímulo de uma cultura violenta, em que o épico se fazia sentir à flor da pele. É ali que recebe os nomes com que se perpetuaria na memória escrita e na poesia cantada ou impressa pelo povo: cangaço e cangaceiro. Ocupação e protagonista, vale repetir. Da metade do século XIX em diante, o aumento da população, diminuindo as oportunidades econômicas já de si escassas no árido, desata surtos de criminalidade cada vez maiores.

Vivente dos sertões de Alagoas e de Pernambuco no começo do século XX, Graciliano Ramos sente a tendência e a acusa em artigo de outubro de 1938 para a revista carioca *Observador Econômico e Financeiro*, sustentando que "as coisas se modificaram", e que "os bandoleiros de hoje, comparados aos antigos, pouco numerosos, constituem multidão, e tornaram-se muito mais cruéis". Para ele, "essa democratização do cangaço foi provavelmente determinada pelo aumento da população numa terra demasiadamente pobre, que em alguns lugares chega a ter perto de cinquenta habitantes por quilômetro quadrado, a gente mal podendo viver lá". É quando vai se impondo lentamente um cangaço de sobrevivência, por assim dizer, de reação diante da necessidade, cores de "salve-se quem puder".

João Martins de Athayde – a quem Mário de Andrade fez justiça em 1932, ao reconhecer tratar-se de um "mestre de todos nós" – em versos de época, nos dá o quadro em seu desdobramento mais agudo, que corresponde ao tempo de Lampião, revelando percepção fina do mal-estar em que se achava mergulhada a sociedade sertaneja naquele meado dos anos 1920:

> Pedir esmola hoje em dia
> Não é boa profissão,
> Então ele deixa a vida,
> Segue a pé para o sertão,
> Somente pra se vingar,
> Vai pedir pra se alistar
> No grupo de Lampião.
>
> Daquele dia em diante,
> Faz tudo que tem vontade,
> Também não sofre na vida
> O rigor da crueldade,
> Já desprezou a sacola,
> Deixou de pedir esmola
> Pra fazer barbaridade.
>
> Um dia ele vai bater
> Na porta do cidadão,
> Aquele que lhe negou
> Algum pedaço de pão:
> Dessa vez o cavalheiro
> Lhe dá almoço e dinheiro,
> Tudo que houver precisão.

O banditismo litorâneo, de existência endêmica desde os tempos de Duarte Coelho à frente da Capitania de Pernambuco ainda no século inaugural, que se queixava à Coroa de que "os salteadores anarquizam tudo nesta terra", não dá trégua ao longo dos séculos seguintes da colonização, assegurando presença até mesmo durante os 24 anos de domínio marcial dos Países Baixos sobre a região, de 1630 a 1654. Período em que despontam, inclusive, chefes de bando neerlandeses rebelados contra a administração da Companhia das Índias Ocidentais, os chamados *boschloopers*, literalmente batedores de bosque, dentre os quais se notabilizam os nomes de Abraham Platman, natural de Dordrecht, ou o de Hans Nicolaes, chefe de grupo que agia na Paraíba em 1641, à frente de trinta homens, ou ainda o de Pieter Piloot, sem esquecer o português Da Silva, o Diabinho.

Já vimos que o século XVIII foi dominado pela legenda de José Gomes, o Cabeleira, bandoleiro pernambucano que tomava por lugar-tenente o próprio pai, Joaquim, e que chegou à ousadia de atacar o Recife, cidade capital da região à época, sendo preso e enforcado ali em 1786. Não se deixe de acrescentar ter sido esse o primeiro dos nossos salteadores a ser aproveitado como tema na literatura erudita do Nordeste, sem prejuízo da velha tradição poética de feitio popular, em que o mestiço setecentista, bom de espingarda, de facão, de viola e de canto, como guardou a crônica, ganharia versos com força de serem entoados até o começo do século XX, como os célebres

>Fecha a porta, gente,
>Cabeleira aí vem,
>Matando mulheres,
>Meninos também.

>Fecha a porta gente,
>Cabeleira aí vem,
>Fujam todos dele
>Que alma não tem.

>Corra, minha gente,
>Cabeleira aí vem
>Ele não vem só,
>Vem seu pai também.

A existência trepidante do salteador dos canaviais pernambucanos serviu de linha central a Franklin Távora para o romance histórico *O Cabeleira*, de 1876, com que o bacharel da Faculdade de Direito do Recife – cria do movimento de renovação que teve lugar ali a partir de 1870 – pretendeu mostrar ao país, no âmbito do nacionalismo romântico então em voga, a circunstância histórica de um Nordeste pitoresco, malgrado a decadência econômica que corroía as bases da civilização fundada na exportação do açúcar desde o século inaugural.

Para o crítico Antonio Candido, "a cena culminante do livro desenrola-se num canavial onde o famoso bandido está oculto e que, em ritmo de suspense, é posto abaixo, a fim de desvendar-lhe o esconderijo". Não surpreende a preferência. Távora caprichara na derrubada do oceano verde do Engenho Novo do Pau d'Alho como *grand finale* do romance, sendo de se imaginar o pavor do cangaceiro ao som do golpe da foice e do arrastar do ancinho, segundo a segundo, cana a cana, estreitando o cerco até lhe expor a catadura à curiosidade do capitão-mor Christovam de Hollanda Cavalcanti, senhor do engenho e patrocinador da volante policial. Ao tempo dos fatos, a poesia de gesta tivera o cuidado de registrar a passagem arrepiante:

> – Vem cá, José Gomes,
> Anda a me contar:
> Como te prenderam
> No canaviá?

> – Mortinho de fome,
> Sequinho de sede,
> Eu me sustentava
> De caninhas verdes.

> – Três dias passei
> Que comer não tinha
> Mais que rato assado,
> Puro, sem farinha.

> – Eu me vi cercado
> De cabos, tenentes,
> Cada pé de cana
> Era um pé de gente...

Mesmo no século passado, a zona fértil dos engenhos teve seu bandoleiro de grande expressão. Não era um nativo, mas um sertanejo corrido da seca e das limitações de seu mundo, trazendo consigo o ânimo próprio de um meio em que se é capaz de caminhar a pé até doze léguas, havendo necessidade. Só na alpercata de rabicho, calçada com meia de seda de cores fortes. Meias de cônego, tantas vezes. "O dedão na frente, chamando os mindinhos", como gostava de pilheriar.

Antônio Silvino é o vulgo de Manoel Baptista de Moraes, adotado em homenagem ao primeiro chefe sob cujo penacho colocou suas armas, um tio, Silvino Ayres de Albuquerque Cavalcanti, em guerra contra os Dantas, do Teixeira, na Paraíba, entre os anos de 1896 e 1898. O Antônio corria por conta do padroeiro da capelinha da fazenda Colônia, município de Afogados da Ingazeira, hoje de Carnaíba, Pernambuco, onde nasce a 2 de novembro de 1875. Silvino descobre o conforto relativo do litoral canavieiro em 1899 e dali não mais se retira até 1914, quando é baleado e preso, dissolvendo-se seu grupo célebre, ainda que pouco numeroso por escolha própria.

"Tipo moreno, bonito e forte, rosto oval, nariz afilado, bigodes fartos, cabelos cheios, pretos e lisos", além de "limpo, elegante, conversador, levemente gago e meio espírita, discutindo seu Allan Kardec", eis o medalhão que nos dá o juazeirense Otávio Aires de Menezes, que conviveu com ele por meses na cidade de Milagres, sul do Ceará, nos idos de 1905, Silvino à frente de dezoito cangaceiros à época, em reminiscência puxada da memória de adolescente.

Fácil entender por que as mulheres lhe apreciavam a presença, trunfo para os amores sem fim a que se dedicou nos campos secos e úmidos do Nordeste. Um em cada ribeira, diziam os exagerados, atribuindo parte do sucesso ao gosto que Silvino tinha pelos perfumes finos e pelas pedras preciosas, para não falar da flor na lapela com que apreciava ingressar nas povoações, blasonando:

> Antônio Silvino de Moraes:
> Tudo que promete, faz!

Os dezoito anos de vida no cangaço inspirariam um dos ciclos mais ricos da literatura em folhetos, os caderninhos frequentando as feiras do interior e das capitais do Nordeste inteiro. Somente Lampião faria sombra ao seu nome na consagração pela gesta, uma vez que a produção de arte em torno de Silvino não se alongaria em música ou em dança, como se deu com a gesta em torno do maior de todos os cangaceiros. Coisa surpreendente, sabido que Silvino gostava de cantar e dominava o violão. Na poesia lida e recitada, aí sim, o ciclo de Antônio Silvino se ombreou com o de Lampião.

Três versos de Leandro Gomes de Barros, respigados do folheto *As lágrimas de Antônio Silvino por Tempestade*, de 1909, são suficientes para nos dar a intensidade do que havia de retumbante nos passos do maior precursor de Lampião aos olhos dos rapsodos de chapéu de couro, o que vale por dizer aos olhos do povo humilde em geral, de que estes se faziam porta-vozes insuperáveis:

> Os filhos perguntam às mães:
> – Quem passa com tal destino?
> Então as mães lhes respondem:

– Fala mais baixo, menino!
Aquele que passa ali
Governa tudo isso aqui,
É ele Antônio Silvino!

Assim mesmo, inda há lugar
Em que eu passando, tocam hino,
O preto pergunta ao branco,
Pergunta ao homem o menino:
– Quem é aquele que passa?
E responde o povo em massa:
– Não é Antônio Silvino...

Pergunta o vale ao outeiro,
O ímã à exalação,
O vento pergunta à terra
E a brisa ao furacão,
Respondem todos em coro:
– Ele é o Rifle de Ouro,
Governador do Sertão!

4
Um reino na gangorra

> Enquanto houver rifle e bala,
> Grota, montanha e riacho,
> Morro, cupim e ladeira,
> Sigo a trilha e não relaxo:
> Vou brigar com quem quiser,
> Escape aí quem puder,
> Só não sirvo é de capacho!
>
> Verso atribuído a Lampião, segundo Miguel Feitosa Lima,
o ex-cangaceiro Medalha.

Foi também em Pernambuco que o maior de todos os cangaceiros veio a nascer, a folha amarelada dos assentos da Paróquia de Floresta cravando dia, mês e ano: 4 de junho de 1898, distrito de São João do Barro Vermelho, depois Tauapiranga, município de Vila Bela, que vimos ser hoje Serra Talhada. O batismo está lá, por igual: 3 de setembro do mesmo ano, na capelinha do arruado de São Francisco, da invocação de São Francisco das Chagas. Outras datas que apareceram podem ser desprezadas, sabido que a averbação religiosa gozava de prestígio de que o registro civil estava longe de desfrutar no sertão da época.

A Ribeira do Pajeú, onde vimos ter Antônio Silvino aberto os olhos em 1875, encarregava-se de dar sequência à tradição imemorial de servir de berço a aventureiros valentes que dividia com outra ribeira não menos célebre, a do Navio, ainda que esta fosse subsidiária da primeira quanto às águas preciosas do Pajeú. E oferece ao país, como arremate de ciclo histórico multissecular que já tardava a encontrar seu termo, a mais completa vocação de guerrilheiro de que se teve notícia.

Filho de José Ferreira dos Santos e de Maria Sulena da Purificação, que por vezes se apresentava como Maria Vieira da Soledade ou Maria José Lopes – com residência própria em terras da fazenda Passagem das Pedras, derramada em ambos os lados do Riacho de São Domingos, propriedade de Manoel Pedro Lopes e de Jacosa Vieira da Anunciação, pais de Maria Sulena – terceiro na ordem de nascimento em meio aos irmãos Antônio, nascido em 1895; Levino, em 1896; Ezequiel, em 1908; e João, em 1912, e tendo por irmãs a Virtuosa, do ano de 1900; Anália, de 1902; Angélica, de 1904; e Ana, conhecida por Mocinha, de 1910, Virgulino teve infância e meninice normais, às voltas com brincadeiras de fundo épico, ampliadas extraordinariamente no Pajeú de então. É que a ribeira ardeu em chamas nas primeiras décadas do século passado, enredada em duas guerras do cangaço, a dar vida à sentença que todos conhecem bem naquelas terras de cultura retentiva arraigada: "ódio velho não cansa...".

A história guardou as duas guerras privadas sob as designações sonoras de "questão da Vila Bela", reacendendo animosidade velhíssima entre os clãs prestigiosos de Pereira e Carvalho, a se desdobrar na etapa derradeira, a que nos interessa, ao longo dos anos de 1905 e 1922; e a "questão da Fuloresta", ou Floresta, na Ribeira do Navio, travada entre os chefes de cangaço Cassimiro Honório – cujo nome verdadeiro era Cassimiro Gomes da Silva – e José de Souza, o Zé de Soiza da linguagem local, entre os anos de 1904 e 1913. Arreganho, este último, iniciado pela ousadia de Soiza em roubar a filha de Cassimiro, a bela Melania – nome oxítono, mesmo – depositando-a, intocada, na casa-grande da fazenda Pitombeira, feudo do barão do Pajeú, coronel Andrelino Pereira da Silva. De nada adiantou a Soiza ter escolhido a casa mais poderosa da ribeira como menagem para a donzela e não ter se aproveitado da situação: Cassimiro ataca a fazenda e retoma a filha à bala, em combate a que se seguiriam parlamentações as mais difíceis. Testas franzidas. Palavras graves.

O barão falecera em 1901, mas seu filho, o também coronel Antônio Andrelino Pereira da Silva, não era homem de fechar os olhos a desfeitas. Cassimiro há de ter explicado copiosamente a afronta a que o arrastara o coração de pai. Afinal, o coronel Antônio Pereira dispunha de cem "cabras bons" acautelados dia e noite entre a Pitombeira e a fazenda Belém, todos ludibriados pelo golpe de mão dado por Cassimiro em ataque noturno, com poucos homens, lançando-se do escuro diretamente sobre a casa-grande do falecido barão e arrebatando a filha roubada. Resguardando o brio dos Pereira, a versão que se divulga apresenta a via diplomática como canal exclusivo de resolução do episódio. Parlamentações sem pólvora ou ferro-frio. Que efetivamente se deram, só que depois do ocorrido.

Não foi outro o quadro de cores fortes que ganhou olhos e ouvidos de Virgulino nos anos verdes: as duas guerras privadas a que voltaremos no capítulo 10. A crônica quase diária das tropelias, de parte a parte, vinda pela voz fanhosa dos cantadores ou vendida por ciganos novidadeiros, mestres no relato teatral dos fuxicos da semana, a peregrinar, de sítio em sítio, em busca das moedas com que animavam o "jornalismo" então corrente na caatinga.

Para além dos ventos de guerra, a meninada da ribeira se esbaldava "cortando" cupira de mel de abelha, caçando preás e mocós, correndo parelhas em cavalo, passarinhando juritis, indo aos urubus, pescando traíras, apanhando canários, galos de campina e patativas, pegando quedas de braço, dançando o "baiano", tocando sanfona ou viola, cantando repentes, jogando o trunfo, desfrutando de vastidão que, não sendo de abundância, estava longe de ser de penúria.

Na ordem pessoal, a incomodar o jovem Virgulino, a memória dos mais velhos assinala apenas o olho direito remelando sem cessar, afetado por glaucoma que lhe roubaria a visão muito cedo. Mal de nascença precipitado por acidente com ponta de pau, coisa frequente no ofício de vaqueiro da família, a que se dedicou na adolescência. Foi o que colhemos da boca de dois companheiros de brincadeiras, unânimes em reportar o "aguaceiro" que não abandonava o olho afetado.

Para acalmar inflamações periódicas, ao passar em casas amigas, Virgulino costumava pedir um ovo de galinha cru. Removia a gema com uma colher e despejava a clara sobre a vista, olhando para cima. Em minutos de repouso, a albumina produzia a sedação desejada, removia a poeira e atenuava a vermelhidão. O remédio intuitivo o acompanharia pelo resto da vida. Uma boa solução circunstancial, ouvimos de oculistas.

É nessa mocidade solta de canga e corda que vem a conhecer diretamente a violência, ao lado dos irmãos mais próximos em idade, Antônio e Levino, em fins de 1916, dia 7 de dezembro, segundo guardou o procedimento judicial resultante de conflito à bala que então se produziu. Sim, houve investigação policial e processo-crime ajuizado no Cartório de Vila Bela, a partir de representação feita por Antônio, vítima única de ferimento. Troca simbólica de desaforos com vizinho de terras, José Alves de Barros, o Zé Saturnino, ou Saturnino da Pedreira – nome da fazenda de seus pais, Saturnino Alves de Barros e Alexandrina Gomes de Moura, a Dona Xanda, irmã bastarda de ninguém menos que Cassimiro Honório, sendo ainda sobrinha de Ângelo Umbuzeiro, igualmente notório nas armas – materializada por meio de um chocalho alatoado, de propriedade disputada em comum, fez-se ponto culminante de ofensas recíprocas infligidas ao criatório que pastava misturado nas soltas de caatinga, ao longo das semanas que antecederam a troca de tiros.

De início, considerando-se dono da campainha, Virgulino limara nesta a letra inicial de seu nome, alegando tê-la trazido do sertão de Alagoas. De uma de suas viagens como tropeiro. Contestando a propriedade, Zé Saturnino arrebata a peça do pescoço da burra de sela em que a encontra e entalha nesta as barras de uma prisão, aprumando o que hoje se popularizou como jogo da velha. Uma letra V três vezes maior será a tréplica de Virgulino, a que se segue o amasso parcial da peça por Saturnino, além do corte do rabo da burra. Tudo no curto e no quente. Por esse tempo, o nome Zé Saturnino desaparece da boca dos Ferreira, dando lugar a um "Zé Chocalho".

Importa dizer que a Passagem das Pedras distava pouco mais de meio quilômetro de caatinga aberta até esbarrar na fazenda Maniçoba, residência de Zé Saturnino, estando ambas encravadas em volta da Serra Vermelha. Nas soltas indivisas, imperava a promiscuidade pastoril, então em vias de ser abolida pela chegada do arame farpado ao sertão, a propriedade a depender ainda do "ferro", para o gado grande, e do "sinal", para a miunça – ovelhas e cabras – vale repetir.

A Maniçoba se configurava em fazenda de porte médio, para os padrões do tempo e do lugar, nos seus aproximados 462 hectares, enquanto a Passagem das Pedras não ia além de uma fazendola, pouco mais que um sítio, com 98 hectares apenas, com base em agrimensura que solicitamos ao engenheiro civil Antônio Neto, familiarizado com a região. Compreensivelmente, o pasto comum beneficiava os proprietários da gleba inferior.

As ofensas podem parecer coisa pouca a olhos de hoje, não fosse a ressonância épica que o clima de exaltação da ribeira inculcava na mocidade fogosa, cada qual vestindo a pele de um Cassimiro, de um Zé de Soiza, de um Pereira ou de um Carvalho. E sobrevém o tiroteio previsível, no qual Antônio sai baleado nas nádegas, à sombra de pedras brancas enormes, dispostas no sopé da Serra Vermelha, segundo nos mostrou o próprio Zé Saturnino gentilmente, em 1970, a partir do terreiro da casa da Maniçoba, palco dessa primeira disputa.

Para outros, teria havido provocação mais explosiva: testemunhas jurando perante a autoridade pública que Antônio abrira a boca, em mais de um lugar, para dizer que iria "botar o cavalo pra cruzar com a mulher, a mãe e a sogra de Zé Saturnino, pra tirar raça de cavalo bom...". Esse o quadro dos primeiros dias daquele dezembro quente, a se dar crédito ao que consta dos autos.

Somente dez meses depois, a Justiça irá bater o martelo sobre a questão, absolvendo Saturnino e seu companheiro de armas no episódio, certo José Moreno dos Santos, conhecido por Zé Caboclo, inimigo figadal dos Ferreira. O calendário espetado na Sala das Audiências estampava: 3 de outubro de 1917. A despeito da testemunha José Rufino Gomes ter jurado que os filhos de José Ferreira "são de bons costumes, embora ultimamente vivam sempre no cangaço", valendo por dizer que tinham passado, desde algum tempo, a se deslocar portando rifle e cartucheira, o certo é que a data assinala a entrega definitiva dos Ferreira a essa coisa mágica para o sertanejo que é andar armado, não se podendo afastar a ideia de que a decepção com a sentença adversa os tenha levado a tornar definitiva a atitude belicosa das semanas que antecederam o tiroteio.

No dia inteiro que passamos com Zé Saturnino, em março de 1970, para ouvi-lo na única entrevista gravada que concedeu, nos foi dado indagar-lhe frontalmente sobre a origem de toda a animosidade. O *casus belli* a servir de espoleta ao incêndio que lavraria na Serra Vermelha, a partir de fins de 1915. A palavra à testemunha, para revelação conservada inédita até o presente:

O finado Cândido Ferreira, ainda solteiro, tinha em casa um trabalhador: um desses amarelos vindos do sul [do litoral, na linguagem do sertanejo]. A mulher do amarelo, uma cabocla bonita do diabo, morava também na casa. Lá um dia, bem cedo, no caminho da roça, o amarelo teve um arranco com Cândido, botando nele pra matar. Brigaram muito tempo e, quando Cândido viu que morria, gritou por Nezim dos Caibros, que veio na carreira e salvou o compadre, matando o amarelo, já muito cansado, tanto quanto Cândido. Ciúme é o diabo! A notícia do causo foi levada a Seu Né Pereira, comissário do São Francisco [povoado da então Vila Bela], que convocou uns paisanos e veio ver o que havia. Num apertado de serrotes, se deparou com Mané Lopes, que vinha pra rua, numa burrinha, pra comprar cachaça, que era o único remédio daquele tempo, usada com pimenta. Mané Lopes teve receio com a tropa e procurou fugir, mas foi preso por Seu Né, que achou suspeita a escapula. Adiante, na fazenda Serra Vermelha, Seu Né deixou o preso com João Nogueira, debaixo de ordem, e foi ver o lugar do causo. João Nogueira era casado com a finada Benuta, irmã de Seu Né e de Sinhô Pereira, sendo madrinha de batismo de Cândido. Na Serra Vermelha, Mané Lopes foi muito insultado pelo povo da casa, principalmente por agregados dos Nogueira. Pediu pra verter água [urinar] e ouviu: "Bote esse cachorro pra mijar!", e daí pra pior. O resultado é que Mané Lopes tomou um horror pela Serra Vermelha e pelos Nogueira, que não queria mais nem ouvir falar.

Saturnino se apressa em esclarecer que Manoel Lopes de Oliveira, o Mané Lopes do relato, além de "tio de Virgulino pelo lado da mãe, foi quem criou ele". A ponto de este assinar Lopes de Oliveira, e não Ferreira da Silva, no livro de alistamento de eleitores de Vila Bela, do ano de 1914, como pudemos constatar no Segundo Cartório da cidade, em 1970. E, assim, por alguns anos à frente, não sendo outro senão Virgulino Lopes de Oliveira quem comparece igualmente como testemunha e assina no processo sobre os primeiros tiros trocados na aba da Serra Vermelha. No reboco do reparo feito na casa do Poço do Negro, esse é também o nome que aparece riscado na argamassa fresca: o do Virgulino Lopes de Oliveira, hábil, por igual, nas artes de pedreiro.

Quanto ao pivô do acontecimento, trata-se de Cândido Ferreira Lima, enteado de Joaninha Ferreira, tia de Virgulino pelo lado materno. Cândido tomara casa na fazenda Caibros, a convite de sua irmã Amélia, a Docinha, casada com Antônio José Ferreira, mais conhecido por Antônio de Mathildes, ou simplesmente Antônio Mathildes, nome que retornará ao nosso relato mais à frente.

João Barbosa Nogueira, que também assinava João Alves Nogueira, senhor da fazenda Serra Vermelha, não era menos que sogro de Zé Saturnino e cunhado dos irmãos – ambos chefes de cangaço em tempos sucessivos – Manoel Pereira da Silva Filho, o Né Pereira, e Sebastião Pereira e Silva, o Sinhô Pereira. O primeiro desses irmãos, a dar suas diligências acompanhado de grupo escolhido a dedo, a começar pelos parentes Pedro Pereira Valões; José Terto Pereira Brasil, o Cajueiro; Antônio Pereira Neto, sobrinho materno do chefe, e pelos cangaceiros profissionais Pedro de Santa Fé e José Gringo, de nomeada por todo o Pajeú.

A esposa de Nogueira, tratada nos livros por Benvenuta, em nenhum momento é chamada assim pelo genro Zé Saturnino, a fazer uso invariavelmente da corruptela simplificadora que transcrevemos acima: Benuta.

Por fim, a vítima fatal do episódio, o "amarelo". Seu nome era José Benvenuto – coincidência – tratado por todos como Mameluco. O fato, verificado a 24 de março de 1912, com muito mais nuances, naturalmente, desaguou mesmo em procedimento policial, oferecido ao promotor público de Vila Bela no ano seguinte.

Está aí a fonte remota de todo o conflito entre Saturnino e os irmãos Ferreira, na opinião do nosso depoente, asseverada sem margem a dúvida de sua parte. Um conflito, na verdade, entre os Ferreira e os Nogueira, "que findou por cair no meu colo, por ter casado na família". Tanto é assim que, "nos primeiros estragos feitos por eles no gado da gente, de cada quatro reses dos Nogueira, apenas um bicho meu era maltratado", pagando pela dúvida quanto à propriedade, pelo que deixa claro.

Não nos parece secundário constatar que o ódio em Virgulino nasce aos catorze anos de idade, a ser patente o arrasto velho puxado da memória por nosso depoente. Ódio voltado apenas contra a família Nogueira, na origem, além de assimilado em solidariedade ao tio, não sendo fruto de agravo sofrido pessoalmente.

Confirmando a convicção, Saturnino segura nosso braço e diz, mastigando bem as palavras: "Até casar com a filha de João Nogueira, eu não tinha encrenca com Virgulino: nascemos e nos criamos juntos, brincando sem que um desse uma bofetada no outro. Mãe Xanda, minha mãe, era madrinha dele. Pra não dizer que não tinha queixa, apenas a de ele ser enredeiro. Tudo que acontecia na brincadeira, ele levava para os pais. Os dele e os dos outros meninos, que às vezes eram castigados por causa disso. Antônio, o mais velho, era sempre calado; Levino, barulhento".

Voltando-se para o velho amigo Joaquim Conrado de Lorena e Sá, da fazenda Pitombeira, um Pereira da gema que nos acompanhou na visita a nosso convite, juntamente com outro dos amigos de Saturnino, Luiz Andrelino Nogueira, um Carvalho não menos genuíno – suspeitamos que do equilíbrio social dessas duas presenças de contemporâneos seus tenha resultado a qualidade elevada do depoimento dado, capaz de chegar ao desconcertante em algumas passagens – Saturnino desabafa:

> Quem arrastou isso pra riba de mim foram os Nogueira. Quando a pessoa cai num abismo, como eu caí mode os outros, e eles fazerem o que fizeram comigo depois, muito encrenqueiros, a vontade que dá é de meter a espingarda pra riba e matar gente do nosso lado, se não fosse dar gosto ao inimigo, não é Quinca?

O sentimento profundo de Manoel Lopes com a humilhação sofrida não surpreende. Na voz geral, gozava de conceito como cidadão exemplar, acatado pelos vizinhos como homem disposto, embora prudente e conciliador, a ponto de ter sido nomeado inspetor de quarteirão da Serra Vermelha no meado dos anos 1910, com base em indicação feita pelo pai de Zé Saturnino ao capitão Antônio Timotheo de Lima, escrivão geral de polícia e de justiça de Vila Bela, e um dos chefes políticos do município. Nos anos finais da investidura comissionada, importa dizer que Manoel Lopes chegou a cumprir diligências contra criminosos tendo a auxiliá-lo os sobrinhos Antônio, Levino e Virgulino, por ele juramentados e armados regularmente.

A confissão enfática de Saturnino sobre o pormenor chega a ser surpreendente, deixando claro, em mais de um trecho do depoimento, que seu pai mantinha transações de negócios à sombra com Manoel Lopes, diante das quais o inspetor, no mínimo, fechava os olhos:

Meu pai foi muito responsável nessa questão. Por essa mágoa toda de Mané Lopes. Por que meu pai tinha um rabicho danado com esse caboclo, como eu nunca vi daquele jeito. Vige Maria, pode acreditar!

O próximo passo do pingue-pongue de chumbo entre vizinhos se dará meses depois de uma acomodação sugerida pelo então major da Guarda Nacional Cornélio Aurélio Soares Lima, empresário de prestígio em Vila Bela e também político atuante, acomodação que veio a ser detalhada pelo professor Domingos Soriano Lopes de Souza, mestre-escola dos meninos da ribeira, a execução tendo início por volta de abril de 1918. Nada no papel, tudo no fio de bigode, só e só: os Ferreira tratariam de vender o chão velho da Passagem das Pedras, não mais frequentando o Riacho de São Domingos, retirando-se para Floresta e fixando residência no Poço do Negro, a três quilômetros do povoado de Nazaré – novo em folha em sua espontaneidade urbana, obra dos Gomes, dos Flor, dos Gominho, dos Jurubeba, dos Soriano e de uns poucos cidadãos mais. Em contrapartida, Saturnino e os Nogueira não botariam mais os pés no povoado e arredores, incluídos os campos do Poço do Negro.

Não termina o ano, Saturnino nos confessa ter quebrado o acordo, entrando na feira de Nazaré "pra cobrar a venda em confiança de uns cavalos a Agripe Preto, muito lambanceiro, que vinha pagar hoje, não aparecia, vinha amanhã, e nada". Na companhia do cunhado José Cypriano Barbosa, cangaceiro velho já meio retirado de questões, passa a perna no burro e, pelas 9 horas do dia, está dentro do povoado. Para dar ares de boa-fé à missão, cumpre o ritual de entregar as armas ao subdelegado João Lopes de Souza Ferraz, o João Lopes da Ilha Grande, na entrada da rua, e não tira a sela do burro, apenas o deixando na sombra, com vistas a uma estada breve. Vê, com preocupação, que os Ferreira abandonam a feira assim que o avistam ali. Agripe, que já tinha embolsado o dinheiro da revenda da cavalhada, paga tudo, tim-tim por tim-tim.

Na retirada, são abordados pelo major da Guarda Nacional João Gregório Ferraz Nogueira, pessoa de representação no lugar e senhor do feudo da Ema de Floresta, que adverte: "Seu Saturnino, olhe lá, é bom o senhor procurar uma vereda pra voltar, se não o senhor leva tiro".

Saturnino incha na alpercata diante da advertência e destampa bem ao seu estilo: "Ah, não! Eu vim pela estrada real e vou voltar por ela". Outra coisa não faz. Ao chegar "numas barrocas", ainda bem próximo de Nazaré, "lugar bom pra eles, mas bom também pra nós, porque eles ainda não tinham experiência pra escolher lugar bom pra botar piquete", pipocam os tiros. "Se quer brigar hoje, Zé Cypriano, salte do burro no chão e segure as armas que a hora chegou!", grita Saturnino. Deixa que, a essa altura, o cangaceiro veterano já arrodeava os atacantes para pô-los entre dois fogos. E logo estes tiveram de correr: Virgulino e o primo Domingos Paulo Lopes.

Ao se afastar, Saturnino dá pela falta de uma de suas alpercatas. "Eu não deixo essa alpercata aqui por dinheiro nenhum, Zé Cypriano, que esses cabras vão dizer que eu corri, largando a alpercata". Volta na trilha e apanha o calçado, sem alteração, cego para o risco. Muito mais estava por vir. A palavra novamente a Saturnino:

> Nesse mesmo dia dos tiros, nós voltamos de noite a Nazaré. Dormimos no caminho. Cedinho, entramos na rua, tomamos umas cachacinhas e fomos cercar a casa deles no Poço do Negro. Zé Cypriano comigo e mais alguns rapazes. Aí, o tiroteio foi grande, e quem mais brigou foi Sebastião Paulo, ao lado do primo Virgulino. A casa nova já foi feita pra questão: tinha torneira [orifício para tiro] até por riba das telhas. E eu nunca deixei de ser camarada de Sebasto, como a gente chamava. Estava lá, era da família, tinha de brigar. E foi quem brigou mais bonito nesse dia. Antônio e Levino estavam fora, pros lados da Baixa Verde. Depois disso, logo, logo, eles foram embora pra Alagoas.

Fora da gravação, Saturnino nos diz ter estado à frente de dezesseis homens nesse dia, resultando baleado seu cabra José Joaquim dos Santos, conhecido por Zé Guedes, encontrando-se ainda no ataque os dois cunhados que já conhecemos, José Cypriano e Vicente Moreira, além de Luiz Preto, Vicente Grande, Antônio Joaquim dos Santos, o Batoque, Paizinho, José Caboclo, Dionísio Vaqueiro e outros. Do outro lado, além do tio Manoel Lopes e do primo Sebasto, Virgulino contou ainda com os irmãos do último, de nomes Francisco e Domingos, e mais com o cabra Luiz Gameleira. Figura curiosa de faz-tudo da família Ferreira, este último, tachado por Zé Saturnino de "um ninguém". Talvez por Gameleira aliar disposição de combate a dotes artísticos que lhe permitiam animar as datas festivas de Nazaré com números de teatro e de circo, à frente de companhia mambembe que foi capaz de engendrar.

Como que buscando atenuar a culpa pela transgressão ao acordo, de tantas consequências dolorosas para as famílias envolvidas e para toda a ribeira do São Domingos, nosso depoente lança ao entrevistador uma pergunta impossível: "Antes da cobrança a Agripe, eles [os irmãos Ferreira] não passavam aqui na estrada muitas vezes, pra visitar Joaninha [Joanna Maria da Soledade], tia deles?". Mais adiante na conversa, solicitado a opinar sobre o valor do acordo, logo se vê devolvido à sinceridade contundente de seu relato e proclama com irritação: "Acordo feito por gente que não tem força e quer se meter...".

Frustrando aconselhamentos de prudência partidos de autoridades políticas e religiosas de Vila Bela, um irmão do sogro de Zé Saturnino reproduz a quebra do acordo quase nos mesmos moldes da violação anterior, passados poucos meses. José Barbosa Nogueira deixa sua fazenda Lemos e vai a Nazaré cobrar dívida de animais. Para resumir, no regresso, é alvejado pelos Ferreira e reage. Nova troca de tiros. Os ânimos se exaltam ao rubro. Dias depois, novo tiroteio resulta na prisão de Levino, baleado no braço e detido em Nazaré, de onde vem a ser removido para o xadrez da cidade de Floresta, sede do município, na culminância de dia inteiro marcado por tiros e insultos.

Tendo sido descorteses com as lideranças de Nazaré, Antônio Gomes Jurubeba e João Flor, a quem acusam de "chaleira dos Nogueira", Virgulino e os irmãos veem-se sem clima para permanecer no Poço do Negro. Atordoado, o velho José Ferreira aceita uma proposta de conciliação apresentada pelos florestanos Antônio Serafim de Souza Ferraz, o Antônio Boiadeiro, fazendeiro e chefe político local, e Fortunato de Sá Gominho, o Ciato, comerciante, no sentido da libertação de Levino, desde que a família Ferreira batesse em retirada do Poço do Negro e não mais frequentasse Nazaré, como contrapartida.

Ia avançado o ano de 1919, quando os Ferreira se retiram para as zonas da Baixa Verde, ao norte de Vila Bela, fixando-se entre a vila de Triunfo e a povoação de Santa Cruz, próximas ao estado da Paraíba, onde procuram retomar a atividade de tropeiro. Os velhos José e João, irmãos como vimos, mais os filhos do primeiro, Antônio, Levino e Virgulino, especializam-se em apanhar mercadorias vindas do Recife, no terminal da Linha Férrea Central de Pernambuco, que esbarrava na cidade de Rio Branco, hoje Arcoverde. Ali, com uma tropa adestrada no capricho por Virgulino – a burra Mariposa fazendo a cabeceira e deixando nome como "burra-madrinha", cheia de ornamentos, nos estilos do tempo – tratavam de montar "cangalhas" e "caçuás", arrochando-os com as "inqueridoras" de couro trançado, e partiam para distribuir as encomendas por todo o sertão: móveis, utensílios, tecidos, ferragens, alimentos e bebidas. Mas esse mesmo sertão, medido em léguas sem fim, parecia pequeno para as provocações de lado a lado. E José Ferreira resolve deixar Pernambuco e se fixar em Alagoas.

Mata Grande, a noroeste do estado, denominada Paulo Afonso naquele tempo, vem a ser o primeiro destino, no encosto do coronel e chefe político José de Aquino Ribeiro, o Juca Ribeiro. Os Ferreira instalam-se no sítio Jurema, não muito distante da rua, onde cuidam do gado do coronel, a Virgulino cabendo distribuir o leite por toda a vila, o que o torna conhecido de todos em pouco tempo. Nas horas vagas, vinha para a rua e ficava na casa do subdelegado de polícia, sargento Maurício Vieira de Barros, que morava de testa com o coronel Juca.

"Calmo, asseado, boas maneiras, apreciador de perfumes, bom na sanfona e dançando como ninguém", segundo nos disse Djeni Alencar Ribeiro em 1980, "ele passou a ser disputado nas festas, as mocinhas ficando tristes quando souberam que pretendia voltar para a vida da estrada". E foi assim que a filha menina do coronel Juca guardou de Virgulino a melhor impressão, lamentando ter perdido para a almocrevaria o par respeitoso de tantas contradanças nos bailaricos da terra. "O salão parava para ver ele rodopiar na valsa", recorda por fim.

Em busca de maior liberdade para o transporte de mercadoria que tanto apreciavam, os Ferreira batem à porta do coronel Ulysses Vieira de Araújo Luna, nome sonoro de graduado da Guarda Nacional e político de prestígio em Matinha d'Água Branca, município vizinho ao de Mata Grande. Inteirado do propósito dos forasteiros, o coronel Ulysses os encaminha para uma grande fazenda que possuía ao norte da vila, onde estava a se formar lentamente a ruazinha de Olho d'Água de Fora. Para ali já havia destinado outra família igualmente fugida de questões, os Cavalcanti de Lacerda, mais conhecidos pelo sobrenome da matriarca: Porcino, naturais de área encravada entre Vila Bela e o município paraibano de Conceição do Piancó. Logo os irmãos Ferreira travam amizade com os jovens Porcino, Antônio, Pedro, José, Cícero, Raymundo e Manoel, os dois primeiros, mais velhos, à frente dos negócios da família, a que não era estranha uma atividade discreta no cangaço, saindo à noite para os assaltos e amanhecendo no trato da roça e do criatório, para lavar a testada, coisa comum no sertão do período.

Maria das Dores, irmã dos Porcino, admitiu perante Manoel Flor que "os Ferreira não entraram em confusões logo após sua chegada a Alagoas", o que nos permite arriscar que o gosto pela vida de almocreve pudesse tê-los determinado a seguir existência à margem de conflitos, não fora uma nova ocorrência se abater sobre a família, gerando uma segunda e definitiva onda de revolta.

Mais uma vez, os maus ventos sopram do Pajeú, novamente das bandas do Riacho de São Domingos. Ali, entre a vila de São Francisco e a povoação de Nazaré, residia, em terras próprias, um contraparente muito querido dos Ferreira, o já mencionado Antônio Mathildes, reconhecido como trabalhador e valente, além de pessoa de trato social irrepreensível, natural da vila de São Serafim, hoje Calumbi, à época do município de Flores, de onde saíra para sepultar questões. Na povoação de Nazaré, granjeara amizades que findaram por levar seu nome à consideração do juiz de Floresta, Mário Lyra, que tratou de investi-lo como inspetor de quarteirão do Poço do Negro, em fins de 1910. Entre os que abonavam seu nome, estava o major João Gregório, freguês das mãos calosas de Mathildes.

Tomando a sério o provimento, o novo inspetor passa a perseguir malfeitores que impediam o desenvolvimento de Nazaré, em pouco tempo saneando os caminhos e fazendo com que dessem com os costados na cadeia da povoação cangaceiros como Zé Boi, Joaquim Gabriel e Sereno, resultando abatido certo João Bagaceiro, corrido o espertalhão Carta Branca e dissolvida uma quadrilha responsável por mortes e assaltos na ribeira do São Gonçalo. Com fé de ofício digna de louvor, em que se inscreviam ainda a recuperação e a entrega aos donos de dezenas de cavalos e burros roubados, cedo Mathildes vê seu nome gabado na ribeira pela boca de violeiros, dos quais recebe o apelido de Bigode de Arame.

Afã tão animoso não deixaria de contrariar interesses de coiteiros poderosos, alguns bem situados na política, que tramam para que Mathildes fosse apeado das funções, o que logram alcançar no meado de 1913. Desdobramento tardio de reação assim poderosa é o espancamento e prisão que ele vem a sofrer em fins de 1919, mês de novembro, diante da esposa e dos filhos, por parte de um cabo de polícia conhecido por Antônio Maquinista, que lhe visita a casa de surpresa, à frente de pequena força volante de Vila Bela.

Mathildes sempre culpou Zé Saturnino e os Nogueira pela denúncia contra si, muitas pessoas no Pajeú contestando a acusação. Ontem como hoje. Pois bem. Dada a palavra a Zé Saturnino, ele corajosamente nos confirma ter sido um dos que estiveram por trás da ação de Maquinista, embora não almejasse o espancamento, como tratou de ressalvar. Eis suas palavras:

> Eu estava um dia, de manhã, na fazenda Pedreira, sozinho, quando ouvi os cachorros latindo. Olhei pra fora e vi duas linhas de soldados se aproximando pra cercar a casa. Tive até receio. Com pouco, o comandante se apresentou. Todo importante e aborrecido, o cabo Antônio Maquinista, que fazia e acontecia, que andava atrás de cangaceiros, principalmente de Baliza e Tibúrcio, cabras de Sinhô Pereira. Eu disse a ele que os dois andavam mesmo por aqui, mas quem dava dinheiro a eles era Antônio Martila [sic], que era tio de Baliza. Quando chegou de tarde, veio a notícia. Home, houve pra lá um fuá dos seiscentos diabos. Até Antônio Martila eles pegaram, pra dar conta do sobrinho, deram muita pancada nele, lá vai, lá vai...

Completava a informação, trazendo luzes sobre o motivo da vinculação de Mathildes ao bando de Cassimiro Honório por um tempo, no auge da questão deste com Zé de Soiza. Afinal, o inimigo de meu inimigo é meu amigo, como se diz por ali:

> Ele morava em terras dele mesmo, na estrada que vai de São Francisco pra Nazaré. Homem de um rompante danado! Brigou um tempo com Zé de Soiza, que ainda era parente dele, e teve de se amparar como companheiro de espingarda do finado Cassimiro. Mas nunca foi cabra dele, não. Era homem que tinha situação.

Questionado sobre a boa fama de Mathildes, granjeada nos anos em que servira como inspetor de quarteirão do Poço do Negro, carregou nas tintas sobre o inimigo e foi além:

> É, ele pegou um tempo uma história de perseguir ladrão de cavalo. E, toda vez que ia atrás, tomava. Mas, o que o povo dizia era que ele já sabia por onde era que os cavalos estavam. Era como os oficiais de polícia que eu conheci depois...

Levado a Vila Bela, novamente interrogado e recolhido ao xadrez, Mathildes não chega a esquentar a cela, valido pelo capitão Antônio Timotheo, ainda que a acusação de tio de cangaceiros não pudesse ser contestada. Os irmãos João e José Gomes, ou João e José Dedé, os sobrinhos, no cangaço, respectivamente, Criança e Baliza, andavam com Sinhô Pereira e se desgarravam com frequência para visitas à família. E para incursões rápidas no Poço do Negro e arredores, não havia como negar. O Tibúrcio referido pelo cabo não era o cabra da confiança de Zé Saturnino, mas o cangaceiro Mão de Grelha, também do grupo de Sinhô.

Pintado para a guerra, por assim dizer, depois de ver seu nome enlameado de boca em boca nas ribeiras vizinhas e de torcer a cara para o foguetório vindo de sítios de coiteiros bem conhecidos, Mathildes alinhava os negócios em casa e parte para Alagoas em busca dos Ferreira. No vaivém das estradas, estes já estavam ao corrente dos acontecimentos e não aceitavam, de jeito nenhum, a desmoralização do tio postiço. Do marido de Docinha, enteada de Joaninha Ferreira, irmã da mãe de Virgulino, não custa lembrar. A questão não teria mais volta.

Mathildes visita o coronel Ulysses Luna, em Alagoas, a quem narra sua *via crucis*, recebendo autorização para juntar-se aos parentes no pouso do Olho d'Água de Fora, em seguida a compromisso de paz que os cabelos brancos da meia-idade lhe permitem afiançar perante o chefe político. Nem por isso as confabulações deixam de se dar desde a primeira hora do encontro com os Ferreira, em torno do melhor modo de hostilizar os inimigos no Pajeú.

Por volta de agosto de 1920, está formado um grupo de dezenove cangaceiros, à frente os três irmãos Ferreira, mais Baliza e Gato, o Antônio Vitorino, ambos do bando de Sinhô; os também irmãos Benedito, José, Manoel e Olímpio, que se convertem em Pirulito, Caneta e Carrossel; o recruta Higino, também parente de Mathildes, e outros.

Como se costuma dizer no sertão, "quem quer pegar o boi, cerca a cacimba". Não foi outro o plano inicial concebido no Olho d'Água de Fora: empiquetar as aguadas de que se servia o gado dos Nogueira e de Zé Saturnino, no propósito de minar-lhes a fonte de renda principal. A água estava difícil. A caatinga ainda crestada pelos restos da seca de 1919. Furar o bolso do inimigo, eis a parte maior da estratégia.

Arranchado na Mata do Pato, uma légua para a ruazinha de São Francisco, o bando dana-se a matar o gado que encontra ali, também na Lagoa da Laje, também no Tabuleiro. Entre o rio Pajeú e a ribeira do São Domingos, não fica a salvo nenhum dos bebedouros dos Nogueira. Que sentem o golpe e correm para Zé Saturnino, arrancando os cabelos. Afinal, ele era vítima também. Confabulações. Saturnino não tem como recusar sua bala de prata: o tio Cassimiro Honório, chamado às pressas nos domínios selvagens do São Braz e do Riacho do Meio, na Caiçara dos Órfãos, hoje município de Betânia.

Antes da chegada do auxílio de peso, Mathildes chefia ataques-relâmpago às fazendas Maniçoba, Serra Vermelha, Lemos e Mutuca, de Saturnino, de João, de José e de Venâncio Nogueira, em ação contínua ao longo dos dias 14 e 15 de setembro, queimando casas, cercados e paióis de milho, feijão e algodão. Além do bolso, a boca do inimigo e de seu rebanho entrava na estratégia como alvo.

Chega Cassimiro. Por conhecer a fama dos Nogueira, o velho chefe de cangaço fecha a cara e bota as cartas na mesa na primeira reunião: "Eu não venho aqui pra tomar terras alheias nem pra desmoralizar chefe de família. Eu estou aqui pra ensinar vocês a matar gente, que é a arte de meu conhecimento. Se quiserem assim, eu fico". Fazer o quê?

Condição aceita, Honório mistura seu grupo de veteranos à cabroeira local e parte para dar combate ao inimigo. O sobrinho Saturnino ao seu lado, orgulhoso pela escolha para segunda pessoa em comando. Não sem motivo. Desde a prisão de Antônio Silvino, em 1914, o sertão possuía apenas dois generais do cangaço em atividade: Cassimiro Honório e, com menos tempo na espingarda, Sinhô Pereira.

As escaramuças se sucedem até que se chega ao grande combate da Lagoa da Laje. Onde Cassimiro dá espetáculo nas variações táticas a cada instante, com seu pessoal treinado, chegando ao emprego do incêndio da caatinga como recurso para desalojar os adversários em momento extremo. Do outro lado, o efetivo se distribui em três pelotões sob o comando de Mathildes, a condução imediata ficando a cargo de Virgulino, de Baliza e de Gato.

Jamais saiu dos ouvidos de Saturnino o "grito de alevante" dado por Baliza – "um cabra da fala fina, valente como os seiscentos diabos e que sabia brigar" – dado no meio do combate, levantando-se e expondo o corpo por inteiro:

– Ô Gato, arrodeia por lá e vamos pisar esses cachorros de pé!!!

Ao que Vicente Moreira, um dos mais valentes do lado oposto, com o mesmo gesto ousado, trata de respostar no quente:

> – *Pisar de pé o diabo. Vocês hoje vão comer o que o diabo nunca quis. E eu só saio daqui depois de mamar como o diabo!!!*

Na véspera do combate, a morte do jovem Higino – baleado, preso e sangrado a punhal, em seguida a "inventário" lento e "chorado" com "pregão" de deboche, na tradição do Pajeú – chocara Mathildes. Mas o que pesou contra ele no resultado colhido na Laje foi o ferimento de certa gravidade que sofreu no quadril, obrigando-o a se esconder em casa de Né Pereira por dois meses, voltando a Alagoas apenas quando a viagem se tornou possível. Mas a novidade ali ficaria por conta de um aspirante a general do cangaço que estava batendo à porta do panteão sertanejo: Lampião, no verdor dos 22 anos, de apelido escolhido por ele mesmo fazia poucos meses.

De todo modo, o ferimento em Mathildes permite aos Nogueira respirar por um tempo, dentro do qual movem processo-crime sobre as depredações recentes, a correr na comarca de Vila Bela. Na ordem prática, para evitar a quebra total do patrimônio, tratam de transferir o grosso do gado para o município de Custódia, por sugestão de Zé Saturnino, com pensamento nos baixios úmidos da fazenda Cacimba Limpa, de José Burgos, devedor de finezas à família Nogueira. Zé Guedes, agregado de maior confiança de Saturnino, é destacado para cuidar do gado no destino escolhido. E não era pouca coisa, não. "Sem contar os meus bichos, eles tinham pra mais de trezentas cabeças de gado, uma burrarada bonita danada e cavalos", nos diz Saturnino.

O ano vira relativamente em paz. Em março de 1921, pouco mais ou menos, Zé Guedes se apresenta ao patrão, pedindo para passar uns dias com a família na fazenda Lemos. No meio da conversa na Maniçoba, Saturnino pinota da cadeira ao ouvir de Guedes que tomara conhecimento por um rapaz, "quando cheguei na Caiçarinha, que os Ferreira tinham passado o dia inteiro na feira da Betânia e que o rapaz, saindo de lá, os Ferreira ainda ficaram". A notícia se confirmaria horas depois, "quando eu cheguei na Conceição", diz Guedes.

"Tá doido! Já sei de tudo: eles vão pra Cacimba Limpa e acabam com o gado dos Nogueira todinho", explode Saturnino. Que imediatamente dá as providências para o auxiliar: "Acoche a cilha da burra e vá dizer a seus outros patrões que, se eles quiserem aproveitar o restinho do gado que têm lá, tá na hora de encostar! E se eles disserem que não vão, diga que mandem dez caixas de bala, que eu só vou a trezentos cartuchos pra cada um dos meus oito homens, que são poucos mas são bons". Nenhuma resposta. Saturnino destampa no depoimento: "Aquilo são uns cachorros: nem vão nem mandam o dinheiro pra eu comprar as balas!".

"Como também tinha o que perder, torei a noite inteirinha com meus homens, somente seis, porque a finada Mariquinha sempre dizia que, quando eu tivesse de viajar, deixasse Tibúrcio e João Branco e o resto eu podia carregar tudinho", prossegue Saturnino, esclarecendo que o destino não seria a Cacimba Limpa, e sim um corte no rumo do sudeste que lhe permitisse interceptar os Ferreira antes de cruzarem a fronteira para Alagoas com a boiada, tratando de impedir que chegassem à Mata Grande, onde dispunham de cobertura.

No Poço do Ferro, município de Meirim [hoje Ibimirim, Pernambuco], "um rapaz que tinha um irmão mais eles me disse que tinham passado nas Lajes, com uma boiada bonita". Saturnino lambe os beiços e prossegue no escuro, atingindo as Lajes no quebrar da barra, "com trovão e relâmpago passando pro riba das cabeças da gente". O inimigo estivera ali, mas não dormira, apura. Fora fazê-lo no Poço do Boi [também de Ibimirim], três léguas na frente. À pergunta sobre quantas estradas havia para a direita, saindo do Poço do Boi, o rapaz esclarece que apenas uma. Saturnino novamente se alegra: "Vai dando pro que eu quero...". "E onde vai ter casa, saindo de lá?" "Somente com cinco léguas na frente", a conversa avança. "E que lugar é esse, dessas casas?" "Brejo do Prioré [ainda de Ibimirim]."

"Acordei meus rapazes do cochilo, nos arreamos e seguimos na direitura do Brejo", diz ele, aproveitando para esclarecer que já eram doze homens, fora ele, nesse ponto do trajeto, armados a fuzil e rifle: "O finado Cassimiro tinha mandado seis homens escolhidos, que encostaram na véspera, no Poço do Ferro, e bala a gente tinha por desgraça". Afinal, "o cabra pra botar a cabeça de fora em terra alheia, vá prevenido!". Viajaram "em cima da alpercata, num trote que o suor pingava...".

Na direção da Mata Grande, abriu-se na frente uma estrada que ia dar na vila de Santa Clara [hoje Tupanatinga, Pernambuco]. "Ficamos preocupados que eles deixassem o rumo do Brejo", pensou Saturnino, a quem devolvemos a palavra:

> Adiante, num olho-d'água, encontrei um tropeiro e me apresentei em manga de camisa. Bom dia! Bom dia! O senhor dormiu onde? No Brejo do Prioré. O senhor viu lá uma boiada? Não, o que eu vi lá foi cangaceiro como a peste! Meu amigo, me diga: eles disseram de onde eram? Ouvi um deles dizendo pro outro, não pra mim, que eles eram do Pajeú, e que iam seguir por essa estrada do Espírito Santo [hoje Inajá, Pernambuco]. Fiquei alegre de novo. Agora dá pra mim! Fui a ele e perguntei: amigo, o senhor está pensando em seguir viagem? Não senhor, vou botar abaixo aqui mesmo, nesse olho-d'água. Fiquei com pena dele, com burros tão carregados, e fui sincero: amigo, o senhor não bote abaixo aqui, não. Que o senhor está alarmado com essa gente armada que viu, e eu venho com outro tanto aqui. A boiada é minha, aquele povo é meu inimigo e aqui vai se dar o diabo, já!!! O senhor fure pra frente, pra escapar com seu comboio. Quando vi, já foram os burros da tangida da frente, pá, pá, pá, pá, trotando ligeiro que chega iam com o queixo em riba da venta...

Com o olho-d'água liberado, Saturnino divide sua tropa ao meio e passa as instruções para os dois piquetes de espera a serem dispostos no terreno, formando o chamado "garrafão". Onde o inimigo deveria ser enclausurado e fuzilado sem dó. Como? À primeira meia dúzia – composta dos "rapazes de minha maior confiança" – caberia abrir o combate, não antes de deixar passar os primeiros homens do inimigo e somente alvejando os de trás. Para que os da frente já estivessem ao alcance do fundo do garrafão, onde chegariam olhando para trás, de onde estavam vindo os tiros, sendo fuzilados de pronto pelo segundo piquete. A palavra novamente a Saturnino, que nos adverte de que "o lugar não era bom pra nós, mas era muito pior pra quem vinha":

> Rapaziada, vocês tomem conta desse olho-d'água, que é pra morrer até o derradeiro, mas não é pra entregar! Vocês só atirem nos homens do coice, que é mode a cabeceira já estar na frente, onde eu vou ficar esperando. E aí nós fechamos. Também, demorou pouco, eles encostaram danados de sede, que chega avoaram em riba da água. Aí, meus homens arro-

charam, que eu ouvi os pipocos medonhos. Os trovões mais feios do mundo! Isso, podia ser umas onze e meia do dia. Com o sentido nos tiros que vinham do olho-d'água, eles chegaram de costas pra onde eu estava com meu piquete. E aí nós escolhemos em quem atirar de ponto. No fim, quem morreu, morreu; quem estava baleado, não prestava e ficou lá. Pegamos apenas o nosso gado: 43 vacas danadas de gordas e dez bois. Sendo 53 reses no total. Eles eram dezoito homens. Virgulino no meio deles, junto com Antônio Martila.

Com as transcrições espichadas deliberadamente, contamos ter dado ao leitor a oportunidade de calçar as alpercatas de rabicho de um morador da ribeira do São Domingos, para sentir um pouco do clima que presidia os fuxicos, as intrigas, as provocações e as contendas naquele sertão conservado semifeudal até fins da primeira metade do século XX, como já fizemos ver.

Retomando o fio da meada, resta dizer que o gado é recambiado para o Poço do Ferro e entregue ao coronel Ângelo Gomes de Lima, o Anjo da Jia, comissionado em autoridade policial do Meirim, com vistas ao preparo da papelada de devolução aos donos. A certa altura da conversa com o coronel Anjo, este chama Saturnino de parte e lhe participa que haveria todo propósito em que se preparasse uma carta dando conta ao coronel Ulysses do uso que os Ferreira estavam fazendo do asilo recebido, estimulados por Mathildes. E que ele se dispunha não só a escrevê-la, como a levá-la discretamente a Ulysses, com quem tinha trato de negócios. Saturnino concorda e parte para conseguir o sinal verde dos Nogueira, o que alcança em poucos dias.

De volta ao Poço do Ferro, encontra a carta pronta, Anjo da Jia tendo sido fiel no arrolamento do incêndio das fazendas, da morte do gado na bebida, do combate verificado ali e do roubo da boiada, com o resgate à bala dos dias recentes. Resgate "que se dera a apenas três léguas da fronteira alagoana", pronunciando alguma ação futura ainda mais perto dos domínios de Ulysses, "com possibilidade de aborrecimento para o ilustre chefe de Água Branca", a carta advertia o coronel com palavras de veludo.

Em menos de uma semana, Anjo da Jia está hospedado na fazenda Cobra, feudo do seu amigo Ulysses, a quem entrega a mensagem secreta. Surpreso e chocado, o coronel envia "positivo" a Mathildes, pedindo-lhe que se apresentasse na Cobra "sem demora", o que vem a se dar no final da tarde do dia seguinte.

Humilde, chapéu debaixo do braço, Mathildes se apresenta na companhia de Antônio e de Virgulino. E ouve calado a reprimenda do coronel pela quebra do compromisso de paz assumido na chegada, de que estavam resultando as medidas que se via obrigado a tomar naquele instante: o cancelamento imediato de todos os fretes de carga que encomendara, além da determinação de que a família inteira deixasse o Olho d'Água de Fora!

Ciente, agora, de que o aumento das ações de cangaceiros naquela parte de Alagoas tinha ligação direta com a chegada dele e dos Ferreira ali, Ulysses os aconselha a baixar as armas e a se afastar da região, por ser de seu conhecimento que o governo preparava uma grande força para "limpar" o eixo Pedra-Mata Grande--Água Branca.

Pondo-se de pé, Mathildes enterra o chapéu na cabeça, encara o chefe político e dispara:

> – Coronel, onde acaba a terra de Deus, emenda a terra de Nossa Senhora, e onde acaba a terra de Nossa Senhora, emenda a terra dos seiscentos diabos! A homem desfeiteado não se dá conselho!

Passam a perna nas montarias e saem a galope, os cascos sacudindo poeira em sinal de provocação. Todos três. Saturnino recolhe gestos e palavras, reproduzidos em detalhes por Ulysses a Anjo da Jia, ficando certo de que a sugestão do Senhor do Poço do Ferro fora acertada: os inimigos estavam desterrados pela terceira vez...

Em abril desse movimentado 1921, o então sargento José Lucena de Albuquerque Maranhão chega à "zona conflagrada" por Ferreiras, Mathildes e Porcinos – agindo ora isolados, ora em junção de forças, ora se prestando mutuamente nas temidas ações de "retaguarda" – além, em ponto menor, dos grupos dos Melões e dos Bentos. Inteira-se das ocorrências e tranquiliza a elite do lugar ao deixar aos olhos de todos que dispunha de carta branca do governo, à frente de sua volante especial de 120 homens.

Não havia exagero no efetivo da força. A violência dos três grupos principais tinha subido a questão de Estado, o governador de Alagoas, José Fernandes de Barros Lima, em mensagem de abril de 1922 à Assembleia Legislativa do Estado, tratando de se eximir de culpa por uma criminalidade vinda do vizinho Pernambuco, ao sustentar que "os municípios de Paulo Afonso [antiga denominação de Mata Grande], Água Branca e Santana do Ipanema foram vítimas de várias invasões no ano transato e, para pôr cobro a tal situação, teve o governo de concentrar ali, por vários meses, uma força com efetivo superior a cem praças".

Lucena trata logo de não ficar um milímetro aquém dos poderes recebidos pessoalmente do secretário do Interior, Augusto Galvão. De Santana do Ipanema para cima, as cadeias vão ficando vazias pelo fuzilamento sumário dos ocupantes responsáveis por crimes de sangue. No então distrito de Maravilha, um curso d'água é rebatizado como Riacho das Sete Mortes...

Já assinalamos em livro o achado surpreendente de palavras lisonjeiras à ação policial de Lucena nos anos 1920, ditadas pelo Rei do Cangaço a Benjamin Abrahão, no meado de 1936, e recolhidas à caderneta de campo do aventureiro sírio: "Lucena combateu Lampião de 1921 a 1929, deixando o estado de Alagoas livre de bandidos profissionais e de criminosos". Categorias em que o declarante não se incluía, naturalmente... A surpresa de Abrahão é tamanha que cuida de cravar em árabe ao pé do ditado: "Foi Lampião mesmo quem disse isso".

Na ocasião dessas palavras, ia longe o tempo em que o cangaceiro não cansava de realejar para poetas e curiosos o ódio que votava a um Lucena considerado sem nenhuma qualidade, verdadeira imagem do cão, despertando versos como o que foi ouvido por Maura Lima Cabral, da boca do cangaceiro Antônio Vitorino, vulgo Gato, na fazenda da Pedra, em fins de setembro de 1922, como vimos no capítulo primeiro, a cuja memória de mocinha curiosa e atenta apelamos mais uma vez:

> Lucena, se eu te pegar
> Inté o diabo tem dó:
> Subo de goela pra riba,
> Vou me arranchar no gogó;
> Desço de goela pra baixo,
> Dou em cada tripa um nó!

Voltemos ao ano do relato, 1921, ocasião em que a energia de um Lucena no verdor dos anos vai produzindo uma diáspora de bandoleiros no sertão alagoano entestado com o Moxotó de Pernambuco. Nos próximos três anos, os Porcino de maior evidência serão mortos distante dos municípios saneados: Antônio, caindo à bala em Jacobina, Bahia; Pedro, também ali, depois de permanência em Águas Belas, Pernambuco, eliminado pelo próprio sogro; e José, em Santana do Ipanema, fazenda Lajeiro Alto. Em maio de 1925, os restantes Manoel, Raymundo e Cícero serão presos em Brejo dos Santos, Ceará, confessando "crimes praticados em Água Branca e terem sido companheiros de Lampião", conforme reza telegrama passado pelo sargento volante Firmino da Rocha ao já então capitão Lucena, em Maceió. No fecho do despacho, uma frase do sargento cearense dá a medida inteira do que estamos dizendo aqui: "Não sei o que há entre eles e o ilustre Capitão Lucena, que manifestam pavor à sua pessoa".

Os Melão, bando de dois irmãos e número igual de sobrinhos, afundam na caatinga mais fechada, fugindo a todo contato com gente. Trabalho perdido. Findam alcançados pelos caçadores profissionais José e Euclydes Calu, de Água Branca, que os executam por encomenda de Lucena, a quem entregam as orelhas de três deles, vindo a ser imediatamente alistados na Força Pública de Alagoas.

Para os Ferreira e Mathildes, o ano de 1921 também não seria de esquecer. A 3 de maio, a mãe dos primeiros tomba a um segundo derrame sem remédio. O luto dos filhos é atacar a povoação da Pariconha, na aba estendida da Serra de Água Branca, a 9 do mês, saqueando o comércio do intendente municipal [hoje prefeito] de Água Branca, Gervásio Teixeira Lima, e fazendo de montaria o subcomissário de polícia Manoel Pereira de Sá.

A 18 do mês, à procura do produto do roubo, como foi propalado, Lucena se desloca com fração de sua volante até a última residência dos Ferreira, no sítio Engenho Velho, de Sinhô Fragoso, em Santa Cruz do Deserto, município de Mata Grande, dando cumprimento a diligência de que finda morto o pai destes, sem motivo qualquer, morrendo também o proprietário do sítio e saindo feridos o filho deste, Zequinha, e uma senhora da família.

Pelo tempo à frente, Lucena se penitenciará do excesso criminoso, atribuindo-o à perversidade notória de certo soldado Benedicto de Barros Caiçara, antigo sacristão em Santana do Ipanema, contra quem abre sindicância e afasta das fileiras.

São candentes as palavras de todos do lugar, e até mesmo de Zé Saturnino, lá longe, no Pajeú, ao condenar a morte do pai de Virgulino, a quem teve sempre "na conta de um amigo", pelo que nos revelou:

O velho Zé Ferreira foi um inocente que mataram! Não fazia mal a ninguém nesse mundo. Tinha acabado de soltar duas vacas e ainda estava em pé, com a porteira aberta. Morreu ele e Zé Fragoso.

As escaramuças se sucedem, sem importância. A 10 de junho, um fato quebra a mornura dos últimos dias: Porcinos e Ferreiras, em número de doze, chocam-se com fração de sessenta homens ao comando de Lucena, nas areias do Poço Branco, terras da fazenda Cruz, no lado pernambucano da fronteira, em pleno coração do Moxotó, proximidades da vila de Espírito Santo. Ferido à noite, o combate é brutal. Os Ferreira, enxergando a possibilidade de matar o responsável pelo assassinato do pai, expõem-se desesperadamente.

Alto, enxuto de carnes, punhal desmedido, o negro Bagaço, Antônio Augusto Correia, cangaceiro que acabava de ser recrutado por Lampião no Olho d'Água do Casado, Alagoas, tantas faz que vem a perder o apelido depreciativo, recebendo um solene Meia-Noite, em atenção ao momento final do combate. Para um soldado morto, os bandidos perdem o cangaceiro velho de vulgo Cavanhaque, um vaidoso do ornamento. Os feridos são de parte a parte, notadamente Pedro Porcino, que chega a abandonar o rifle nas areias do Moxotó.

A lamentar, em especial, o assassinato pelos Ferreira, horas antes do combate, do caixeiro-viajante Arthur Mariano, natural de Mata Grande, que se deslocava para Tacaratu, com mulher e três filhas novas – uma destas de colo – a quem o fuxico atribuíra o fato de ter servido um copo d'água a Lucena em sua fazenda Barreiros, quando o sargento se deslocava na madrugada da tragédia de 18 de maio.

Dias depois, tomando Virgulino na conta de mais um, por ainda não conhecer em detalhes a inteligência aguda, a capacidade de previsão e o planejamento frio e meticuloso daquele cangaceiro de 23 anos de idade que acabava de passar à notoriedade como Lampião, o sargento filtra para a imprensa de Maceió dados que o *Diário de Pernambuco* de 30 de junho se apressa em publicar, com base em telegrama de 26, afiançando que "o problema do banditismo no interior vai tendo a solução parcial que pode decorrer da ação de governo". E que, "mesmo assim, parece estar debelada essa praga sertaneja num de seus mais temerosos aspectos: a permanência dos Porcinos e Mathildes nas adjacências da ribeira do Moxotó".

Nem de longe o leitor pode imaginar que exatamente um ano depois, na madrugada de 26 de junho de 1922, à frente de cinquenta homens, Lampião estará de volta a Água Branca, para dar o golpe de mão que irá lhe valer o ingresso definitivo do nome de guerra na crônica dos melhores jornais da região, além do reconhecimento por Sinhô Pereira de sua capacidade para chefiar bando de cangaceiros, no momento em que o general do cangaço arrumava os bornais para abandonar o Nordeste e tratava de ver a quem poderia passar o bastão.

Falamos do assalto incruento à baronesa de Água Branca, Joanna Vieira Sandes de Siqueira Torres, levando de seu palacete da entrada da cidade valor incalculável em joias e dinheiro, à frente, pelo lado votivo, mais de que pelo peso do ouro, o rosário e o crucifixo da anciã de noventa anos. Balanço estimado do prejuízo: cem contos de réis, valor de vinte automóveis novos.

Machado derrubando porta de fundos pouco antes de o sol nascer, eis o estilo cunhado por Virgulino para o assalto a casas senhoriais daí para a frente. Faria escola.

No de Água Branca, o resultado material altíssimo põe-se na ordem inversa do gasto de umas poucas balas na fuga, trocadas com um valente: o comissário Amarílio Baptista Villar, auxiliado por dois soldados bocejantes, no quebrar da barra do dia. Sun-Tzu não teria feito melhor. Na volta, a cabroeira ainda queima casas e cercados da fazenda Baixa da Quixaba, do coronel Ulysses Luna, abatendo-lhe o gado e deixando em poder do vaqueiro bilhete de lembranças...

Nos doze meses que medeiam um fato e outro, Antônio Mathildes participa aos sobrinhos por afinidade a renúncia à vida de aventuras e se refugia na Paraíba com a família, para viver por muitos anos. Incógnito. A reunião se dá no Moxotó pernambucano, proximidades da vila de Espírito Santo, desta participando cabras dos dois bandos. E segue em harmonia até o momento em que Mathildes exorta a todos a que "se espalhem e finjam de mortos até a poeira baixar", ou arribem, como ele ia fazer, "por não ser possível enfrentar um Lucena bafejado pelo governador de Alagoas".

Os irmãos nem chegam a discutir a proposta porque Virgulino salta no terreiro e, batendo a mão no rifle, declara pausadamente, como foi ouvido pelo amigo da família e futuro cangaceiro Medalha, nossa fonte:

> Meu tio, o plano está bom para o senhor e outros. Eu, que já estou vivendo debaixo do chapéu, não quero conselho nem

dou. Este rifle, só deixo se eu morrer. E o estado de Alagoas, a Deus querer, eu queimo!

Nada mais esperam para ouvir ou dizer, retornando para o coito do Morro Redondo, então do município de Tacaratu. No tio e em todos que assistem à cena, fica a certeza de que não havia caminho de volta para a trindade desesperada.

A gesta, atenta a tudo quanto retumbasse na alma sertaneja, mostra-se bem informada ao ligar a explosão de Virgulino ao assassinato do pai, na glosa de José Cordeiro da Silva:

> Lampião, desde esse dia,
> Jurou vingar-se também,
> Dizendo: – Foi inimigo,
> mato, não pergunto a quem.
> Só respeito nesse mundo
> Padre Ciço e mais ninguém!

Os Porcino, já vimos a derrocada em que mergulham em pouco tempo. Quanto aos Ferreira, tangidos efetivamente de Alagoas pelo "corre ou morre" de Lucena – como ficou conhecida a campanha – despacham a fração pacífica da família para o agreste meridional de Pernambuco, vila do Pau Ferro [atual Itaíba], aos cuidados do coronel Francisco Martins de Albuquerque, chefe político de Águas Belas. Logo depois, para Bom Conselho de Papacaça, também Pernambuco, em razão de ameaças da polícia, ficando todos no encosto do coronel José Abílio de Albuquerque Ávila, político bafejado pelo governo, onde as moças, o irmão caçula e um agregado permanecerão até meados de 1923. E se apresentam no Pajeú a Sinhô Pereira, então em repouso obrigado pelo reumatismo, na fazenda Passagem do Brejo, beiço do rio e proximidades do arruado de São Francisco. Com dias, seguem todos para a fazenda Carnaúba, do tio e padrinho de Sinhô, coronel Manoel Pereira Lins, o Né da Carnaúba, onde as negociações avançam sem dificuldade no sentido da absorção pelo grupo maior dos já então cangaceiros consumados Antônio, Levino, Virgulino e mais os cabras Antônio Rosa, o Toinho do Gelo; Primo; João Mariano e Meia-Noite. O bando inteiro dos Ferreira na ocasião.

Em favor do sim, militavam razões de peso social naquele sertão velho: a mãe de Virgulino era afilhada dos pais de Sinhô, Manoel e Constância Pereira da

Silva, enquanto José Ferreira dos Santos o era do pai de Luiz Padre, Manoel Pereira da Silva Jacobina, conhecido por Padre Pereira.

Aceita a fusão, por um ano os novatos irão conhecer a dureza elegante da disputa travada entre as famílias Pereira e Carvalho, de que faziam parte, em alguns casos, ataques precedidos de aviso ao inimigo sobre dia e hora em que se dariam...

Elegância a correr parelhas com a profusão musical e coreográfica inspirada pelo sobrinho-neto do barão do Pajeú, expressa sobretudo na "pisada", de alpercatas raspando o piso e batendo ao ritmo do "xaxado". As pilhérias se reservando para os versos de improviso com que eram ridicularizados os chefes das forças volantes, mantida, também no ponto, a elegância de abrir exceção para render homenagem a uns poucos dentre estes que se mostravam duros em defesa da lei, a exemplo do capitão José Caetano de Mello, um veterano da força de Pernambuco, passado a famoso desde quando, ainda soldado, sangrara a punhal onze cangaceiros de Antônio Silvino, em junho de 1900, aprisionados depois do fogo da Serra do Surrão, nos Cariris Velhos da Paraíba:

>Zé Caetano é prata fina,
>Reis de Barro é amador,
>Theophe é ladrão de burro,
>Lyra Guede é corredor,
>Na pisada...
>Tum, tum, tum, olhe a pisada! (bis)
>
>Zé Caetano briga em pé,
>Lyra Guede era deitado,
>Apertaro Lyra Guede,
>Corria que nem veado,
>Na pisada...
>Tum, tum, tum, na pisada! (bis)
>
>O Barro tá de luto,
>Cariri de sentimento...
>Pajeú com a boca aberta
>E os cabras dançando dentro,
>Na pisada...
>Tum, tum, tum, olhe a pisada! (bis)

> Cabra de Sebastião
> Não bota a mão em cumbuco,
> Com sentido em Ceará,
> Paraíba e Pernambuco,
> Na pisada...
> Tum, tum, tum, olhe a pisada,
> Tum, tum, tum, na pisada!

A junção explosiva de Mathildes, Porcinos e Ferreiras era passado. O pasto se abria agora para o último desses bandos, notadamente para a vocação completa de guerrilheiro que se encarnava no mais jovem dos irmãos que o integravam.

Sob o comando de Sinhô, os Ferreira intervêm pesadamente nos combates da Carnaúba, contra o capitão José Caetano de Mello; das Abóboras, no feudo do coronel Marçal Florentino Diniz, ao norte de Vila Bela, também contra José Caetano e mais os tenentes Bigode e Francisco Ibrahim de Lyra; da Santa Rita, contra uma família aguerrida, a dos Ignácio; da Ponta do Poço, fazenda de João Toinho, margem do Pajeú; da Várzea do Tamboril, em Belmonte, contra os famosos chefes de jagunços baianos Mariano Mendes e Miguel Umbuzeiro, de Pilão Arcado, atraídos para a disputa pela família Carvalho a peso de ouro; da Serra da Forquilha, contra o tenente-coronel Manoel Cardim, José Caetano, Bigode e sargento João Gomes da Silveira e Sá. Todos esses choques no Pajeú pernambucano. E ainda nos entreveros da fazenda Queimadas, em Milagres, Ceará, contra os sargentos José Galdino e Romão; do arraial de Coité, então do mesmo município cearense, contra o padre José Furtado de Lacerda, do qual Antônio Ferreira sai baleado no braço, e da fazenda Tabuleiro, de Neco Alves, em Conceição do Piancó, Paraíba, onde Virgulino recebe dois tiros transfixantes, acima do peito e na virilha, atingindo um dos testículos, o que o obriga a se tratar pelas mãos de médico. Estão aí os combates mais duros. Os principais. Que passavam às folhas diárias do Recife com poucos dias, em regra por meio da transcrição de cartas vindas do sertão pela via férrea: as "solicitadas", por vezes longas e cheias de detalhes.

É assim que, sacrificando a juventude em prol da edificação do nome guerreiro por todo o Pajeú, os Ferreira gastam os treze meses de correrias no bando de Sinhô, de fins de junho de 1921 até 8 de agosto do ano seguinte, quando este abandona o Nordeste, aconselhado pelo Padre Cícero Romão Baptista, do Juazeiro, amigo da família Pereira desde os tempos do barão Andrelino. Seguia o exemplo do primo Luiz Padre, que arribara para Goiás havia quatro anos, sob a mesma influência apostolar.

Na fazenda Preá, do contraparente Napoleão Franco da Cruz Neves, na antiga Serrinha de Salgueiro [hoje município de Serrita, Pernambuco], Sinhô reúne alguns dos rapazes do bando para comunicar a retirada e discutir o futuro de cada um. Arrostando a ciumeira de Baliza, no bando havia seis anos, os primeiros cabelos brancos às vistas de todos, Sinhô passa o comando do grupo a um Virgulino de 24 anos. Era a antiguidade não se fazendo posto e provocando choro baixo...

Em um ano de convivência, Sinhô pudera ver que o jovem, para além da valentia calculada e eficiente, mostrava-se "homem de planos", quando o grosso da cabroeira não passava de "formiga sem formigueiro", vivendo apenas o dia a dia, fadada a desaparecer em pouco tempo. Perceptivo, vira ainda em Lampião um "homem cordato", distante do "cara-amarrada" que era Antônio, "sem dar confiança a ninguém", e o oposto do corpulento Levino: "muito grosseiro, um bruto, um verdadeiro selvagem". Aos parentes, gostava de comentar os êxitos do jovem, pontuando o saque espetacular do tesouro da baronesa de Água Branca, para o qual concorrera com o empréstimo de fração de seu bando, e certa "diligência secreta cumprida no município de Leopoldina [hoje Parnamirim, Pernambuco], em que ele conseguiu fazer coisas que eu mesmo não conseguiria". Eis quanto Sinhô revelou a Maura Eustáquia de Oliveira, do jornal *O Globo*, em 1972, palavras enfeixadas por Nertan Macedo no livro *Sinhô Pereira: o comandante de Lampião*, de 1975.

Não podemos deixar de fora sobre o perfil dos Ferreira o que nos foi dito por José Antônio dos Santos, do Poço do Negro, amigo de meninice e ajudante eventual na almocrevaria da irmandade, categórico em afirmar que o Virgulino tropeiro "sempre despachava o imposto ao deixar a praça", enquanto Levino "não fazia nunca, preferindo o contrabando". Um dia do começo de 1917, "quando deixava Mata Grande pra vir pra Vila Bela, o fiscal alagoano foi atrás e prendeu o comboio". Levino não aceitou: "Bateu mão de uma pistola de dois canos que possuía e matou o fiscal, correndo pro amparo da família Faceiro, do Moxotó". É um retrato da vida civil de ambos. Depois, foi diferente, Lampião perdendo o escrúpulo diante da propriedade alheia.

Os laços familiares impediam Sinhô de saquear indiscriminadamente, ao contrário de Lampião, que se provia de capitais para fazer face à logística pesada do bando, sem nenhuma cerimônia. Livre de freios senhoriais. Corria no Pajeú que a fuga para Goiás, no mês de abril, do major José Ignácio de Sousa, provedor-mor do grupo de Sinhô, deixara este quase sem munição de guerra. Exagero à parte, alguma razão há no comentário. Afinal, a Ignácio fora dado sempre o serviço menos nobre nas transações com o Pereira, para dizer o mínimo.

O bando de Lampião tem início com os dois irmãos a ladeá-lo, e mais Antônio Rosa, o Toinho do Gelo; Joaquim, o Coqueiro; Plínio; Bem-te-vi; Patrício; Raimundo Agostinho; João de Genoveva; Pedrão; Zé Dedé, o Baliza; José Melão; Laurindo; João e Antônio Mariano. Baliza engolira o choro, mas não estava satisfeito, confidencia ao amigo Miguel Feitosa Lima, na entrada deste no bando, com o vulgo de Medalha. Fogo de monturo para o qual Lampião não deixa de atentar.

Com Sinhô, para o exílio planejado em Goiás, seguem Vicente e Lavandeira, jornadeando por Piauí e Bahia, ora na sela, ora na alpercata. Outros, muitos outros irão se chegar ao antigo chefe pelos anos à frente, mesmo depois de ter o Pereira alterado o destino para se fixar em Minas Gerais, como iremos ver no capítulo 10.

Novamente, nos valemos do testemunho de Maura Lima Cabral, presente à comemoração da "tomada de posse" de Virgulino na chefia do grupo herdado de Sinhô, festejo verificado em fins de setembro de 1922, na fazenda da Pedra, presentes o prefeito eleito de Triunfo e o juiz de direito de Princesa, ao cangaceiro Gato cabendo fazer as vezes de porta-voz do "juramento" de estilo:

> Lampião agora disse:
> – Abraço a vida cangaceira
> porque já me despedi
> de Sebastião Pereira!

Antes da festa, nos idos de 15 de agosto, Lampião se regalara dando um salto a Água Branca somente para matar Manoel Cypriano de Souza, mais um dos implicados indiretos na morte do pai. Que recebe três tiros no peito, depois de ter a casa completamente destruída, como reza o processo-crime resultante. Para não perder a oportunidade, elimina mais um membro da família Quirino, de Jatobá de Tacaratu, pelo mesmo motivo. Família que findará perdendo os irmãos Abílio, Francisco, João e José, além de Salete, mãe dos quatro rapazes que andaram enxertados na volante de Lucena. Farra de moços fogosos a se desmanchar em sangue. Muito sangue.

Um mês decorrido da "posse" festiva em Princesa, o machado volta a funcionar. Dessa vez no centro da cidade de Belmonte, madrugada de 20 de outubro, na derrubada do portão dos fundos da casa de Luiz Gonzaga Gomes Ferraz, dos maiores empresários do Pajeú à época. Era a culminância de uma série de desentendimentos entre este e um ex-integrante do bando de Sinhô Pereira, Chrispim Pereira de Araújo, conhecido por Yoyô Maroto, também primo do chefe afastado.

No auge da rusga entre compadres, que o eram reciprocamente – o compadrio "de alma", como se dizia – Gonzaga teria encomendado uma surra a ser dada em Yoyô, "peitando" para tanto o tenente de volantes do Ceará Peregrino de Albuquerque Montenegro, militar de poucas façanhas e muitos deslizes na carreira. Em sua fazenda São Cristóvão, a duas léguas da cidade, Yoyô não chega a apanhar, mas ele, a família e agregados sofrem todo tipo de constrangimento pelas mãos de soldados boçais, inclusive empurrões. A vingança se impunha.

Na véspera do assalto, haja a chegar cangaceiros às fazendas São Cristóvão, Baixio dos Cassianos e Olho d'Água, patrimônios de Yoyô e de parentes. É que, sem tempo para executar a vingança com as próprias mãos, em razão da viagem, Sinhô cravara a missão de dar morte a Gonzaga no caderno de tarefas que estava deixando para o sucessor, assegurando-lhe que a família Pereira engrossaria o bando que se formasse para a missão, ao tempo em que se encarregaria de garantir a integridade da família do inimigo, o que vem a se dar pelas mãos do cangaceiro Cajueiro, um Pereira da gema, que recolhe Dona Martina, esposa de Gonzaga, os filhos deste e demais parentes a um quarto e os vela à porta durante todo o tiroteio de invasão do sobrado de dois andares e sótão. Tiroteio dos mais violentos, travado ao longo de cinco horas, graças à reação rápida esboçada pelo chefe do destacamento local, sargento José Alencar de Carvalho Pires, o Sinhozinho Alencar, contando com o auxílio do anspeçada Luiz Mariano da Cruz, ao lado de seis milicianos, um dos quais, o soldado Heleno Tavares de Freitas, vem a ser aprisionado e morto. Entre civis, perdem a vida Joaquim Gomes de Lyra e João Gomes de Sá, aparentados com Gonzaga.

Não aguentando os mais de mil tiros dados em sequência desesperada, o fuzil do sargento explode, obrigando-o a prosseguir com um rifle. Filho da terra, ele não ignorava que a vingança de Yoyô se abateria de maneira fatal, além de pesada. Certeza que o levou a provisionar-se com munição abundante. Apenas não contava enfrentar efetivo tão numeroso e qualificado: cinquenta cangaceiros, verdadeiros homens de guerra fortemente armados e municiados, que findam por dar morte a Gonzaga, saqueando-lhe os bens em joias e dinheiro, muitas joias e muito dinheiro, e se retirando com duas baixas por morte, dentre as quais uma providencial para o chefe Lampião: a do rival Baliza, abatido com um tiro à queima-roupa no meio da testa, dado pelo companheiro Antônio Rosa. Este, por sua vez, não viveria muito para tagarelar, o *Diário de Pernambuco* de 10 de abril de 1924 trazendo a notícia de sua morte no lugar Situação, em terras de Vila Bela. O que importa assinalar é que, desde outubro de 1922, com o ataque a Gonzaga, o trono do cangaço ficava pacificado, não mais havendo rival à altura para Virgulino. O aspirante único "comia grama pela raiz".

A gesta não se faz esperar, cantando o episódio no estribilho da Mulher Rendeira:

> Mandei chamar Coqueiro,
> Baliza e João Dedé,
> A surra em Seu Yoyô
> Eu vingo, se Deus quiser.
>
> Yoyô foi desfeiteado
> Nós prometemos vingar:
> Montenegro deu a pisa,
> Gonzaga é quem vai pagar...
>
> Gonzaga estava dormindo,
> Quando Lampião gritou:
> – Você hoje paga a surra
> que mandou dar em Yoyô!
>
> Gonzaga, por ter dinheiro,
> Pensava que não morria,
> Mas Yoyô já está vingado,
> Isso mesmo eu prometia.
>
> A aliança de Gonzaga
> Custou um conto de réis,
> Lampião botou no dedo
> Sem pagar nem um derréis...

O ano de 1923, com projeções sobre os dois seguintes, passa-o entregue à guerra de morte contra a povoação de Nazaré, que o acolhera e à família quando do abandono da Serra Vermelha. Mortes de gente e de gado, incêndio de casas, cocheiras, cercados, eis o que se vê então, sem que os patriarcas do lugar, Antônio Gomes Jurubeba e João Flor, cedessem um milímetro às pretensões do bandido, que sonhava em converter a rapaziada fogosa da terra em uma espécie de sementeira de talentos para o gatilho, linha auxiliar de seu poderio crescente.

A simples possibilidade de que uma junção assim explosiva pudesse acontecer, com força para atear fogo de vez a todo o sertão pernambucano, alarma a polícia do estado, levando o coronel João Nunes à presença do governador Sérgio Teixeira Lins de Barros Loreto, a quem pede os meios necessários a que o estado passasse a cooptar a rapaziada sertaneja, aproveitando-a em suas polícias militar e civil. Não foi outra a explicação dada por Nunes em visita feita a Zé Saturnino, quando o convidou a ser subdelegado de São Francisco. Ante a recusa, o convite é refeito dias depois, vindo Saturnino a se converter em segundo-sargento da Força Pública de Pernambuco.

Longe da passividade, os "nazarés", como chamava Lampião, ou "nazarezistas", da voz de Zé Saturnino – o termo "nazareno" sendo de uso recente de escritores – se lançam sobre o bando de cangaceiros com a ousadia de quem não receia um igual. Virgulino fora um deles. Conheciam-lhe as manhas. As astúcias. O cálculo fulgurante. E com ele se misturarão loucamente em combates que irão deixar memória. E baixas. De ambos os lados.

Assim, a 31 de julho, dentro mesmo de Nazaré, a bala irá vadear por ocasião da festa de casamento da prima Maria Licor Ferreira, o bandido estando à frente de quinze cabras. Os rapazes da terra, alguns sem armas além de punhais, contando com o apoio da volante do sargento Sinhozinho Alencar. Ou na fazenda Barriguda, ao pé do Serrote do Pico, lá mesmo em Nazaré, logo a 12 de agosto, com o resultado da morte dos cangaceiros Batista e Firmo. Ou nas caatingas do Enforcado, por ali mesmo, em dias de setembro, um grande combate em que tombou o cangaceiro Piloto e convenceu Lampião de ter "comprado" uma questão pesada... Ou ainda o combate terrível das Baixas, a 20 de novembro de 1924, quinze cangaceiros ocupando as duas casas da fazenda de Antônio Alves Feitosa, o Antônio Baião, enquanto os nazarés, em número de doze, brigavam por trás dos mourões de um curral. Calor tamanho que "um chiqueiro de bode pegou fogo sozinho", nos disse David Gomes Jurubeba, um dos combatentes mais sacrificados na ocasião, em conversa de 1984. Contra a perda de um cangaceiro de segunda linha, Manoel de Margarida, os atacantes choram as mortes de dois membros da grande família que habitava o povoado. Perto das 8 horas da noite, à míngua de munição, os atacantes se veem obrigados a abandonar o combate, levando os corpos de Inocêncio de Souza Nogueira e de Olympio Gomes Jurubeba.

Por fim, dessa guerra particular encartada na guerra geral do cangaço, não se pode deixar de referir, pela violência de que se revestiu, o combate do Xiquexique, próximo a Vila Bela, travado a 24 de novembro de 1925, em que a volante ao comando do anspeçada João Gomes de Sá Ferraz, um nazaré, vem a abater um cangaceiro, ao preço da perda do soldado adolescente Idelfonso de Souza Ferraz, irmão de Euclydes e de Manoel Flor.

Quanto ao combate pesado das Caraíbas, próximo à localidade Saco dos Pequenos, em Betânia, já entrado o ano de 1926, 4 de fevereiro, melhor será pintá-lo como da guerra oficial, os nazarés estando assimilados em peso pela Força Pública de Pernambuco àquela altura. Mais de duas dezenas de homens habituados a caminhadas sem fim debaixo de sol, bebendo pouco e comendo ainda menos. Homens da terra. Valiosos militarmente. O tenente Optato Gueiros e o sargento Hygino José Bellarmino estavam no comando de quase todos os nazarés de maior destaque e de uns poucos soldados de outras procedências, distribuídos em duas volantes, com efetivo total de 35 homens.

Os cangaceiros, em número equivalente de cabras, tocaiados desde o quebrar da barra do dia nas barrancas do Riacho do Navio e em serrote destinado a servir de apoio para o lançamento de ataques de retaguarda, tendo acautelado todas as aguadas, pensamento posto em matar soldados também de sede na luta que estava por vir. E que estoura pelas 8 horas da manhã. Violentíssima, disse-nos David Jurubeba. Até o final das ações, pelas 5 horas da tarde, não se assinalavam recuos nas posições. Os cangaceiros sofrem cinco baixas; as forças, três. Fatais. Os feridos não se contavam nos dedos. O sargento, um destes, chegando a desanimar. Também seu rastejador famoso, Batoque, com uma perna quebrada. O anspeçada Manoel de Souza Netto, baleado num braço, fica sem poder utilizar o fuzil.

Cumpria-se o plano de Lampião: forças volantes desmanteladas após dia inteiro de sede e de fome, necessitando da vinda de caminhões para removê-las para a cidade de Floresta. Somente a valentia de alguns dos homens da lei, a exemplo de Euclydes Flor, equilibrou o combate ao final, dividindo os prejuízos.

Retornemos a 1923. Ao curso do relato. Em cima do final do ano, Lampião corta os acessos à cidade de Triunfo com um bando de oitenta homens – efetivo circunstancial de cangaceiros mesclados com jagunços – para dar escapula ao jovem Marcolino Pereira Diniz, da elite da região, que matara a tiros o juiz de direito local, Ulysses Elysio do Nascimento Wanderley, quarenta anos de idade, cinco filhos, em noite de festa no clube da cidade, a 30 de dezembro, e fora preso. O assassino era filho de um senhor de terras dos mais poderosos da fronteira Pernambuco-Paraíba, coronel Marçal Florentino Diniz, o Marçal das Abóboras, nome do feudo de residência, de quem Lampião recebia todo tipo de favores desde quando andara com Sinhô Pereira.

Ao som alto de três sanfonas e da zabumba engrossando o coro da cabroeira espalhada no Sítio Almas, do tenente João Timotheo, a cavaleiro da rua, as autoridades se "sensibilizam" e libertam o preso sem maiores formalidades... Lampião o escolta até a entrega ao pai, nas Abóboras.

No início de 1924, dias 6 e 11 de janeiro, no arruado de Santa Cruz da Baixa Verde, então de Triunfo, Lampião joga o bando contra um ex-aliado, com quem se desaviera. A vítima, Clementino José Furtado, o Clementino Quelé, ou ainda Tamanduá Vermelho – o último apelido colocado pelo próprio Lampião – natureza forte de cangaceiro forjada na mesma "escola" do agressor, resiste com a família a dois combates violentos, de seis e de cinco horas de duração, verificados com apenas cinco dias de intervalo. Escapa, mas perde um irmão, um genro e um compadre, alguns parentes resultando feridos. Três casas findam incendiadas. Prejuízo que teria sido bem pior caso o sargento Hygino Bellarmino não tivesse vencido os três quilômetros da cidade até o local, chegando pelas 11 horas e botando os bandidos para correr.

O fato motiva as celebrações de estilo:

> Quilimintino Quelé
> Está zangado e com razão:
> No fogo da Santa Cruz,
> Perdeu ele dois irmãos.

A 23 de março, Lampião recebe o falado ferimento no dorso do pé direito, com saída da bala pelo calcanhar e perda de parte do osso calcâneo. Ferimento que o obrigaria a oscilar como um pêndulo na caminhada pelo resto da vida, tendo de jogar o pé para a frente a cada passo. Seu irmão Antônio sai baleado na mesma troca de tiros verificada na Lagoa do Vieira, doze léguas ao norte de Vila Bela. Pelo feito que prenunciou os combates de 2 de abril na Serra do Catolé e no Serrote dos

Barros, localidades ao norte de Vila Bela, com o resultado das mortes dos cangaceiros Cícero Costa de Lacerda, o Asa Branca, enfermeiro do bando, e Lavandeira, responde a numerosa força policial que tinha sede ali, sob o comando do major Theophanes Ferraz Torres.

O cangaceiro Medalha, ferido na mesma ocasião, nos evocou a quadra com que a gesta viu a apresentação de Virgulino ao coiteiro de confiança que se encarregaria de aplicar a primeira creolina à ferida tomada pelas larvas de mosca, o pé convertido numa extensa bicheira:

> Tibúrcio Severo, eu venho
> Mais Antônio, meu irmão,
> Estamos os dois baleados:
> Eu, no pé; ele, na mão.

Quelé, engajado à época como "provisório" com a missão de treinar para combate os civis do Saco da Roça, em Vila Bela, gente de Paulino Nascimento que seria arregimentada em apoio às volantes, teve participação destacada nos acontecimentos da virada de março para abril. Chegava a hora do revide da pilhéria, na animada guerra da comunicação:

> Lampião diz que é valente,
> É mentira: é corredor...
> Está andando de muleta,
> Seu Quelé foi quem botou.

Engana-se quem julgar que o sertão vem a respirar aliviado nos meses em que o chefe cangaceiro convalesce do pé. Do refúgio paraibano do Saco dos Caçulas, tratado na ponta dos dedos pelo agradecido Marcolino Diniz, que atrai para a tarefa os médicos José Lúcio Cordeiro Lima e Severiano Diniz, Lampião orienta os dois irmãos na condução do bando para um dos ataques mais audaciosos de sua carreira: o da cidade de Souza, na Paraíba.

O quadro ali consegue ser chocante, a despeito do cotidiano de violência vivido na região. Cidade tomada por várias horas, polícia posta a correr, o machado trabalhando como nunca na abertura das casas senhoriais, juiz de direito espancado e cavalgado no meio da rua, como cavalo, pelo cangaceiro Paizinho, a rapina subindo aos duzentos contos de réis.

Data daí a perseguição ferrenha que lhe moveria o governo da Paraíba, comissionando na Força Pública do estado homens de questão de coragem reconhecida e até mesmo cangaceiros, um dos quais vem a ser Quelé, aproveitado como sargento sem passar pelas patentes inferiores de soldado, anspeçada e cabo, com direito a formar uma volante de parentes e amigos, a Coluna Pente Fino, pelo zelo policial meticuloso, mas também por não deixar para trás valores abandonados...

Antes de findar o ano, tem início o alistamento sistemático de civis sertanejos também nas forças volantes de Pernambuco, providência que se mostrará de eficácia indiscutível, além de duradoura, e que teve por si a interferência da família Pessoa de Queiroz junto ao governador Sérgio Loreto, a pedido das lideranças do povoado de Nazaré. O coronel José Pereira Lima, chefe de Princesa, representante dos interesses da família poderosa em toda a área sertaneja, ainda revoltado com o ataque a Souza, arregaçou as mangas em favor da causa, é de ser reconhecido.

Lampião acusa o golpe. Alcança o perigo da medida. Não mais enfrentaria somente os soldados "pé de pele" vindos do litoral, infensos às caminhadas de sol a pino pelos "varedos" da caatinga. A partir de agora, também "vaqueiros de bode" lhe tomariam o rastro, homens traquejados até mesmo na travessia dos espinhos da macambira, como ele mesmo e seus cabras, comentaria com os coiteiros, testa franzida.

O ano de 1925 não deixa de contribuir para a escalada de façanhas que estamos desfiando. Logo em janeiro, invadindo a cidade pernambucana de Custódia, a 30 do mês, manda dali telegrama para o governador do estado, em que deixa claro, entre pilhérias, que no sertão era ele quem mandava.

No fim do mês seguinte, em Alagoas, de retorno de visita à sepultura dos pais na Santa Cruz do Deserto, e de uns tiros de insulto dados para dentro da rua da Mata Grande desde um ponto elevado das proximidades, em meio a toques insistentes de clarim – bem a propósito de ser um sábado de Carnaval – ganha a caatinga e se recolhe à fazenda Serrote Preto, de Constantino Fagundes, próxima à fronteira de Pernambuco, onde vem a ser atacado por duas daquelas volantes especiais da Paraíba, a 22 de fevereiro, sob o comando dos tenentes comissionados Francisco de Oliveira e Joaquim Adaucto, o primeiro tendo andado com Lampião por mais de ano. A casa de taipa não aguenta os tiros, o amparo único para os soldados que pretendessem se aproximar ficando por conta de um carro de boi largado no terreiro de velho.

Acontece que os oficiais paraibanos vinham com o diabo no couro em razão de compromisso extravagante assumido pelo governador da Paraíba, João Urbano Suassuna, assoalhado no sertão pelo coronel José Pereira Lima, chefe político de Princesa, de promover à mais alta patente da força o chefe de volante que abatesse o já então famoso Rei do Cangaço. Passar de sargento ou tenente a coronel, sem etapas, fazia o sangue subir aos olhos de qualquer militar, estando aí a mola que impulsionou o tenente Chico de Oliveira a deixar para trás o carro de boi e partir para o gesto louco de invadir a casa, punhal à mão, desafiando aos gritos a frieza calculista de Virgulino. Um tiro no pescoço desmancha o sonho. Em seguida, o cangaceiro orienta Levino – que se conservara arredado da casa para a ação de "retaguarda" – a ocupar posição no flanco das volantes, de onde os tiros confundiriam a soldadesca. E é o que acontece.

Para piorar o quadro, chega ao campo de batalha, atrasada por astúcia, a volante pernambucana do já tenente João Gomes da Silveira e Sá, que passa a disparar de trás, por cima da cabeça dos paraibanos, muitos destes resultando baleados pelas costas.

Chico finda morto no local do combate – que se estende até a noite – ao lado de oito de seus subordinados, corpos ao léu, submetidos a todo tipo de profanação à luz de candeeiros. Muitos feridos são levados a Mata Grande na manhã seguinte, onde vêm a falecer à míngua de socorro profissional, a despeito da boa vontade das famílias em receber, em suas casas, os baleados.

Com gangrena em braço amputado a cru, o tenente Adaucto fecha os olhos depois de uma semana de padecimentos. Balanço final: treze baixas por morte na força da Paraíba.

O governador João Suassuna oficia em agradecimento ao colega alagoano Pedro da Costa Rego, apesar dos pesares. E dobra a parada, oferecendo dez contos de réis pela cabeça de Lampião, valor de dois automóveis novos postos na praça de Princesa:

> Suassuna em Paraíba
> Parece que viu o cão,
> Dá dez conto a quem matar
> Virgulino Lampião...

Os cangaceiros escondem as baixas, como sempre pregou Lampião: "pra não dar gosto a macaco". Perdem cerca de quatro cabras, regozijando-se por levar as orelhas do tenente Chico de Oliveira espetadas no "rosário" de arame que o cangaceiro Sabiá conduzia no bornal, autor que fora da morte do herói, ao preço de sair ferido por este. Não havia perdão para o cangaceiro que virasse "macaco".

Quanto ao coronel José Pereira, não escapa ao abalo material do ódio de Lampião, como reporta José Cordeiro, pela boca do segundo:

>Nesse tempo, em Paraíba,
>O governador do estado
>Passou ordem a Zé Pereira,
>O meu maior intrigado,
>Pra mandar me perseguir
>Até que eu fosse pegado.
>
>Com essa notícia, eu quis
>Fazer raiva a Zé Pereira:
>Fui apressado e queimei
>Sua fazenda em Pesqueira,
>Nessa não ficou em pé
>Nem mesmo a própria madeira.
>
>Queimei a outra fazenda
>Que ele tinha em Melancia,
>Incendiei o cercado,
>Matei o gado que havia,
>Creio que deixei por terra
>Tudo o que nela existia.
>
>Depois escrevi a ele
>Contando o que tinha feito,
>Dizendo: – Foi inimigo,
>De forma alguma eu respeito,
>E prejuízo ao senhor,
>Podendo dar, não enjeito!

As forças coligadas vão à forra, matando-lhe o primeiro dos irmãos, o "selvagem" Levino, na Baixa do Tenório, em Flores, Pernambuco, a 5 de julho. Ao cabo de tiroteio de muitas horas, começando ao cair da tarde e se prolongando por toda a noite e manhã seguinte, estava morto o sargento Cícero de Oliveira, irmão do tenente Chico, tombado no Serrote Preto havia quatro meses. Houve debandada parcial de praças, restando ao cabo paraibano José Guedes aguentar o tranco, ao lado do anspeçada rastejador Bellarmino de Moraes, a salvação somente chegando quando já clareava o dia, pelas mãos do sargento Hygino Bellarmino, que se desloca com sua volante, em marche-marche, desde a base em Triunfo.

Lampião faz de tudo para ocultar o cadáver do irmão. Sepulta-o no meio do mato, debaixo de um tapete de macambiras, arrostando todos os riscos. Correu então que a cabeça fora separada e enterrada distante do corpo. Mais do que nunca, era preciso não dar gosto aos "macacos". Mas o fato transpira, até por conta da amargura estampada no rosto dos irmãos restantes, vista pelos coiteiros durante muitos dias.

É nesse estado de espírito que Lampião se vinga de maneira incomum, matando dez paisanos inocentes, dentre estes um menino de treze anos e um velho de quase cem. Gente do coronel José Pereira. O homem por trás das volantes comissionadas. A viola trata de registrar:

> No Tenório, Lampião
> Chorou de fazer horror,
> Com pena de Seu Levino,
> Que Bello Moraes matou.

5
O capanga da legalidade

A causa desta visita,
Vou dizer de antemão,
Para que ninguém suponha
Que foi mera presunção:
Se entrei aqui armado,
Foi mediante o chamado
De um homem de posição.

Em troca dessa patente,
Quem me deu assim o diz,
Vou perseguir revoltosos,
Enquanto houver no país:
Com esta resolução,
Marcharei para o sertão
Com fé que serei feliz...

Não serei mais Lampião,
Só Capitão Virgulino,
Nem também serei ladrão,
Só fico sendo assassino:
Troquei velhas profissões
Por três bonitos galões
Da milícia, que destino!

José Cordeiro, *Visita de Lampião ao Juazeiro no ano de 1926*. Juazeiro, 1926.

Por esse tempo, a atuação do Rei do Cangaço se fazia presente em Pernambuco, Alagoas, Paraíba e Ceará. Uma onipresença, melhor se dirá, tamanha a mobilidade do bando. No último desses estados, agia com cautela para não melindrar o Padre Cícero Romão Baptista, líder religioso de maior força nas zonas rurais do Nordeste, homem a quem as massas sertanejas veneravam de modo fanático, crendo-o milagroso, desde os prodígios de 1889, envolvendo a beata Maria de Araújo e suas hóstias viradas em sangue, a cada comunhão, durante muitos dias. O padre, que já lhe acolhia a família no reduto espiritual do Juazeiro desde que esta deixara para trás Bom Conselho de Papacaça, em 1923, irá cruzar-lhe a caminhada ascendente daí a três anos: março de 1926. O fato é curioso.

O governo federal enfrentava uma rebelião chefiada por jovens militares do Exército, disposta em coluna de mais de mil homens que percorria o território nacional à cata de adesões, a então chamada Coluna Miguel Costa-Prestes. Título cedo enxugado para Coluna Prestes, atendendo ao prestígio crescente do jovem capitão de engenharia do Exército Luís Carlos Prestes, um gaúcho que lhe empalmara o comando supremo após passagem brilhante pela chefia do estado-maior do movimento, sem prejuízo de que o major Miguel Costa, da polícia de São Paulo, seguisse no comando nominal dos então chamados "revoltosos".

Oficialmente, o movimento volante se denominava Primeira Divisão Revolucionária, à espera de que outras divisões congêneres pudessem brotar ao longo da marcha. Adesão maciça de povo que não foi além do sonho.

As origens da coluna podem ser encontradas na revolta eclodida em São Paulo a 5 de julho de 1924 e logo sufocada em agosto, com o abandono da capital do estado. Muitos combatentes se retiram então para o Sul do país e, somados a guarnições locais, alimentam a nascente guerra de movimento que irá percorrer inacreditáveis 25 mil quilômetros de Brasil, por todos os meios de transporte, à frente a botina e o casco de burro, varando diversas regiões de nosso território, as mais inóspitas, e se dispersando finalmente na Bolívia, em fins de março de 1927.

No meado de 1925, o governo federal percebe que o Exército não perseguia com empenho os rebeldes, camaradas de armas que eram. E parte para convocar algumas polícias estaduais, casos de Pernambuco, Bahia, Alagoas, Minas Gerais e São Paulo, além de jagunços que serviam aos grandes senhores de terra pelos grotões. São compostos os "batalhões patrióticos", não raro com a mescla dos dois efetivos. Os mais numerosos, que chegam a possuir 1.500 homens cada um, têm à frente chefes políticos municipais, na maioria oficiais superiores da recém-extinta Guarda Nacional, a exemplo de Horácio de Queiroz Mattos e de Franklin Lins de Albuquerque – o Coronel Franquilim do Remanso, da voz de seus cabras – ambos da Bahia, estado que fornece ainda os batalhões menores de Antônio Geraldo Rocha Filho, de Deocleciano Teixeira e de Rotílio Durães de Lima. O Piauí contribui com provisórios comandados por José Honório Granja, a Goiás cabendo mandar o contingente numeroso do coronel Abílio Wolney. Minas envia batalhões formados nas localidades de Espinosa, pelo capitão Genésio Tolentino, de Manga e de Ponte Nova, entre outros.

O capitalista Antônio Geraldo Rocha, proprietário do jornal carioca *A Noite*, surgido no ano anterior, e da empresa de navegação do Médio São Francisco, trata de arrendar trinta embarcações ao governo para deslocar as forças legais na carreira do rio. Irmão de deputado federal, além de amigo de Arthur Bernardes com trânsito no Catete, em nome do presidente fazia praça de premiar com cem contos de réis a quem arrancasse a cabeça de qualquer um dos chefes superiores da Coluna. A fortuna que ganha no infortúnio da guerra entre irmãos faz dele um dos responsáveis por que parte da imprensa chegasse a chamar abertamente a repressão aos revoltosos de "indústria". Mais uma indústria no Nordeste, a se juntar à da seca e à do cangaço. De resto, havia de tudo no comando dessas unidades, o efetivo oscilando entre famosos e famigerados, com predominância forte dos segundos...

A base legal para o provimento militar de tantas lideranças políticas do interior bebia nas disposições do Decreto n. 13.750, de 10 de setembro de 1919, do presidente da República, garantidor de "todas as vantagens e regalias" da patente em que tivesse sido aproveitado o ungido, "na conformidade do nº 5, letra c, do Regulamento de Continências do Exército Brasileiro".

Dentre os corpos mais numerosos no rol dos que foram conscritos na emergência, acha-se a mistura de soldados do Exército, cangaceiros e jagunços arregimentada no sul do Ceará pelo deputado federal Floro Bartholomeu da Costa, contando com o apoio decisivo do Padre Cícero Romão, de quem foi sempre braço político.

O Batalhão Patriótico do Juazeiro recebe o enxerto substancial de uma unidade do Exército com 360 soldados e 45 graduados, o 2º Batalhão de Caçadores, destacado do 11º Regimento de Infantaria, com sede em São João del-Rei, Minas Gerais, sob o comando do major Polydoro Rodrigues Coelho, amigo de Floro desde quando derrubaram juntos o governo do Ceará, no ano de 1914, correndo à bala com o coronel do Exército Marcos Franco Rabello.

Assim reforçado, o Batalhão do Juazeiro acantona na vila de Campos Sales, próxima à fronteira com o Piauí, à espera da passagem da Coluna, que estava vindo desse estado, depois de submeter Teresina a cerco e ameaças. Acontece que a saúde de Floro não ia bem desde algum tempo, atacado por infecção óssea que o obrigava a ingerir remédios à base de bismuto, responsáveis por dores de cabeça intensas e por irritabilidade à flor da pele. As doses crescentes de Orotegal, Mothal e Bismuthol estavam cobrando um preço cada vez mais alto a quem necessitava de trato social frequente, na qualidade de homem público.

No início de janeiro já de 1926, presa de congestão pulmonar, Floro se desmanda em insultos ao major Polydoro, que se retira com sua unidade, deixando o bivaque de Campos Sales composto apenas dos patriotas locais. Sem o quepe, o efetivo do chapéu de couro cai de oitocentos para menos de seiscentos homens. Que fazer para repor a perda e reintegrar o conjunto perdido? Aonde ir buscar uma tropa pronta, treinada, equipada, inteiramente operacional, na margem de tempo nula de que se dispõe?

Somente o bando de Lampião preenchia os requisitos para acudir na premência militar suscitada em conselho de guerra pelos coronéis sertanejos Pedro Silvino de Alencar, Mousinho Cardoso e Isaías Arruda, integrantes do estado-maior do Batalhão do Juazeiro, por escolha a dedo feita por Floro. O cangaceiro não era um estranho para qualquer dos quatro...

Lá mesmo, o rábula José Ferreira de Menezes trata de redigir "um cartão com o timbre do Batalhão Patriótico e cuidadosamente datilografado em tinta carmim", como detalharia, em 1953, à revista nacional *Panfleto*, do Rio de Janeiro, nº 7, 3ª fase, do mês de outubro, convocando Lampião a se apresentar na cidade. Ao Padre Cícero cabe assiná-lo, numa espécie de aval, juntando sua firma à de Floro.

Responsável pelo trâmite da correspondência, Menezes parte para convocar um irmão de Virgulino residente no Juazeiro para que a levasse ao Pajeú pernambucano, onde constava achar-se o bando. Ante a recusa do tropeiro João Ferreira dos Santos, segue um primo legítimo de ambos, Francisco Paulo Lopes, chamado às pressas de Porteiras, onde estava residindo, que não encontra Lampião no destino e se entrega a uma busca demorada pela ribeira.

Finalmente o encontro se dá na fazenda do coronel Né da Carnaúba, em Belmonte, o convite esbarrando na desconfiança proverbial do bandoleiro. Ante a confirmação por Né da autenticidade da assinatura do Padrinho, Lampião se anima. Mas o tempo perdido cobrará seu preço.

Chegando ao Juazeiro somente a 4 de março, à frente de cinquenta cangaceiros, o chefe do bando é inteirado de que Floro não somente tinha deixado a região a 18 de fevereiro, com destino à capital da República, como estava se ultimando ali de uma nefrite aguda de fundo sifilítico, naquele início de março, confortado pelas atenções a que fazia jus como general de brigada do Exército Brasileiro. Comissão honorária tornada permanente por ato do presidente da República, de 20 do mês, publicado no Boletim do Exército de nº 298.

Floro fecharia os olhos a 8, sendo enterrado no Cemitério São João Batista, em Botafogo, com todas as honras públicas inerentes ao posto. À falta de notícias claras, todo o Juazeiro se desmancha em cochichos ainda a 9, a começar pelo Padrinho, terço nas mãos com as 25 beatas da casa paroquial, vendo se esgarçarem os últimos fiapos de esperança na recuperação do *condottiere*.

Quanto ao grosso da Coluna Prestes, deixara para trás o Ceará a 4 de fevereiro; o Rio Grande do Norte, a 8; a Paraíba, a 12; Pernambuco, a 25, achando-se em pleno sertão baiano naquele 4 de março, precisamente na povoação de Várzea da Ema, onde o estado-maior se permitira assistir a uma comédia encenada pela mocidade da terra, simpática ao penacho dos revolucionários.

Quase toda a marcha por Pernambuco fora feita debaixo de chuva intensa, a cavalhada atolando em lamaçais que surpreendem os sulistas, arrancando elogios dos gaúchos quanto ao desempenho do cavalo catingueiro, pequenino e resistente.

A travessia do São Francisco, levada a efeito entre a tarde e a noite de 25, e tida por boa parte da imprensa como impossível, dado o volume que o rio apresentava, foi efetuada pela Coluna à altura de Jatobá de Tacaratu [hoje Petrolândia, Pernambuco], segundo plano de Prestes muito elogiado pelos camaradas de armas. Afinal, falamos de 1.200 homens a cruzar o caudal engrossado pelas chuvas, vergados ao peso das muitas armas e munições. Cavalhada e arreios ficam em Pernambuco, queimados até o torrão para não alentar o inimigo. Não deixou de ser uma despedida luminosa de Pernambuco...

Voltemos ao Juazeiro. Ao entrar na cidade com seus homens, todos em burros de sela escolhidos vaidosamente em fazenda da antiga Barra do Jardim, Lampião encontra um Padre Cícero atordoado, nos seus 82 anos, saúde precária, desde algum tempo acometido de problema grave de catarata. A ausência de Floro desperta a atenção do sacerdote para a imperiosidade de dar sequência aos compromissos de guerra que este assumira, de que fazia parte a outorga, a convidado já então famoso na imprensa de todo o país, de uma patente de capitão honorário das Forças Legais de Combate aos Revoltosos, somente assim podendo contornar o rabo de foguete que lhe estava caindo no colo de ancião.

Sensível aos meios de comunicação, o cangaceiro fará as delícias da imprensa até a partida, três dias depois. A moderna, a das folhas litorâneas diárias, e a tradicional, a dos chamados poetas de bancada, com seus folhetos disputados nos engenhos, sítios e fazendas, sem esquecer os cantadores de viola. A todos impressiona por seus modos tratáveis, falando pouco e de forma invariavelmente serena, quase aos sussurros, a despeito do mosquetão não lhe sair das mãos. Chega a distribuir moedas com a arraia-miúda. Ele e seus "rapazes" de maior nomeada, um Antônio Ferreira, um Luiz Pedro, um Sabino Gomes, um Chumbinho, um Nevoeiro.

A intuição aguda lhe mostrara desde muito que a imprensa aprecia um ícone. E ele tinha à mão o melhor na circunstância: uma espada antiga, lavor fino em aço e prata procedente da Maragataria uruguaia, recolhida dos revoltosos em um dos combates travados em sucessão de horas, na fazenda Cipó, a cinco léguas de Vila Bela, entre o São Miguel e o Alto de Areia, como não cansou de repetir a quantos lhe indagaram. Lauro Cabral de Oliveira, um dos fotógrafos do bando naqueles dias trepidantes, esteve com a espada nas mãos, segundo nos contou em 1980.

O cangaceiro não mentia. A arma pertencera a um preto velho conhecido na Coluna por Tio Balduíno, que servira à família do caudilho gaúcho José Gomes Pinheiro Machado, batendo-se ao longo de toda a campanha sangrenta que este levara a cabo como um dos chefes da Revolução Federalista de 1893. Desde o assassinato do general honorário e senador Pinheiro Machado, em 1915, Balduíno transferira seus cuidados para o jovem Zezé Pinheiro, sobrinho do caudilho. E quando o rapaz se deixou seduzir pelo canto de sereia de Prestes e organizou um esquadrão com que aderiu à Coluna, o ex-escravo se dispôs a deixar o pampa e acompanhá-lo Brasil afora.

No combate do Cipó, que Lourenço Moreira Lima, arquivista volante da Coluna, adjetivou como "um dos mais violentos que tivemos, porque perdemos muitos companheiros mortos e tivemos grande número de feridos", Balduíno daria a vida para salvar a do ioiô gaúcho. Gritando para o "guri" que fugisse, enquanto ele iria "entreverar essa chimangada", faz-se à espada e enfrenta patriotas e cangaceiros em número de 76, até tombar crivado de balas. Eis de onde vinha o belo aço frio centralizador das conversas no Juazeiro.

A gesta popular não se faz de rogada na esteira da visita sensacional, por duas de suas estrelas mais queridas. João Mendes de Oliveira, em cujo sobrado o bando se hospeda por dois dias, dirá no seu *Conselhos do Padre Cícero a Lampião*:

> Quando o exército revoltoso
> Pelo Nordeste passou,
> Três batalhões patrióticos
> Padre Cícero organizou
> E a um desses batalhões,
> Que defendiam os sertões,
> Lampião se incorporou.
>
> Lutando com os rebeldes
> Achava-se o Batalhão
> Patriótico do Juazeiro,
> Quando chegou Lampião
> Com seu grupo terrorista
> E ali se fez legalista,
> Entrando logo em ação.
>
> Os revoltosos fugiram
> Em debandada geral,
> Lampião matou uns dez
> E tomou de um oficial
> Um rifle e uma espada,
> Que consigo foi guardada
> Como um troféu sem rival!

João Martins de Athayde dá fé de tudo no folheto-reportagem *Entrada de Lampião, acompanhado de cinquenta cangaceiros, na cidade do Padre Cícero*, de que destacamos parte dos versos:

> Em Cipó, de Pernambuco,
> Estava um combate travado
> Por contingentes legais
> Com um grupo revoltado,
> Se Lampião não chegasse,
> Que aos da lei ajudasse,
> Tudo estava derrotado.

> Um batalhão patriota,
> Da primeira companhia
> Do senhor tenente Chagas
> Por certo, se acabaria
> Se não fosse Lampião
> Que se meteu na questão,
> Até o chefe morria...
>
> O combate foi renhido,
> Foi uma luta de glória,
> Uma espada da briosa
> É o facho da vitória,
> Que Lampião apresenta,
> Dizendo: – Esta ferramenta
> Leva meu nome à História!

Despedindo-se do Juazeiro a 7 de março, onde fora objeto dos mimos da elite da terra, maldormido pelo comparecimento requisitado a bailes, retretas, entrevistas, ao lado de visitas recebidas do coronel Pedro Silvino, do Padrinho e de seu secretário particular, o sírio Benjamin Abrahão, o chefe de cangaço doravante poderá antepor a nome e vulgo a patente de oficial superior: Capitão Virgulino Lampião. Até a morte será assim. A legalidade ganhava um capanga para defendê--la. Sim, porque a patente fora passada finalmente por ordem do Padre Cícero, aplacando a ideia fixa do cangaceiro. Manuscrita em papel almaço e assinada pelo adjunto de inspetor do Ministério da Agricultura Pedro de Albuquerque Uchoa, única autoridade federal à mão naquele Juazeiro em preparativos de guerra. Divertido, o inspetor comentaria pelo resto da vida com amigos que não dera ao bandoleiro uma patente de general porque este se bastara com a de capitão...

Vaidoso por envergar a mescla azul dos patriotas, primeira parcela da verba de custeio no bornal e armado com os novos fuzis e mosquetões Mauser, modelo 1908, calibre sete milímetros, petrecho de ponta do Exército no período, Lampião cruza o sertão central de Pernambuco no rumo do sul, recolhendo notícias preciosas em cima do rastro ainda fresco dos homens de Prestes. Não restavam senão feridos ou estropiados da Coluna do lado pernambucano do São Francisco, escondidos para não serem fuzilados sumariamente pela polícia do coronel João Nunes. Ou sangrados a punhal, como foram diversos.

Todo o bando montado, Lampião está às portas de Belém de Cabrobó, vila pernambucana às margens do grande rio, em apenas quatro dias de viagem. Recebido pacificamente, vale-se de franquia postal reservada às autoridades da campanha, a chamada franquia *nil*, para expedir telegrama administrativo a quem identifica claramente como seu superior na operação militar:

> De Belém – nil/11 – Padre Cícero, Juazeiro, Ceará
>
> Rebeldes internando-se Bahia direção Juazeiro [da Bahia]. Devo atravessar? Providencie dinheiro urgente. (a) Virgulino Ferreira.

O telegrama motiva a abertura de sindicância na Repartição Geral dos Telégrafos. A perspicácia de um servidor juntara o nome do signatário ao vulgo conhecido e caía sobre todos o despacho alarmante: "Trata-se do célebre Lampião, criminoso nos estados de Pernambuco, Alagoas e Paraíba". A franquia é cassada para a estação de Belém de Cabrobó. Decisão do encarregado do Expediente, Odilon Amintas. Que manda, apesar de tudo, "dar curso ao telegrama acima, no interesse de colher respostas para êxito das providências do Governo do Estado". O governador de Pernambuco, Sérgio Loreto, é inteirado. A 24 do mês, o supervisor Guimarães, no Rio de Janeiro, prevenido. Um *affaire*. Que deve ter causado embaraços à comunicação do Capitão Virgulino, ao menos daí para a frente...

Sem resposta, franquia cassada e aflito por mais dinheiro, como não deixa margem a dúvida o conteúdo do telegrama, o capitão do cangaço agora legalizado abandona Belém e sobe de torna-viagem ao Pajeú, cobrindo o rastro que tinha deixado poucos dias antes.

A 25 de março, depois de detença no valhacouto centenário da Serra d'Umã, a oeste de Floresta, Pernambuco, onde alista número elevado de jovens para o bando sob a promessa de convertê-los em "homens do governo como eu", sobe para o Cariri e arma as toldas, a 29, para permanência prolongada na Serrinha, *vis-à-vis* com Jardim, no Ceará, tudo muito próximo da terra do Padrinho. Para quem envia, no dia seguinte, dois pobres-diabos da Coluna aprisionados, como início do esforço pela liberação da segunda parte da verba apalavrada na visita ao Juazeiro. A "venda" da ilusão de legalidade eleva o efetivo do bando aos 120 homens em questão de dias, ao cangaceiro Mormaço, antigo soldado corneteiro da polícia, cabendo unificar os comandos agora a toques de clarim.

O padre, que vimos ter-se improvisado a pulso no comando das chamadas forças legais, estava recebendo cobranças de todos os lados. Dos oficiais superiores, Silvino, Mousinho e Isaías, dentro da hierarquia natural, mas também, e aí de forma desusada, de comandantes de unidades menores, que dispunham de acesso pessoal ao Padrinho em razão de amizade antiga, a exemplo de Manoel Calixto, Vicente Velho de Ouro, Francisco das Chagas Azevedo, Hagahús e Fenelon, o mesmo se dando quanto a fornecedores e prestadores de serviço de todo tipo, artífices, alfaiates de pano e couro, carreiros, farmacêuticos, flandeiros, fogueteiros, motoristas, diretamente ou por intermédio da beata Mocinha.

Desde o dia 11, coincidentemente a mesma data da cobrança telegráfica efetuada por Lampião a partir de Belém de Cabrobó, o padre perdera a cerimônia e se dirigira, também por telegrama, ao presidente da República. Silêncio. Não tarda a reiteração, em termos patéticos, a 13, ares de ultimato:

> Of. Urgente. 127-14-13. Exmo Dr Arthur Bernardes, MD Presidente da República – Rio de Janeiro
>
> Conforme expliquei V Excia telegrama dia 11, nossas forças patrióticas aqui se encontram sem numerário para socorrer--lhes as despesas, atrasadas nos pagamentos, em situação difícil, portanto. Assim, urge que V Excia dê pronta solução ao caso, ordenando remessa dinheiro caso deseje que elas continuem perseguição rebeldes, ou ordens dissolução e pagamento dos compromissos já realizados. Reitero os meus protestos inteira solidariedade benemérito governo V Excia, continuando seu inteiro dispor meus modestos porém leais serviços. Atenciosas e cordiais saudações – Padre Cicero Romão Baptista

Os telegramas se cruzam por todo o resto de março, enveredam pelo mês de abril e nada de pagamento. A 7, Lampião perde a paciência de esperar e, pondo fim a oito dias de homenagens e de audiências com autoridades na Serrinha, despede-se do chefe político, coronel Francisco Romão Sampaio, o Chico Romão, com quem se aconselhara sobre a melhor forma de cobrar a verba que lhe era devida, e parte para o Ceará, em busca de entendimento final com o Padre Cícero.

Em Jardim, o prefeito do município, médico Anchieta Gondim, ainda recebe o bando como força militar a serviço da ordem. Clarins. Escola com alunos formados. Um adeus à legalidade por parte dos cangaceiros. Dali, comandando uma fração discreta de apenas oito cabras, Lampião cavalga para a Barbalha. O quadro agora é outro. Paisanos em armas tocaiam o grupo nas pontas de rua da cidade, o mesmo se dando no Crato. Evita-os, passando ao largo dos burgos, fora do alcance das armas, a 8 do mês. Nada de combater no Ceará do Padrinho. Ao menos, por enquanto...

Convenhamos, não era fácil cobrar do Padre Cícero. Botar a faca no peito de um ancião venerado por todos. Tinha de ser cobrança muito especial. Envolta em pomadas. Mas se não fosse dirigida ao padre, a quem mais poderia sê-lo, se este não tirou do bolso a chave da tesouraria do Batalhão Patriótico em hora nenhuma? Já vimos quem assinou pessoalmente os telegramas de cobrança dos recursos destinados a fazer face às folhas de pessoal, e às requisições do batalhão, até abril de 1927, pelo menos. Por outro lado, como não ser recebido quem traz no bornal fatura de serviços prestados de boa-fé, inteiramente de acordo com os ajustes levados a efeito no início de março?

O encontro se dá a 9, na discrição de noite escura, bem longe da casa paroquial, as carrancas de padre e cangaceiro se deparando em redor da mesa da residência do rábula José Ferreira de Menezes, arredada do centro. Fica claro, em instantes, que a gangorra da sorte invertia a posição assumida na primeira visita, quanto à atitude de Cícero. Pregava no deserto da burocracia federal, não tendo como cumprir os compromissos pendentes, declaração com que o padre há de ter aberto e fechado a questão que levara ambos até ali. Do lado do cangaceiro, desilusão. E mágoa, certamente. A circunstância e a ocasião em que esses sentimentos se enrijecem, em gesto de ruptura com a tênue conduta de homem da lei que envolvera o bandido nas últimas semanas, estão espelhadas em telegrama do prefeito de Salgueiro ao governador Sérgio Loreto, datado de 16, e dispensam qualquer retoque:

Exmo Dr Governador do Estado – Recife

Comunico vossência grupo bandido Lampião volta Juazeiro Ceará, inesperadamente passou ontem povoado Bezerros, deste município, saqueando, assassinando inspetor policial,

conduzindo presos, reféns, nosso amigo coronel Davi Jacinto e outro inspetor, sob condição somente dar liberdade mediante dez contos, contrário seriam mortos, rumando Pajeú. Ontem seguiu encalço mesmo grupo tenente Solon, com cinquenta praças. Cordiais saudações
Veremundo Soares – prefeito.

À política pública dos batalhões patrióticos, de moralidade duvidosa, para dizer o mínimo, embora de eficácia guerreira indiscutível, para além de regularizada juridicamente pelo presidente Arthur Bernardes e posta em campo pelo general Álvaro Guilherme Mariante, sucessor do colega João Gomes Ribeiro Filho no comando do Exército, nucleado em São Luiz do Maranhão – por este não se sentir à vontade com o aproveitamento de "irregulares", menos ainda com o papel de comandante de Lampião – não faltou a generosidade do Tesouro Nacional e armamento de última geração, os mesmos que equipavam o Exército, não custa repetir. O enxoval do patriota incluía ainda chapéu de lona de abas caídas, sacola, cinto para prender facão e alpercatas, como itens de produção local.

Resta dizer que o perdão a criminosos punha na mesa outra questão a exigir as lentes dos juristas do Catete, necessitando beber em velhas legislações do período colonial que regulavam o reconhecimento de "guerra justa" por junta de governo, governador ou capitão-mor, impetrado, em regra, por candidatos a sesmeiros e sitiantes como condição para poder jogar os criminosos de sua guarda contra as tribos indígenas, "limpando" as terras que reivindicavam em doação como passo seguinte, e passando a borracha sobre o passado de seus famanazes. Dentro da lei, ora essa! Se Floro não tivesse morrido a meio caminho da campanha militar, arriscamos que teria sido encontrado algum artigo, inciso ou alínea que acudisse Lampião, tamanho era o prestígio do general do cangaço junto ao presidente da República.

Queixa típica do período foi a de que os jagunços entalhavam à faca a ponta dos projéteis que, despedaçando-se no corpo da vítima, causavam-lhe feridas de tratamento quase impossível. Violando a Convenção da Haia, de 1899, da qual jamais ouviram falar, os guerrilheiros do sertão iam horrorizando o soldado regular, momentaneamente metido na pele de revolucionário. Abatendo-lhe o ânimo de luta, como pior resultado, na percepção dos comandantes revolucionários Antônio de Siqueira Campos e Ítalo Landucci.

O voejo dia e noite dos marimbondos incansáveis em que se convertem os chamados "grupos de caça" responde, em boa parte, pela internação da Coluna na Bolívia, no início de 1927, seguida até a fronteira pelos tais patriotas da caatinga e do cerrado.

Por todo o mês de junho desse movimentado 1926, Lampião parece empenhado em desfazer o engano de quem ainda o pudesse supor a serviço da ordem. A incursão de rapina que empreende pelo estado de Alagoas, das mais desapiedadas da história de sua existência como um todo, confirma que a mescla azul dos patriotas se encardira em negro. Pior, recebera as tíbias cruzadas e a caveira dos piratas de todos os lugares do mundo.

Começando pela ruazinha das Caraíbas, em Mata Grande, a 6, e daí para Água Branca, Inhapi, Santana do Ipanema, Olho d'Água das Flores, Caboclo, até abaixo de Palmeira dos Índios, já no agreste, o que se vê são assassinatos, sequestros, estupros, mutilações. E o incêndio sistemático de casas, cercados, currais, armazéns, bolandeiras, locomóveis, prensas de algodão, além do abate de boiadas inteiras. Em Olho d'Água das Flores, um automóvel da Standard Oil Company arde até o torrão, alarmando as empresas estrangeiras de modo geral.

Pelo lado do Padre Cícero, o desenlace de 9 de abril há de ter produzido mágoas em nada inferiores àquelas que o cangaceiro acusa no furor destrutivo recente. Em telegrama de meses depois, em que dá conta ao governador do Ceará do massacre da família do fazendeiro Chico Chicote, irmão do prefeito de Brejo Santo, a 1º de fevereiro, pela polícia estadual, o padre emprega a respeito de Lampião, entregue a diversões com o bando nas proximidades da tragédia, no momento do episódio – mas se conservando inteiramente alheio a este – palavras de uma dureza surpreendente. Deixava a nu que os eufemismos de outrora, com que sempre pareceu condescender com a circunstância sociológica do bandoleiro, ficavam para trás. "Enquanto tudo isso se dava [o massacre], Lampião, na Serra do Mato, se divertia ostensivamente com seu grupo, sambando e pilheriando das forças policiais que o perseguem", denuncia o sacerdote, juntando ao nome o peso da investidura formal, à época já efetiva: "Padre Cícero – deputado federal".

O agora deputado denunciava – crime punido com a morte na lei do cangaço – a quem o padre passara a mão sobre a cabeça até dias atrás, depois de fazê-lo por anos.

Não parece coincidência a data assinalar os dois primeiros sequestros a resgate levados a efeito por Lampião no Ceará, o de Pedro Vieira Cavalcanti e o de Vicente Venâncio, presos na Baixa das Cacimbas, município de Jardim. Cinco contos de réis teriam de pagar os comerciantes daquela cidade pela soltura da dupla. O segundo fugiria em momento de descuido da cabroeira. Cavalcanti tomaria um tiro no ouvido, morrendo no dia 3. O episódio confirma, além de tudo, a excelência proverbial do serviço de informações de que dispunha o cangaceiro, de cuja cadeia ativa e discreta faziam parte de roceiros a coronéis. E alguns telegrafistas...

Ao pintar a quadra de ruptura entre rosário e punhal, não devemos deixar à sombra a prisão rumorosa do caçula dos irmãos Ferreira, o João, que vimos ter fixado residência no Juazeiro, com as irmãs, em meados de 1923, passando a ser tropeiro ativo ali, sem ser molestado por ninguém, graças à proteção do Padrinho.

No começo de 1925, damos como ilustração, Floro Bartholomeu negara por telegrama ao vice-governador de Alagoas a prisão de João, processado em Água Branca, frustrando as autoridades interessadas em dar andamento às formalidades judiciais. Pois bem. A proteção se dissipa nesse começo de 1927, o caçula dos Ferreira sendo preso lá mesmo no Juazeiro, meses depois, juntamente com um agregado da família, José Dandão, auxiliar na almocrevaria.

Obrigados a abandonar o Ceará, são levados para Salgueiro, depois para a cadeia de Vila Bela. Cães sem dono. E o que é certo é que João descerá de trem até o Recife, sob escolta policial, sendo recolhido à Casa de Detenção a 22 de julho, à disposição do chefe de Polícia de Pernambuco, o duro Eurico de Souza Leão. Durante três dias, policial e tropeiro conversarão de forma reservada, nada transpirando para a imprensa. Os sertanejos de cabeça branca costumam dizer que ressentimento de padre não é brincadeira...

Abrimos uma janela para dizer que a vinda de João Ferreira ao Recife, debaixo de ordem, quando não respondia por crime senão em Alagoas, na comarca de Água Branca, foi arbitrariedade que sempre nos intrigou. Por que viria? Que ouviu de tão secreto do chefe de Polícia, a não ficar nada nos arquivos?

Em maio de 1985, em busca da família de Eurico, há muito residente no Rio de Janeiro, trocamos correspondência com o jornalista francês Jean-Gérard Fleury, casado com Nalige de Souza Leão, filha do antigo chefe de Polícia. Ela não escrevia, afligida por problema nas articulações. Mas falava ao telefone. E foi como ouvimos o relato de que seu pai, logo que se inteirou de que Lampião estava longe de ser um sujeito vulgar, pela boca de coronéis sertanejos de confiança, entrou a desejar o impossível: falar com o cangaceiro. Ouvi-lo em encontro sigiloso. Assuntar sobre as suas razões, motivações, planos à frente. Desenganando-se da possibilidade de fazê-lo cara a cara, Eurico passa a ver em João os ouvidos do irmão cangaceiro. E foi assim que o tropeiro, ao deixar o Recife, levava duas mensagens bem guardadas na memória: que se o mano quisesse se entregar, teria garantida a vida e um julgamento justo; caso não fosse este o desejo dele, que fizesse como seu antigo chefe e orientador declarado, Sinhô Pereira, deixasse a região ou, quando nada, seu estado de berço. Semente plantada. Ainda veremos outras sutilezas de Eurico no plano da inteligência policial. Voltemos à linha do que vimos desfiando.

A não mais que ilusão de uma existência legal – miragem que agora se diluía de todo – passara a página virada na vida de Virgulino Ferreira da Silva. Seguiria capitão por vontade própria. Não mais de patriotas: de cangaceiros. Ao morrer, a polícia de Alagoas encontra uma das platinas de oficial entre os bens arrecadados na Grota do Angico. Galões amarelos sobre mescla azul. Muito bem conservada. E nada que dissesse respeito ao Padre Cícero. Nada. Nem mesmo entre as oito orações escritas que o cangaceiro conduzia em um saquinho de vaqueta atado ao pescoço, no estilo tradicional dos caborjes do catolicismo popular sertanejo. Examinamos detidamente esse material, a platina e as rezas, tudo conservado no Instituto Histórico e Geográfico de Alagoas, em Maceió, parte das últimas reproduzidas no apêndice deste livro. Também não se reportam testemunhos de censura saída da boca de Lampião quanto à conduta do Padrinho, nos doze anos de sobrevida ao episódio da patente gorada.

Para consumo dos rapazes do bando, de inimigos e de paisanos em geral, prevaleceria a astúcia de disseminar que dispunha, por outorga pessoal, da proteção seráfica mais entranhadamente cara aos sertanejos do Nordeste: a de afilhado do Padre Cícero. Meia verdade fértil em dividendos para a imagem pública do cangaceiro, que não era idiota de escondê-la...

A gesta não deixaria de pintar o quadro daquele tempo de inversão de valores, de entendimento difícil pelo homem da caatinga, na palavra irônica do poeta José Adão Filho, em verso de época:

> Com o regime atual,
> Crime é só ser revoltoso,
> Tudo mais é tolerado:
> Honrado, honesto e honroso...
> Desde o tempo bernardista,
> Lampião é legalista,
> Deixou de ser criminoso!

Retomando a escalada de ações típicas do cangaço nesse ano inacreditável de 1926, a 1º de agosto ataca pela terceira vez a fazenda Serra Vermelha, em Vila Bela, pondo fogo no que estava ao alcance, matando duas pessoas e exterminando o gado estabulado. Seis meses antes, ali estivera com o mesmo propósito, ocasião em que Antônio Ferreira executara friamente o arqui-inimigo José Nogueira.

A 14, interrompe as comunicações telegráficas, cortando fios e incendiando postes Pajeú afora. Os fios de cobre se transformam em chicotes para surrar os inimigos, como cansou de dizer.

Toma a cidade de Tacaratu a 19, à frente de noventa homens, pondo cerco à casa do cangaceiro Manoel Victor Martins, o Mané Vito, que resiste a doze horas de fogo, conseguindo fugir com o irmão Ernesto. Este, ferido gravemente. Encomenda do coronel Anjo da Jia, autoridade policial no município, inimigo jurado dos Martins e um dos maiores coiteiros de Lampião em qualquer tempo ou lugar. Mané Vito é o caso curioso de um comerciante de sucesso na cidade, acostumado a animar festas com seu violão, querido de todos. Um dia, sua bela esposa recebe carta com proposta amorosa de um membro da família Faceiro Lima, hegemônica no Moxotó. Reage e se vê envolvido numa escalada de afrontas. Vende os bens na bacia das almas e cai no cangaço, somente vindo a ser abatido em 1937, em conluio de inimigos que contaram com a cobertura do tenente volante Arlindo Rocha, da polícia de Pernambuco. Houve desse tipo de ocorrência no cangaço.

Na fazenda Tapera, a pouca distância de Floresta, a 26, extermina à bala e por sangramento a punhal treze membros da família de Manoel de Gilo e mais um vizinho deste, em resposta a um desafio forjicado pelo cangaceiro Horácio Cavalcanti de Albuquerque, o Horácio Novaes ou Horácio Grande, que se vale de uma carta enviada a Lampião, supostamente de autoria do chefe dos Gilo.

O efetivo chegara ao seu auge, com 120 cabras, nesses tempos de "legalidade", como vimos, necessariamente desdobrado sob os comandos de Virgulino, de Antônio Ferreira e de Sabino, que se encarregavam do coice, do contracoice e da cabeceira do bando, respectivamente. Na sede do município, a três léguas de distância, onde os tiros puderam ser ouvidos por muitas horas, uma volante numerosa comandada pelo capitão Antônio Muniz de Farias não se abala, enviando apenas dez soldados em socorro das vítimas, à frente o anspeçada Manoel Netto, que se vê envolvido e recua com baixas.

No dia seguinte ao combate de dia inteiro, "curiosos que foram ao local juntaram 5 mil cápsulas de bala de fuzil, somente de fuzil", munição militar a que as vítimas não tinham acesso, combatendo com rifles civis exclusivamente, como publicou o *Jornal do Recife* de 11 de setembro, com base em carta de "um sertanejo". Sertanejo que deixava a pergunta: "Onde Lampião encontra tanta munição?". Esquecia que a repressão patriótica deixara nas mãos dos coronéis de barranco quantidade indescritível de balas de fuzil. E não só dos coronéis. Também do Capitão Virgulino.

Outra cidade pernambucana de relativa importância cai a 2 de setembro: Cabrobó. Onde os 105 bandoleiros penetram a cavalo, sob toques de clarim, em formação militar perfeita, Lampião se hospeda em casa do chefe político, em cuja companhia, depois de banquete regional, passa em revista os alunos da escola formados em sua honra. Ecos do patriota...

Leopoldina, no mesmo estado, cai a 6, só que de maneira inversa: sete residentes fuzilados nas ruas da cidade, dos quais cinco soldados, comércio saqueado, coletoria arrombada, telégrafo destruído.

A 11 de novembro, dá-se o combate da fazenda Favela, ao norte de Floresta, contra forças volantes comandadas por José Alves de Barros, nosso bem conhecido Zé Saturnino da Pedreira, aproveitado como sargento na polícia pernambucana. A secundá-lo na ação, o anspeçada Manoel Netto. A tropa amarga a perda de dez soldados mortos e sete feridos. Dois morrem do lado do cangaço. Cinco saem feridos.

Lampião pouco combate nesse dia, guardando o resguardo de ferimento que sofrera na casa da fazenda Tigre, a sudoeste do município, no dia 17 de setembro, quando uma bala desviada no reboco lhe atravessara o peito direito, saindo na omoplata, o sangue ensopando algumas toalhas.

A 15 de novembro, o major Theophanes Ferraz Torres, com o pé no estribo para galgar os galões de tenente-coronel, assume o Comando Geral das Forças em Operação no Interior do Estado de Pernambuco, com sede em Vila Bela. Chega ali no dia seguinte e não esquenta a cadeira. A 26, vê-se desafiado a organizar a resistência que redundará no maior combate de todos os tempos da história do cangaço no Nordeste: o do boqueirão da Serra Grande, no coração do Pajeú, quer pelos efetivos em choque, quer pelo número final de baixas do lado da polícia.

É o momento de maior brilho da estrela de couro de um chefe de cangaço ainda jovem, em seus 28 anos, sob os aspectos estratégico, tático e do emprego hábil da contrainformação, disseminando intrigas e abatendo o moral dos soldados. Vamos ver em que consistiu esse instante de apogeu do Rei do Cangaço.

6
A serra e o tigre

Sertão! – Jatobá!
Sertão! – Cabrobó!
– Cabrobó!
– Ouricuri
– Exu!
– Exu!

Lá vem o vaqueiro pelos atalhos,
tangendo as reses para os currais...

Blem... blem... blem... cantam os
chocalhos dos tristes bodes patriarcais

E os guizos fininhos das ovelhinhas
ternas: dlin... dlin... dlin...

E o sino da Igreja velha:
bão... bão... bão...

– O sol é vermelho como um tição.

Lento, um comboio move-se na estrada,
cantam os tangerinos a toada guerreira
do Tigre do Sertão: "É lamp... é lamp...
é lamp... é Virgulino Lampião..."

Excerto do poema "Sertão", de Ascenso Ferreira. *Catimbó*.
Recife: Of. Revista do Norte, 1927.

Caía a tarde de 24 de novembro de 1926 sobre o caminho de boiada, espichado entre as cristas da Baixa Verde, em Triunfo, e a cidade de Vila Bela, em meio às caatingas sem fim do Pajeú pernambucano. Uma quarta-feira sonolenta como tantas outras, até o momento em que um carrinho gogó fino zoa ao longe, trazendo viajantes de empresas de prestígio internacional, inquietos diante de alertas de perigo máximo. Que fazer se as matrizes no Recife não aliviavam a jornada, os telegramas determinando que os viajantes seguissem a todo custo para Vila Bela? E lá vinham eles, rosário entre os dedos, Pedro Paulo Mineiro Dias, fiscal da Standard Oil Company, e Benício Vieira, pracista da companhia Souza Cruz de cigarros.

Próximo ao destino, imediações do lugar Baixio, o *chauffeur* – francesismo com que se designava o motorista à época – avista homens na estrada e estanca a marcha. Era tarde. Mais de noventa cangaceiros mal-encarados, apesar de jovens na maioria, tomam posse do Ford 1924, vasculhando tudo. Dinheiro, joias, roupas e até a máquina datilográfica Remington dos viajantes voam no saque guloso da cabroeira.

Vindo do coice do grupo de salteadores, em minutos se apresenta um jovem alto, seco do corpo, tipo de caboclo, surpreendentemente calmo e tratável, metido em túnica bem cortada de capitão, cartucheiras de todo tipo, mosquetão alumiando. Por trás de óculos professorais, dava para ver que tinha a vista direita perdida. Tirando o chapéu de couro, aperta a mão aos viajantes e diz que estavam presos a resgate de quatro contos de réis por cabeça. Finalmente, como se fosse necessário, dá-se a conhecer: "Sou o Capitão Lampião e nada de mal acontecerá aos senhores, espero".

Liderança econômica e política da terra, como vimos, chegado à pujança dos quarenta anos de idade, o já agora coronel da Guarda Nacional Cornélio Soares é avisado em casa, noite alta, pelo pracista Benício – liberado para "cavar" o resgate – que trata de colocar o empresário ao corrente dos fatos, findando por transmitir a este, palavra por palavra, o recado de que era portador: seguindo no rumo de São Serafim, hoje Calumbi, Lampião ficaria à espera do dinheiro por trás da Serra Grande, na fazenda Barreiros, limite outrora de Flores, hoje de Calumbi, com Vila Bela, desta última cidade distando a elevação cerca de sete léguas.

Falamos de um maciço pedregoso, de passagens estreitas e socavões profundos, alongado, de sudoeste para nordeste, em meia-lua aberta que vai se espichando no rumo do nascente.

O major Theophanes Torres, sentado no trono de espinhos de comandante em chefe das Forças Volantes de Combate ao Banditismo em Pernambuco havia apenas dez dias, é inteirado da angústia em minutos. Morava parede-meia com Soares.

No amiudar do galo do dia 25, os "positivos" de Theophanes passam o pé nos burros de sela com instruções para o sargento Arlindo Rocha e para o cabo Manoel Netto, em andanças pela caatinga com as volantes que comandavam. Telegramas seguem para Triunfo, Flores e Afogados da Ingazeira, na busca pelo já então segundo-tenente Hygino Bellarmino e pelo sargento José Olinda de Siqueira Ramos, no afã de formar uma ampla junção de forças, totalizando quatro volantes, com 297 soldados no conjunto, resultado numérico a que se chega somente no início da tarde. Cedidos pelo Exército para o combate à Coluna Prestes e agora escalados para estrear na guerra do cangaço, em poder das volantes achavam-se dois fuzis-metralhadoras Hotchkiss, modelo 1921, com carregador de quinze tiros no calibre sete milímetros, mesma munição do fuzil comum, o de repetição em sistema de ferrolho. Contudo, onde andava mesmo Lampião?

Do Poço dos Cavalos para as Roças Velhas, na voz de uns. Ou na Pedra d'Água, segundo outros, localidades por trás da Serra Grande. Mesmo rumo em que ficava a fazenda Barreiros, referida no recado da véspera, quem sabe o bando já estando mesmo aboletado na fazenda de Manoel Pereira Lima, amigo do cangaceiro havia muitos anos. Tudo era incerteza. Nenhum roteiro da cabroeira. Lampião não era perito apenas em esconder rastros: a pena de morte infalível para quem lhe revelasse os passos dava-lhe o poder de ocultar rumos. E as tropas não sabiam para onde marchar.

Na manhã de 25, Cornélio envia portador com cinco contos de réis na direção e no valor aproximado do que ditara o bandoleiro, confiante em resgatar o pracista da empresa norte-americana. A cobertura da matriz, no Recife, permitia-lhe acudir ao clamor da elite econômica da terra, a correr de um lado para o outro com as mãos na cabeça. Empresas locais e de fora, a exemplo da Casa Nunes Fonseca, da Marques & Mulatinho, da Pires Moreira, da Gonçalves de Azevedo e da poderosa J. Pessoa de Queiroz & Companhia, voejavam em torno do comércio do coronel a pedir providências. A esperança se frustra em poucas horas com a notícia de que o cabo Manoel Netto prendera o portador e arrecadara o valor do resgate, acrescendo na angústia generalizada.

Do velho casarão de três andares na rua do Nogueira, próximo ao Mercado de São José, no Recife, João Martins de Athayde, um raro brasileiro a viver exclusivamente de poesia, retrata em folhetos vendidos às grosas nos dias seguintes a dimensão do drama de implicações internacionais previsíveis:

> O viajante que vai
> A mandado do patrão,
> Fazer negócios urgentes
> No comércio do sertão,
> Quando ele menos espera,
> Encontra a terrível fera
> Pronta a entrar em ação.
>
> Nestes dias, no sertão,
> Um distinto cavalheiro,
> Viajante da Stland,
> Por nome Pedro Mineiro,
> Sem esperar a cilada,
> Caiu em uma emboscada
> Do terrível cangaceiro.
>
> O sertão está tornado
> Um lugar sem garantia,
> Ninguém pode viajar,
> Nem passar em travessia,
> É um suplício danado,
> Porque se é tocaiado
> A qualquer hora do dia.

Pelo meio da tarde desse agitadíssimo dia 25, o encanto se quebra, chegando aos ouvidos do major Theophanes, na Vila Bela, que os cangaceiros estavam acabando de matar, cercado em sua própria casa, um valente entre valentes: José Esperidião, morador nas proximidades da Varzinha, ponto à margem da estrada que ligava Vila Bela a São Serafim.

Sempre nos impressionou o trucidamento de Esperdião – é assim que se arredonda o fonema por ali – homem capaz de enfrentar sozinho o bando então reforçado do Capitão Virgulino por cerca de cinco horas, do começo da tarde ao escurecer do dia, tendo por trincheira a coronha do rifle e, por conforto, apenas a companhia da mulher, em meio a resguardo, e do filho de apenas sete dias. Vendo que o homem não morria de bala, os cangaceiros findam por derrubar o chiqueiro, juntando a madeira ao pé da parede da casa humilde. Depois de permitir a saída dos familiares, o fogo avança ao ritmo do vento. E as labaredas findam por erguer uma estátua de carvão ao heroísmo do homem do Pajeú.

Quem era esse sertanejo que se fez pivô de uma das tragédias pessoais que se encartam na grande tragédia social da batalha da Serra Grande, que iria se ferir no dia seguinte? José era filho de Esperdião Cariri, da Serra Negra, então do município de Floresta, não sendo parente dos Cariri de Lima, família de cangaceiros de Vila Bela. Apenas um antepassado seu vivera no Cariri cearense por um tempo, corrido da Justiça, e a família ganhara o apelido. Provinha dos Teles, dos Almeida e dos Pereira.

No começo dos anos 1920, José mata o negro Manoel Moleque, filho adotivo de Cassimiro Honório. A vítima era pessoa da confiança de Ubalda Freire da Silva, a Dona Biluca, viúva recente de Cassimiro e sobrinha do não menos valente Ângelo Umbuzeiro, a quem ajudava na administração da fazenda Riacho do Meio, hoje em terras de Betânia. Vendo a casa de marimbondos em que se metera, José Esperdião trata de arribar diante da vingança fatal. A cisma estava longe de ser infundada.

Pelas mãos de Dona Biluca, um filho da vítima ingressa no bando de Lampião, sob recomendação de cuidar pessoalmente da vindita. No refúgio humilde da Varzinha, só resta a José comprar um rifle e muita munição, determinando-se a vender caro a vida, o que estava acontecendo naquele momento, seis anos depois de ter arribado dos pastos de origem, na Serra Negra. Quanto à conduta do algoz, nada mais sociológico dentro do tema tratado aqui: o emprego do cangaço como instrumento de vingança, atitude de muitos que lhe procuravam as fileiras. Voltemos ao relato principal.

O comando da operação militar resvala naturalmente para as mãos do tenente Hygino, patente mais elevada em ação no campo naquele momento, além de oficial calejado no ofício da caserna, sempre a repetir que não trocava por nada a origem humilde como praça voluntário de 1912, da Força Pública de Pernambuco. Que logo pressente que Lampião, em alta vertiginosa como chefe de cangaço no período, e dispondo do armamento moderno recebido pelo bando no Juazeiro do Padre Cícero, em dias de março, não perderia a oportunidade de atrair as volantes para um ajuste de contas na garganta da Serra Grande. Para o que lhe bastaria dispor os cangaceiros nas escarpas rochosas das laterais em aclive, ao modo de muralhas, e se pôr no alto a comandar. Afinal, fazia poucos meses – meados de janeiro – que o cangaceiro se valera da passagem arrochada da serra para impor derrota a duas volantes da Paraíba, comandadas pelo tenente José Guedes e pelo sargento Clementino Quelé, saindo quase morto o anspeçada Manoel Teotônio de Souza.

Com a antevisão de que a tragédia de janeiro poderia se repetir em ponto maior em novembro, o tenente Hygino corre a expedir portador com ordem para que Arlindo e Manoel Netto, que marchavam à frente, fizessem alto a mais de um quilômetro de distância da serra e aguardassem sua chegada para o ajuste do plano de ataque.

No quebrar da barra da sexta-feira, 26, ao se reunir finalmente com os subordinados, Hygino reclama que tivessem botado abaixo na marcha, em local da entrada da serra, já ao alcance dos tiros de quem estivesse tocaiado nas escarpas. Percebe que sargento e cabo travavam uma disputa acalorada sobre quem faria a cabeceira da força na invasão da garganta da serra pela vereda de bode conhecida como Passagem do Pereira, cada qual arrotando maior valentia.

Nesse clima, o plano do tenente se abate como água fria na fervura, os subordinados torcendo a cara para o que lhes soava covardia inaceitável. É que a prudência de Hygino o levava a condicionar que o ataque frontal pela bocaina da serra fosse precedido de uma ação de retaguarda, a cargo de uma fração de trinta homens, no mínimo, que se encarregaria de contornar a elevação e de galgá-la pelos fundos, invadindo-a pela saída da vereda, na face nascente da serra, de modo a colocar Lampião entre dois fogos. A proposta do tenente, apesar de correta do ponto de vista tático, soava mal aos olhos dos subordinados por parecer coisa de medroso. No curto e no quente, era a opinião que circulava entre os soldados, com a mão sobre a boca, de início, depois abertamente.

Na ordem prática, pesava contra o plano a evidência de que o contorno da serra exigiria que o pelotão escalado para a retaguarda enfrentasse marcha de seis léguas pela caatinga derredor, ao preço de nove horas de deslocamento sob o sol, contando com a água das cabaças só e só, o que retardaria o combate para o meio da tarde, talvez mesmo jogando fora a oportunidade de que este viesse a ocorrer. Afinal, seria praticamente impossível que o cangaceiro, do cabeço da serra onde tinha instalado seu posto de comando, não avistasse a manobra de envolvimento e retirasse com seus homens antes do arrocho em pinça defendido por Hygino.

Disciplina e cortesia militares caem por terra quando o cabo Manoel Netto encara o tenente e diz que, depois de trinta léguas de marcha no rastro dos bandidos, queria "brigar de todo jeito". E que já estava começando a entrar na garganta da serra com seus anspeçadas Euclydes Flor e Domingos Gomes de Souza, o Cururu. O sargento Arlindo não fica atrás, dizendo para quem quisesse ouvir: "Ah, assim fica bom pra mim. Também vou subindo com minha força. Hoje eu quero é almoçar bala!".

Irritado, o tenente Hygino abandona o plano de contorno da serra para o ataque em duas frentes e, renunciando à prerrogativa de comandante de toda a diligência, torna pública a decisão mais que discutível de liberar cada unidade para que agisse segundo seu comando respectivo. Ato contínuo, diz aos subordinados que iria ficar nas caatingas, em frente da entrada da serra, mas sem entrar, garantindo o espaço para um possível recuo das forças atacantes, caso se fizesse necessário. Batendo mão do relógio na algibeira, rosna para os auxiliares rebeldes: "São 7h45. Morra quem morrer, escape quem escapar, eu fico aqui à espera da quebra da espoleta no alto da serra".

Uma hora depois, o mundo começa a desabar da cumeada ao sopé do espigão, os soldados caindo como moscas. Manoel Netto tem as duas pernas quebradas por bala, depois de saber que o famoso rastejador de sua volante, Ângelo Inácio da Silva, o Anjo Caboclo, fora puxado para trás de uma pedra e sangrado a punhal até a morte, no cumprimento de promessa que Lampião tornara pública nas últimas semanas.

O sargento Arlindo, que declarara o propósito de "almoçar bala", recebe tiro de longa distância pela esquerda do maxilar inferior, provocando fratura exposta e perda de quase todos os dentes. Coincidência muito comentada nos meses seguintes por todo o sertão, os soldados, em conversa, tratando de isolar o "almoço de Arlindo...".

Cinco anos decorridos da batalha, em manuscrito oficial de 1931, Hygino dirá textualmente ao comandante da então denominada Brigada Militar de Pernambuco, tenente-coronel Afonso de Albuquerque Lima, sem esclarecer as razões:

> Quando do combate no lugar Serra Grande, do município de Vila Bela, ali fui o comandante de toda a tropa. Porém, somente naquele dia, cada contingente tinha o comando desligado da minha direção...

Nunca ficou esclarecido se Hygino autolimitara seus poderes em decisão pessoal de momento, cedendo à ira provocada por seus subordinados, ou se as ordens que recebera do major Theophanes traziam de origem o limite revelado na pública-forma de 1931, recolhida ao arquivo da corporação.

No alto da serra, o chefe cangaceiro acautelara a água de minadouros e de caldeirões de pedra, como fazia de hábito na preparação dos combates, orientado por um cidadão detido na véspera para esse fim. Quando novo, Silvino Liberalino, o preso, costumava dar campo na serra e sabia até onde se escondiam os mocós. As aguadas estavam abastecidas pelas chuvas fortes da noite de 23 para 24, é informação a se ter em vista. Com o prenúncio de combate demorado, a ideia de anular os soldados também pela sede não estava fora das cogitações de Lampião, que sabia não haver água para o inimigo com menos de duas léguas de distância.

Ao cangaceiro Antônio Ferreira, coube ficar escondido com seus homens na chã de caatinga em frente à bocaina da serra, à espera de acometer as forças pela retaguarda, obstando-lhes a retirada em recuo, caso desejassem. E pelejando por fechar o cerco sobre os militares como objetivo culminante. Movimento esse, o do cerco total, que não chega a se completar, a despeito das seis tentativas pesadas em que se empenhou o primogênito dos Ferreira, para sorte dos homens da lei, que teriam sido dizimados por completo caso os cangaceiros sitiassem a posição.

Fazendo frente à valentia proverbial de Antônio, esteve a calma experiente de Hygino, oculto igualmente nas caatingas defronte à bocaina da serra, como vimos. A cada avanço da cabroeira para desalojar a volante de Hygino e ocupar a posição, o soldado fuzileiro Philadelpho Correia Lima passava dois ou três carregadores de quinze tiros do fuzil automático, as rajadas ajudando a deter a investida ante o impacto da barragem de fogo despejada pelo Hotchkiss, endiabrado na cadência dos 450 disparos por minuto, vale dizer, cerca de oito tiros por segundo. O que não impedia os cangaceiros, logo que refeitos da surpresa com a novidade da rajada e identificando o ruído com o ritmo da máquina de costura, de gritarem a toda hora: "Bote logo essa costureira pra cá, Nego Gino, que nós vamos já tomar ela de você!".

Subindo e descendo a serra por trás das pedras, o cangaceiro Sabino Gomes, o Sabino das Abóboras, baixo e entroncado, músculos estofando a túnica, agilidade de gato, trata de animar o fogo dos companheiros por mais de uma vez, cumprindo tarefa extenuante. Com que podemos considerar fechado o esquema tático concebido por Lampião para o combate daquele dia. Um esquema simples e eficiente, pelo qual ele, Lampião, chefe supremo, ocupara o alto da serra, com domínio de vista sobre todo o campo em volta do maciço, a comandar o conjunto das ações, permanecendo na companhia do viajante da empresa norte-americana durante toda a luta; enquanto Antônio, embaixo, na chã fronteira à serra, empenhava-se nas ações de retaguarda de que era perito, ao tempo em que Sabino cobrava energia das linhas de atiradores do cangaço, subindo e descendo a escarpa em aclive, de um lado e de outro, não custa repetir.

Em depoimento de 1953, ao jornalista Sócrates Times de Carvalho, passados trinta anos da tragédia, Arlindo Rocha bateria no peito em *mea culpa* por ter se levantado contra seu comandante na Serra Grande. Emocionado, fará justiça tardia ao acerto militar de Hygino em não galgar a elevação, conservando-se na chã em defensiva. São palavras que merecem transcrição, recolhidas do livro *Traço de giz*, Recife, 1985:

> Se não fosse o tenente Hygino ter ficado embaixo, com o seu contingente cobrindo a retaguarda, naquele dia Lampião teria arrasado todos os [meus] cinquenta soldados.

Euclydes Flor dirá o mesmo a Luiz Conrado de Lorena e Sá, segundo consta do livro *Serra Talhada*, por este publicado em 2001. De Manoel Netto, poderia ter vindo juízo similar em favor de Hygino, não fosse o fato de o mais valente dos soldados volantes, na voz geral de amigos e de inimigos, ser homem reconhecidamente infenso a confissões, solteirão arredio e seco nos sentimentos, a quem Lampião já dera, não por acaso, o apelido de Cachorro Azedo.

Pelo meio do dia, a situação se agrava para os soldados na Serra Grande, em razão do número elevado de mortos e feridos. Não resistindo à perda de sangue, o sargento Arlindo abandona o campo da luta, sendo acompanhado por sua volante, integrada em peso por parentes por ele indicados para alistamento. Uma volante familiar. Tão grave é a lesão recebida pelo sargento que, removido para o Crato, terá de descer para o Recife no dia seguinte, internando-se por semanas no Hospital do Centenário.

A mesma dispersão se abate sobre a força de Manoel Netto, a perder muito sangue, como Arlindo, cujos membros não se retiram de todo graças ao pulso do anspeçada Euclydes Flor, de valentia decantada na tropa, de modo especial entre os soldados da ribeira do Navio.

Entristecido pelo desdobramento que sempre considerou evitável das ações na Serra Grande, mesmo assim Hygino somente se retira do combate com seus homens no começo da noite, rumando para o arruado Tamboril, onde fica à espera de colegas estropiados que vão chegando cada vez em maior número, depois de vencer – sabe Deus como – a légua e meia que separa as duas posições.

O comandante Hygino se declara exausto. Não sem motivo. Afinal, como fez ver no documento de 1931, após a partida das volantes de Arlindo Rocha e de Manoel Netto, pelo meio-dia, "somente o contingente sob meu comando permaneceu em cerrado combate com os bandoleiros", palavras do próprio Hygino não contestadas, e palavras que nos arrastam à conclusão de ter sido sua força a única a se empenhar na luta durante o dia inteiro, portanto.

Todo o sertão sabia não faltar razão à gesta ao cantar o respeito dos cangaceiros pelo tenente:

> – Meninos, tenham cuidado,
> Lampião diz a Sabino
> Que acolá vem uma força,
> Parece a do Nego Gino!

Os cangaceiros, senhores do sítio da batalha por derradeiro, aproveitam os últimos raios de sol para amontoar os corpos dos soldados mortos em pilha única, ao tempo em que os punhais vão escorregando das bainhas para abreviar dolorosamente a agonia dos feridos. Chegava a hora do sangramento com direito a "inventário" debochado, no estilo já visto.

No dia seguinte, a primeira inspeção militar, partida do Tamboril, abrirá os olhos do major Theophanes, chegado ali à noitinha, para a dimensão da tragédia: dezenove soldados mortos em combate, ou sangrados logo depois, e quarenta feridos, dos quais catorze em estado grave. Muitos desaparecidos.

Em 1938, o viajante Mineiro Dias dirá ao jornalista Melchiades da Rocha, do jornal *A Noite*, do Rio de Janeiro, que foi com muita dança que o chapéu de couro festejou a vitória sobre o quepe, até a madrugada de 27, no alto da serra. Ele próprio, Mineiro, pontilhando o toque da sanfona dos cangaceiros com o violão, de que era executante fino. É relato que não se concilia com o número de seis cangaceiros mortos, divulgado pela polícia nos dias seguintes. Não haveria clima para o arrasta-pé comemorativo de que fala Mineiro Dias. Na guerra, inclusive a do cangaço, já se disse que a primeira morte é a da verdade...

De todo modo, deve ser registrado que se encontram no processo-crime de 28 de novembro de 1926, aberto sobre os acontecimentos da Serra Grande, palavras de um certo Manoel Abílio de Sá, sustentando ter ouvido do cangaceiro Herodes que tinham saído por mortos da serra, naquele dia 26, os cangaceiros Antônio Ferreira, Chumbinho, Jurema, Cebola e Félix Preto. Difícil eliminar a controvérsia a essa altura do tempo, embora nos pareça impossível que Lampião organizasse qualquer tipo de festejo sabendo ferido seu irmão mais velho. E já que tratamos de dificuldades no aclaramento das questões ligadas à Serra Grande, cabe dizer que a maior destas se acha no exame da maledicência que tomou conta da cidade nas semanas seguintes ao combate, em torno de suposto fornecimento de munição aos cangaceiros por figuras de destaque, tanto em Vila Bela quanto em Flores e em Salgueiro.

Da análise de um apenso que se acha no processo mencionado, concluímos que toda a questão nasce das declarações dadas pelo já então cabo Domingos Cururu, para quem o moral da tropa teria ido ao chão diante do grito continuado do chefe cangaceiro: "Canalhas, vocês estão morrendo com balas de Vila Bela!".

Além de marqueteiro incansável de si mesmo, Lampião jogava muito bem com a informação e a contrainformação, recursos da guerra moderna, fazendo uso da intriga, do boato e do enxovalhamento. É assim que o grito que Virgulino não cansa de repetir com as mãos em concha, longe de ecoar somente nas quebradas da Serra Grande, irá tomar conta calculadamente das ruas da cidade, vindo a responder pela celeuma diante da qual a autoridade pública não tem como fechar os olhos.

Nas semanas seguintes ao combate, ouvidos soldados, cangaceiros e paisanos no processo, além de produzidas algumas confissões de suspeitos, um relato vem à tona, todos os dedos apontando para certo alfaiate Adolfo Sampaio, da cidade de Flores, com negócios também em Salgueiro, e para o jovem coronel José Olavo de Andrada, solteiro, comerciante, trinta anos de idade, atuante na sua Vila Bela de berço e por todo o Pajeú, como sendo os responsáveis diretos pelo fornecimento da munição aos cangaceiros. As tais "balas de Vila Bela", do grito insistente do chefe do bando. O enredo é digno de romance policial.

Em dias de agosto, o alfaiate de Flores teria adquirido em Salgueiro, de militares de polícia do Rio Grande do Sul que deixavam a região após combate dado aos revoltosos da Coluna Prestes, "avultada quantidade de balas de rifle e de fuzil", como disse o promotor público Oscarlino Tavares de Mello Gouveia na denúncia de 8 de maio de 1927, apresentada contra Adolfo e Olavo, incluídos os seus coadjuvantes. Os 120 pentes de bala de fuzil, totalizando seiscentos cartuchos, e mais um milheiro de balas de rifle – eis a quantidade apurada nos autos – são acondicionados "em dois caixotes de querosene, de mistura com dentes de alho". Por um frete de quinze mil-réis, o almocreve Henrique Ferreira dos Anjos, o Henrique Preto, residente em Cachoeira, remove a carga de Salgueiro, aliviando o lombo dos burros apenas na fazenda Catolé, onde o coronel Isidoro Pereira Lins fica com as balas de rifle para seu consumo e à espera de que alguém viesse apanhar as de fuzil.

Dias depois, o mesmo Henrique, agora na companhia do colega de ofício Levino Gomes dos Santos, de São José de Belmonte, reembarca a munição de fuzil "em malas de couro, de mistura com caroço de algodão", e traz o arsenal para a Cachoeira, "onde o enterra em um pote de barro, noite alta, sem ser visto por ninguém". Segundo Henrique, "as transações em dinheiro entre Olavo e Adolfo eram antigas e, provavelmente, para a aquisição de munição para o cangaço". Palavras do tropeiro.

O risco era recompensado por lucros muito altos, como de costume. O informante Ascendino Alves de Oliveira diz ter ouvido de Lampião e de Sabino a queixa de que estavam pagando três mil-réis por cada pente de cinco balas de fuzil, mesmo sabendo que, "na fonte, o pente custava, no máximo, um mil-réis", revelação que deixa patente no processo que o "negócio" permitia triplicar o capital em poucos dias.

A logística sofisticada de Lampião mergulhava mais fundo na elite econômica de Vila Bela. Embora o processo guardasse o recato de evitar o assunto, todos sabiam que a filha mais velha do coronel Isidoro Pereira Lins, Jacintha, era casada com Permínio Olavo, irmão de José; do padre Antônio e do celibatário Horácio, este, aplicador de capital dos ricos da terra, inclusive de Isidoro, dos maiores pecuaristas da região. No plano estritamente econômico, não se pode dizer que aplicasse mal.

Na linha da informação carreada para os autos, o representante do *Jornal do Recife* em Petrolina, S. Correia, dizia ao jornal *O Pharol*, daquela cidade, de 20 de janeiro de 1927, ter apurado que, "em Vila Bela, constituía profissão lícita vender balas a Lampião". E que um preso lhe dissera ali, sem pedir reserva, que, "tendo perdido vinte contos de réis em algodão, os havia tirado em balas que vendeu àquele bandido".

Apertados contra a parede, os acusados tentam atrair para o processo o prestígio dos coronéis Cornélio Soares e seu parente por afinidade Benjamin Othon Soares, da elite econômica de Vila Bela e de Salgueiro, respectivamente, apontando-os como financiadores da transação. Na ausência de prova de que os dois capitalistas tivessem conhecimento da destinação dos valores emprestados, tanto mais que Adolfo e Olavo eram negociantes que dispunham de nome limpo nas praças em que atuavam, fazendo jus a empréstimos, o promotor público não inclui os dois capitalistas na denúncia. Pela mesma razão, também não arrola o major Theophanes, mesmo tendo sido apontado como fornecedor do bando por cangaceiros presos, a exemplo de Mormaço, em depoimentos que prestou em três comarcas fora de Pernambuco, horas antes de tombar como queima de arquivo.

O promotor há de ter percebido que a maledicência atingira níveis insuportáveis em Vila Bela, indo ao encontro da intriga fomentada por Lampião na Serra Grande, que não era homem de andar gritando à toa. O raciocínio nada tem de descabido para quem conhece as astúcias do grande cangaceiro.

A última constatação a que chegamos nos mostra Olavo preso por vários meses, parte destes no Recife, submetido a constrangimentos sem fim. De todo modo, supomos que tenha pesado finalmente em seu favor o que não cansou de repetir nos autos do processo: que Virgulino lhe dissera, olho no olho, que a recusa em colaborar implicaria a eliminação de toda a sua família e o incêndio dos bens materiais. Quem seria capaz de duvidar de uma promessa desse tipo, vinda de quem estava vindo?

Para Lampião, mesmo ao preço de alguma baixa nas fileiras, Serra Grande foi a vitória numericamente mais expressiva de sua tática de contra-ataque a partir de tocaia, completada pelo envolvimento do inimigo pelas costas e pelo controle absoluto das fontes d'água, naquele que veio a se constituir no maior combate de todos os tempos do ciclo histórico do cangaço no Nordeste.

Os cantadores e cegos rabequeiros amiúdam, no período, o tratamento de Tigre do Sertão dado ao chefe cangaceiro, o poeta erudito Ascenso Ferreira averbando o título para os litorâneos em seu livro *Catimbó*, de 1927.

Para a Força Pública de Pernambuco, Serra Grande é o palco respeitável de um dos maiores sacrifícios já oferecidos pelo nosso soldado de polícia em qualquer tempo, sabido que alguns militares chegaram a aceitar combate em campo aberto e a dar o peito às balas, como nos disseram sobreviventes. Claro, houve também quem jogasse fora as armas e abrisse no mundo...

Quanto ao viajante Mineiro Dias, que a tudo assistiu do alto da serra, seria solto no dia seguinte ao combate para contar seu drama em entrevistas intermináveis à imprensa. Também para levar ao governador interino, Júlio de Mello, proposta de divisão do território de Pernambuco ditada pelo cangaceiro e recolhida em carta que Mineiro datilografou alegremente com a máquina portátil do ofício, devolvida por Sabino na véspera. A máquina que lhe permitiria agradecer a vida a Lampião, datilografando o cabeçalho de todo um bloco com firma, patente e vulgo do cangaceiro: "Capitão Virgolino Ferreira (Lampeão)".

Foi quando a irreverência do recifense deu de cantar, pela boca do bandoleiro, preparando o Carnaval de 1927 e assinalando o ponto culminante na carreira de armas do agora Tigre do Sertão:

> As folhas deram a notícia
> E doutor Júlio já leu:
> – De Rio Branco pra riba,
> O governador sou eu!

7
Maria Bonita e o sonho baiano

Onde está Maria Bonita
com seu porte de pavão?
É agora uma serpente
nas profundezas do chão.
Eva do inferno sombrio,
rainha da tentação,
enroscada nos cabelos,
no rosto do Capitão,
que neste mundo de Deus
alisaste com a mão:
quem, nesta claridade,
se lembra da escuridão?

Nertan Macedo, *Cancioneiro de Lampião*, 1959.

Passados poucos dias do combate da Serra Grande, acidente com arma de fogo no lugar Pipocas, no Meirim, Pernambuco, terras do coronel Anjo da Jia, vitima o primogênito dos Ferreira. Um cangaceiro celebrado pela valentia e – como se mostrava visível nos cuidados que lhe dedicava o irmão Virgulino durante os tiroteios – também pela temeridade. Antônio Ferreira era peça-chave na tática de guerrilha aprimorada por Lampião, sua morte representando nada menos que um desastre.

Antes da luta, costumava desgarrar-se à frente de pequeno grupo escolhido a dedo e se ocultar, com vistas a cair sobre as costas do adversário pouco depois de este ter se travado em combate com o grupo maior. Não tinha rival no modo como executava o chamado movimento de "retaguarda", vimos nas ações da Serra Grande.

Além do resguardo de tempo antes de intervir no combate, a velhacaria de Antônio se requintava na recusa ao uso do traje típico de cangaceiro, em favor do cáqui e do chapéu de feltro semelhantes ao que empregavam os oficiais em serviço volante. Fantasiado de "macaco", lograva insinuar-se em meio a soldados inexperientes, sobretudo os que vinham do Recife, chegando a abatê-los até mesmo a punhal, depois de ganhar-lhes a confiança em conversa rápida. Nos combates noturnos, especialmente, Antônio e seus falsos "macacos" faziam a festa.

Lampião não esconde o golpe que sofre em todos os aspectos. Na tradição local, manifesta luto não cortando mais os cabelos, salvo quando ameaçavam chegar-lhe aos ombros, o que passa a ser moda entre cangaceiros em geral. A navalha, pela mesma razão, não sai do bornal por um tempo, a barba rala de caboclo avançando até fechar no queixo e no bigode.

O ano de 1927 chega para ele, assim, envolto em presságios pouco animadores. No Recife, o quadro não era mais risonho, a serem verdadeiras as notícias trazidas pelos coiteiros de alto coturno. Em dezembro, o governador Sérgio Loreto e o interino, Júlio de Mello, tinham desocupado o Palácio do Campo das Princesas em favor do eleito, Estácio de Albuquerque Coimbra. Um fidalgo da palha da cana-de-açúcar, senhor que era de grandes extensões de terra ao sul do Recife, zona da mata litorânea, a cavalgar por seu Engenho Morim, em Barreiros, de chapéu de chile e esporas de prata.

Homem para quem o poder político brotava do massapê, como as socas de cana, tornando-o naturalmente desdenhoso do voto sertanejo. Carreira partidária das mais brilhantes, acabava de descer as escadarias do Catete, fechando quadriênio dos mais atribulados, quase todo decorrido sob estado de sítio, em que fora o vice-presidente da República de Arthur Bernardes. Havia mais.

Entre auxiliares de gabinete – nos contou Gilberto Freyre, um destes – Estácio costumava chamar o sertão de "terra da emboscada". A despeito do pé atrás do governador quanto aos hábitos e costumes do homem da caatinga, o ano começa com esforço de grande envergadura contra o cangaço, em geral, e contra o bando de Lampião, em particular. Esforço que um dependente do voto sertanejo vacilaria em adotar.

Pernambuco consegue atrair quase todos os estados vizinhos para o concerto de uma política de repressão ao banditismo a ser executada em comum, segundo roteiro de ações concebido para a circunstância de cada unidade. A 28 de dezembro, poucos dias passados da posse, Estácio recebe com pompa os representantes oficiais da Paraíba, Júlio Lyra; do Ceará, Paes de Carvalho, e do Rio Grande do Norte, Benício Filho. Pernambuco se faz representar pelo chefe de Polícia recém-empossado, Eurico de Souza Leão.

No vigor dos 38 anos, bacharel em Direito pela escola tradicional do Recife, ex-seminarista em Olinda e senhor do engenho Almécega, Eurico era um fidalgote dos mesmos canaviais de Estácio, porém conhecido pelas ações afirmativas, não raro drásticas, a desenvolver a representação moderado pelos cabelos brancos do colega Gennaro Guimarães, secretário da Justiça e Negócios Interiores.

Cabia a cautela. Em plena rua do Imperador, no centro do Recife, ponto de concentração de advogados, de clérigos e de jornalistas, Eurico fora capaz de descer a bengala no chefe de redação do *Diário da Manhã*, Fernando de Lima Cavalcanti, mandando-o recolher à Chefatura de Polícia. Toda a imprensa censurara a violência de 1º de dezembro de 1927, tanto mais que empregada pelo chefe de Polícia. Há pormenores que iluminam um perfil.

Como novidade em relação a conclaves anteriores, verificados também no Recife em 1912 e 1922, registram-se as vindas e participações plenas de um representante de Alagoas, o médico Ernande Teixeira Bastos, secretário do Interior de um estado que, embora assolado de longa data pelo cangaço, mantivera-se até então olimpicamente arredio a encontros do tipo, e de Bernardino Madureira de Pinho, chefe de Polícia da Bahia, o governador de lá, Francisco Marques de Góes Calmon, parecendo adivinhar que, dali a dois anos, seu estado se converteria em espojadouro predileto do Rei do Cangaço.

Novidade formal trazida pelo convênio resultante do encontro se mostraria particularmente promissora para a política posta na mesa por Eurico. Consistia de cláusula em que se assegurava aos agentes envolvidos na campanha que as providências tomadas contra o cangaço estariam cobertas por segredo de justiça. Desatavam-se as cautelas mais imediatas de comandantes de volantes e chefes de destacamento quanto à responsabilização de suas ações. Por fim, assinale-se a permanência de velharia útil, constante de ajustes anteriores que remontam ao Império, que se via remoçada com força: a mitigação dos embaraços jurídicos representados pelas fronteiras interestaduais à ação das forças volantes em deslocamento. Embaraços que quebravam a espinha dessas colunas, cassando-lhes a condição de volantes.

A justificar todos os esforços, a tônica do conclave fora posta na mesa pelo anfitrião, na abertura dos trabalhos: o desafio do cangaço, emblemado pelo desastre da Serra Grande, não podia ficar sem resposta. As classes produtoras bradavam, a imprensa fazia eco, a poesia matuta não se furtava ao coro: Lampião fora longe demais!

Erro estratégico, talvez, para quem não pretendia derrubar o governo constituído, até onde se sabia, embora tivesse conseguido expropriar de fato, por meio do terror, 49% do território de Pernambuco. Não somente ele e seu bando. Andavam em armas pela caatinga os grupos autônomos chefiados por Antônio Freire, Antônio Marinheiro, Bom Deveras, Chicos, Elias Zuza, Horácio Novaes, Jararaca, Joca Basílio, Jovino Martins, Manoel Antônio, Manoel Francisco, Manoel Pequeno, Manoel Rodrigues, Manoel Victor Martins, Trovão, Zé Pequeno e Zezé Patriota. Nominata capaz de tirar o sono de Eurico logo nas primeiras semanas, cadeira ainda fria, como recordou em entrevista ao *Diário da Noite*, do Rio de Janeiro, a 21 de novembro de 1931.

Convencido de que o acobertamento ao cangaço pelo homem do campo era enorme, subindo de roceiro a coronel chefe político, Eurico dá início à perseguição sem trégua aos que chamava de "asiladores de bandidos", diretriz que desviava o foco da figura do cangaceiro, passando a fixá-lo na do coiteiro. O principal das atenções seguidas até ali pela Repartição Central de Polícia, com resultados pífios, via-se alterado pela base. Gesto de coragem, a influenciar, logo, logo, todas as congêneres da região. Se o fruto das ações está no vermelho, economizemos as balas e partamos para estrangular a economia, a logística e as fontes de informação dos bandos, privando-os de seus asiladores, concebe Eurico com acerto. E com lições para o combate à criminalidade em qualquer tempo.

A sociologia de Gilberto Freyre e o empirismo de Júlio Bello estavam ajudando o litorâneo a compreender o que tantos oficiais de polícia conheciam sobejamente no dia a dia: que a falta de oportunidade econômica na caatinga, aliada à imagem de sucesso do cangaceiro, expressa na exaltação cultural promovida pela poesia de gesta, como de resto na abundância deliberadamente ostensiva de joias e de dinheiro obtidos na "vida da espingarda", ativava a lei da imitação, levando a mocidade ingênua a botar na cabeça as estrelas de couro e a cruzar o punhal sob as cartucheiras. A política começa a mostrar resultados.

Divulgada pela primeira vez no meado de junho – em decorrência da implantação pioneira da chamada polícia científica em Pernambuco – e cobrindo tão somente o semestre iniciado pouco antes da posse de Estácio, a 12 de dezembro de 1926, estatística organizada pelo chefe Eurico dá conta, por seus nomes ou vulgos, de quarenta cangaceiros mortos e 198 postos fora de combate por qualquer meio. Feridos, na maior parte dos casos. Somente do grupo central de Lampião, sem contar os que lhe orbitavam em volta, eram arrolados 14 mortos e 24 feridos ou presos.

O jornal governista *A Província* faz a festa nas edições de 11, 12 e 14 de junho de 1927. Não era pouco. Ao lado dos pobres-diabos inevitáveis, a lista trazia nomes de prestígio nas armas, a exemplo de Beija-Flor, Bom Deveras, Elias Barbosa, Emiliano Novaes, Manoel Francisco, Manoel Fructuoso, Manoel Pequeno e Zezé Patriota, chefes de grupo ou subgrupo, e mais de Açucena, Caboclo Sátiro, Criança, Barra Nova, Feroz, Gavião, Musgueiro, Pássaro Preto, Paturi, Pitombeira, Temível, Três Cocos, Ventania e dos três irmãos Rajado.

É feita a distribuição de forças pela área de interesse. Hygino José Bellarmino se queda em Custódia; Optato Gueiros, em Tacaratu; Sinhozinho Alencar, em Triunfo; Márcio Jardim, em Águas Belas; José Jardim, em Buíque; Solon de Oliveira Jardim, em Flores, e Alfredo Cavalcanti de Miranda, em Afogados da Ingazeira.

Escasseiam as notícias vindas do sertão, nesse primeiro semestre, sobre combates dignos do nome, não simples tiroteios, que se resumem ao fogo do Custódio, localidade de Brejo Santo, Ceará, a 11 de maio, em que são abatidos dois cangaceiros de Lampião, o sargento Arlindo Rocha se apressando em salgar as quatro orelhas e levá-las a Vila Bela, para receber o abraço do comandante Theophanes.

Prova de que Lampião se sentia acossado nos estados em que vinha agindo tradicionalmente é a cavalgada de cerca de quatrocentos quilômetros que empreende para o norte, cruzando a Paraíba, invadindo o Rio Grande do Norte e – ousadia das ousadias – atacando a cidade de Mossoró, a segunda maior do estado, conhecida como a Capital do Oeste, dada a expressão econômica regional de que desfrutava, situada a quarenta quilômetros do mar, quatro igrejas, multinacionais e agência do Banco do Brasil.

A marcha é uma incursão de hunos por terras em boa parte nunca palmilhadas, raspando valores desde a partida de Missão Velha, no sul do Ceará, domínios de um de seus protetores mais assíduos, o coronel e chefe político Isaías Arruda, sócio de capital na empreitada. E não só de capital, também na composição do efetivo de cinquenta homens, quando o bando já se ressentia de claros nas fileiras, fruto do sucesso da "lei do diabo", como passara a ser conhecida no sertão a política de Eurico.

Depoimento dado à polícia pelo cangaceiro Francisco Ramos de Almeida, o Mormaço, em Pau dos Ferros, Rio Grande do Norte, a 5 de outubro de 1927, deixa claro que Lampião precisara promover a recomposição de suas linhas para o ataque a Mossoró, valendo-se da reserva de jagunços – os chamados "cangaceiros mansos" – que detinham os coronéis em regra, mais do que nunca o bando mostrando a face de condomínio entre coronéis e cangaceiros, na expressão empresarial que lhe conferira o Rei do Cangaço. Isaías Arruda, Anjo da Jia, Marcolino Diniz, Pedro da Luz Alves, Antônio Joaquim de Santana, Numeriano Freitas e os irmãos Aparício e Chico Romão, todos oficiais superiores da Guarda Nacional, com direito a fardamento vistoso e espada à cinta nas solenidades, comparecem com munição de guerra ou cabras de sangue no olho para a ousadia de Mossoró, com ou sem consciência do alcance inteiro da empresa – nunca se saberá – o disse me disse correndo solto no sertão.

Na edição de 9 de agosto de 1929, repassando o assassinato à bala de Isaías, no ano anterior, quando chegava de trem à estação de Aurora, o jornal *O Ceará*, de Fortaleza, traça perfil carregado nas tintas: "Pesavam-lhe, como ninguém ignora entre nós, terríveis acusações de chefe de cangaço e de sócio de Lampião, de incendiário da ponte do rio Salgado, de vários assassinatos por ele mandados praticar friamente, na sua maior parte, para a ocultação de hediondos delitos anteriores".

A 13 de junho, uma segunda-feira, perto do meio-dia, Lampião está a cavaleiro da cidade com sua meia centena de homens, à espera da resposta a bilhete sem rodeios que fizera seguir para o prefeito Rodolpho Fernandes, cuja primeira frase escancara o mercenarismo da jornada: "Estando eu até aqui, pretendo é dinheiro". E não era pouco dinheiro, não. Quatrocentos contos de réis. Valor de oitenta automóveis novos.

O prefeito resposta com negativa serena, confiante nos mais de cem homens que pusera em armas na cidade, entre militares e civis, sob o comando do tenente Laurentino de Moraes. E o ataque se abate pelas 4 horas da tarde, sob o pano de fundo de uma chuva fina, de trovões, de uns poucos raios, ao dobre insistente de sinos e rasgos da corneta do cangaceiro Mormaço, de mistura com o canto desaforado da Mulher Rendeira.

Divididos em três grupos, à testa Lampião, Sabino e Massilon Leite, os cabras investem sobre a prefeitura, a estação da estrada de ferro e o cemitério, sendo rechaçados, sofrendo a baixa imediata de dois cangaceiros, uns três mais morrendo nos dias seguintes.

Fato revelador de que o episódio subiu à dimensão de assunto de estado nos foi trazido pelo escritor potiguar Nilo Pereira, que permaneceu no gabinete do governador José Augusto Bezerra de Medeiros por toda tarde do 13 de junho, auxiliando na comunicação telegráfica. Segundo ele, quebrada a espoleta e até o final da luta, o telégrafo se conservou aberto, transmitindo as ações em tempo real, sem que o mandatário tirasse os olhos das tiras de papel que iam chegando nervosamente. Angústia.

A fuga atropelada por Limoeiro do Norte, Ceará, avançando em busca do Jaguaribe até retornar aos domínios do coronel Isaías Arruda, no sul do estado, dias depois, guarda lances dignos da retirada da Laguna, de Taunay. Dali, os cangaceiros partem para descanso na Serra de São Pedro, acobertados por suposta traição urdida pelo coronel e seu genro, José Cardoso, em conluio com oficiais de polícia do Ceará, à frente o major Moysés Figueiredo. O passo seguinte foi telegrafar para os jornais cearenses sustentando que o coronel coiteiro teria se regenerado e promovido o incêndio da manga em que o bando se refugiara, acrescido do envio de alimentação envenenada para os cangaceiros. Tudo combinado indiretamente com Lampião, por intermédio de Cardoso, para dar descanso aos bandidos, conferir protagonismo aos militares e livrar o chefe político do disse me disse que o atingia fortemente pela imprensa na ocasião. Imprensa que logo se dá por satisfeita em poder abrir manchete com a notícia de que o cangaceiro, cercado, achava-se em vias de ser preso ou morto pelas forças cearenses...

Foi o que colhemos em conversa pessoal com o médico potiguar Raul Fernandes, filho do prefeito Rodolpho, que conservaria nos ouvidos o desabafo de seu pai e chefe da resistência admirável de Mossoró, aconselhado pelo governador a guardar silêncio político diante da tapeação dos cearenses. Claro, houve quem considerasse verdadeira a regeneração repentina de Isaías. Por desconhecer que o grande cangaceiro fosse capaz de fazer uso de sutilezas inimagináveis.

Comédia à parte, o atropelo da retirada causa impressão tão forte na cabroeira que as deserções beiram a debandada nas semanas seguintes. Balão, Bronzeado, Cansanção, Casca Grossa, Coqueiro, Gengibre, José Coco, José Roque, Lua Branca, Luiz Sabino, Massilon, Mormaço, Pinga Fogo, Pontaria, Relâmpago, Rouxinol, Tenente, Vinte-Dois, eis nomes que ilustram a tendência, longe de exauri-la. Azulão morrera na viagem de ida. Colchete, cafuzo da Serra d'Umã, dentro da cidade. Tiro no olho. Jararaca, outro cafuzo, pulmão varado por bala no combate e preso a 14, é executado pela polícia com poucos dias, recusando-se a cavar a própria sepultura.

Lampião chega a discutir pesadamente com Sabino, ao surpreender o mulato das Abóboras em conversa com seus quinze homens, tratando da conveniência em dissolver o subgrupo, cada qual seguindo seu destino, segundo o ex-cangaceiro Medalha ouviu de antigos colegas de bando.

Os coronéis passam a evitar o chefe cangaceiro, receosos da imprensa assanhada por todo o Brasil. Em termos de hoje, pode-se concluir que a sociedade de propósito específico que unira coronéis e cangaceiros, olhos vidrados no cabedal de novecentos contos de réis do Banco do Brasil de Mossoró, fora a pique. Um fiasco, a incursão de 13 de junho de 1927.

Prato tão apimentado não deixaria de atrair o apetite do cronista-mor do cotidiano sertanejo, João Martins de Athayde, que põe na boca do chefe do bando o desespero que o assalta na ocasião:

> Meus dias estão contados,
> Me vejo perto da morte
> Com esta lição agora
> Do Rio Grande do Norte,
> A coisa foi enrascada,
> Digo para o camarada:
> Não corri porque sou forte!

No Recife, são outros os olhos que brilham intensamente. O cálculo oportunista de Eurico lhe indicava ser chegado o momento de abrir para o chefe cangaceiro uma nova perspectiva de vida: a de deixar o Nordeste ou, quando nada, Pernambuco, levando o que desejasse: armas, utensílios, equipamentos, inclusive valores. Seguir os passos de Sinhô Pereira, na configuração mais larga, que estava batendo pernas àquela altura por Goiás, livre como um passarinho.

Não por acaso, é quando se dá a prisão do tropeiro João Ferreira dos Santos e sua transferência dos domínios do Padre Cícero para o Recife, onde fica à disposição do chefe de Polícia, na Casa de Detenção. Longas conversas com o irmão pacífico de Virgulino invadem as noites, a partir de 22 de julho. Nada de atas. Nada de testemunhas. Tudo na confiança que merecia aquele que recebera do Rei do Cangaço a tarefa delicada de cuidar da guarda da família, notadamente das irmãs.

Eurico estava informado do ponto fraco de João. Processo a que respondia na comarca de Água Branca, Alagoas. Chegasse ali para depor, o tropeiro não duraria 24 horas. Havia mágoas locais. Um bom ponto de barganha. A imprensa agressiva do Recife belisca. Eurico se esquiva, tal qual fizera quando da ouvida do coronel Anjo da Jia, outro detido que estivera no Recife anteriormente, início do mês de março. Joga fumaça, invocando o convênio recém-assinado, a rezar um "segredo de justiça" que em nada se aplicava ao caso presente. Dá certo. Nenhuma linha aparece sobre o conteúdo das conversas com o irmão de Virgulino.

A frustração é a mesma que o *Jornal Pequeno* estampara, a 11 de março, quanto ao coronel Anjo. Sobre quem só restara ao zé-povinho engendrar a versão jocosa de que, indagado se estava permitindo a permanência de Lampião em suas terras, o coronel teria respondido: "É o contrário, doutor Eurico, ele é que tem me deixado ficar na fazenda...".

Sobe a mais de uma dezena os coronéis suspeitos que descem presos para o Recife na quadra. De Custódia, descem dois políticos influentes; de Tacaratu, o fazendeiro Arsênio Gomes; de Vila Bela, o comerciante Ascendino Alves de Oliveira e o coronel José Olavo de Andrada, já conhecido; dois ou três fazendeiros de Rio Branco.

O arbítrio não fica à margem. Juízes são afastados de suas comarcas, em quebra da inamovibilidade. Caso de Augusto de Santa Cruz Oliveira, que atuava em Vila Bela, um dos mais rumorosos. Conselheiros municipais, os hoje vereadores, são presos. Delegados de polícia, subdelegados, comissários e inspetores de quarteirão veem-se destituídos ao simples rumor de conivência com o cangaço. Estácio Coimbra bafejava o jovem chefe de Polícia, confiante em que desse jeito na terra da emboscada.

De viseira erguida, em momento delicado da campanha, Eurico enfrenta uma insurgência de oficiais de polícia que se recusavam a obedecer ao segundo-tenente Arlindo Rocha, provido no comando-geral das forças volantes que atuavam na área sertaneja, em substituição ao major Theophanes, que, promovido a tenente-coronel, partia para assumir posto no Recife. Como primeiro-tenente, Sinhozinho Alencar se dizia preterido. Hygino, embora segundo-tenente como Arlindo, alegava que este era mais "moderno" na patente. Razões militares procedentes. Eurico as ignora, minimiza as queixas e os submete em poucos dias. Por telegrama.

A despeito das divergências, houve ações de campo dignas de nota na quadra em que Theophanes chefiou todas as forças atuantes no sertão, a exemplo dos fogos do Minador, em Conceição do Piancó, e de Cajazeiras, ambos na Paraíba, em Pernambuco se dando os recontros das Umburanas, da Cabeça do Boi, do Olho d'Água e da Serra da Jurubeba.

Ainda sobre a insurgência, vale esclarecer que, a despeito da valentia em combate – que os colegas nunca lhe recusaram – pesava contra Arlindo o fato de ser um militar de circunstância. Comerciante no lugar Barreiros, entre Salgueiro e Barra do Jardim, rasgara publicamente um bilhete de Lampião com pedido de munição de guerra, no começo de 1924. Descuido imperdoável ante o olhar atento dos coiteiros. Novo bilhete já dava conta de que o signatário viria buscar as orelhas dele e de seu irmão Raymundo. Arlindo reúne dezenove parentes e passa a combater Lampião por conta própria. Passam-se meses. Mostrando bravura, mas sem poder suportar o custo da guerra privada, pede socorro ao coronel Veremundo Soares, chefe de Salgueiro, que o coloca na polícia de Pernambuco como terceiro-sargento e transforma em soldados os parentes em armas. Prestígio do coronel com o governador Sérgio Loreto. Surgia a Força Auxiliar Arlindo Rocha. Uma recorrência na sociologia do cangaço.

De combate em combate, Arlindo vai galgando postos na força. O fogo do Custódio, em Brejo Santo, Ceará, a 11 de maio de 1927, lustrara sua fé de ofício. Dois cangaceiros mortos, vários feridos, montarias e objetos apreendidos, apenas um soldado ferido. Alguns ferimentos sofridos em combate vão pingando igualmente nos assentos funcionais do já segundo-sargento. Sobre quem o comandante-geral

Theophanes dirá ao chefe de Polícia, em telegrama de 12: "O referido inferior, pelo modo como vem se conduzindo desde o início da campanha contra os bandoleiros que infestam os sertões deste estado, é merecedor da admiração e da estima de seus superiores, já tendo recebido diversos ferimentos nos combates em que tem tomado parte". Valentia nunca posta em dúvida, planejando as ações sempre que possível, não é de estranhar que a eficiência de sua volante tivesse despertado a ciumeira dos colegas, como vimos.

Eurico lhe dá braço forte. E não se arrependerá. De 27 para 28 de março de 1928, na fazenda Piçarra, em Porteiras, Ceará, comandando forças coligadas, Arlindo tirará do pasto, definitivamente, o famigerado Sabino Gomes, por meio de ferimento incapacitante que o leva a se retirar para os Inhamuns cearenses, como nos disse seu colega e amigo Medalha. Já sem Levino e Antônio, Virgulino perdia o último dos arrimos de seu grupo de cangaceiros. Pessoa com quem podia traçar planos e trocar ideias de igual para igual, que Sabino não fora menos no bando.

Arriscamos que o recado trazido do Recife por João tenha começado a fazer sentido na cabeça de Lampião a partir do grande revés noturno da fazenda Piçarra, de que resultaria, além da neutralização de Sabino, o desmantelamento de uma rede poderosa de fornecimento de munição de guerra e de medicamentos ao bando, chefiada pelo alfaiate Júlio Pereira, do Juazeiro, pessoa muito chegada ao Padre Cícero, com entregas efetuadas sossegadamente, havia anos, na fazenda Serra do Mato, do coronel Antônio Joaquim de Santana, ao pé da Serra de Missão Velha, quase na Barbalha, localidades do Ceará. O ano de 1928 começava a se tornar marcante na vida do maior de todos os cangaceiros. Vejamos as razões.

Na vila do Pau Ferro, o jovem Audálio Tenório de Albuquerque, 22 anos, aguarda a chegada do pai para acertos sobre incêndio que arrasara o depósito de algodão que este lhe dera como dote para o casamento recente. Logo o coronel Francisco Martins de Albuquerque, que já vimos ser o chefe do lugar e de todo o município de Águas Belas, envereda pela sala, na companhia de um tenente de polícia de Pernambuco, sujeito alto, magro, bigode estreito, defeito visível no queixo. Era Arlindo Rocha, à frente de volante de sessenta homens que não tarda a entrar na vila.

Oficial, pai e filho trancam-se numa sala, depois de o militar pedir que lhe fosse preparado um pirão de arroz com ovo. Desde quando "almoçara bala" na Serra Grande, Arlindo não podia mastigar. Na companhia dele, vinha o primo mais querido de Lampião, Sebastião Paulo Lopes, o Sebasto, defensor da família no tiroteio pesado do Poço do Negro, onze anos antes. Que é introduzido na sala, mas não senta na mesa nem dá pio, chapéu debaixo do braço. Era homem denunciado por três crimes de sangue, em Salgueiro e em Belmonte.

Falando com dificuldade, Arlindo abre que estava em "missão secreta do chefe de Polícia", na esperança de que Sebasto chegasse ao primo, convencendo--o a se entregar e descer preso para o Recife, ou deixar Pernambuco e seguir para a Bahia, como segunda opção. Alcançado um desses objetivos, os processos seriam arquivados, Sebasto se livrando solto. De momento, precisavam obter um guia conhecedor do sertão alagoano, onde constava achar-se o bando, muito reduzido àquela altura.

O coronel Chico Martins garante que tinha o homem talhado para a tarefa e manda chamar o pequeno criador Antônio Carvalho, o Antônio Barreiro, cujo irmão, Herculano, dividia com o coronel José Malta, de Mata Grande, a palma da serventia a Lampião em Alagoas. Arlindo vai para o pirão fumegante, enquanto Sebasto se acerta com Barreiro para que pudessem viajar no dia seguinte.

No arquivo telegráfico da Chefatura de Polícia de Pernambuco, encontramos despacho de Arlindo Rocha para Eurico, datado de 24 de julho, em que participa o início da missão: "Tenciono seguir Alagoas amanhã, conduzindo parente Lampião fortemente interessado sua entrega prisão". A 29, atualiza os passos: "Vindo território alagoano, acabo chegar vila Pau Ferro".

Sebasto e Barreiro cavalgam dias inteiros, ouvindo pessoas que conheciam as senhas, e alcançam finalmente o bando numa solta da fazenda União, em Meirús, distrito de Pão de Açúcar à época, com mais de uma semana.

Lampião festeja a chegada do primo: "Já estava informado de que você vinha no meu socairo". Descansado, Sebasto apresenta a proposta, timbrando no benefício que viria para si, "mas também pra você, Virgulino, pelo que eu penso". Lampião ouve calado até o fim. Fecha os olhos por uns dez minutos. De vista baixa, diz para ambos: "Vocês não estão vendo que ainda não nasceu macaco pra me levar preso pra Cadeia Nova, no Recife! Pra não piorar sua situação, Sebasto, volte e diga que não me encontrou".

Irritado, Lampião pergunta pela companhia: "Quem é esse cabra? Vou ter de matar ele. Não estou podendo dar roteiro meu a macaco". Justifica a necessidade da medida com queixa sobre a perseguição pesada que estava sofrendo: "Até as folhas dos paus estão atirando em mim em Pernambuco, na Paraíba e de novo aqui, em Alagoas".

É quando Sebasto perde a paciência e retruca: "Você é besta, Virgulino? Pondere bem sua resposta. Reflita bem. Você sabe que homem que está comigo não apanha nem morre. A não ser que morra tudinho". O cangaceiro se acalma. Fica tranquilo ao saber que Barreiro era irmão de Herculano, da fazenda Bom Jesus, no Inhapi. Gente de confiança. Diz sentir não poder ajudar o primo. Lembra a morte de Zé Paulo, irmão mais velho de Sebasto, assassinado friamente por Clementino Quelé, havia dois anos. A conversa invade a noite. Amistosa.

Pouco antes de os visitantes acocharem a cilha dos burros, na manhã seguinte, Lampião bota a mão no ombro de ambos e diz: "Vou pensar na segunda proposta, mas não prometo nada".

A dupla volta ao Pau Ferro, onde Barreiro reporta tudo a Audálio e ao coronel Chico, palavra por palavra. Que mandam dar um burro para Sebasto voltar a Vila Bela e se apresentar ao tenente Arlindo para o relato do que se dera.

A 7 de agosto, por desconhecer a missão em andamento, o chefe da volante de Buíque, tenente José Jardim, telegrafa para o chefe de Polícia se dizendo intrigado com o que ouvira do promotor público de Água Branca, pessoa considerada séria e bem informada: que Lampião visitara irmã residente nas proximidades da Pedra de Delmiro, apresentando despedidas...

Finalmente, passados menos de trinta dias da visita feita por Sebasto, Eurico recebe o telegrama que incendiaria os ânimos na Repartição Central de Polícia:

> Floresta, Pernambuco – 21 agosto 1928
> Doutor Chefe Polícia – Recife
> Comunico vossência que bandido Lampião, companhia cinco comparsas bastante municiados, dia 19 corrente atravessou rio São Francisco, proximidades Sobrado, município Tacaratu, destino estado da Bahia.
> Saudações
> Augusto Ferraz – Delegado Polícia

Logo os detalhes vão chegando. A travessia se dera na Várzea Redonda, três léguas acima da vila de Jatobá de Tacaratu, canoas arrebatadas a Estevam Alves da Silva, Aristides Baptista, Jorge Gomes e Manoel de Tal, detidos para explicações.

O chefe se fazia acompanhar do irmão Ezequiel, o Ponto Fino; do cunhado Virgínio Fortunato, o Moderno; do lugar-tenente Luiz Pedro; de Mariano Granja e de Mergulhão. O bando desembarcara em Santo Antônio da Glória, domínios do coronel Petronilo de Alcântara Reis, o Petro, na Bahia. Vastidões em que Virgulino fora almocreve, a serviço do coronel Delmiro Gouveia, havia dez anos.

Uma curiosidade: a travessia ocorre no ponto em que a Coluna Prestes transpusera o rio havia dois anos, façanha que deixara a imprensa nacional boquiaberta.

Para não passar recibo da pressão que estava sofrendo na quadra difícil, Lampião dita versos que se espalham pelo sertão, segundo ouvimos do ex-cangaceiro Medalha:

> Estou deixando Pernambuco,
> Atravessei pra Bahia:
> Chorrochó, Jeremoabo,
> Bom Conselho e Freguesia,
> Várzea da Ema e Canudos,
> Patamuté e Rancharia.

Anos depois, ainda insistia no disfarce da fuga. Recordando o episódio em conversa com Audálio, de quem foi amigo desde os arrastos de 1921, Lampião diria, ar de riso: "É, Doutor Audálio, os senhores me empurraram pra Bahia, como queria o Doutor Eurico. Mas não cheguei lá esbagaçado, não: levava trezentos contos de réis, fora os ouros...".

Quanto a Eurico, a classe política de Pernambuco não economiza em discursos quando este vem a deixar finalmente a chefia de Polícia, a 31 de outubro de 1929, para assumir cadeira de deputado federal. Proclamam o êxito da "lei do diabo", sem saber que o coroamento desta se fizera às custas da perda de sossego dos vizinhos da Bahia...

O cangaceiro se isola, em resguardo, na fazenda Gangorra, porteira escancarada pelo coronel Petro, enquanto traqueja o contato a ser feito com antigo companheiro de bando, um cabra valente conhecido por Antônio de Engrácia, de Chorrochó, atuante no sertão da Bahia como chefe de grupo autônomo de cangaço, espalhado entre Patamuté e Várzea da Ema. Engrácia conhecia tudo na porção nordeste do grande estado. Logo encosta Corisco, que estivera com Lampião na batalha da Serra Grande e desertara. Também Ângelo Roque, o Labareda, com os dois cabras de seu bando. E começa a se transformar em realidade o sonho baiano do Capitão Virgulino. Em que irá conhecer o amor, a colorir a sobrevida de onze anos que se abria. Por semanas, se mete "nos couros" e volta a "dar campo", devolvido à vida de vaqueiro de seu pendor.

Para o apoio político, logística eficiente e informações estratégicas, consegue juntar a Petro mais dois coronéis de peso: João Gonçalves de Sá, de Jeremoabo, o mais poderoso da região, e João Maria de Carvalho, de Serra Negra. Irão dividir a serventia fiel a Virgulino com nosso bem conhecido coronel Anjo da Jia, que abandonara Pernambuco e comprara fazenda em Jequié, a sudoeste de Salvador, por não aguentar o "galope" de Eurico, deixando o filho Luiz para tomar conta da imensidão do Poço do Ferro, casa-grande ocupada por destacamento de polícia plantado ali.

Para o domínio da geografia baiana em detalhes, veredas remotas, sítios arredados, aguadas ocultas, Lampião parte para atrair os índios que restavam por ali, a exemplo dos rodeleiros, nos sertões de Rodelas; dos quiriris, na Mirandela; dos caimbés, em Maçacará. E vai alistando os chamados "caboclos brabos", principalmente em localidades como Brejo do Burgo, pasto dos pancararés, na orla da enorme área desértica do Raso da Catarina, que entra nos planos como refúgio nas necessidades, com seus 38.000 quilômetros quadrados, vale dizer, 3.800.000 hectares, 6,7 por cento do território da Bahia, solos muito arenosos, profundos e pouco férteis, relevo inteiramente plano, salvo por cânions dispostos na porção oeste, onde se formam paredões verticais de até cem metros de altura. Refúgio de vida selvagem e de índios perseguidos durante séculos, em meio à vegetação xerófila adaptada radicalmente.

Entre homens e mulheres, Brejo do Burgo dará cerca de vinte cangaceiros para a recomposição do bando na Bahia. Alguns granjeando renome e subindo a chefe de subgrupo, como Azulão, Balão e Gato, sem deixar de mencionar Açúcar, Canjica, Mormaço, Mourão, Zabelê e as mulheres Ana, Antônia, Catarina, Maria Dora e Inacinha. Bebedouro e Bom Conselho, outro tanto. O primeiro destes dando Chumbinho, Pau Ferro, Pavão, Santa Cruz, Ventania, Vinte-Cinco, Zepelim. Lugares paupérrimos, como traço comum.

Graças à perfídia de que Eurico lançara mão para devolver a paz a Pernambuco, o bandido estava fechando a cortina sobre ciclo de correrias que ocupara uma década inteira, todo ele desenvolvido nas porções rurais de cinco estados do Nordeste situados ao norte do rio São Francisco. Trocando o mar de caatingas que o ocultara até ali pelo oceano ora verde, ora cinzento, da vastidão baiana, a que não eram raras travessias de quinze léguas sem se deparar com pé de parede, mourão de cerca, bebedouro ou manga de pasto. Soltas sem fim. Vivalma.

Bando reduzido em face da perseguição sistemática movida a coiteiros grandes e pequenos nos dois anos derradeiros por forças volantes do seu Pernambuco de berço, ao menos por um tempo, Ceará, Rio Grande do Norte, Paraíba, Alagoas e o próprio Pernambuco irão respirar a salvo daquele exército de chapéu de couro que transitava a cavalo pela estrada real, não por veredas, muito bem armado de fuzis e mosquetões militares de último modelo, ordens transmitidas ao toque de clarim, efetivo beirando os duzentos homens, não custa recapitular. Somente a partir de janeiro de 1934, Lampião voltará a ter presença sistemática em Pernambuco e Alagoas.

Para os baianos do nordeste do estado e, logo depois, para os sergipanos da fronteira, o forasteiro estava longe de ser um desconhecido. A fama atravessara o rio havia muito. Uma fantasmagoria só, no juízo do barranqueiro e do residente do miolo da caatinga, o perfil daquele caboclo alto, seco, coxo, acorcundado ao peso dos bornais, cego do olho direito, óculos de professor no rosto estreito, moedas de ouro faiscando ao sol, costuradas por todo o equipamento. Uma figura inesquecível ao primeiro encontro, na voz de muitos paisanos, quando mais não fosse por causa da mistura forte de perfume francês com o suor de muitos dias...

Um desses paisanos foi o padre Arthur Passos, vigário de Porto da Folha, beiço sergipano do São Francisco, que pintou medalhão muito arguto de fiéis que o surpreendem com suas presenças na missa de desobriga que celebrava na povoação de Poço Redondo, naquele inesquecível 19 de abril de 1929. Ao levantar a vista para a homilia, vê dez forasteiros plantados respeitosamente fora da capela, braços cruzados, chapéus nas mãos. Finda a missa, o "mais caboclo do grupo" adianta-se e se dá a conhecer: Virgulino Ferreira da Silva, o Capitão Lampião.

"Alto, acaboclado, robusto, andar firme e compassado, cabeça um tanto inclinada, o olho direito inutilizado, com uma grande mancha branca, óculos brancos de aro de ouro, um sinal preto na face direita." Na cabeça, "grande, alto, vistoso chapéu de couro, ainda novo e bem-talhado, a imitar os antigos chapéus de dois bicos, com as pontas para os lados, tendo as largas abas da frente e de detrás erguidas e enfeitadas". Sob este, "cabelos estirados, cortados à nazarena, inteiramente bem barbeado". Nas mãos, "com anéis em todos os dedos – teria na ocasião uns cinco ou seis, na mão direita, e uns seis ou oito, na mão esquerda – não um rifle, mas um mosquetão de cavalaria". Palavras do clérigo.

Depois de conversar por mais de hora com o grupo, anota ainda o padre Arthur: "Alguns são calados e reservados, não mostrando, porém, face carrancuda, nem os vi com maus modos. Não têm, inclusive Lampião, cara repelente, como imaginamos nos bandidos em geral". E novamente sobre o chefe: "Em tudo, guarda serenidade e presença de espírito". O padre publica essas e muitas outras impressões na cidade alagoana de Penedo, em artigo intitulado "O bando diante de Deus", a 18 de maio, que Luiz Antônio Barreto aproveita no livro *O incenso e o enxofre*, de 2006.

Antes da despedida, o chefe atende a pedido do vigário e assenta em papel almaço a identidade dos que o acompanham: Ezequiel, o Ponto Fino, irmão; Virgínio, o Moderno, cunhado; Luiz Pedro, o Esperança; Cristino, o Corisco; Mariano, o Pernambuco; Hortêncio, o Arvoredo; José, o Fortaleza; Ângelo, o Labareda; e Antônio, o Volta Seca. Beija a mão do padre octogenário e parte alegremente com seus rapazes.

Ia em meio esse ano de 1929, quando o grupo chega num final de tarde à sitioca da Malhada da Caiçara, vindo de mais uma visita de negócios a coiteiros protetores no Sítio do Tará, tudo do município de Jeremoabo, nos sertões da Bahia. Apressado, o chefe risca a burra no terreiro da casa, apeia e manda a cabroeira botar abaixo para um descanso. Como não costumasse andar à toa, já estava informado de que o casal Zé de Felipe e Maria de Deia – como eram conhecidos José Gomes de Oliveira e Maria Joaquina da Conceição – residia ali, em meio a uma filharada que se contava pelos dedos de ambas as mãos. Costume da terra e do tempo.

Pela parte de cima da porta de duas folhas, Dona Deia vê o forasteiro crescer à sua frente e lhe dar as horas, emendando com perguntas apressadas: "Tem água, tem queijo, tem farinha, tem rapadura, tem café?".

– *Tem de um tudo, Seu Capitão Virgulino, pode tomar chegada. Esteja a gosto com seus rapazes.*

Lampião tomará não somente chegada como saída, dali a alguns meses de muitas visitas e de conversas intermináveis com uma Dona Deia metida na pele de alcoviteira eficiente, levando na garupa a segunda das filhas do casal, Maria, de sobrenome Gomes de Oliveira, nos dezoito anos de brejeirice, casada de pouco, sem sucesso, com parente obscuro, José Miguel da Silva, o Zé de Neném. Um sapateiro de profissão, incapaz de cair na admiração da esposa e de dar calor àquele corpo alvo, de formas cheias, pernas torneadas com perfeição, olhos castanho-escuros, cabelos negros, finos e longos, testa vertical, nariz afilado.

Bonita, divertida – adorava dançar – e prendada: boa na agulha e nas linhas. Baixinha, ainda que nem tanto para os padrões do tempo, lê-se na caderneta de campo de Benjamin Abrahão, já apontada: 1,56 metro. Dela, a fita métrica do sírio apanha apenas a altura. Quem estava doido de apalpar a mulher do Capitão?

Como ninguém é perfeito, "Maria tinha uma pompa danada. Era uma coisa: tinha tempo em que ninguém suportava", revelou Dadá a José Umberto Dias. Palavra de quem viria a ser a rival mais evidenciada no cangaço, cabe ponderar. Sem que isso privasse a declarante de reconhecer: "Lampião morria de amor por ela. Era um bem muito grande, muito grande mesmo".

Da primeira troca de palavras com o cangaceiro e futuro marido, Maria ouve deste que precisava bordar três lenços. E se surpreende com a delicadeza de espírito daquele espantalho dos sertões. Logo se inteira de que o chefe de cangaço dominava tão bem a arte de matar gente quanto a da costura, em pano e em couro, e a do bordado.

Ninguém superava Lampião na máquina Singer de mesa. Um arcaísmo sertanejo, esse da costura em mãos de homem, antes que um traço de efeminação. Boa higiene mental, em todo caso. O dia inteiro a girar o veio da máquina de costura faz esquecer os problemas. As angústias de um cotidiano de violência indissociável da ideia de cangaço. De uma concepção de vida que precisou basear-se invariavelmente na dominação pelo terror, por não possuírem os bandos contingente humano numeroso a ponto de lhes permitir dominar por ocupação. Vem daí a impossibilidade conceitual da existência de um cangaceiro bom, humanitário, caridoso, ausência que intriga a não poucos. É que o terror não abre mão do contrário: toda essa adjetivação devendo comparecer aqui precisamente por meio de seus termos opostos.

De volta à narrativa, diremos que nada impedia o chefe de se fiar nas mãos hábeis de terceiros, andasse avexado, olho no relógio, em meio a alguma missão. Encomendava, nessas horas, especificando com minúcia, e exigia perfeição no resultado, sujeito caprichoso em todas as atividades a que se dedicou na existência de quarenta anos. Alfaiate de couro na adolescência, vaqueiro do gadinho da família, amansador de burro brabo por toda a ribeira do Pajeú, tropeiro pelos quatro cantos do Nordeste, em tudo o Virgulino dos anos verdes deixara nome no sertão, o leitor já sabe.

Maria não se faz de rogada. Toma a encomenda e corresponde no prazo, caindo no agrado do novo amor. Que teve de romper com a tradição do cangaço para aceitá-la no seio do grupo. Rechaçar as recomendações de seu mestre mais apreciado de guerrilha móvel, o cangaceiro Sinhô Pereira, que não admitia a presença feminina nos bandos. Uma perdição, trovejava, do alto de ascetismo tornado proverbial, o professor de cangaço de Lampião, no que por anos se alongou em sentença irrecorrível entre cangaceiros.

Ao ceder à novidade imposta pelo amor, Lampião não apenas dava rumo diferente ao cangaço: sem o saber, perfilava a "vida da espingarda", de existência secular na caatinga, na tradição de presença feminina que faz parte da história militar brasileira desde as guerras coloniais. Há registros dessa presença na Primeira Batalha dos Montes Guararapes, de 1648, às mulheres cabendo o "amasso do pão" na cozinha móvel do exército holandês. E amassos bem menos penosos, decerto.

Outro tanto se dá na Guerra do Paraguai, de 1864, em que se irá afirmar a saga da "vivandeira", cantada em prosa e verso ao final do conflito, por conta do heroísmo de acompanhar o homem amado ao campo de batalha, credenciando-se à gratidão dos nossos Voluntários da Pátria e despertando as lágrimas da opinião pública do Sudeste nos primórdios da afirmação da imprensa periódica em nosso país.

O mesmo cabe dizer da Guerra de Canudos, de 1897, nos sertões da Bahia, em que a vivandeira precisou enrijecer-se em amazona para fazer frente à agressividade da jagunça de arma na mão. Na festa da vitória, em Salvador, organizada para recepcionar as tropas que retornavam do chamado teatro de operações, no meado de outubro, alguns dos louvores mais altos dos soldados se reservaram para certa "cabrocha Faustina", vivandeira incansável no socorro aos combatentes, ainda que os comandantes torcessem a cara para a quebra do regulamento disciplinar que a homenagem encerrava.

A Coluna Prestes arma o cenário seguinte em que a vivandeira abrirá espaço em nossa história – às cotoveladas, como sempre – entortando as normas vigentes à época. Por mais que fizesse – dirá um Luís Carlos Prestes risonho, em entrevista a Nelson Werneck Sodré cinquenta anos depois – não conseguiria evitar a presença das mulheres na Coluna, a cuja utilidade finda por se render em poucas semanas.

É sabido que o Rei do Cangaço observou atentamente a passagem dos revoltosos de Prestes pelo sertão de Pernambuco, em dias de fevereiro de 1926. Invicta, depois de tantos combates Brasil afora, só um tolo desprezaria as lições que vinham da flor do Exército Brasileiro, que de outro recheio não se integrava o comando da Coluna rebelde. De maneira que as lições que vimos acima em detalhes, colhidas nesse trepidante 1926, hão de ter acudido à mente do apaixonado de 1929, à guisa de conforto providencial na decisão ousada que iria tomar a favor da admissão das mulheres no bando, não é demais supor.

Maria abriu a porteira do cangaço para a entrada de um sem-número de mulheres, algumas rivalizando na fama com a "baianinha" de Lampião. Uma Dadá, de Corisco, por exemplo, das primeiras a chegar – menina de treze anos, como tantas outras – uma Sila, de Zé Sereno, ou ainda a Neném, de Luiz Pedro.

De 1929 a 1932, nada de jornadear com os maridos: reclusão amena em casa de coiteiros de confiança. Por mais de ano, foi o Raso da Catarina a servir de rancho, recomendadas a índios quase puros, os pancararés, residentes no lugar Baixa do Chico e ramificados por todo o Brejo do Burgo. Raptada por Corisco quase menina, Dadá nos contou ter chegado ao primeiro esconderijo com as bonecas de pano debaixo do braço. A cada dia, antes de deixar a proteção da tranqueira de varas e cipós em volta dos casebres, tinha de colar o ouvido ao chão para sentir o tropel de alguma vara de porcos-do-mato, capazes de rasgar tudo pela frente com dentes afiadíssimos, recordou. Um mundo selvagem.

Passados os meses de desmontagem da repressão policial, em razão das revoluções de 1930 e 1932 terem drenado as forças para o litoral, Lampião dá o aviso de que as mulheres teriam de passar a viver em cima das alpercatas, o chapéu por telheiro. A adaptação não se mostra difícil. Andar a pé era a regra no sertão velho, sem poupar as mulheres. É bem verdade que havia compensações. Arejavam-se os cenários. Novos conhecimentos. Alguns destes valiosos, como a convivência com a elite sertaneja, com as esposas e as filhas de coronéis poderosos, chefes políticos de prestígio no governo, cúmplices sem remorso do cangaço. Sócios deste, em tantos casos que vimos.

Não que não tivesse ocorrido alteração da ordem entre os anos de 1929 e 1931. O primeiro destes sendo destinado principalmente a conhecer a caatinga sergipana de Canindé, Porto da Folha, Frei Paulo, Carira, Itabaiana, Saco do Ribeiro e mesmo de parte da faixa do açúcar daquele estado. Também à sondagem política habitual em área nova. Que disposição de ânimo teria o interventor Augusto Maynard Gomes, um "tenente" guindado ao poder em Sergipe com a ruptura de 1930? Importava descobrir. A informação chega muito negativa. Maynard era dos muitos revolucionários que entendiam como dever da revolução destruir o cangaço. Compromisso tácito assumido pela Aliança Liberal, agora no poder.

O consolo para o cangaceiro vem com a conquista de aliado de peso ali, o coronel Antônio Ferreira de Carvalho, o Antônio Caixeiro, dono de umas quarenta fazendas espalhadas por Sergipe e, mais importante, pai do capitão-médico do Exército Eronides Ferreira de Carvalho, nome em ascensão no cenário político desenhado em 1930. Eronides sucederia Maynard com a redemocratização de 1934, passando a ser o maior protetor de Lampião no Nordeste, como veremos à frente.

Quanto ao segundo ano, é possível dar a palavra a um Lampião orgulhoso de seus feitos d'armas, por meio dos relatos ditados pelo cangaceiro a Benjamin Abrahão e lançados por este em sua caderneta de campo, cinco anos depois: "O chefe foi cercado em 1931, no Pau d'Arco, município de Uauá, pelo tenente Menezes com noventa praças, sendo sete, com metralhadora. A força recuou, deixando os dezessete cangaceiros saírem do cerco, morrendo um soldado e ficando dois, baleados".

As "metralhadoras" da menção – na verdade fuzis automáticos Hotchkiss repassados pelo Exército para as polícias estaduais no meado dos anos 1920, como sabemos – de que os soldados do tenente Manoel Campos de Menezes, o Nezim Meneis para o populacho e para os cangaceiros, dispunham em quantidade surpreendentemente elevada no episódio descrito, tinham começado a exigir novas atenções da cabroeira, desde a estreia na batalha da Serra Grande.

Outro relato do próprio Lampião: "Em Curral dos Bois, Bahia, com vinte cangaceiros, o chefe cercou o sargento Deomelino Rocha, da volante do tenente Arsênio de Souza, na fazenda Riacho do Mel. A força era de 21 soldados, mais o sargento, morrendo onze praças. O sargento morreu. O tenente recuou". Curral dos Bois era o nome antigo de Santo Antônio da Glória. E Leomelino, o do sargento imolado.

Em outro ponto do ditado, a frase parece encerrar um lamento de Lampião quanto ao destino do coiteiro que lhe fornecera as posições para o ataque, atraiçoando a força de polícia: "José Pretinho, um preto, foi queimado. Mas, não logo. Primeiro foi pendurado num pé de pereiro, próximo à povoação da Varzinha, morto e esquartejado".

Nenhuma palavra é ditada pelo chefe cangaceiro sobre a morte do jovem Ezequiel, último de seus irmãos a tombar no cangaço. O segredo vaza aos poucos, sem que surgissem provas materiais em qualquer tempo.

Como quer que seja, eram reações da polícia baiana, rompendo período de estupefação impotente que se abatera sobre a tropa local após a chegada de Lampião ao estado. Momento em que as primeiras escaramuças travadas ali tiveram à frente os pernambucanos sargento Manoel Netto, cabos Euclydes Flor, Hercílio de Souza Nogueira, David Jurubeba e Luiz Mariano da Cruz, que findam arvorados em professores informais de guerrilha sertaneja para os colegas baianos, alguns destes se apresentando ingenuamente para a jornada com camas de campanha às costas...

Mais até do que no ano de 1926, em que o nome do maior dos bandoleiros merecera brado nacional pela imprensa do Sudeste, o período que estamos visitando irá torná-lo definitivamente popular. O divisor de águas político de 1930 marca a estreia tímida de Lampião na cena internacional, pelas páginas do *New York Times* de 29 de novembro, que o chamará, passados oito anos e muitas outras matérias a seu respeito, de "um dos mais temíveis assassinos do Mundo Ocidental".

Já no meado de setembro, a Bahia pusera a prêmio sua cabeça por cinquenta contos de réis – valor de dez automóveis novos – em cartazes distribuídos pelo sertão, com fotografia e a ressalva de que poderia ser capturado ou entregue à polícia "de qualquer modo". Nesse mesmo 1930, aparecia no circuito comercial o longa-metragem *Lampião, a fera do Nordeste*, ficção oportunista e improvisada, atores semelhando caçadores de borboleta europeus, mas sucesso de bilheteria indiscutível por motivo da torrente de notícias sobre as últimas façanhas dos cangaceiros na Bahia.

Na esteira das promessas do Governo Provisório de engajar o poder revolucionário federal na repressão, para o que se anunciava ruidosamente no Rio de Janeiro, em março de 1931, a montagem de certa Expedição Chevalier – nome de capitão-aviador do Exército em evidência no momento – com previsão orçamentária pesada, quinhentos contos de réis, e duração de três meses, a se integrar de mil homens, com apoio de dois aviões, emprego farto de equipamentos de radiocomunicação, dezenas de caminhões e automóveis, além do acompanhamento surpreendente de cinegrafista, o jornal carioca *Diário da Noite* abre concurso entre leitores destinado a premiar a melhor ideia para a extinção do cangaço. E, diferentemente da Expedição Chevalier, que não lograra sair dos papéis do Catete, o diretor da folha, Assis Chateaubriand, despacha o jornalista Victor do Espírito Santo para o

Iconografia

(1)

(2)

(3)

(4)

(7)

(6)

(5)

(8)

(9)

(10)

(11)

(12)

(13a) (13b) (13c)

(13d) (13e) (13f)

(14)

(15)

(16)

(17)

(18)

(19)

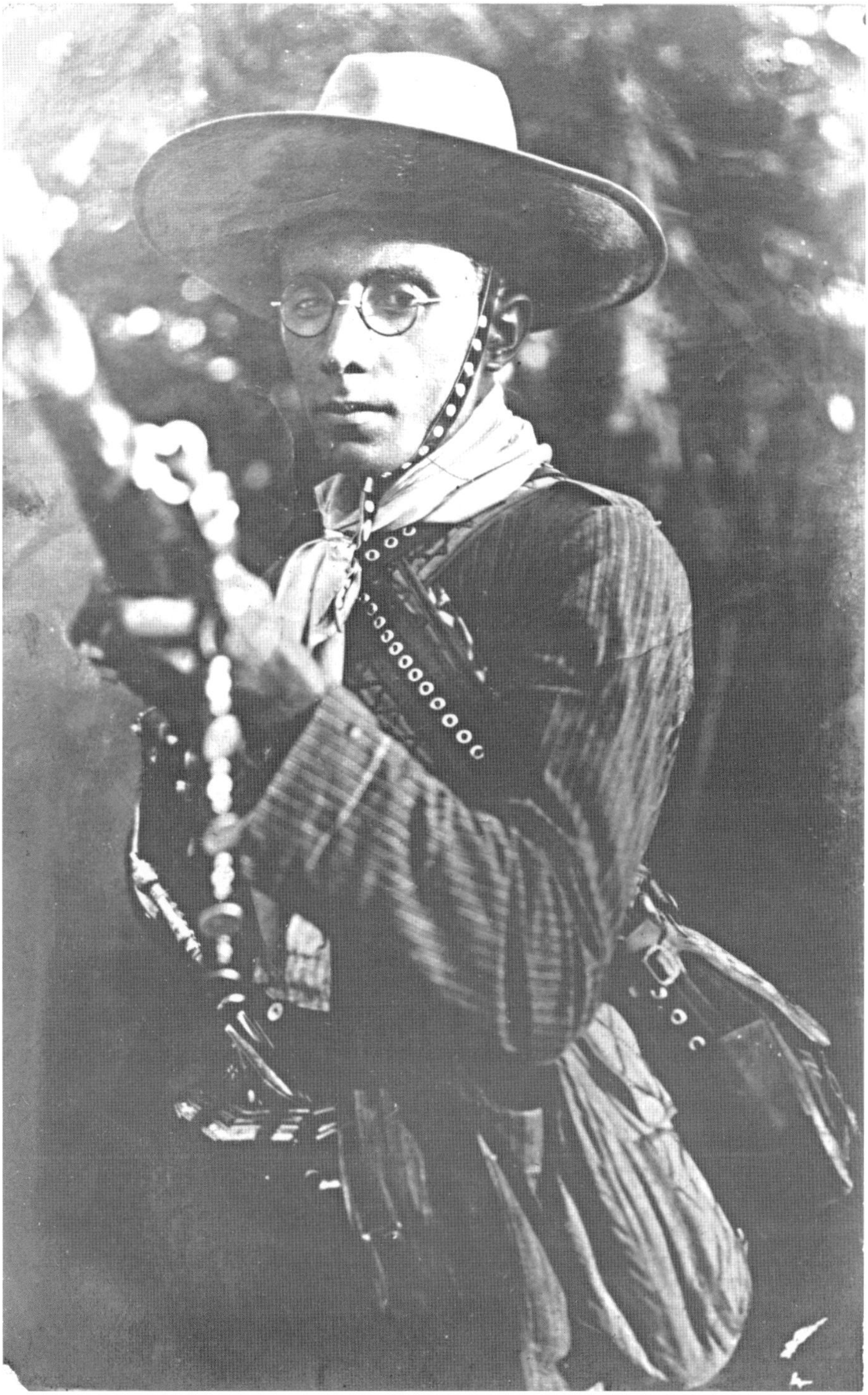

(21)

(22)

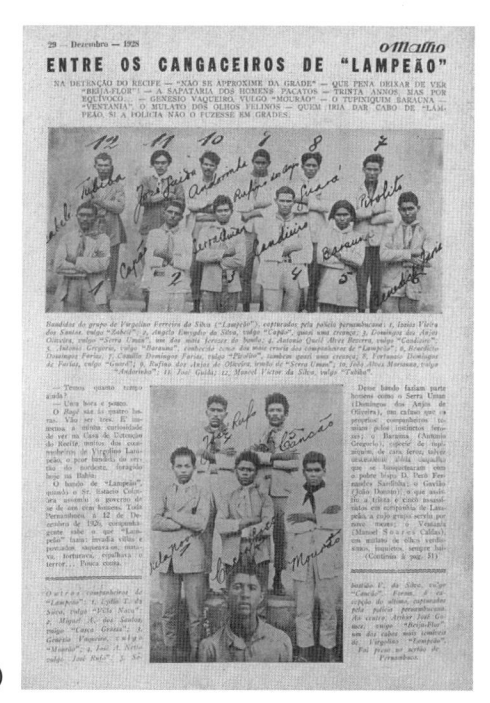

(23)

(24)

(25)

(26)

(27)

(28)

(29)

(31)

(30)

(32)

(34)

(33)

(35)

(36)

(37)

(38a)

(38b)

(38f)

(38c)

(38e)

(38d)

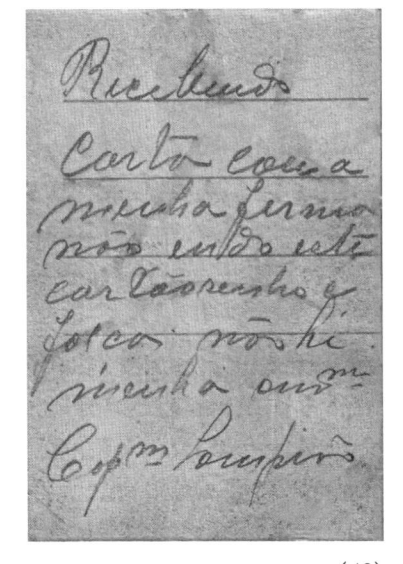

(39)

(40)

(41)

(42)

(43)

(44)

(45)

(46)

(47)

(48)

(49)

(50a)

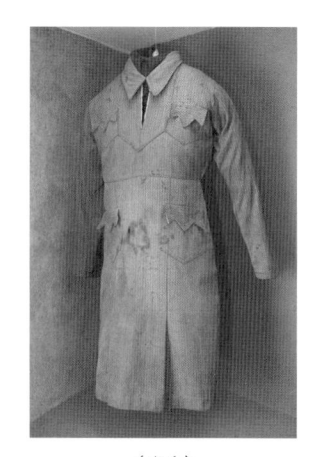

(50b)

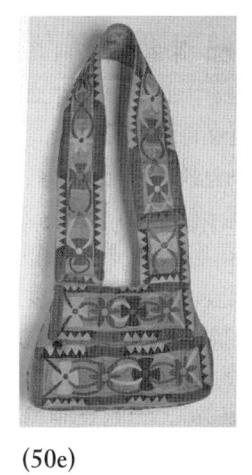

(50f)

(50e)

(50c)

(50d)

(51)

(52)

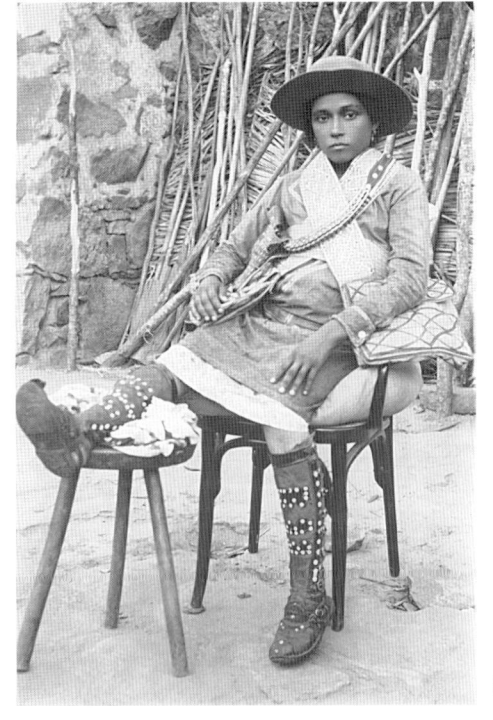

(53)

(54)

(55)

(56)

(57)

(58)

(59)

(60)

(61)

(62)

(63)

(64)

(65)

(66)

(67)

(68)

(69)

(70)

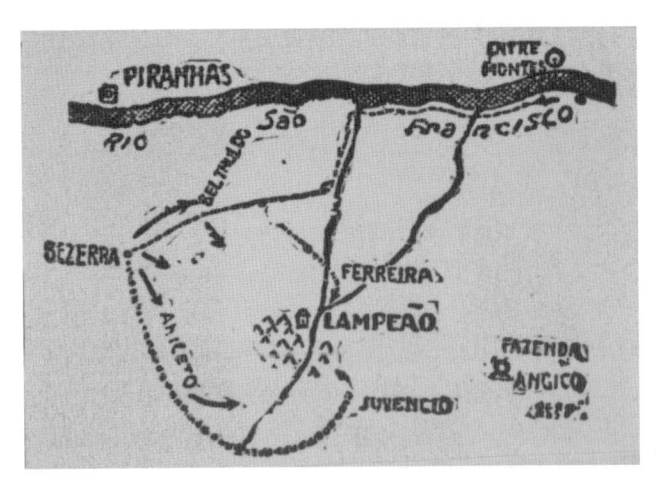

(71)

(72)

(73)

(74)

(75)

(76)

(77)

(78)

(79)

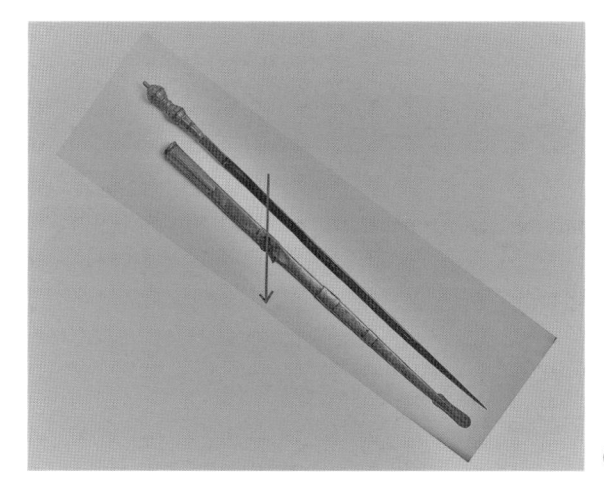

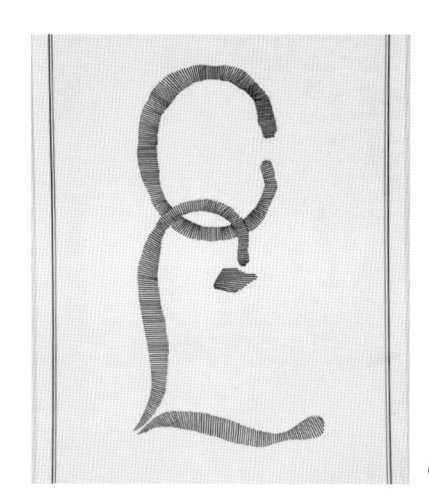

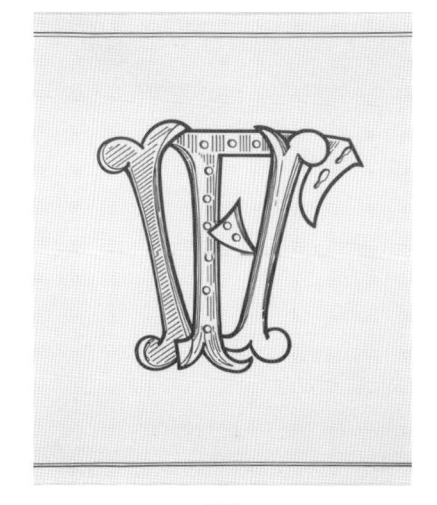

(80)

(83)

(82)   (81)

(84)

(85)

(86)

(87)

(88)

(89)

(90)

(91)

(92)

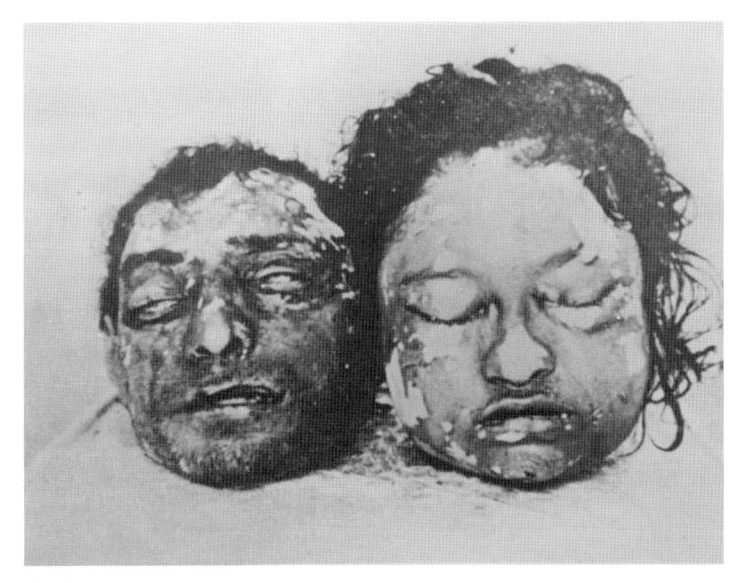

(93)

(95)   (94)

(96)

(97)

(98a)

(98b)

(98e)

(98c)

(98d)

(99a)

(99b)

(99c)

(99e)

(99d)

(100)

(101)

(102)

(103a)

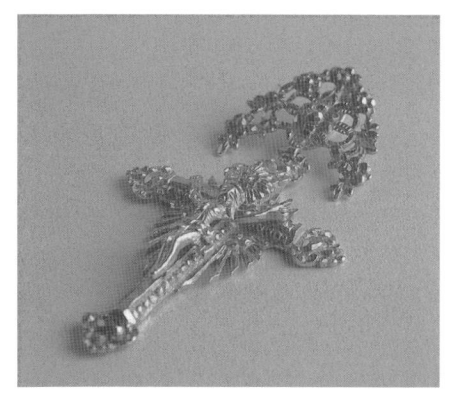

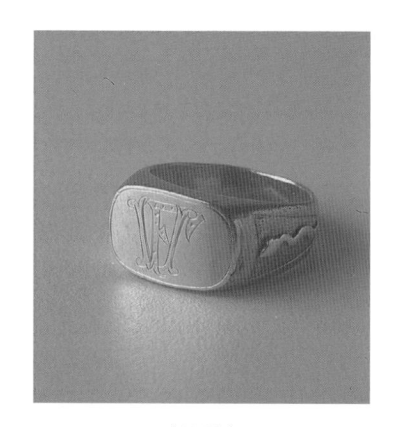

(103b)

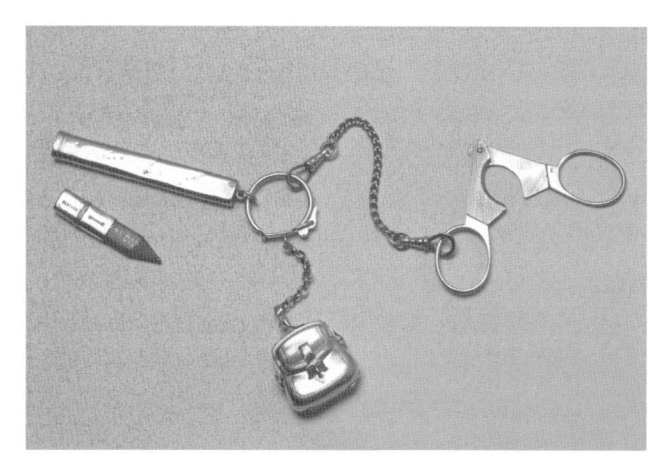

(103c)

(103d)

(104)

(105)

(106)

(107a)

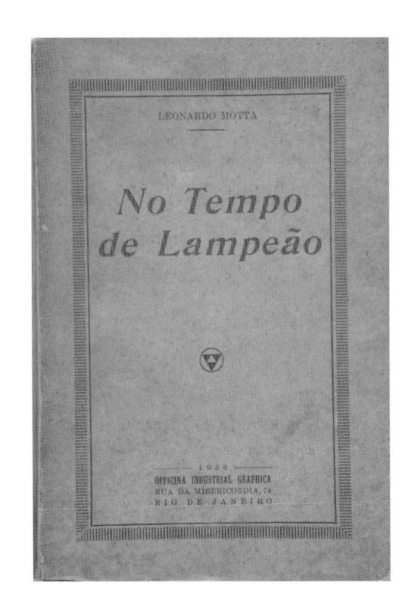

(107b)

(107c)

(108a) (108b)

(108c)

(109a)

(109b)

Legendas

1 – Aba da Serra Vermelha, ao sul do município de Serra Talhada-PE, vista do terreiro da fazenda Maniçoba. Sob o conjunto de pedras brancas da encosta, deu-se o primeiro tiroteio entre os irmãos Ferreira e Zé Saturnino, na companhia de alguns agregados, em dezembro de 1916. Foto do autor, 1970.

2 – Casa dos Ferreira no Poço do Negro, Floresta-PE, erguida em 1916, local do segundo tiroteio entre os Ferreira e Saturnino, em 1917. Notar orifícios feitos para o tiro, as chamadas "torneiras". Foto de Rucker Vieira, Recife, 1956.

3 – Cangaceiro Cassimiro Honório, de Floresta-PE. Ferrótipo anônimo, c. 1898. Cortesia de Valdir Nogueira, Belmonte-PE.

4 – Cangaceiros Sinhô Pereira e Luiz Padre, na vila da Pedra de Delmiro, município de Água Branca-AL, 1916. Foto de Delmiro Gouveia. Cortesia de Luiz Wilson de Sá Ferraz, Arcoverde-PE.

5 – Zé Saturnino jamais se afastou da Serra Vermelha. Foto do autor, 1970.

6 – Cangaceiros José Tertuliano Pereira, o Cajueiro, e José Ferreira, o Zé Dedé ou Baliza. Este último, sobrinho do chefe cangaceiro Antônio Mathildes e rival de Lampião na chefia do bando, setembro de 1922. Detalhe de foto de Genésio Gonçalves de Lima, de Triunfo-PE, colhida na fazenda da Pedra, de Laurindo Diniz, em Princesa-PB.

7 – Manoel Pereira da Silva Filho, o Né Pereira, cangaceiro e depois comissário da vila de São Francisco, Serra Talhada-PE, c. 1912. Foto anônima. Cortesia de Valdir Nogueira, Belmonte-PE.

8 – Delmiro Gouveia, cognominado Coronel dos Coronéis, agricultor, comerciante, industrial, exportador e pioneiro da captação de energia hidroelétrica no Nordeste, a 26 de janeiro de 1913, na cachoeira de Paulo Afonso, entre Alagoas e Bahia. Foto de Musso, Rio de Janeiro, c. 1912.

9 – Companhia Agro Fabril Mercantil, de Delmiro Gouveia, na vila da Pedra, fabricante de linhas de coser para os mercados interno e externo, c. 1915. Foto de Osael, Recife.

10 – Sargento José Lucena de Albuquerque Maranhão e subdelegado de polícia Amarílio Baptista Villar, de Água Branca-AL, 1921. Foto anônima. Cortesia de Wilson Lucena de Albuquerque Maranhão, Maceió.

11 – Da esquerda, Virgulino, o Lampião; Levino, o Vassoura; Antônio Rosa, o Toinho do Gelo; e Antônio Ferreira, o Esperança, em 1922. Foto de Genésio Gonçalves de Lima, colhida na ocasião descrita na legenda 6.

12 – Primeiro bando de Lampião, setembro de 1922. Da esquerda, sentados: Antônio Ferreira; Lampião; Toinho do Gelo; Tiburtino Inácio de Sousa, o Gavião; Cajueiro e Baliza. Atrás de Antônio Ferreira está Meia-Noite, seguindo-se Antônio Tarugo, o Chá Preto; os três irmãos Leovigildo, Nezinho, Salu e Zeca; Graveto e Mourão. Acima de Lampião, está Antônio Saturnino. Notar os cabras armados exclusivamente a rifles Winchester. Ibidem legenda 6.

13 – Da esquerda e de cima, coronéis: a) Ulysses Vieira de Araújo Luna, chefe político de Água Branca-AL; b) Audálio Tenório de Albuquerque, chefe de Águas Belas-PE; c) José Pereira Lima, chefe de Princesa-PB; d) Joaquim Resende, chefe de Pão de Açúcar-AL; e) Petronilo de Alcântara Reis, chefe de Santo Antônio da Glória-BA; f) Eronides Ferreira de Carvalho, chefe de Gararu-SE. Coleção do autor.

14 – Vila de Água Branca-AL, em 1921. Reprodução do álbum *Terra das Alagoas*, de Adalberto Marroquim, Roma, 1922.

15 – Volante pernambucana do sargento José Alencar de Carvalho Pires, o Sinhozinho Alencar, Belmonte-PE, c. 1922. Notar o à vontade das crianças em meio às armas. Cortesia de Valdir Nogueira, ibidem.

16 – Da esquerda: major do Exército Polidoro Rodrigues Coelho, José de Borba Vasconcelos, coronel Pedro Silvino de Alencar e deputado Floro Bartholomeu da Costa, c. 1915, futuros organizadores e comandantes, em 1926, do Batalhão Patriótico do Juazeiro, Fortaleza-CE. Cortesia do Arquivo Renato Casimiro/Daniel Walker, Juazeiro-CE.

17 – Padre Cícero Romão Batista, do Juazeiro-CE. Foto para divulgação, c. 1918.

18 – Batalhão Patriótico do Juazeiro, formado em frente à Igreja de Nossa Senhora das Dores, Juazeiro-CE, 1926. Cortesia do Arquivo Casimiro/Walker.

19 – Com o irmão Antônio, Lampião chega à terra do Padre Cícero com o chapéu de couro do costume, a 4 de março de 1926, para se incorporar ao Batalhão Patriótico do Juazeiro, no combate à Coluna Prestes. Foto de Lauro Cabral de Oliveira Leite, Fortaleza. Cortesia de Miguel Feitosa Lima, Araripina-PE.

20 – Lampião sai do Juazeiro a 8 de março, investido na patente de Capitão Honorário das Forças Legais de Combate aos Revoltosos, para o que despe o chapéu de couro simbólico e coloca o bando a serviço do Governo Federal. Notar a influência de Rodolfo Valentino, no auge da carreira cinematográfica em 1926, sobre a fotografia feita por Lauro Cabral de Oliveira Leite. Cortesia de Raul Fernandes, Natal.

21 – Civis em armas contra Lampião em Mossoró, Rio Grande do Norte, junho de 1927. Notar o entrincheiramento com fardos de algodão. Foto de José Otávio, Mossoró-RN. Cortesia de Raul Fernandes.

22 – Bando de Lampião em Limoeiro do Norte-CE, na retirada do combate malogrado de 13 de junho de 1927, em Mossoró. Notar a presença de corneteiro e de três anciãos presos a resgate, inclusive uma senhora. Foto de Francisco Ribeiro, Limoeiro do Norte-CE. Cortesia de Raul Fernandes.

23 – Da esquerda, primeiro plano: tenente-coronel Theophanes Ferraz Torres, tenente volante Arlindo Rocha e bacharel Eurico de Souza Leão, na primeira visita de um chefe de polícia ao sertão de Pernambuco, em Belmonte-PE, janeiro de 1928. Foto de Carcídio. Cortesia de Geraldo Ferraz de Sá Torres Filho.

24 – Balanço parcial da campanha movida por Eurico de Souza Leão, de fins de 1926 a fins de 1928: um quinto do bando de Lampião recolhido ao xadrez de Serra Talhada-PE e depois removido para a Casa de Detenção do Recife. Da esquerda e de cima: Tubiba, Zé de Guida, Andorinha, Rufino dos Anjos, Guará, Pirulito, Zabelê, Capão, Serra d'Umã, Candeeiro, Baraúna, Benedito e, abaixo, Zé Rufo, Cancão, Vila Nova, Casca Grossa, Mourão e Beija-Flor. Foto de Carcídio para *O Malho*, Rio de Janeiro, 29 de dezembro de 1928. Cortesia de Rostand Medeiros, Natal.

25 – Atravessando o rio São Francisco, a 19 de agosto de 1928, Lampião ressurge na Bahia, deixando-se fotografar na Ribeira do Pombal, a 17 de dezembro do mesmo ano, por Alcides Fraga, intendente municipal. Da esquerda: Lampião; seu irmão Ezequiel, o Ponto Fino; seu cunhado Virgínio, o Moderno; seu lugar-tenente Luiz Pedro; o chefe de bando local, Antônio de Engrácia; Jurema; Mergulhão e Corisco. Cortesia de Miguel Feitosa Lima.

26 – Lampião celebra aliança de apoio recíproco com o capitão-médico do Exército, latifundiário e político militante Eronides Ferreira de Carvalho, a 27 de novembro de 1929, em Sergipe, deixando-se fotografar por este, em sua fazenda Jaramataia, município de Gararu, com parte do bando. Da esquerda, sentados: Lampião, Moderno, Zé Baiano e Arvoredo. Em pé: Mariano, Ponto Fino, Calais, Fortaleza, Mourão e Volta Seca. Cortesia de Luiz Antônio Barreto/Arquivo Pesquise, Aracaju.

27 – Lampião na Jaramataia, com perneiras do Exército presenteadas por Eronides, para quem, sendo capitão, o cangaceiro deveria usá-las... Ibidem legenda 26.

28 – Cartaz distribuído no governo interino de Frederico Costa, Bahia, nos meses antecedentes ao movimento revolucionário de 1930. Os cinquenta contos de réis prometidos valiam por dez automóveis novos. Recuperação da imagem feita por Sandra Rodrigues, Recife.

29 – Mulher ferrada na face pelo cangaceiro José Baiano com as iniciais de nome e vulgo, em Canindé-SE, a 7 de janeiro de 1932. Cabelos e vestidos curtos, além de inimizade, eram as razões alegadas. Reprodução do livro *Lampião*, de Ranulpho Prata, Rio de Janeiro, 1934.

30 – Tenente do Exército Liberato de Carvalho, com a barba que somente removeu quando trocou tiros com Lampião na Maranduba-SE, a 9 de janeiro de 1932. Em 1935, seria guindado ao comando-geral das forças volantes da Bahia. Cortesia de Robério Barreto Santos, Itabaiana-SE.

31 – Veteranos das batalhas da Serra Grande e da Maranduba, os pernambucanos tenente Manoel de Souza Neto e sargento Luiz Mariano da Cruz, ambos a serviço da Bahia, deixam-se fotografar naquele estado, na vila de Bonfim, 1935. Neto porta

metralhadora alemã Bergmann, modelo 1918, igual à que seria empregada pelo tenente João Bezerra da Silva no combate do Angico, três anos depois. Cortesia de João Gomes de Lira, Floresta-PE.

32 – Aproveitamento comercial da imagem de Lampião, acontecimento frequente na imprensa nacional, entre os anos de 1926 e 1935. Revista *Boa Nova*, Rio de Janeiro, ano I, n. 6, dezembro de 1933. Cortesia de Luiz Antônio Barreto/Arquivo Pesquise.

33 – Com a prisão de Volta Seca, o cangaceiro menino, a ciência desperta para o cangaço. Interrogatório e medições são efetuados pelo antropólogo Arthur Ramos, na Casa de Detenção da Bahia, tendo ao lado o capitão João Facó, chefe de polícia, e o bacharel Otávio Barreto, diretor do presídio. Reprodução da revista *A Noite Ilustrada*, Rio de Janeiro, 30 de março de 1932.

34 – José Aleixo, o Zé Baiano, procônsul de Lampião para os sertões de Sergipe, onde enriquece agiotando com o dinheiro da rapina, ladeado pelos futuros chefes de subgrupo Mané Moreno e Zé Sereno, na vila de Saco do Ribeiro-SE, a 18 de maio de 1935. Cortesia de Melchiades da Rocha, Rio de Janeiro.

35 – O fotógrafo e cinegrafista sírio Benjamin Abrahão Calil Botto chega à presença de Lampião, em maio de 1936, para iniciar a documentação autorizada que o faria agregar-se ao bando por cerca de dois meses descontínuos, a serviço da Aba Film, de Fortaleza. Cortesia de Ricardo Albuquerque, Fortaleza.

36 – Benjamin entrevista Lampião "para livro em preparo", 1936. Fotograma de Benjamin Abrahão. Cortesia da Cinemateca Brasileira, São Paulo.

37 – Por solicitação remunerada de Benjamin, Lampião (direita, perfil) se deixa filmar divulgando a nova embalagem, em papel celofane, da Cafiaspirina, da Bayer do Brasil, em 1936. Ibidem legenda 36.

38 – Benjamin cobre o cotidiano de Lampião: a) exercitando o tiro; b) conduzindo a reza coletiva; c) sendo perfumado por Maria Bonita; d) almoçando com o cinegrafista; e) lendo jornal; f) costurando à máquina. Fotos de Abrahão. Cortesia de Ricardo Albuquerque.

39 – Anverso do modelo único de cartão de visita de Lampião, com foto, confeccionado pela Aba Film, de Fortaleza, a pedido deste, em 1936: "Recebam lembranças do Capitão Lampião". Acervo de Olavo de Freitas Machado, Pão de Açúcar-AL, ora no Instituto Histórico e Geográfico de Alagoas, Maceió.

40 – No reverso, advertência contra falsificações de sua correspondência, mantida a grafia: "Recebendo carta com a minha firma, não sendo este cartãozinho é falça, não he minha. Sem mais, Capm Lampião".

41 – Anverso de um dos cartões-postais de Lampião, com foto, mesma procedência. Cortesia de Moacir Assunção, São Paulo.

42 – Solicitação no reverso, mantida a grafia: "Sr. Nerço do Quigunbi, com seu irmão Candinho, peço lhi para os Senhoris mi Mandarem 5 contos, apois Espero confio Não mi faltarem mandi pelo mesmo. O Sr. não ignori eu peço porqui tenho percizão e lhi conheço assim qui não fasem dúvida. Neste pedido, vai este cartão para não aver dúvida. Capm Lampião".

43 – Subgrupo de Zé Sereno, 1936. Da esquerda, os casais Sila e o chefe, Adília e Canário. Foto de Abrahão. Cortesia de Ricardo Albuquerque.

44 – Subgrupo de Corisco, 1936, na fazenda Beleza, Pão de Açúcar-AL. Da esquerda, em pé, o chefe, sua mulher Dadá e Maria Jovina. Abaixo desta, seu companheiro e lugar-tenente do grupo, Pancada. Foto de Abrahão. Cortesia de Ricardo Albuquerque.

45 – Dadá e Corisco, entrevistados por Benjamin Abrahão, 1936, em fotograma do filme em 35 mm, P&B, hoje na Cinemateca Brasileira, São Paulo.

46 – Maria Bonita e Lampião, com a revista *A Noite Ilustrada*, 1936. Foto de Abrahão. Cortesia de Ricardo Albuquerque.

47 – A imagem ousada: Ann Evers, atriz de Hollywood e nadadora norte-americana, em preparo para disputar as Olimpíadas de Berlim, previstas para agosto de 1936, posa nas areias de Santa Mônica, Califórnia. Cortesia de João de Souza Lima, Paulo Afonso-BA.

48 – Lampião e Maria Bonita, nas caatingas do Capiá-AL, em fotograma do filme mencionado na legenda 45.

49 – Maria Bonita afaga os cachorros do companheiro, Ligeiro e Guarani, em composição à François Boucher feita pelo documentarista sírio, convertida em foto clássica da mulher de Lampião, 1936. Foto de Abrahão. Cortesia de Ricardo Albuquerque.

50 – Em sentido horário, vemos os gostos de Maria Bonita: a) vestido do dia a dia, ou "de batalha", em brim com galões; b) vestido especial para o domingo, com zíper na cava do decote; c) joias em ouro; d) a Maria Bonita do cinema, Suely Bello; e) bornal "sobresselente", destinado a valores; f) lenço de pescoço em seda, a "jabiraca". Na ordem: coleção do autor; Museu Histórico Nacional-RJ; acervo privado; reprodução da revista *Cinearte*, Rio de Janeiro, 15 de abril de 1937; coleção do autor; Instituto Histórico e Geográfico de Alagoas, Maceió.

51 – Entardecer na caatinga: cangaceiros Juriti (parcial), Neném, seu companheiro Luiz Pedro e Maria Bonita, 1936. Esse à vontade risonho irritaria o presidente Getúlio Vargas. Foto de Abrahão. Cortesia de Ricardo Albuquerque.

52 – Corisco e Dadá (grávida), na fazenda Beleza, Pão de Açúcar-AL, 1936. Foto de Abrahão. Cortesia de Ricardo Albuquerque.

53 – Cangaceira Maria Jovina em traje domingueiro, à espera de descer presa para Maceió, 1938. Foto oficial. Cortesia da família Theodoreto Camargo do Nascimento, Rio de Janeiro.

54 – Cangaceiras Sila e Adília na caatinga, em vestidos "de batalha", 1936. Foto de Abrahão. Cortesia de Ricardo Albuquerque.

55 – Cangaceira Inacinha, baleada e presa em Piranhas-AL, 1936. Foto oficial. Ibidem legenda 53.

56 – Cangaceiro Zepelim, morto na fazenda Arara, Canindé-SE, a 22 de abril de 1937. Foto oficial. Ibidem legenda 53.

57 – Fração do subgrupo de Moita Braba: Serra Branca, lugar-tenente, sua mulher, Eleonora, e Ameaço, mortos na fazenda Patos, Mata Grande-AL, a 20 de fevereiro de 1938. Foto oficial. Ibidem legenda 53.

58 – Mariano, chefe de subgrupo, e mais Pai Velho e Pavão, mortos na fazenda Cangaleixo, Gararu-SE, a 29 de outubro de 1936. Foto composta por João Damasceno Lisboa, Pão de Açúcar-AL.

59 – Volante baiana do aspirante José Osório de Farias, o Zé Rufino, em Serra Negra-BA, 1936. Foto de Abrahão. Cortesia de Ricardo Albuquerque.

60 – Volante baiana do sargento Odilon Flor, em Pão de Açúcar-AL, a 4 de abril de 1938, vestes esfarrapadas pela permanência na caatinga. À esquerda, o comandante porta a metralhadora Bergmann, modelo 1934, que seria emprestada ao aspirante Francisco Ferreira de Mello, para o combate do Angico, pouco mais de três meses depois. Foto de João Damasceno Lisboa, Pão de Açúcar-AL. Ibidem legenda 53.

61 – Volante baiana do aspirante Besouro, em Várzea da Ema-BA, 1936. Ibidem legenda 59.

62 – Tenente João Bezerra da Silva, da volante alagoana, na primeira foto após o combate do Angico, a 28 de julho de 1938, posa com alguns objetos de Lampião. Foto de João Damasceno Lisboa. Cortesia de Eduardo Gaia Maia, Maceió.

63 – Volante alagoana do sargento Aniceto Rodrigues dos Santos, em Piranhas-AL, após o combate do Angico, ornamentados com peças arrebatadas aos cangaceiros na Grota do Angico, 1938. Foto de Maurício Moura para o jornal *A Noite*, Rio de Janeiro. Cortesia de João de Souza Lima, Paulo Afonso-BA.

64 – Vitoriosos do combate do Angico recebem cumprimentos do repórter de *A Noite*, Melchiades da Rocha, em Santana do Ipanema-AL. Da esquerda: aspirante Ferreira de Mello, tenente-coronel Lucena Maranhão (capacete), tenente Bezerra (chapéu de aba), coronel Theodoreto (quepe). Foto de Maurício Moura. Cortesia de Melchiades da Rocha, Rio de Janeiro.

65 – Quartel do II Batalhão de Polícia, unidade sertaneja do Regimento Policial Militar de Alagoas, sediado em Santana do Ipanema-AL desde 1936. Cortesia de Sílvio Hermano Bulhões, Maceió.

66 – Quartel do Regimento Policial Militar de Alagoas, na antiga Praça da Cadeia, Maceió. Ibidem legenda 53.

67 – Soldado Adrião Pedro de Souza, única baixa fatal no combate do Angico, 1938, promovido postumamente a terceiro-sargento.

68 – O médico do II Batalhão, Arsênio Moreira, mostra à reportagem a ampola do veneno que Lampião conduzia no bornal, recolhida no Angico, 1938. Ibidem legenda 53.

69 – Não se bastando com os relatórios de combate recebidos, o comandante Theodoreto Camargo do Nascimento vai à Grota do Angico em fins de outubro de 1938. Da esquerda: o já primeiro-tenente Francisco Ferreira de Mello; o tenente José Tenório Cavalcanti, o Juca, delegado de polícia e comandante do destacamento de Pão de Açúcar-AL; o coronel Theodoreto e o prefeito nomeado de Santana do Ipanema, Pedro Rodrigues Gaia. Ibidem legenda 53.

70 – O interventor federal em Alagoas, Osman Loureiro de Farias, fala ao repórter de *A Noite*, a 2 de agosto de 1938, Maceió. Foto de Maurício Moura. Cortesia de Melchiades da Rocha.

71 – Parte do "salão" da Grota do Angico em fotografia de 1940, em que ainda aparece o tronco (aparado) da craibeira sob a qual ficava a barraca de Lampião. Foto anônima. Cortesia de Giuseppe Baccaro, Olinda-PE.

72 – Indicação do tiro mortal dado em Lampião, instantes antes de se ferir o combate na Grota do Angico, segundo indicação do executor, soldado Sebastião Vieira Sandes, o Santo, que ocupou a ponta de vanguarda da volante de Ferreira de Mello. Cortesia de Carlos Eduardo Gomes, Rio de Janeiro, 2010. Arte de Severino Ribeiro.

73 – Croqui da disposição tática das forças volantes alagoanas no avanço sobre a Grota do Angico, em 1938, fornecido pela polícia alagoana aos Diários Associados e publicado a 3 de agosto de 1938.

74 – A arte perpetua o desfecho do Angico, pelas mãos do ceramista Wilton Silva, de Barbalha-CE, 2017. Cortesia de Wolney Oliveira e Rosemberg Cariry, Fortaleza.

75 – Detalhe da imagem apanhada pelo artista plástico e fotógrafo João Damasceno Lisboa na escadaria da Prefeitura de Piranhas, na tarde do combate do Angico, vendo-se Lampião e Maria Bonita, em linha vertical. Foto de Lisboa, Pão de Açúcar-AL. Cortesia de Audálio Tenório de Albuquerque, Recife.

76 – Documentação integral das cabeças trazidas do Angico e objetos colhidos ali, em montagem de arte feita por João Damasceno Lisboa, ao estilo da estética do horror. Ibidem legenda 75.

77 – Quando da visita feita à Grota do Angico pelo repórter Melchiades da Rocha, soldados indicam o local preciso em que tombou Lampião, 1938. Foto de Maurício Moura. Cortesia de Melchiades da Rocha.

78 – Cadáver de Lampião a 4 de agosto de 1938, ao relento, na Grota do Angico. Foto anônima. Cortesia de Luiz Antônio Barreto/Arquivo Pesquise.

79 – No salão da grota, o corpo de Maria Bonita sob as ramas da craibeira em que ficava a barraca do casal. De paletó escuro e chapéu de aba curta, acha-se Pedro de Cândido, o coiteiro delator. Foto de Maurício Moura. Cortesia de Melchiades da Rocha.

80 – Punhal de Lampião com bainha ao lado, na posição de uso sob o cinto-cartucheira, vendo-se a marca do triscado do tiro mortal recebido pelo cangaceiro, conforme a seta indicativa. Foto do autor. Cortesia do Instituto Histórico e Geográfico de Alagoas, Maceió.

81 – Detalhe da bainha de alpaca danificada, indicativa da direção do tiro mortal, segundo estudo feito para este livro pelo perito criminal federal Eduardo Makoto Sato, do Instituto Nacional de Criminalística/Departamento de Polícia Federal do Brasil, Brasília-DF, 2016.

82 – Monograma de Lampião para joias. Recuperação da imagem por Sandra Rodrigues, Recife.

83 – Monograma de Lampião para tecidos, por meio de bordado em ponto cheio. Ibidem legenda 82.

84 – Coronel José Abílio de Albuquerque Ávila, chefe político de Bom Conselho-PE, a quem o tenente-coronel Lucena solicitou a identificação oficial da cabeça de Lampião, 1938. Foto anônima. Cortesia de Fernando Tenório Maranhão, Recife.

85 – Cabeças chegam a Santana do Ipanema em caminhão, a 29, à tardinha. Por todo o sábado, 30, satisfazem a curiosidade popular. À esquerda, sobre um caixote, a cabeça de Lampião é exposta. Ibidem legenda 79.

86 – Multidão na Santa Casa de Misericórdia, em Maceió, no aguardo das cabeças. Ibidem legenda 79.

87 – Rendição de Balão (chefe de subgrupo do bando de Lampião) e seus "rapazes", em Serra Negra-BA, durante missões capuchinhas. Da esquerda, de pé: os italianos frei Francesco da Urbania e frei Agostino di Loro Piceno, ao lado do cabo Zé Preto. Sentado, o monsenhor português José Magalhães e Souza, outubro de 1938. Cortesia de João de Souza Lima, Paulo Afonso-BA.

88 – Rendição de Zé Sereno, outro chefe de subgrupo de Lampião. Mesma ocasião e local. Ibidem legenda 87.

89 – Rendição do subgrupo de Pancada, em Poço Redondo-SE, 1938, rodeado pelas volantes alagoana e sergipana, comandadas pelos sargentos Juvêncio Correia de Lima e Amâncio Ferreira da Silva, o Deluz, respectivamente. Da esquerda, em pé: Peitica, Vinte-Cinco, Cobra Verde e Santa Cruz. Sentados, abaixo: Vila Nova, Maria Jovina e Pancada. Foto oficial. Acervo do coronel Lucena Maranhão. Cortesia de Audálio Tenório de Albuquerque.

90 – Rendição do subgrupo de Português à força alagoana, fins de dezembro de 1938. Da esquerda: o chefe, Quitéria, Velocidade, Pedra Roxa e Barra de Aço. Foto oficial. Cortesia da família general Theodoreto Camargo do Nascimento.

91 – Cangaceiro Barreira amacia os termos de sua rendição com a cabeça do companheiro Atividade, castrador do grupo de Corisco, 1938, no povoado Caboclo, Pão de Açúcar-AL. Foto oficial. Cortesia de Miguel Feitosa Lima.

92 – Subgrupo de Pancada recolhido ao quartel em Santana do Ipanema-AL, novembro de 1938. Da esquerda, sentados: o chefe, Vinte-Cinco e Cobra Verde. De pé: Barreira, Santa Cruz, Vila Nova e Peitica. Foto de Moura. Cortesia de Melchiades da Rocha.

93 – Cabeças chegam ao Necrotério da Santa Casa de Misericórdia, em Maceió, às 22 horas do dia 31 de julho de 1938, em decomposição avançada, para exame do legista José Lages Filho, diretor do Serviço Médico-Legal. Foto oficial. Cortesia de Marcos Vasconcelos Filho, Maceió.

94 – Cangaceiras Sebastiana e Quitéria, companheiras de Moita Braba e de Pedra Roxa, prestando serviços na residência do coronel Theodoreto, em Maceió, em processo de reintegração à sociedade, meados de 1939. Foto oficial. Cortesia da família Theodoreto.

95 – Cangaceira Joana Gomes, viúva dos cangaceiros Cirilo de Engrácia, em 1935, e Jacaré, em 1936, vem a ser expulsa do bando "por dar azar", entregando-se em Mata Grande-AL, no princípio de 1937. Mesma reintegração vista na legenda 94.

96 – Corisco-Rei. Morto Lampião, Corisco procura herdar a coroa de Rei do Cangaço. Envelhecido pelos desafios, mas sempre vaidoso no trajar, deixa-se colher por lentes anônimas, em Poço Redondo-SE, 1939. Seu reinado discutível se arrastará até maio de 1940, quando tomba metralhado na Bahia. Cortesia de Sílvio Hermano Bulhões, Maceió.

97 – Casa-grande da fazenda Lagoa dos Patos, da família Britto, em Piranhas-AL, palco do festim de horrores da vingança de Corisco pela morte de Lampião, a 3 de agosto de 1938. Cortesia de Robério Barreto Santos, Itabaiana-SE.

98 – Em sentido horário, o autor: a) com Zé Saturnino, na Serra Vermelha, março de 1970; b) com o cangaceiro Medalha, Araripina-PE, 1972; c) com a cangaceira

Adília, de Canário, Poço Redondo-SE, 2002; d) com os cangaceiros Sila, de Zé Sereno, e Candeeiro, na vila de São Domingos, Buíque-PE, 1984; e) com o coiteiro Durval Rodrigues Rosa, irmão de Pedro de Cândido, em Poço Redondo-SE, 2001. Fotos do autor.

99 – Na ordem da legenda anterior, o autor: a) ouve Dona Cyra de Britto Bezerra, viúva do coronel João Bezerra da Silva, Recife-PE, 1981; b) entrevista Luís Carlos Prestes, auxiliado por Roberto Arrais, Recife-PE, 1983; c) confere a baixa visibilidade do sítio do Angico, fora do curso do riacho, Poço Redondo-SE, 2001; d) com o casal Peter Burke e Maria Lúcia Pallares-Burke, professores de Cambridge, Reino Unido, na Grota do Angico, 2001; e) confirmando o poder de fogo da metralhadora Bergmann, modelo 1934, no estande de tiro da Academia de Polícia Civil de Pernambuco, Recife, 1975. Fotos do autor.

100 – Melchiades da Rocha, repórter do jornal carioca *A Noite*, entrevista o soldado Sebastião Vieira Sandes, o Santo, matador de Lampião, em Santana do Ipanema-AL, na tarde de 30 de agosto de 1938. Foto de Maurício Moura. Cortesia de Melchiades da Rocha.

101 – O autor entrevista o matador de Lampião, soldado Santo, na cidade da Pedra de Delmiro Gouveia-AL, a 8 de dezembro de 2003. Foto de Eliseu Gomes Neto, Delmiro Gouveia-AL.

102 – O autor com o soldado volante José Panta, o cangaceiro Candeeiro e o coiteiro Manoel Félix, em Piranhas-AL, partindo para jornada de estudos na Grota do Angico, em 1996. Foto de João Tavares, Recife. Cortesia de Sérgio Xavier.

103 – Alguns confortos do Rei do Cangaço, em ouro: a) crucifixo, com resplendor articulado (tomado da baronesa de Água Branca, em 1922); b) anel do beija-mão, com monograma (engaste tomado do médico Constantino Guimarães, em Nova Olinda-BA, 1932); c) conjunto lapiseira, tabaqueira (rapé) e tesoura de aparar charuto; d) perfume do gosto: Fleurs d'Amour, da *maison* Roger & Gallet, de Paris. Acervo privado.

104 – O soldado Santo, ao lado do autor. Ibidem legenda 101.

105 – Colaborando com a pesquisa, Santo indica sítio relevante. Ibidem legenda 101.

106 – Depois de apresentado como "um dos mais temíveis bandoleiros do Mundo Ocidental" pelo *The New York Times*, a morte de Lampião é destaque também na França, pelo *Paris-Soir*. Cortesia de Robério Barreto Santos, Itabaiana-SE.

107 – Biografias eruditas que Lampião pôde ler: a) *Lampião: sua história*, Érico de Almeida, Paraíba, 1926; b) *No tempo de Lampião*, Leonardo Mota, Rio de Janeiro, 1930; c) *Lampião*, Ranulpho Prata, Rio de Janeiro, 1934 (exemplar encontrado em seu bornal). Reprodução de Severino Ribeiro.

108 – Parte do espólio de Lampião, 1938, combinando funcionalidade com expressões de arte e misticismo: a) lenço de pescoço ou "jabiraca", em tafetá francês com monograma; b) par de bornais ou "jogo", confeccionado pelo próprio cangaceiro; c) chapéu de couro de veado, com ornamentos da herança regional ampliada pelo cangaceiro. Fotos de Fred Jordão, Recife. Coleção do autor (o primeiro). Cortesia do Instituto Histórico e Geográfico de Alagoas, Maceió.

109 – Papel, barro, madeira, cabaça, plástico reciclado e estopa: mitologia brasileira em expansão, dentro e fora do país: a) cordelistas identificados; b) artistas: Luiz Carlos, Fred, Maria Rita, Galdino, Paulo Carneiro, Manoel Eudócio e Iracy. Acervo do autor. Foto de Severino Ribeiro.

sertão baiano no começo de novembro, a cobrir os passos da gente de Lampião, improvisado em correspondente de guerra.

Satisfizemos a curiosidade sobre a alardeada "parte secreta" do projeto apresentado por Chevalier ao ministro Oswaldo Aranha, da Justiça, guardada a sete chaves no Arquivo Nacional, no Rio de Janeiro. Outro blefe. Rol de coiteiros bem conhecidos nos estados do Nordeste, quase todos nomes decaídos com a Revolução de 1930, os "carcomidos" da expressão cunhada pelo aliancista roxo José Américo de Almeida. Quanto a Pernambuco, a mão de Chevalier se abate com mais peso, da lista de aliados do cangaço constando os nomes do governador do estado no quadriênio 1922-26, Sérgio Loreto, juiz federal por dezoito anos; de seu comandante da Força Pública, coronel João Nunes, e do comandante das forças no interior, o à época capitão Theophanes Torres. Nenhuma prova. Sequer indícios. No caso de Loreto, apenas a suspeita de que Lampião prosperara durante seu governo.

Diante do cancelamento da Expedição Chevalier sem motivo aparente, o carioca, piadista por natureza, faz circular a versão de suposto diálogo entre os gaúchos Vargas e Aranha, em que, à pergunta do segundo sobre o motivo de não seguir adiante com o projeto de Chevalier para destruir Lampião, Getúlio teria respondido: "É por que primeiro ele quer destruir o Tesouro Nacional...".

As matérias do jovem repórter Espírito Santo, reproduzidas nos jornais de todo o país, conseguem eletrizar a opinião pública do Sudeste, contrasteando, no choque surrado de antíteses, o sertanejo "rocha granítica" ao "mestiço neurastênico" do litoral. Euclides da Cunha contra Nina Rodrigues. De novo.

Indo além do registro das observações de curioso, as matérias de Espírito Santo empinam heróis e arrancam lágrimas, coando traços da vida social na caatinga, os tipos humanos, a adversidade do meio natural, a passividade fatalista do sertanejo ante a recorrência da seca, a supersticiosidade, o apreço pela poesia e pela música, o arcaísmo generalizado, as estradas a quebrar diariamente os caminhões. Em tudo ali, o gosto ainda forte do quinhentismo difundido pelo colonizador do primeiro instante, mumificado pelo isolamento secular a que foi relegado o sertão do Nordeste poucas décadas depois de seu devassamento.

Tendência do tempo a não passar sem registro é a da ocupação dos postos de comando ou estratégicos da Força Pública da Bahia por militares do Exército. Em comum, naturalmente, a comprovação de terem se batido pela derrubada recente da República Velha, agora comissionados em patentes elevadas para o desempenho das novas missões no sertão.

O primeiro-tenente João Félix de Souza, um goiano, recebe os bordados de coronel e assume o comando-geral da corporação, entregando o serviço de radiocomunicação, a ser disseminado por toda a área-alvo por meio de aparelhos de ondas curtas com sede em Jeremoabo, ao capitão João Miguel da Silva, paraibano do Piancó. Mais embaixo, no plano do comando de forças volantes, surgem os nomes dos tenentes Osório Cordeiro, um pernambucano, e Liberato de Carvalho, baiano de Serra Negra. Nenhum destes escapa ao olhar de Espírito Santo, formando-se entre todos a camaradagem que brota do sacrifício comum em meio hostil.

As forças se espalham em comandos localizados, com a missão de apoiar os colegas em serviço volante. Tenentes a chefiá-las. Alvim Rodrigues de Mello fica em Santa Brígida; José Fernandes, em Serra Negra; José Américo de Freitas, em Várzea da Ema; Salomão Rehem, em Queimadas; Francisco Guedes de Assis, em Patamuté; Felipe Borges de Castro, em Jaguarari.

Data dos escritos dessa ocasião o exame mais pungente das vicissitudes das forças policiais empregadas na caça ao bandido. As mal-afamadas forças volantes. Cobertas agora por um olhar compassivo no tocante à abnegação que delas se exigia no voltear sem fim pela caatinga. E não somente o soldado encontra reconhecimento. A figura do estafeta da Repartição dos Correios, em ação na "zona conflagrada" e sob ameaça iminente de morte nas mãos de cabras que não lhe toleravam o leva e traz das mensagens costuradas dentro de punhos e golas do traje, merecia os elogios reproduzidos no *Diário de Pernambuco* de 5 de janeiro de 1932. Um herói a mais na galeria sertaneja pintada por Espírito Santo, a quem o cangaço deve muito da posição saliente que assume na formação da mentalidade e do imaginário brasileiros da primeira metade da década de 1930. A despertar, anos à frente, o talento de um Portinari, de um Santa Rosa, de um Carybé, para não falar dos muitos títulos do chamado romance regionalista do Nordeste, na proa um Graciliano Ramos, um José Lins do Rego, um Jorge Amado.

Esse mesmo 1931, sacudido logo em maio com a fotografia de Lampião ocupando toda a capa da mais importante revista nacional do momento, *A Noite Ilustrada*, não fecharia sem mais duas ocorrências de realce. Em junho, a Perfumaria Lopes, do Rio de Janeiro, fabricante de sabonetes de sucesso, dobrava o desafio do estado da Bahia e deixava a cabeça do bandoleiro a prêmio somado de incríveis cem contos de réis!

Em agosto, também no Rio, ecoando o prêmio tentador, Castro Barbosa grava na RCA Victor o samba "Vou pegá Lampião", de J. Thomaz. E os dois nomes de maior evidência na cena musical brasileira pincelam de irreverência o quadro de alarme que só fazia ampliar-se:

> Adeus, Amélia,
> Vou decidir minha sorte,
> Eu vou pro Norte,
> Vou pegá o Lampião.
>
> Cinquenta contos
> Não fazem mal a ninguém,
> Vamos ver se esse malandro
> Desta vez, vem ou não vem.
>
> Não quero nada,
> Nem revólver, nem canhão,
> Vou pegá-lo à cabeçada,
> Pontapé e bofetão.
>
> Não sou criança,
> Ele vai virar estopa,
> Vou cabá com essa lambança,
> Lampião, pra mim, é sopa!

Por esse tempo, o cangaceiro era visto na Serra da Borracha, "à frente de 35 homens e dez mulheres", como revelava o chefe de Polícia a Espírito Santo, adejando em volta do valhacouto do Raso da Catarina, onde se refazia nos braços de Maria de Deia, desfrutando de conforto relativo. O povo dos arredores maldava desse à vontade pela boca dos poetas dali mesmo, bem-aceitos no convívio da cabroeira:

> No Raso da Catarina
> Só vai quem tem coração,
> Vem gente de muito longe
> Visitar o Capitão...
>
> No coito de Lampião,
> No Raso da Catarina,
> Ninguém se queixa de nada,
> No ronco da concertina!

Quando o rancho começava a semelhar o nascedouro do Arraial do Belo Monte de Canudos, de Antônio Conselheiro, nos mais de cem abrigos de palha erguidos pelos cangaceiros, o Raso da Catarina é finalmente devassado por uma força volante. Não sem que os militares do Exército estudassem previamente a área, ponto por ponto, sob a batuta do tenente Manoel Sampaio. Estudo de estado-maior que se vê destronado pelo empirismo dos pernambucanos de Floresta e de Vila Bela, a povoação de Nazaré comparecendo com grande parte do efetivo.

Entre os homens nascidos e criados no mesmo pasto de Virgulino, a sentença corria de boca em boca: se ele entrou, nós entramos também! Esquecidos de que o cangaceiro tivera a humildade de cercar-se previamente dos nativos da terra, ouvindo-os sobre aguadas ocultas, travessias de risco e animais bravios.

Pelas 10 horas do dia 7 de dezembro de 1931 – que não se perca a data histórica – exausta, faminta e sedenta, a volante do tenente Osório Cordeiro, 34 homens divididos em três pelotões, está às vistas do abarracamento da cabroeira. Há mulheres. Risos agudos. Cantoria. Quando os já sargentos Euclydes Flor e João Cavalcanti completavam o cerco, disparo acidental dado por um recruta alerta os cangaceiros, que correm em todas as direções. Não deixa de haver combate rápido. Nem as descomposturas de estilo. A presa é vasta, mas de valor ínfimo, salvo pelas ancoretas de água: "três cavalos, munição, farinha, roupas, alpercatas, chapéus de couro, perfumes, adereços, água", reporta Espírito Santo. E mais: "vestidos de seda, lenços, xales, meias de seda, pó de arroz, pentes, tesouras, sutaches, linhas, agulhas". Muitas mulheres.

A campanha se agita, no final do ano, com declarações do capitão João Facó, chefe de Polícia da Bahia, assegurando que "o plano em execução não pode deixar de dar os melhores resultados". E enverada pelo temerário: "Creio não errar vaticinando o fim da campanha até o próximo dia 15 de janeiro".

Música para os ouvidos de Espírito Santo, que divulga com destaque as boas-novas, certo de que o sonho que há de ter animado sua missão sertaneja estava próximo de se transformar em realidade: o furo jornalístico da prisão ou morte do maior dos cangaceiros. A indenização por tanto sacrifício. Pelas privações desumanas a que estava se sujeitando no sertão baiano. Logo ele, um residente da mais confortável capital brasileira, como se jactava de ser.

Para surpresa geral, Lampião rasga o *script* anunciado pelas autoridades e desbarata em combate selvagem, que se estende do pino do meio-dia até o cair da tarde de 9 de janeiro, nas caatingas quase impenetráveis da Maranduba, entre Serra Negra e Cipó de Leite, proximidades da fronteira com Sergipe, as duas melhores e mais afamadas volantes em atuação naquele momento: a pernambucana, do recém--promovido tenente Manoel Netto – um Capitão Ahab na perseguição obsessiva de uma década ao chefe cangaceiro, seu conterrâneo – e a baiana, de Liberato de Carvalho. Em cinco horas de luta sob sol escaldante, a tropa vê morrerem seis soldados no campo de batalha e tem de se retirar com onze feridos graves. Fim das ilusões. E da missão do jornalista carioca.

Tão grande se mostra o impacto que a imprensa baiana romperá o silêncio somente passados quinze dias da tragédia, e com notícias claramente atenuadas. E se cala por todo o resto do ano, salvo pela captura do menino cangaceiro Volta Seca, figura menor magnificada pela angústia do momento. E por conta da revanche da revista *O Cruzeiro*, rival em tudo d'*A Noite Ilustrada*, que abre capa em maio com caricatura de Lampião.

Na palavra deste ao aventureiro sírio, "Volta Seca foi preso pelos irmãos Adão e Artur, civis, na fazenda Barro Vermelho, município de Santo Antônio da Glória, Bahia, e foi entregue à polícia". O que o chefe cangaceiro se deu por dispensado de dizer a Benjamin foi que retornou à fazenda, passados poucos dias, e eliminou toda a família dos "traidores".

Cabem algumas palavras a mais sobre o combate enlouquecido da Maranduba, visto por Manoel Netto como "o mais encarniçado de sua vida", mesmo tendo ele saído com um braço quebrado em 1925, nas Caraíbas, e com as duas pernas também quebradas de bala na batalha da Serra Grande, no ano seguinte.

Animados pelo anúncio cor-de-rosa do chefe de Polícia, os comandantes das duas volantes tinham-se recolhido para as festas de fim de ano, liberando os soldados para o encontro com suas famílias. Manoel Netto vai para Pernambuco, Jatobá de Tacaratu. Liberato de Carvalho fica na Bahia mesmo, no Poço Escuro, lugar aprazível no beiço do São Francisco, *vis-à-vis* com a Pedra de Delmiro Gouveia, do lado alagoano.

No dia 7 de janeiro, uma quinta-feira, pelas 10 horas do dia, Netto recebe telegrama de Jeremoabo, sede do comando. Na véspera, Lampião tinha tomado o arruado de Canindé do São Francisco, Sergipe, às margens do rio, matara o único soldado encontrado, apossara-se de um cunhete de munição de fuzil nova em folha, entregue pelo Exército a um destacamento plantado ali – a cargo do tenente

Antenor Mattos e dos sargentos Manoel Ramos e Miranda – e ferrara a fogo faces, bundas e batatas de perna das mulheres e das namoradas dos militares. Militares que tinham saído para a caatinga atraídos por manobra diversionista orquestrada por Lampião, macaco velho nesse tipo de ardil.

Netto bota as mãos na cabeça. Liberara os 45 soldados de sua volante para irem ao Pajeú visitar as famílias na passagem do Ano-Novo. No desespero para brigar, chama o sargento José Oscar e requisita os homens do destacamento de Jatobá – encarregados de vigiar o rio contra a travessia de cangaceiros, nos termos do convênio de 1926 – e os transforma em soldados volantes a pulso, enxertando-os com uns poucos de seus homens que tinham permanecido em Jatobá. Formado o efetivo magro de 25 combatentes, com ele, mesmo assim requisita locomotiva e vagão especiais da via férrea Piranhas-Jatobá de Tacaratu, e embarca sem tempo para despedidas. À meia-noite, está em Piranhas, quase de testa com Canindé. Atravessam incontinente o rio em canoas e levantam as ocorrências nos torrões do arruado, parte ainda ardendo.

Na outra frente de ação, Liberato fazia feira na Pedra de Delmiro quando recebe o mesmo telegrama no meio da manhã. Despacha canoas para atravessar sua volante para Alagoas, à qual adiciona às pressas as colunas dos sargentos Odilon Flor e José Osório de Farias, o Zé Rufino, formando setenta homens, com um fuzil-metralhadora a reforçá-la, e requisita três caminhões para levar todos para Piranhas, aonde chegam no final da tarde.

Ouve do sargento João Bezerra da Silva, delegado local, a descrição dos horrores vividos em Canindé e se tranquiliza ao saber que Lampião estava à frente de não mais de trinta "rapazes". Dá-se por dispensado de ir até Canindé, destinando-se de barco diretamente para a fazenda Jerimum, rio abaixo, lado sergipano, com chegada pelas 8 horas da noite. Onde dormem todos, assistidos pelo fazendeiro, sogro do sargento Bezerra, que tivera de fazer a mesma sala aos cangaceiros na véspera.

No romper do dia 8, em cima da alpercata, avançam pela margem do rio até o arruado ribeirinho de Cajueiro. Borrachas, cabaças e cantis no gogó, entram pela terra, varando as fazendas Amaralina, Lagoa da Pedra, Lagoa do Curral, Queimada Grande – de propriedade do irmão do tenente, Piduca Alexandre, amigo de Lampião – Lagoa do Vestido e Lagoa do Cocho, onde se dá o encontro com a volante mirrada de Manoel Netto. Dormem aí, no pé de um serrote, ignorando que os cangaceiros tinham se arranchado na contraencosta da elevação.

Tantos nomes de fazenda remetendo à ideia de água não nos devem iludir. São lugares muito secos, a volante padecendo de sede braba no final do dia. Não esquecer que o ano de 1932 entraria para a história como rival do de 1915, anos das duas maiores secas do século XX.

No sábado, 9, dia do combate, levantam cedo, descobrindo onde os cangaceiros tinham dormido: fezes ralas pelo abuso da comida e da cachaça na farra da antevéspera em Canindé. Sem perda de tempo, avançam no rumo das fazendas Poço do Mulungu e Santo Antônio, "montados" na "buraqueira" mal coberta pelo inimigo. "Eles cuspindo e a gente, em cima, vendo o cuspe", como nos disse o soldado José Antônio dos Santos, florestano do Poço do Negro, da volante de Manoel Netto.

No final da manhã, já em terras da fazenda Maranduba, chegam a um caldeirão de pedra para encher as cabaças e notam o lajeiro ainda molhado pela bebida dos bandidos. "Conduta de combate, fuzis à meia trava", a senha é passada a todos.

O rastejador Antônio Isidoro e o sargento Hercílio de Souza Nogueira caminham menos de cem metros e descortinam movimento à frente. À sombra de dois umbuzeiros, numa baixa doce do terreno, os bandidos tinham feito rancho, um burro com ancoretas d'água, já arriadas, amarrado a um destes; sob o outro, uma panela enorme de barro fumegava.

A visão dos que chegam não é ideal, por terem pela frente um banco enorme de "macambira de boi", ou de flecha, as vassouras altas espetando o azul, em meio a um mar de "macambiras de anzol", que são as rasteiras e não menos espinhosas. Era o que se interpunha, borrando o cenário. E o tornando virtualmente intransitável. Estavam a trinta braças do inimigo.

Ponderado, Isidoro cutuca o companheiro: "Olhe os homens, compadre! Vamos recuar e formar os pelotões para o ataque". Hercílio, um nazarezista de sangue no olho, envereda pelo temerário, apostrofando o companheiro com indagação injusta: "Tá com medo, cabra?". E detona o fuzil, precipitando o combate. Tanto é assim que Liberato não chegara ainda ao sítio da luta com seus homens.

Para dar tempo de remover as mulheres para um serrotinho logo atrás, três cangaceiros, no fogo de certa aguardente Nó de Aço, trazida de Canindé, avançam enlouquecidos sobre a vanguarda da força. Hercílio paga logo a imprudência com a vida: um tiro no coração, outro no peito direito.

O sargento João Cavalcanti de Souza, o João de Anísia, também de Floresta, tenta amparar-se em cupim alto de formiga, que não resiste, e é alvejado no pé da virilha. Morto. O cabo Antônio Benedito, amigo de mocidade e rival em coragem de Hercílio, tem a cabeça estourada, de trás para a frente. Tomba bem perto do rival, ambos quase dentro do coito dos bandidos, "os tutanos avoando sobre a caixa de culatra do fuzil", nos disse o soldado Manoel Cavalcanti de Souza, o Neco de Pautília, sobrinho do sargento Cavalcanti, ambos da volante de Liberato.

No meio da testa e na cabeça do joelho, é baleado o praça Adelgício, dos Panta, de Floresta, enquanto Pedrinho de Paripiranga morre sufocado pelo próprio sangue, depois de "receber um tiro no lugar da remela, cortando o começo da venta".

Inimigo jurado de Lampião, na palavra de ambos, o baiano de Santa Brígida Elias Marques da Silva, o Elias Barbosa, a despeito de parente de Maria Bonita, era soldado de Liberato. Decano na volante. Combatia deitado a fio comprido quando uma bala o atinge no antebraço, fazendo-o esvair-se em sangue. "Terminado o combate, estava pronto", como pôde ver o soldado Neco.

A morte de Elias arrancaria lágrimas da imprensa de Salvador e do repórter Espírito Santo por todo o resto de janeiro. Estava-se diante de um novo herói desprendido e obscuro, modelo ímpar do soldado de roça alistado por ali mesmo, a reproduzir a saga do cabo Roque, da guerra de Canudos, imolado na defesa do cadáver de Moreira César, seu comandante. Logo a borracha terá de sair da gaveta para desfazer a versão lacrimosa, como se dera com Roque, em 1897, que finda por aparecer vivinho da silva, "trocando a imortalidade pela vida", como pontuou Euclides da Cunha.

Preso em fevereiro, Volta Seca desmonta a farsa de Elias, em declarações ao jornal *A Tarde*, de 24 de março de 1932. O soldado velho era amigo do peito de Lampião. Um quinta-coluna plantado na volante com sede em Bonfim, para levar ao bando todos os passos da tropa. Sempre que tinha folga, "ele se encourava e ganhava a caatinga como vaqueiro, levando munição desviada do quartel e o roteiro dos soldados, seus companheiros". O resto era esconder a paga pelo risco. Generosa, ao feitio de Lampião. Ah, o lado secreto do Rei do Cangaço...

Ainda da força baiana, Manoel Boaventura é "baleado na coxa e sangra até a morte". Dos pernambucanos, saem feridos o sargento Gumercindo Saraiva, "tiro na perna"; José de Lavor; Vicente Grande, "dois tiros no pé da barriga"; Domingos e Nestor, de um total de onze feridos de ambas as volantes.

Os mortos no local são meia dúzia. Serão enterrados no oitão da sede nova da fazenda, em construção logo abaixo. "Foi a carga mais feia que já carreguei", nos diz Neco, um dos incumbidos de enganchar os seis cadáveres na cangalha do burro deixado pelos cangaceiros.

Prodígio dos prodígios, o burro escapara sem levar um só tiro. Cessado o fogo, amarrado e paciente, estava coberto pelas ramas de umbuzeiro e lascas de xiquexique arremessadas pelas balas.

Do lado dos cangaceiros, Sabonete, Quina-Quina e Catingueira tombam mortos, enleados nas macambiras, onde ficarão para os urubus. Avançavam para pegar os soldados à mão, punhal entre os dentes. Três mais seriam encontrados em covas frescas por trás do serrote, um destes, uma mulher, a ser verdadeiro o que alardeou a polícia.

Um dos que entraram no coito findo o combate, o soldado Neco comeu do "feijão com muita carne que estava na panela deles". Notou ser o coito bem antigo. Verdadeiro rancho. Onde havia provisões, inclusive latas de doce abertas, "que o sargento Zé Rufino comeu sem ligar para o sangue misturado".

Traço humano é encontrado no refúgio, com alguma surpresa: "sutache para avivar bornal, galão, linha, sola e sapatinhos para menino pequeno".

Na verdade da guerra, há sempre os que correm aos primeiros tiros. Foi assim com os soldados pernambucanos Manoel Roberto, José Pedro, Dodozinho do São Francisco, Amorzinho de Graciliano, Aflaudísio e o negro Perua, bagageiro. Outro tanto com baianos. Mais chocante: a "carteira de boiadeiro" de Hercílio, com valores, jamais apareceu. Antônio Chico e Emídio Néo foram acusados sem provas.

Outro incidente a marcar o combate se originou da chegada levemente tardia de Liberato à umburana grossa em que se amparou por toda a tarde para seus tiros compassados, tendo antes determinado ao cabo-fuzileiro que permanecesse arredado da frente de luta e despedisse as rajadas do fuzil-metralhadora por trás, por cima da cabeça dos pernambucanos de Manoel Netto. Vendo Antônio Benedito baleado acima da nuca, "os pernambucanos danam-se a reclamar do fuzileiro aos gritos". Nada. Finalmente, um soldado se levanta e alveja o colega de armas em cheio, "arrancando-lhe uma banda do peito" e calando o fuzil-metralhadora.

O sargento do 19º Batalhão de Caçadores do Exército, Manoel César de Souza, observador convidado por Liberato, dera de baixar ordens duras aos soldados de roça nos últimos dias. Finda baleado na bunda. Até os seixos da caatinga sabiam tratar-se de fogo amigo, motivo de chacota por muitos meses.

"No primeiro voo dos morcegos", Lampião trila por três vezes "o apito grosso" e nenhum tiro se ouve mais do lado dos cangaceiros. Retirada em silêncio, com os três cadáveres dos que tinham morrido sem sair do coito. Do outro lado, Manoel Netto tenta juntar homens para acompanhá-lo numa perseguição enlouquecida. José Bagaceira, Luiz Teotônio, Pedro Cahu e Neco, mais o cabo José Soares, seguem o herói. Pouco antes de que pudessem cair em tocaia armada por Lampião "no sovaco do serrotinho", Netto olha para trás e vê que estava só. Desiste e se junta ao grosso.

A descrição do campo de batalha ao final, pelas nossas duas fontes, pediria um Goya para dar conta do açougue em que se converteu.

Os restos das duas forças se retiram para Poço Redondo, aonde chegam somente na segunda-feira, 11, avistando o São Francisco no dia seguinte, no porto do Curralinho. De onde Netto subirá com seus feridos para Jatobá, Liberato preferindo descer para Penedo. De barco. Ocorrem mortes em ambos os destinos escolhidos, à falta de socorro médico suficiente. Liberato tira a barba negra de seis meses que se impusera até conseguir brigar com Lampião. A despeito de tudo.

O novo desastre para a legalidade evoca a Serra Grande de seis anos antes. Vira a Serra Grande da Bahia, entrando para a história como o maior combate do ciclo do cangaço no vastíssimo nordeste do estado. Maior e pior, como fora em Pernambuco. Para outros, o efetivo de cada uma das partes no combate, quando confrontado com o número de baixas de lado a lado, soaria risonho para os homens da lei.

No curto, queima a língua do capitão Facó, chefe de Polícia do tenente-interventor Juracy Magalhães, que não demora a entregar o quepe ao auxiliar, despachando-o de volta à caserna. O que quase queima também foi a sanfona de oito baixos do bando de cangaceiros, na comemoração de noites a fio pelas mortes de tantos inimigos jurados ainda do tempo velho de Pernambuco, notadamente dos florestanos de Nazaré. A poesia anônima não faz por menos, dando voz ao Capitão Virgulino:

> Dos combates, o mais forte
> Dos que eu tive na Bahia,
> Lembranças guardo da morte,
> Que, no olho, quase eu via.
>
> Na fazenda Maranduba,
> Eis o nome do lugar,
> Duras, só maçaranduba,
> Aquelas terras de lá.

> E está contada a história
> Dessa grande confusão
> Se, de mim, não tive glória,
> Deixei macacos no chão...

A 9 de julho, estoura a Revolução Constitucionalista de São Paulo, o Exército sendo chamado a intervir pesadamente, as forças federais e de polícia descendo do sertão, embarcando às pressas nos vapores do Loide e seguindo para aquele estado. É quando, no dizer de um dos mais aplicados combatentes do cangaço naquela quadra, o sargento David Jurubeba, "a Bahia fica por conta do bode, Lampião mandando em tudo...".

O ano de 1933 transcorre no ordinário das "brigadas" e das "persigas", entremeadas por muita dança, bebedeira, brigas de cachorro, roletas [espécie de luta romana] entre recrutas do bando, costura, bordado, jogo de "trinta e um" a dinheiro, tudo quanto permitia que o tempo escorresse "descalmado" nos coitos de confiança.

As autoridades baianas se animam a 14 de outubro, quando as volantes dos sargentos José Fernandes Vieira e Zé Rufino surpreendem o subgrupo de Azulão, na fazenda Lagoa do Lino, em Djalma Dutra, antigo termo de Canabrava, matando o chefe e mais os cabras Canjica, Zabelê e Maria Dora. As cabeças cortadas chegam a Salvador em meio a verdadeiro frenesi, a imprensa destacando o feito. Inclusive a nacional, no Rio de Janeiro. Embalsamadas, jazerão por quarenta anos no Instituto Nina Rodrigues, da Faculdade de Medicina da Bahia, em Salvador, expostas à curiosidade pública.

De notável em 1934, deve ser assinalado o despertar da crítica de arte para a origem e o sentido do traje do cangaceiro, dos pés à cabeça, traje que os militares sabiam desde muito atuar no aliciamento da mocidade para as hostes rebeldes, influenciando até mesmo as forças volantes com a imponência que encerra.

Debruçado sobre peças que chegavam a Salvador por ocasião da morte de algum cangaceiro, o crítico de arte Clarival do Prado Valladares concluía estar diante de "exemplos demonstrativos do comportamento arcaico brasileiro". Notava que, "ao invés de procurar camuflagem para a proteção do combatente, é adornado de espelhos, moedas, metais, botões e recortes multicores, tornando-se um alvo de fácil visibilidade até no escuro". Enveredando pela psicologia, explica o aparente paradoxo:

Lembremo-nos, entretanto, de que no entendimento do comportamento arcaico, o homem está ligado e dependente ao sobrenatural, em nome do qual ele exerce uma missão, lidera um grupo, desafia porque se acredita protegido e inviolável e, de fato, desligado do componente da morte. Essa explicação, embora sumária, de algum modo justifica a incidência da superfluidade ornamental no traje do cangaceiro, que antes de sua implicação mística, deriva do empírico traje do vaqueiro.

A imponência do traje bebia no aproveitamento, pelo cangaceiro, de parte do produto dos saques, cravado ou costurado sobre o equipamento, compondo arranjos individuais que chegavam a atingir o amaneirado. E que alongavam cada homem em mostruário do tesouro nômade obtido pelas armas. Prova ambulante de sucesso na "profissão". Chamariz de noviços, a um tempo. O corpo convertido em suporte do que Gilberto Freyre conceituou em 1933, no livro *Casa-grande & senzala*, como "arte de projeção do homem". A arte autóctone brasileira primitiva por excelência. Arte portada pelo artista, não guardada em baú ou exposta em galeria, longe dele. Festa para os olhos dos índios até que a educação religiosa jesuítica e oratoriana a embotasse, brandindo os padrões eurocêntricos. Arte que o cangaceiro soube recuperar do fundo do arcaísmo cultural sertanejo.

Alguma perda de funcionalidade desse traje, em razão do peso ornamental, a pagar o preço de possível limitação de gestos, é indenizada pela satisfação dos anseios humaníssimos de arte e de proteção mística. Esta última, resultando do emprego à larga dos sinais mais caros ao catolicismo popular brasileiro, a exemplo do signo de salomão, da flor de lis, da cruz de Malta, das estrelas de número variado de pontas, do oito contínuo deitado e das gregas. Presentes aí os efeitos defensivos do amuleto e os ofensivos, encerrados no talismã.

Desde o tempo das ações em Pernambuco, a polícia não conseguia esconder a perda da guerra da comunicação para o cangaceiro, em cuja estética se imantavam os sinais mais caros à juventude sertaneja – espírito de aventura, valentia e até mesmo, como disse Valladares com algum exagero, crença no desligamento da categoria da morte – a ponto de ser copiada abertamente pelo soldado volante. No Boletim Geral nº 150, de 4 de julho de 1928, o coronel Wolmer da Silveira, comandante-geral da Força Pública de Pernambuco, gaúcho e oficial do Exército, trata de coibir o desvio sem meias palavras:

É expressamente proibido o uso de peças que não constem do uniforme em vigor, como sejam: cartucheiras cowboy, chapéus exagerados à Lampião, enfeites amarelos nas bandoleiras, alpercatas de todo enfeitadas. É preciso ter em vista que a Força Pública é auxiliar do Exército de Primeira Linha, devendo antes copiar o que lá existe, e não o que os cangaceiros usam. Vi fotografia do destacamento de Buíque, em que comandante e soldados mais pareciam cangaceiros do que soldados.

Bandoleira, não custa esclarecer, é a correia de couro destinada a suster a arma longa no ombro.

Vimos que a ida de Lampião para a Bahia arrastou algumas volantes pernambucanas para lá. Claro, havia vantagem para o soldado que se dispusesse a atravessar o rio. Aos 117 mil-réis por mês, vencidos na origem, eram adicionados outros 150 mil-réis de gratificação, paga pelo governo baiano. Fazia-se uma feira sortida com quatro mil-réis. Um burro de sela, bom de passada, custava oitenta mil-réis. Uma vaca de leite, noventa. Um boi, cem. Nos preços da guerra, um punhal grande, 3 palmos, cabo e bainha de níquel, saía por cinquenta mil-réis em Santana de Ipanema. Um rifle norte-americano novo, duzentos.

Os comandantes, administradores das finanças do dia a dia das volantes, beneficiavam-se igualmente. Locupletavam-se, melhor se dirá, atendendo ao grande número de casos relatados. Na tabela oficial do governo da Bahia, um boi que fosse comido na necessidade seria indenizado por quarenta mil-réis. Uma cabra, quatro mil-réis. Só que o pagamento dificilmente chegava ao fazendeiro prejudicado...

Faz sentido a frase de Lampião ao padre Emílio de Moura Ferreira, em 1931, depois de missa na Lagoa do Mari, em Chorrochó. Indagado por que não deixava aquela vida braba, podendo morrer a cada instante, o cangaceiro retruca: "Qual, seu vigário, o governo não me deixa sossegar, mas tenho certeza de que os macacos não me matam porque eu sou um pé de dinheiro...".

Está aí um pequeno aspecto da indústria do cangaço que referimos na Introdução, denunciada pelo jornalista Bastos Tigre, com ironia não menor de que a do cangaceiro.

De retorno à estética, diremos que passou a faltar canoa para tanto voluntário, não demorando a vir um freio. Pois não é que o contágio da arte cruzou o rio!

Não é fácil lutar contra símbolos. O curioso é que a reação na Bahia vem da imprensa, não da autoridade pública. O *Diário de Notícias*, na edição de 28 de outubro de 1928, inaugurara a censura ao uso pelo soldado visitante de "calças e paletó de mescla, trazendo sempre duas ou mais cartucheiras, um punhal de setenta centímetros, chapéu de couro quebrado na frente e atrás, e outros apetrechos de cangaceiros". Ia além, constatando que, "infelizmente, a moda está pegando: os soldados baianos já usam alpercatas, grande punhal e, afrontando seus comandantes e as famílias, chapéu de couro, lenço vermelho, finalmente, uma infinidade de coisas que não se justificam em um policial".

No ano seguinte, a 29 de setembro, a folha publica fotografia da volante baiana do tenente Odonel Francisco da Silva, sob a manchete: "Fardados à Lampião". O jornalista, depois de indagar "por que os soldados trocaram a farda da polícia pela dos clavinoteiros", fecha a matéria preocupado por constatar que "as desvantagens evidentes dessa humilhante mutação são explicáveis tão somente pelo espírito que se vai formando nos sertões, de admiração pelo grupo celerado, que faz a moda e a polícia a adota de maneira inaceitável".

Fechando o ano de 1934, de tanto foco sobre o tema por parte da imprensa daqui e do Sudeste, não deve passar sem registro o que se dera próximo ao meio do ano, por ocasião da morte de um destacado chefe de subgrupo do bando de Lampião, Hortêncio Gomes da Silva, o Arvoredo. Sobre quem, diante do cadáver em Jeremoabo, os jornalistas do Rio de Janeiro, enviados pela revista *A Noite Ilustrada*, constatariam, na edição de 12 de junho, tratar-se de figura *raffiné*, à vista "das unhas bem tratadas e polidas", concluindo que "um tipo rústico, verdadeiro bicho do mato, sanguinário, cruel, de unhas brunidas, não deixa de causar espanto". Faz lembrar o que disse Lombroso sobre os profissionais do crime: que chegam a ser mais vaidosos do que a *prima donna* do teatro de ópera...

Chegamos a 1935. Um fato contribuirá para o lançamento do cangaço na lista negra do poder político. A partir de março, a Aliança Nacional Libertadora, frente de esquerda surgida em contraposição à Ação Integralista Brasileira no quadro do maniqueísmo que rasgou a década, passa a se declarar "herdeira da tradição revolucionária brasileira", reivindicando, como "precursores", Antônio Conselheiro, "mártir do assalto federal a Canudos nos primeiros dias da República Velha", e "o cangaceiro Lampião".

A Aliança se instala em reunião de 1º de março, no Rio de Janeiro, e logo no mês seguinte o presidente Vargas sanciona a Lei de Segurança Nacional, que vem a ser lançada de modo particularmente drástico contra o movimento, fazendo-o cair muito cedo na ilegalidade: a 12 de junho. Na sobrevida clandestina, a ANL não arrefece a ação de propaganda "contrária ao fascismo e ao imperialismo capitalista" que vinha desenvolvendo, sobrevivência relativa que se explica pela guinada ainda mais à esquerda que se vê obrigada a dar, a ponto de se encontrar nos braços do Partido Comunista do Brasil quando estouram as insurreições armadas do Recife, de Natal e do Rio de Janeiro, entre 23 e 27 de novembro, a chamada Intentona Comunista.

A desconfiança do aparato da repressão quanto à eficácia do uso da legenda do cangaceiro em um Brasil rural ainda pouco decifrado em seus arcaísmos, possivelmente sublimada, como estava acontecendo em tantos lugares do mundo, em bandeira mítica de resistência armada campesina contra a "exploração latifundiária", ou mesmo encarnada na perspectiva nada absurda da organização de comando guerrilheiro que, entregue ao carisma de um homem de talento nas armas como Lampião, poderia arrebatar as massas, é realidade que se insinua tanto antes quanto depois dos levantes de novembro.

Para ilustrar a permanência do temor ao espantalho de um cangaço supostamente passível de ideologização, nesse segundo momento, tome-se a visita do secretário do Interior e Justiça do Ceará, Martins Rodrigues, membro da poderosa Liga Eleitoral Católica, a LEC, movimento direitista simpático ao governo federal, à cidade de Juazeiro do Norte, no mês de agosto de 1936. Em discurso para as lideranças locais, o secretário afetava ares de mistério para dizer que acabara de consultar "certos documentos" no Rio de Janeiro, que lhe permitiam sustentar que "os dirigentes do extremismo vermelho não têm escrúpulos de lançar mão de todos os expedientes e elementos, até mesmo de cangaceiros como Lampião, para o serviço de seus sinistros planos".

Nem mesmo quando ocorre a um inoportuno, em reunião da ANL no Recife, que o chefe cangaceiro tinha combatido publicamente a Coluna Prestes em 1926, em aliança bem conhecida com o Padre Cícero, do Juazeiro, e sendo Prestes agora um dos próceres máximos do movimento comunista no Brasil, o constrangimento se instala. Logo surge a justificativa de que teria ocorrido um embaraço na comunicação, o cangaceiro sendo induzido a erro pelo "detestável Arthur Bernardes", como nos adiantou o historiador marxista Paulo de Figueiredo Cavalcanti, contemporâneo dos acontecimentos.

Já em 1934, em artigo de 5 de abril para o periódico *Inprekorr* acerca da "guerra dos camponeses no Brasil", Prestes definira Lampião e os cangaceiros do Nordeste como "camponeses insurretos", pregando ser papel do Partido Comunista do Brasil "levá-los a um caminho mais certo e à luta consciente pelos seus interesses de classe, visando transformar esses movimentos dispersos num grande movimento de massas contra o feudalismo e o imperialismo", como nos mostrou Dario Canale, na obra coletiva *Novembro de 1935*, de 1985.

Em resumo, o que importa fixar sobre essa visão distorcida é que a afetação de um suposto papel de militância pré-política ao cangaceiro do Nordeste atraiu sobre este atenções redobradas, não mais restritas à repressão policial, o antigo Cavaleiro da Esperança respondendo por esse efeito em grande medida.

Quanto a essas considerações utópicas, dentre as quais se inscreve, compreensivelmente, a esposada por Graciliano Ramos, em artigo para a revista *Novidade*, Maceió, nº 3, de 25 de abril de 1931, para quem "o que nos consola é a ideia de que, no interior, existem bandidos como Lampião: quando descobrirmos o Brasil, eles serão aproveitados", mais certo nos parece andar o brasilianista Ronald Daus, ao advertir, sorriso contido, que "a diferença entre ficção literária e situações verdadeiramente existentes é completamente desprezada quando se insinua, como Rui Facó, distribuindo gratuitamente marxismo simplificado, que os cangaceiros só precisariam ser canalizados para outra função, para que se pudesse com eles levar a cabo uma revolução social".

Voltemos ao sertão, a Maria Bonita e ao sonho baiano que embalará o grande cangaceiro até a morte, sem ignorar que Sergipe tenha agigantado a presença no cenário de aventuras dos anos derradeiros. É nestes que vamos flagrar a revolução estética por que passa o cangaço, sem prejuízo da autenticidade dos motivos e dos signos tradicionais de que lança mão, levada a efeito por quem, menino, ganhara dinheiro como alfaiate de couro pelas feiras do Pajeú, desenvolvendo-se com perfeição também na costura em pano e no bordado, com ou sem o emprego da máquina Singer de mesa.

Poucos combates, maior duração e ociosidade nas permanências nos coitos parecem responder pela tendência. A produção de imagens feita por Benjamin Abrahão em 1936, funcionando como um espelho, há de ter trazido estímulo e correção a algum excesso, imaginamos.

O último combate pesado em que Lampião esteve à frente dos seus homens se dará no meado de 1937, na fazenda Pedra d'Água, em Sergipe, município de Canindé do São Francisco. A proprietária das terras, Delfina Fernandes, de tão amiga dos cangaceiros, tinha descido presa para Aracaju meses antes, logo se livrando por intervenção de amigos bem situados na política.

O lugar onde o coito se espalhava em barracas tem muitos nomes, Lagoa de Domingos João, Lagoa do Caroá, Lagoa da Vaca, Lajinha, ficando ao pé de um serrote, a cavaleiro das águas mansas. Conjunto de lajeiros a meia encosta, cheio de caldeirões de pedra com água preservada pela elevação, prendia a cabroeira ali por permitir higiene fácil e comodidade no preparo da comida.

Em dias de agosto, as volantes baianas do tenente Zé Rufino e do sargento Besouro, ambos portando metralhadoras de mão alemãs Bergmann, modelo 1934 – no capítulo 12, o leitor saberá do que essa arma é capaz – montados no rastro desde a hora do almoço, conseguem uma abordagem cautelosa do coito assim que a noite cai. Na despedida do lusco-fusco, conseguem vislumbrar homens conversando, um destes, de costas, pisando sal no lajeiro. Mais distante, Maria Bonita desfia queixas em voz alta para outra Maria, mulher de Juriti. O coiteiro Rosalvo Marinho arranha o violão.

Combinados, os comandantes abrem fogo ao mesmo tempo e estouram as costas do cangaceiro Barra Nova, o homem do sal. O tiroteio se avoluma. Lampião grita mais de uma vez: "Macacada, cuidado: aqui é Lampião!". Ouve de volta que brigava com o tenente Zé Rufino. É quando o tempo se fecha...

Integrando a guarda pessoal do chefe, Candeeiro briga ao seu lado. Com surpresa, vê Lampião desprezar todas as normas de cautela, erguer-se da trincheira de pedra e avançar em zigue-zague sobre o ponto de onde viera a resposta. Torna a gritar, já bem próximo: "Diga agora, Zé Rufino, que você pega de mão cangaceiro de homem!", seguindo-se os piores impropérios.

No acocho, Rufino sofre duas vertigens seguidas, deixando cair a metralhadora. Prenúncio dos problemas cardíacos que o matariam na meia-idade. O combate entra pelo breu da noite, os tiros se orientando pelo clarão do disparo do oponente, só e só, o que não impede a violência do choque. A tropa abrevia o ataque e retira com ferimento no soldado Antônio Isidoro, rastejador de Besouro. Do lado oposto, além do cabra estraçalhado pelas rajadas, saem feridos Amoroso, no pau da venta, levemente, e Elétrico, no braço. No dia seguinte, Zé Sereno daria pela falta do cunhado, o cangaceiro Novo Tempo, de seu subgrupo, sabendo-se dias depois que fora baleado nos braços, com gravidade.

Hora e meia de fogo, quatro baixas, uma fatal, a de Barra Nova, despedaçado horrivelmente, a Lampião é dado ver o quanto o confronto do cangaço evoluíra. Mais dano em menos tempo. A metralhadora fazia a diferença. Candeeiro guardou os comentários do chefe nos dias seguintes. Palavras de incerteza quanto ao futuro da vida que tinham adotado.

Foi ele que nos explicou igualmente a ira do Rei do Cangaço naquela noite, responsável pela adoção de conduta quase suicida, em oposição a tudo o que recomendava aos seus homens.

Dois dias antes do choque, estando o bando nas caatingas da fazenda Cuiabá, também em Canindé, nosso depoente fora testemunha de um momento de fúria de "meu padrinho", prenúncio de escalada nas horas seguintes. Costurava o chefe calmamente na máquina Singer, quando se aproxima um rapaz que servia ao bando no lugar. Um genro de Timbé, coiteiro-mor do Cuiabá. Na roda de conversa com os cabras, o rapaz, querendo fazer graça, diz ter ouvido na antevéspera, em Poço Redondo, Zé Rufino fanfarronar na sinuca da vila que estava "doido pra brigar com o Cego Velho". E que, quando acontecesse, ia mostrar "como é que se pega cangaceiro de mão".

Lampião se levanta de pulo e interpela o conversador duramente: "Como é essa história, sujeito?". O rapaz pede desculpas de todas as maneiras. E ouve do cangaceiro que ia deixar de apagar o rastro por uns dias, "só pra ver se Rufino é mesmo o que anda dizendo que é".

Para fechar o relato do combate, um detalhe nunca esclarecido. O cachorro do chamego de Lampião, areado pelos tiros, vem a ser dominado pelos soldados, logo perdendo a coleira com guizos de ouro. Tendo que ir a Piranhas tratar do soldado ferido, Rufino aproveita e presenteia o tenente João Bezerra com Guarani, nome do cachorro famoso, castanho-escuro, listrado, qualquer coisa de tigre. Dois meses não se passam, o bicho está de volta ao bando, para alegria de Lampião...

Da convivência das mulheres do cangaço com a família dos coronéis irá resultar o aprimoramento da estética presente em trajes e equipamentos, beirando o abuso no final da década. E o aburguesamento de maneiras e de itens de consumo. As máquinas de costura e de escrever, o gramofone de corneta, a lanterna elétrica portátil, a garrafa térmica – e logo, sem ter de pedir licença, a filmadora alemã em 35 mm e a câmera fotográfica com que Benjamin Abrahão documentará a intimidade do bando – chegam ao centro da caatinga, amenizando os esconderijos mais seguros, levados pelos coiteiros. É o tempo dos bailes perfumados a Fleurs d'Amour, da parisiense Roger & Gallet, ou Royal Briar, da londrina Atkinsons. Também da bebida importada e de qualidade, fruto do talento logístico de um Lampião que não deixava faltar coisa alguma ao bando.

Há ocasos que se mostram portentosos. O do cangaço foi um destes. Porque tudo aquilo viria abaixo pelas balas da volante do tenente João Bezerra da Silva, em 1938. O Estado Novo, de Getúlio Vargas, estava determinado a modernizar o Brasil, sem exclusão das bordas regionais. Principalmente nestas, ao final se viu.

Um ano antes, o melhor jornal do Nordeste no período, o *Diário de Pernambuco*, deixava patente esse luxo fora da lei, publicando foto de Maria Bonita em composição digna de um François Boucher, sentada elegantemente em clareira da caatinga, vestido de domingo em linho azul-claro pincelado de riscas – um *tenue de ville*, como requintou o repórter – cabelos assentados em "pastinha", presos por broches de ouro, várias voltas ao pescoço do mesmo metal, tendo ao pé os cachorros famosos do marido, Guarani e Ligeiro, tudo sob a manchete explosiva: "Maria do Capitão – a Madame Pompadour do Cangaço".

Não teria ido além dos 27 anos de vida a mais famosa vivandeira do Brasil, a quem a história acendeu uma vela no dia 8 de março de 2011, cuidando assinalar os cem anos de seu nascimento. No vazio de registro escrito que persistiu até meses atrás, o 8 de março teria prosperado com base no testemunho de parentes, fonte reconhecidamente precária quando se trata de datas. Para não falar do caráter confuso e pouco explicado desse testemunho. À falta de melhor, há de ser considerado o que ela disse a Benjamin Abrahão em 1936: que estava com 25 anos de idade.

O pouco que se sabe de Maria Gomes de Oliveira está aí. Resta a pergunta: e o apelido Maria Bonita – que engoliu de repente o nome de batismo e apelidos anteriores, nos meses finais da existência truncada – de onde teria vindo? Quem responde, afinal, pela cunhagem do cognome gigantesco, cada vez mais divulgado tanto nas letras científicas quanto nos escritos de arte, além de encerrar apelo poético à flor da pele?

É certo que a sujeição completa do nome pelo apelido se dá ainda em vida da Rainha do Cangaço, de maneira a não haver lugar para o Maria Gomes de Oliveira, ou mesmo para cognomes anteriores, como Maria de Dona Deia, ou Maria de Deia de Zé Felipe, ou Maria do Capitão, quando sobrevém a morte desta, em 1938. A imprensa em peso, os jornais da região e do Sudeste, as agências de notícias de maior influência sobre a opinião pública do período, a exemplo da Nacional, da Meridional e da Estado, ignoram, em coro, o nome real em benefício do apelido sonoro que se impusera como um raio em apenas poucos meses. Um fenômeno de comunicação a ser compreendido.

Para que não reste dúvida sobre a absorção repentina das designações anteriores pelo novo apelido, oferecemos abaixo a transcrição literal do telegrama histórico do tenente João Bezerra da Silva, o vitorioso do combate do Angico, dirigido ao coronel Theodoreto Camargo do Nascimento, comandante-geral do Regimento Policial Militar do Estado de Alagoas, e passado no mesmo dia do acontecimento extraordinário, 28 de julho de 1938, em que o apelido Maria Bonita brilha isolado, com a suficiência das denominações já consagradas:

> Piranhas – n. 31 – Pls. 81 – Data 28 – Hora 14
> Cmte Theodoreto – Maceió
> Rejubilado vitória nossa força, cumpre-me cientificar vossoria que hoje, conjuntamente volantes aspirante Ferreira sargento Aniceto, cercamos Lampião no lugar Angico no Estado Sergipe, o tiroteio resultou morte nove bandidos duas bandidas inclusive Lampião, Ângelo Roque, Luiz Pedro, Maria Bonita, os quais foram reconhecidos. Da volante aspirante Ferreira houve baixa um soldado saindo outro ferido. Tambem me encontro ferido.
> Saudações Tenente João Bezerra – comte volante

Não é outro o emprego que vamos encontrar no folheto *A morte de Lampião*, de João Martins de Athayde, escrito em cima do acontecimento e vendido às grosas para todo o Nordeste, por toda a quinzena seguinte ao episódio, segundo nos revelou o antropólogo Waldemar Valente, amigo do poeta e partícipe, ao tempo de estudante, do *tour de force* editorial e da distribuição pelos trens da Great Western que partiam de madrugada para o interior. Vejamos dois dos versos com que Athayde faz a crônica, a bem dizer instantânea, da morte da companheira de Lampião:

> A tal Maria Bonita,
> Amante de Lampião,
> Sua cabeça está inteira,
> Mostrando grande inchação,

Mas assim mesmo se via,
Uns traços da simpatia
Da cabocla do sertão.

Morreu Maria Bonita:
Que Deus tenha compaixão,
Perdoando os grandes crimes
Que ela fez pelo sertão,
Nos livre de outra desdita,
Que outra Maria Bonita
Não surja mais neste chão.

Vamos finalmente à revelação sobre a origem do apelido, em que o mérito da descoberta fica todo para o acaso, ao historiador se reservando somente o exame rigoroso da informação oral recebida, segundo a praxe da disciplina.

Conversando em 1983 com o jornalista Ivanildo Souto Cunha, no Recife, ouvimos dele que era sobrinho do também jornalista e escritor Melchiades da Rocha, natural de Sertãozinho, hoje Major Isidoro, no estado de Alagoas. E que este, bem acima dos oitenta anos de idade na ocasião, morava no Rio de Janeiro, pouco saindo do apartamento que tinha no Flamengo, por ter a esposa perdido a vista.

Ao longo dos anos 1930, Melchiades tinha sido um dos bons repórteres investigativos do jornal *A Noite* e da excelente revista semanal conexa a este, *A Noite Ilustrada*, do Rio de Janeiro. Cortando a história para o que nos interessa, esclarecemos que Melchiades foi o primeiro repórter da grande imprensa brasileira a chegar à Grota do Angico naquele final de julho de 1938, poucos dias passados apenas da morte de Lampião. Cadáveres ainda insepultos no leito de pedras do Riacho do Ouro Fino, enegrecidos por um tapete de urubus ocupadíssimos.

A viagem aérea, feita no trimotor Tupã, do Condor Syndikat alemão, se cumprira em dezesseis horas, computadas as escalas entre o Rio de Janeiro e Maceió. Com o que juntou na aventura de 1938, e mais o fundo de recordações sertanejas que tinha tido o cuidado de manter vivas desde quando deixara a terra natal, em anos verdes, Melchiades publicou um livro muito interessante dois anos depois, a que deu o título de *Bandoleiros das caatingas*, no gênero que Danton Jobim viria a batizar de "reportagem retrospectiva".

Era esse homem baixinho, animado como um esquilo, que tínhamos diante de nós naquele começo de manhã da primavera carioca de 1983. Uma fonte de primeira ordem, a se confirmar pela meticulosidade do conhecimento especializado que despejou sem parar na primeira hora de conversa. De monólogo, para ser preciso, em que aprendemos muito.

Num dado momento, levanta-se depressa, vai ao quarto e volta com uma fotografia do que poderíamos chamar de salão da Grota do Angico, onde ficava a barraca do chefe e de sua mulher, debaixo de uma craibeira que não existe mais. No meio da cena, caída de barriga no chão e já sem a cabeça, cortada antes mesmo de se extinguir inteiramente o combate, aparecia o cadáver de Maria Bonita, metido em vestido bem curto. "Está vendo, Frederico, mandei apanhar essa chapa para mostrar o quanto ela era bem-feita, mesmo tendo seios pequenos e nádegas um pouco batidas", agitou-se o velho jornalista, devolvido à emoção dos quase cinquenta anos passados do morticínio, naquele momento.

Foi quando respirou fundo e lançou a pergunta: "Você sabe como apareceu este apelido Maria Bonita?". E emendou, diante do nosso queixo caído: "Não apareceu no sertão, não. Foi coisa de repórteres daqui do Rio de Janeiro, mesmo. Eu estava entre eles". Um romance de sucesso, do começo do século, requentado em filme de longa-metragem lançado poucos meses antes do desmantelamento do bando de Lampião, eis a origem de tudo, corria a explicar.

Começava a ser revelado o mistério de tantos anos. Esclarecido principalmente o fenômeno de comunicação que impusera o apelido aos meios jornalísticos de modo completo e em apenas poucos dias. Um conluio tácito entre jornalistas jovens, sem propósito definido, salvo o de padronizar a informação nas redações, a vincular algumas das cabeças mais ativas da imprensa brasileira do período, nucleada no Rio de Janeiro.

De volta ao Recife, cuidamos de examinar as pistas deixadas por Melchiades.

O romance *Maria Bonita*, aparecido em 1914, reforçara a fama repentina do baiano Júlio Afrânio Peixoto, tornando-o conhecido nacionalmente. Era de Lençóis, na região das Lavras Diamantinas, do ano de 1876, vindo a se criar em Canavieiras, às margens do rio Pardo.

Em Salvador, muito cedo Afrânio Peixoto se fizera médico, romancista, dramaturgo, ensaísta, historiador, professor, crítico literário, chegando a deputado federal por seu estado. Morava no Rio de Janeiro desde a virada do século XIX para o XX, onde a Academia Brasileira de Letras irá buscá-lo para fazer dele nada menos que o sucessor de Euclides da Cunha, na cadeira de número 7, no ano de 1910.

Homem requintado no que escreveu, para bem compor o romance de estreia, *A esfinge*, lançado em 1911, sentira a necessidade de conhecer pessoalmente o Egito, demorando-se ali por semanas, sem perder a oportunidade de um olhar de estudos sobre os altos e baixos da Grécia.

Ao morrer, em 1947, deixando obra extensa nas letras artísticas e científicas, o romance que nos interessa aqui, o *Maria Bonita*, tinha merecido ao menos oito edições oficiais ao longo de quatro décadas. E Maria Bonita dera nome a muita mocinha registrada em cartório no começo do século passado.

Como produção simbolista, a história da matutinha emigrada com a família dos sertões secos de Condeúbas para os brejos de Canavieiras consegue chegar aos anos 1930 e 1940 com apelo de leitura assegurado na alma do povo, do brasileiro médio e das mulheres sobretudo, depois de sobreviver às bordoadas da crítica modernista do meado dos anos 1920. Não surpreende. Para além dos elementos regionais plantados meticulosamente na trama, a essência do romance nos põe diante de alguma coisa muito maior, resultante da transposição para o interior do Nordeste do mito universal da Helena de Troia. A mulher pura de pensamento e de conduta, que padece pela vida afora o ônus de uma beleza que enlouquece os homens, sem conseguir evitar que as maiores desgraças se abatam sobre as pessoas que lhe são mais caras.

A povoação do Jacarandá, entregue à vida simples do trato do cacau, da piaçava e dos diamantes, sendo arrastada pelo destino de tragédia da Maria Bonita de Afrânio Peixoto, e findando por ser destruída ao modo de uma Troia cabocla fiel ao destino da original, pintada por Homero em alguns dos cantos mais inspirados da *Ilíada*.

Está aí a história de Maria Gonçalves, a Maria Bonita da ficção literária brasileira, que findaria por batizar a outra Maria, a Gomes de Oliveira, a Maria real da tragédia do cangaço. Para o que há de ter conspirado o retorno do nome à evidência, na circunstância do lançamento ruidoso da versão cinematográfica do livro, ocorrido em agosto de 1937, no Cinema Palácio, na Cinelândia, coração artístico do Rio de Janeiro e do Brasil à época.

Desde o mês de janeiro, a imprensa alimentava a curiosidade do público com *flashes* sucessivos a respeito do longa-metragem. Ao longo do ano, a nossa melhor revista especializada, a *Cinearte*, do Rio de Janeiro, traria matérias em cada uma de suas edições mensais, cobrindo os acontecimentos de antes e depois do lançamento.

Fechada a ficha técnica, apressara-se em trazê-la ao público, nomeando o produtor, André Guiomard; o diretor, o fotógrafo de cinema francês Julien Mandel, assistido pelo pernambucano José Carlos Burle; o sonorizador, Moacyr Fenelon; os dois galãs, Victor Macedo e Plínio Monteiro; os atores Henrique Batista, Lila Olive, Júlio Zauro, Marques Filho, Ricardino Farias, Mário Gomes, Sérgio Schnoor, dentre outros; os dois compositores e cantores, ambos nordestinos, Augusto Calheiros, o Patativa do Norte, e Manezinho Araújo, o Rei da Embolada, trazendo para a película o prestígio de que desfrutavam no rádio. Por fim, a atriz do papel-título, a Maria Bonita do cinema, Eliana Angel, pseudônimo de Suely Bello.

Resta dizer que o projeto do filme sobre o romance de Afrânio Peixoto fora registrado, ainda nos anos 1920, por certa Brazilian Southern Cross Productions, de Hollywood, com quem os realizadores de 1937 se entenderam, e que as locações foram feitas em Barra Mansa, Rio de Janeiro.

Está aí o modo como foi batizada para a história a mulher de guerra mais representada simbolicamente pelo povo brasileiro até hoje, de nome civil que parece provir da mistura caprichosa de dois contos de nosso folclore muito conhecidos no sertão velho, um de "encantamento", outro de "exemplo", como os classificou Luís da Câmara Cascudo em seu livro *Contos tradicionais do Brasil*: as histórias de Maria Gomes e de Maria de Oliveira.

Ao contrário do que se deu com o vulgo de seu companheiro, o Lampião gigantesco, que parte da cultura popular sertaneja para ganhar o mundo, o apelido Maria Bonita nasce da cultura urbana, erudita e consagrada das academias – se bem que do esforço incessante destas por sintonizar com o Brasil em estado puro das periferias regionais – para somente depois invadir o sertão, já ganha a batalha pela opinião pública do Sudeste.

Uma engenhosa viagem de volta que se cumpre, além de tudo, ao feitio do paradoxo que tanto encantava Oscar Wilde: a vida imitando a arte.

8
Comando da morte

De norte a sul do país
Foi enorme a sensação,
Quando correu a notícia
Da morte de Lampião,
Com essa nova alvissareira
Encheu-se a nação inteira
De grande satisfação.

Há uns doutores que dizem,
Cheios de muito saber,
Que o sujeito é cangaceiro,
Mas não por ele querer:
São as dores da injustiça
Que o jogam nesta liça,
Para matar ou morrer.

João Martins de Athayde, *A morte de Lampião*, Recife, 1938.

Lampião, um raro brasileiro a poder se orgulhar de ter sido biografado em livro erudito por duas vezes em vida – uma, em 1926, na Paraíba, por Érico de Almeida, *Lampião: sua história*, reportagem quase em tempo real, cheirando a pólvora, gostosa de ler; outra, em 1934, em Sergipe, pelo euclidiano Ranulfo Prata, de título sucinto, *Lampião*, capa em cubismo plano, a três cores, por Thomás Santa Rosa – além do sem-número de vezes que o fora por meio de folhetos de cordel, consegue surpreender o país ao se deixar filmar e fotografar fartamente com o bando, entre maio e junho de 1936, pelo sírio Benjamin Abrahão.

Malgrado o documentário ter sido apreendido rapidamente pela censura do governo, muitas cenas vazaram para revistas de circulação nacional, causando sensação no círculo de leitores e vexame para a autoridade pública, por exibir o bandoleiro à vontade, bem-vestido, cheio de joias, ouro até na coleira dos cachorros. Para não falar nas grosas de fotografias vendidas no sertão pelo árabe, escancarando a intimidade por vezes serena, por vezes festiva, por vezes trepidante, do bando de cangaceiros.

Sobre o já considerado Tigre do Sertão, Rei do Cangaço ou Terror do Nordeste, em pinceladas de ensaio literário, debruçaram-se ainda nomes de peso, a exemplo de Gustavo Barroso, *Almas de lama e de aço*, e Leonardo Mota, *No tempo de Lampião*, ambos em livros de 1930. E ambos juntando aos escritos alguma coisa da produção dos menestréis de alpercata de rabicho, sabidamente copiosa no particular. Quanto ao ponto, cumpre não esquecer o longo artigo de Mário de Andrade, "Romanceiro de Lampião", saído na *Revista Nova*, de São Paulo, em 1932, sob o pseudônimo de Leocádio Pereira, o chefe de cangaço estando bem vivo e atuante; artigo que seria enfeixado onze anos depois no livro *O baile das quatro artes*. Ode aos poetas de chapéu de couro. Na cabeceira destes, João Martins de Athayde.

Ficava patente aos olhos do país que as forças policiais achavam-se acomodadas depois de tantos anos de perseguição infrutífera. Até pior: que o caráter protomafioso a que chegara a criminalidade de Lampião nos anos finais da carreira, patenteava sua eficiência no suborno a número cada vez maior de militares em serviço volante. Sim, no lustro final da década de 1930, o cangaço sobrevivia menos pela força das armas do que pela eficácia de relações de clientela e corrupção tecidas pela versatilidade extraordinária de seu chefe máximo. Mas estas não resistirão à ditadura que se instala no país em 1937.

Troca de cenário político sem aviso, a surpreender os atores do drama que se desenrolava com ousadia na caatinga até aquele momento. Estruturação de regime corporativo, fechamento humilhante do Congresso Nacional por esbirros de polícia – nem pelo Exército foi – outorga de Constituição autoritária inspirada na carta polonesa de 1926, saneamento moral dos costumes políticos, quebra da autonomia jurídica dos estados, com a derrubada da inviolabilidade da fronteira entre as unidades até então federadas, como também da que resultava do não me toques político, a cercar de garantias imemorialmente o latifúndio, eis as novas verdades com que se deparam os brasileiros naquele 10 de novembro. Por meio destas, de maneira geral, operava-se a remoção de barreiras formais de que o crime se prevalece em qualquer tempo.

Os oficiais corrompidos emendam-se da noite para o dia, o mesmo se dando com os grandes fazendeiros que acobertavam cangaceiros, nutrindo-se em comércio que se mostrara capaz de fazer a fortuna de tantos sertanejos, muitos destes graduados pela Guarda Nacional com patentes vistosas, em quem a pompa corria parelhas com a falta de escrúpulos.

Em balanço de hoje – seja permitida a reflexão – não é fácil para o historiador encontrar coronel de barranco conservado imune de todo às seduções do cangaço, o que nos permite arriscar tenha o fenômeno revestido as linhas essenciais de uma grande conspiração tácita do interior por se afirmar perante o litoral, na busca por um lugar ao sol. Conluio a irmanar coronéis e cangaceiros na causa comum da hostilidade, no mínimo platônica, ao Brasil privilegiado da pancada do mar. Àquele vivente de um país de hegemonia litorânea arejada e renovada, a respirar pelos portos, com suas linhas marítimas, de costas para o sertão abandonado à própria sorte, a que não restava outro caminho senão o de mumificar a cultura quinhentista e seiscentista dos desbravadores portugueses. Que foi a Guerra de Canudos senão a face mais trágica do choque de "placas tectônicas" do divórcio litoral-sertão, nascido de falha em nosso processo colonial?

O espaço se fecha para o cangaço pelas mãos do Getúlio Vargas espessamente ditatorial do Estado Novo, de 1937, mais duro do que tinha sido ao longo de todo o Governo Provisório, escorrido de 1930 até a reconstitucionalização de 1934.

O ano de 1937 se esvai em meio a discussão no mínimo funesta: a de como deveria ser aplicada a pena de morte no Brasil. A 21 de dezembro, a imprensa se ocupa do Decreto n. 88, baixado na véspera, a deitar as primeiras diretrizes sobre o ponto candente da Lei de Segurança Nacional. Dois meses antes, a poucos dos coronéis sertanejos deixara de ocorrer que o Art. 122, inciso 13, alínea f, da Constituição nova em folha, abrira margem para a adoção da medida radical em casos de "homicídio cometido por motivo fútil ou com extremos de perversidade", parecendo mirar o dia a dia dos cangaceiros e de seus protetores. Carapuça certeira. Cabia o alarme entre chefes políticos do sertão. Entre os coiteiros até então incorrigíveis do cangaço.

A sensibilidade poética capta o vento gelado que sopra do Catete e queima as folhas na caatinga, ao paraibano Manoel D'Almeida Filho cabendo registrar o fato nada secundário da pressão que se abate nessa linha sobre os interventores federais designados para cada um dos estados, estralando de novos em seus cargos impados de poder circunstancial:

> No ano de trinta e oito,
> No começo de janeiro,
> O ministro da Justiça
> Convocou Osman Loureiro,
> Interventor de Alagoas
> Com um plano verdadeiro.
>
> Para acabar o cangaço,
> Pernambuco entrou no plano,
> Sendo também convocado,
> Para o esquema alagoano,
> Agamenon Magalhães,
> O chefe pernambucano.
>
> Isso por ordem expressa
> Do presidente de então,
> O doutor Getúlio Vargas,
> Que governava a nação
> E não queria ver mais
> Cangaceiro no sertão.

Lampião faz a derradeira incursão violenta de rapina, em abril de 1938, pelo agreste e parte do sertão alagoano, surpreendendo a polícia por entrar no estado pelo município ribeirinho são-franciscano de Traipu, conservado à margem das correrias do cangaço até então, dada a proximidade com o litoral. E fazendo cair o queixo também da opinião pública, que o considerava morto na cama, pela tuberculose, nos cafundós de Sergipe, como toda a imprensa do país noticiara a 11 de janeiro, a partir de furo dado pelo *Diário de Notícias*, de Salvador. "Barriga" jornalística que chegou a merecer repercussão no *New York Times* de 13: "O fora da lei número um morre em sua cama no Brasil".

Depois de passar o pente-fino em uma dezena de municípios de maneira cruel – de uma viúva da localidade Craíbas, próxima a Arapiraca, em Alagoas, Lampião chegando a arrebatar com as próprias mãos seis contos de réis do interior de uma almofada de costura – o bando se permite duas semanas de descanso entre amigos poderosos de Alagoas e de Pernambuco, que ninguém é de ferro. E atravessa novamente o São Francisco, enfurnando-se em Sergipe. Ali, a bem dizer, fixara residência nos últimos quatro anos, no eixo Canindé do São Francisco-Frei Paulo, debaixo da asa do governador Eronides Ferreira de Carvalho, um capitão-médico do Exército que acabava de ser ungido interventor federal em seu estado, graças à amizade próxima com o presidente Vargas. Há mais a ser dito.

Estamos diante do senhor todo-poderoso de uma família que detinha cerca de quarenta fazendas de gado na área enxuta do estado – com destaque para os feudos dos Paus Pretos e do Bom Jardim, em Canindé, e para os belos tratos ribeirinhos são-franciscanos da Jaramataia e da Borda da Mata, em Gararu e Porto da Folha – além de usinas de beneficiamento de algodão e de arroz na porção final do grande rio, de quem Lampião se tornara um dependente de tudo quanto não estivesse ao alcance do saque sobre a população sertaneja, em particular da munição militar de alta qualidade que lhe era fornecida regularmente. Munição vinte anos mais nova do que a similar da polícia: balas do ano de 1932, da Fábrica Nacional de Cartuchos e Munições, a FNCM, de São Caetano do Sul, São Paulo. Para o que o chefe cangaceiro se convertera, em contrapartida, até mesmo em cabo eleitoral do benfeitor, nas eleições ocorridas próximo ao meado da década, dando surras e empiquetando estradas pelo interior. Não houve exemplo mais completo da aliança coronelismo-cangaceirismo, recorrência imemorial no Nordeste profundo.

A sedução corruptora de Eronides apequena Lampião em jagunço, a serviço dos interesses políticos e patrimoniais do governante sergipano e de sua família, lançando uma nódoa sobre o final da biografia do Rei do Cangaço. Somente Sergipe assistirá a essa degradação. Que há de ter sido conveniente para o chefe de cangaço, na ordem prática, por lhe permitir eliminar os problemas da logística pesada do bando com que se debatia no momento, de modo especial na área das armas e das munições. Material bélico exclusivamente militar, a que não se tinha acesso no comércio, não custa repetir, mas que Eronides obtinha com facilidade surpreendente, em sua condição de oficial do Exército. Justiça seja feita à habilidade sem remorsos do sergipano, nunca o bando se valeu de armas e munições tão modernas e tão abundantes, a imprensa chegando a registrar certo abuso no emprego das últimas.

Por esse tempo, reaquecendo impressões antigas e não de todo falsas cristalizadas na alma do povo, prospera por todo o sertão sergipano um artifício de comunicação que pintava o Capitão Virgulino como um sujeito bom, justiceiro, caritativo, entregue ao cochicholo de orações intermináveis, olhos voltados para o céu. Homem que não podia ver um cruzeiro sem quebrar os joelhos em contrição profunda. Ruins eram os seus subordinados de meia hierarquia, os comandantes de subgrupo, repetia o residente da caatinga. Estes, sim: umas pestes. Aos quais o chefe maior, feliz com a absolvição pela boca do povo e cuidando espertamente de ampliá-la, passa a delegar as missões chocantes, sobretudo aquelas de alarido inevitável na imprensa.

Abril vai embora. Passam-se mais de dois meses quase sem notícias do bando, salvo pela ocorrência de quatro tiroteios rápidos e sem baixas, verificados, em sequência, no dia 17 de julho, nas caatingas encrespadas do Riacho do Soares, também conhecido como Riacho Pequeno ou Riacho de Água Salgada, terras da fazenda Bom Nome, na ribeira do Capiá, Alagoas, com as volantes do tenente José Calu e do sargento Juvêncio Correia de Lima, que estacionavam em Pão de Açúcar.

É que ali, ligeiramente escavada na encosta de serrote que se ergue em meio a imenso centro de caatinga, Lampião possuía seu entreposto principal de reabastecimento de armas, munições e utensílios em geral. Espécie de barraca baixa ou tolda, cerca de palmo e meio de altura, superfície de 4 × 3 metros, coberta por lona bem espichada sobre cova de cerca de quarenta centímetros de profundidade, regos abertos nas laterais para evitar a torrente na quadra das chuvas. Sobre a lona, o barro lançado permitia fixar um tapete de macambiras à guisa de camuflagem.

Andasse por onde andasse, Lampião tinha de retornar ao Riacho do Soares. Voltar para a sua "torda misteriosa", da voz dos cabras. Dessa vez derradeira, além de outros propósitos, a visita se deu para apanhar um mosquetão novo em folha para Candeeiro, ungido integrante da guarda pessoal de oito membros a serviço direto do chefe maior, segundo o próprio beneficiado nos contou.

A traição de um auxiliar modesto do cangaço, um coiteiro de Corisco havia alguns anos, o vaqueiro João de Almeida Santos, o Joca Bernardo ou Joca do Capim, da fazenda desse nome e da vizinha Novo Gosto, tratos de caatinga de propriedade de Antônio Gonçalves, em Pão de Açúcar, Alagoas, com loja aberta também na vizinha Piranhas, traição desfiada em conversa a sós, mão sobre a boca, com o sargento Aniceto Rodrigues dos Santos, em Piranhas, noite alta de 26 de julho de 1938, sobre o roteiro aproximado do chefe Lampião e seu grupo central – roteiro escancarado em minúcias, no dia seguinte, por delação arrancada de coiteiro de maior calibre, Pedro Rodrigues Rosa, o Pedro de Cândido, marchante e cerealista de atuação regional nos dois lados do São Francisco, com residência na vila de Entremontes, do mesmo município, onde a sociedade oculta com o chefe cangaceiro lhe permitia possuir casa de comércio e barco de travessia no grande rio – irá pôr o bando sob cerco de uma junção de três forças volantes da polícia de Alagoas, totalizando cinquenta homens, ao comando do tenente João Bezerra da Silva, ladeado pelo aspirante Francisco Ferreira de Mello e pelo sargento Aniceto.

Para que não reste dúvida sobre o prestígio de Pedro de Cândido junto ao chefe do bando, transcrevemos, letra por letra, bilhete em que o cangaceiro se ocupa de pedir a algum poderoso – o destinatário teve seu nome compreensivelmente cortado do papel – que não esquecesse de deixar uma gratificação para o coiteiro. Uma "lembrança", como está assentado na forma abreviada corrente à época. É prova documental que examinamos na coleção de Pedro Correia do Lago, em São Paulo, e que abona o testemunho copioso acerca da ascendência do coiteiro empresário sobre o sócio cangaceiro:

> Espero Qui deixhe lça. para Pedro de Caindo. Confio não faltar.
> Capm Virgulino Lampião

No clarear da quinta-feira, 28 do mês, depois de abater Lampião por meio de um primeiro tiro isolado – um "tiro de ponto dado de menos de oito metros de distância" – com que se rompia o silêncio de catedral em que se conservara a grota até aquele momento, arranhado apenas pelo vozerio e pelos risos de um ou de outro cangaceiro madrugador, a tropa inicia o combate, rompendo fogo de metralhadoras e de fuzis na parte da grota que expande em salão um trecho intermediário do *canyon* de pedra da fazenda Angico, do município de Porto da Folha, Sergipe. Por onde escorrem as águas do Riacho do Ouro Fino, vindas da nascente do Tamanduá, bem acima, e a se precipitarem sobre o rio São Francisco cerca de dois quilômetros abaixo.

Bezerra nunca fez mistério da urdidura improvisada, porém eficiente, desse verdadeiro comando da morte, missão atribuída ao aspirante Ferreira de Mello e pequena parte de seus homens, no instante de agonia da divisão de forças no alto das Perdidas – antessala rústica da Grota do Angico – nem da forma preconcebida com que essa ponta de vanguarda de quatro homens apenas, incluído o aspirante, mais o coiteiro delator, Pedro de Cândido, desenvolveu sua ação.

Ao leitor menos familiarizado com os termos militares, damos aqui o conceito de "comando", pinçado do dicionário de Antônio Houaiss, edição de 2009: "Grupo autônomo constituído e treinado para desempenhar missões rápidas e perigosas". Necessariamente cercadas de silêncio, esse leitor poderá acrescentar, atendendo a que o fator surpresa se ergue aqui em trunfo essencial.

A Afrânio Mello, enviado especial dos Diários Associados, com publicação no *Diário de Pernambuco* de 2 de agosto de 1938, Bezerra empregaria palavras muito claras para separar as naturezas da missão geral de envolvimento do inimigo, manobra clássica de cerco preparatória do combate, daquela especialíssima que teve por objetivo estratégico a eliminação prévia do casal real do cangaço: "Os primeiros colocaram metralhadoras em todos os flancos, enquanto dois soldados atiravam isoladamente em Lampião e Maria Bonita, conforme fora determinado de antemão". Eis aí a tarefa clara e fria do comando da morte, constituído "de antemão" para a tarefa de dar morte ao Rei do Cangaço, por meio de tiro de pontaria a ser desferido antes que estourasse o combate e a grota se cobrisse de fumaça, para não falar da balbúrdia inevitável. As palavras de Mello não deixam margem a dúvidas.

Nada de diverso foi informado pelo soldado Antônio Bertholdo da Silva ao mesmo jornal, edição do dia seguinte, em que rememorou o desempenho dos oito homens com que preencheu o flanco esquerdo da formação de combate: "Houve um primeiro tiro, ao que Luiz Pedro gritou para o chefe do bando: 'Compadre, vamos fugir que é gente muita'. Lampião, entretanto, estava estrebuchando".

A cangaceira Sila, mulher do cangaceiro Zé Sereno, não conta história diferente: "Quando escutei o primeiro disparo, levantei-me e peguei os bornais, saí descalça, correndo, procurando me livrar das balas, saindo do coito e entrando no mato".

Veremos abaixo o motivo de ter recaído a tarefa delicadíssima nas mãos do aspirante Ferreira de Mello, confirmada, ainda no breu da madrugada chuvosa, pela renúncia de Bezerra ao papel principal que lhe caberia de direito, se o desejasse, comandante geral que era das volantes coligadas.

Bezerra diz ainda, dessa vez ao *Jornal do Comércio*, do Recife, do mesmo 2 de agosto, deixando transparecer a consciência a que os comandantes haviam chegado da inutilidade recorrente de travar apenas mais um combate com cangaceiros: "Todos os meus esforços visavam a Lampião". Afinal, não fora outra a recomendação de Joca Bernardo ao sargento Aniceto, na conversa de 26, mesclando sabedoria intuitiva ao pitoresco da linguagem: "Não adianta cortar o pau pelos galhos, que ele brota. Se o senhor não 'devorar' Lampião, não adianta matar Corisco, que Lampião fica. Só resolve no dia que matar Lampião".

Fácil compreender. Impunha-se desmantelar o dínamo de que o cangaço dependia integralmente às portas da modernidade dos anos 1940. Eliminar o talento superior para a arte da guerra móvel; para a disseminação do terror como forma de domínio; para a liderança carismática sobre homens endurecidos; para a organização do grupo central e dos dez subgrupos espalhados pela região, a modo do que se chama modernamente de franquia; para a coleta e a circulação de informações e, sobretudo, para a logística a irrigar todos os aspectos, atributos que nem os adversários negavam exuberar em Lampião.

O cangaço era ele, em 1938. Já o era havia doze anos. E se nada mais nos acudisse para confirmar a eliminação do chefe supremo previamente ao combate, estariam aí os depoimentos de cangaceiros remanescentes, a exemplo de Vila Nova e de Candeeiro, e mais a fala do coiteiro Durval Rodrigues Rosa, acordes em sustentar a ocorrência de um "intervalo" de silêncio – fruto de estupefação absoluta, como se mostra compreensível – após os dois disparos iniciais agrupados: "um tiro seco, de bala nova", o primeiro, a quebrar o remanso bocejante da ravina, e um tiro comum, o segundo, sem merecer adjetivação dos depoentes quanto ao ruído. O que nos remete à crença, quanto ao segundo tiro, de se tratar da munição de emprego ordinário das forças volantes à época, balas esfriadas por décadas de armazenamento, produzidas pela Deutsche Waffen und Munitionsfabriken, a orgulhosa DWM da era kaiserista alemã, nos anos de 1912 e 1913.

Quanto ao "tiro seco" inaugural, característico de "bala nova", registre-se que apenas um soldado em toda a volante, por ter sido coiteiro de confiança e uma espécie de afilhado de Lampião nos últimos quatro anos, possuía alguns pentes da munição de que apenas o chefe dos cangaceiros dispunha notoriamente na caatinga: munição nova, do ano de 1932, apresentada acima. O soldado Sebastião Vieira Sandes, apelidado de Santo na caserna, recebera as balas do próprio Virgulino, com quem aprendera a atirar de fuzil. Feito soldado, conduzia alguns carregadores dessa munição como "reserva de confiança" no bornal, segundo nos revelou. Que o leitor não perca o nome desse militar neoconverso, espécie de cristão-novo na força volante. Cheio daquele ardor que costuma caracterizar os aderentes tardios.

Aos depoimentos de Vila Nova, de Candeeiro e de Durval sobre os dois tiros isolados que antecederam o combate no Angico, cumpre acrescentar um quarto testemunho direto: o do adolescente de dezesseis anos José Ferreira dos Santos, sobrinho de Lampião, filho de sua irmã Virtuosa, vindo de Propriá – onde residia com o tio João Ferreira dos Santos – pelas mãos do coiteiro Messias Ourives e chegado à grota na noite da véspera do combate para se alistar no bando. Estamos diante de um paisano, um rapazote de ouvidos livres de qualquer impregnação sonora de combates anteriores, fonte inteiramente pura, portanto. Eis como ele reproduziu os acontecimentos iniciais do 28 de julho para o jornal *A Tarde*, de Salvador, de 2 de março de 1939:

> No dia seguinte, de manhãzinha, eu tinha acabado de lavar o rosto e fui apanhar um cigarro que eu deixara em cima de uma pedra, quando ouvi um tiro. Depois, outro. O pessoal todo pegando em armas. Todo mundo correndo. Eu, morto de medo, larguei o rifle que meu tio tinha me dado e caí no mato.

Dados os dois tiros, abre-se intervalo de sossego brevíssimo, interrompido pelo início do combate. Candeeiro nos estimou ter sido de cerca de dez a doze segundos a pausa de silêncio. Os mais longos e ensurdecedores da vida do depoente. Prenúncio do ribombar de mil explosões, dos ecos multiplicadores destas e do zumbido nasal dos ricochetes sobre o leito de rocha viva da grota. Não esquecer que tanto o projétil dos fuzis quanto o das metralhadoras e pistolas eram "jaquetados" na etapa final do cangaço, ou seja, revestidos externamente de uma liga de aço e cobre, não havendo lugar para a moleza relativa da bala de chumbo na modernidade do combate do Angico. Um combate inteiramente militar, no tocante ao material bélico da linguagem da caserna.

Dois tiros distintos, seguidos de silêncio clamoroso de dez a doze segundos, mais combate de vinte minutos, eis a trilha sonora do Angico. A "caixa preta" do desastre de 1938, para usar conceito de hoje. Gravada na memória de quatro de seus sobreviventes. Instantes fugazes nos quais a sorte do cangaço será definida de vez, em razão da acefalia entre os fora da lei resultante da morte do chefe absoluto, gerando-se o pior efeito militar que essa forma de colapso costuma oferecer: o pânico, a debandada, o salve-se quem puder.

Somados os detalhes dos testemunhos, nos vem à sensibilidade o que teria sido o paradoxo sonoro da Grota do Angico no 28 de julho: a obra de um maestro enlouquecido que alternasse, de súbito, o "Amanhecer", da Suíte nº 1, do *Peer Gynt*, de Edvard Grieg, com a "Dança do Sabre", de Khachaturian...

Ao *Jornal de Alagoas* de 25 de outubro de 1938, o cangaceiro Vila Nova, afilhado e vizinho de barraca de Lampião, deu um dos depoimentos mais autorizados sobre os instantes derradeiros vividos pelo Rei do Cangaço:

> Às cinco horas da manhã, quando começou o combate, Lampião já havia ido ao mato. Ao romper dos primeiros tiros, o chefe estava quase equipado, faltando apenas abotoar as correias dos bornais, quando foi atingido pelos dois primeiros projéteis, que partiram do lado da nascente de um riacho que corre por ali. Imediatamente depois dos tiros, houve um pequeno intervalo, e os cangaceiros que estavam perto de Lampião foram acossados por fortes rajadas que partiam quase da mesma direção, vindas por cima de uma elevação. Logo caíram, mortalmente feridos, Quinta-Feira, Mergulhão, Colchete, Maria Bonita e Marcela.

Ir ao mato – o leitor certamente não deixou de entender o eufemismo elegante do homem do campo – é o descarrego das necessidades fisiológicas. O mais, é lamentar a transcrição erudita feita pelo repórter, com a perda do sabor regional das palavras e frases do depoente.

Candeeiro viu um pouco mais. Viu Lampião às voltas com o pequeno samovar de cobre que conduzia nos deslocamentos – arrebatado de revoltosos sulistas da Coluna Prestes, nos longes de 1926, como gostava de relatar, orgulhoso, aos auxiliares – entretido em coar e beber o cafezinho pessoal com que inaugurava as manhãs sossegadas, convidando um ou outro auxiliar para beber com ele em certos dias. Candeeiro ouviu ainda a tosse seca do chefe, a "temperar a goela", como de hábito.

Aquele erré-erré-erré, com que estavam acostumados os íntimos, a denunciar sonoramente a presença do chefe a intervalos cada vez mais curtos nos últimos meses.

É natural que a nenhum dos dois tenha sido dada a chance de verificar com segurança o número de disparos a se cravarem no corpo do Capitão, decretando-lhe a morte instantânea. Dois, na opinião de Vila Nova, como vimos, formada a partir da escuta posterior de companheiros.

Quanto ao pormenor, melhor ouvir quem teve o corpo do baleado nas mãos por quatro horas, com acesso a este ainda nos estertores da morte, a encolher e soltar as pernas, vestido e equipado, caído de barriga para cima na cama de pedras da grota, uma destas a lhe servir caprichosamente de travesseiro: o aspirante Ferreira de Mello. Que depôs para a imprensa de modo categórico: "Lampião recebeu apenas uma bala, atingindo-o no lado esquerdo da região umbilical". Houve um segundo testemunho, não menos idôneo, na mesma linha. Palavra de confirmação e detalhamento da morte caprichosa por meio de tiro único, como veremos adiante.

Antes de tocar para a frente a narrativa da ação que se desdobrou no Angico, convém que nos debrucemos sobre alguns antecedentes de importância para a compreensão do episódio por inteiro, notadamente do clima humano que o envolveu e condicionou. As vértebras de uma campanha militar coroada de êxito. Não sendo outra a coroa senão a que seria arrebatada ao Rei do Cangaço, juntamente com a cabeça.

9
Campanha militar e crise social

O comandante Lucena
Pede a colaboração
De Pernambuco e Bahia,
Para entrar pelo sertão,
Enfrentando seriamente,
Pra não deixar nem semente
Do bando de Lampião.

Contra a praga do cangaço,
Contra a peste do coiteiro,
Toda luta é muito pouca,
Todo meio é justiceiro:
Não é com lã de algodão
Que se apaga esse vulcão,
Que tosta o Nordeste inteiro.

João Martins de Athayde, ibidem, 1938.

O II Batalhão de Polícia de Alagoas, unidade a que pertenciam as três forças volantes coligadas na ação do Angico, fora criado no final de julho de 1936 pelo governador Osman Loureiro de Farias, como aposta da autoridade pública para impor a lei sobre o universo rural. Sobre a caatinga, de modo particular. Em outubro, está instalado em prédio vistoso da cidade de Santana do Ipanema, para centralizar sobretudo o combate ao cangaço, sob o comando de militar dos mais experientes no assunto: nosso já conhecido José Lucena de Albuquerque Maranhão, então com a patente de major. Efetivo: 434 homens, incluídos os oficiais.

Até esse momento, o aparato policial alagoano compusera-se de uma Guarda Civil, que cuidava da capital, e de um Batalhão de Polícia Militar, enfeixados em um Regimento Policial Militar, a braços com todo o território do estado. Sede em Maceió. Era a quanto se resumia a estrutura destinada a fazer frente aos negócios da chamada "ordem pública", subordinada diretamente a uma Secretaria do Interior, Educação e Saúde, dirigida, desde o início do governo, em março de 1934, por José Maria Correia das Neves. Além dessa unidade, havia apenas mais uma secretaria de Estado, a da Fazenda e Produção, à frente o ex-governador Álvaro Corrêa Paes. Eustáquio Gomes de Mello era o prefeito de Maceió, nomeado pelo chefe do Governo, na forma da legislação vigente à época.

Fora essas três unidades administrativas, a assinalar apenas o Regimento Policial Militar mencionado. Para comandá-lo, o governador vai buscar em Sergipe o capitão do Exército Theodoreto Camargo do Nascimento, comissionando-o inicialmente no posto de tenente-coronel. No afã de dotar o Regimento dos meios necessários ao esforço que planejava, Theodoreto bate à porta do mandatário e consegue a aquisição de "cinquenta metralhadoras portáteis alemãs, seis caminhões Ford e quatro estações móveis de radiocomunicação", apenas no capítulo dos equipamentos de emprego militar imediato.

Três outras novidades Alagoas ficava a dever a Theodoreto, como criação ou como efetivação na prática: o alistamento militar sistemático de civis sertanejos e a contratação de alguns destes para a função delicadíssima de rastejador – considerado o olhar das volantes na caatinga – além da equiparação do conhecimento empírico catingueiro aos cursos teóricos havidos por necessários para a progressão na carreira das armas. O Boletim do Regimento Policial Militar nº 38, de 16 de fevereiro de 1937, com que foi promovido a "cabo de esquadra" o anspeçada Aniceto

Rodrigues dos Santos, cujo domínio da leitura não chegava a entusiasmar, contém justificativa que merece ser transcrita pela clareza e pelo alcance que encerra:

> Considerando que o serviço de repressão ao banditismo exige qualidades especiais dos praças, que não podem ser obtidas por meio de cursos ou concursos, e sim, pela longa e penosa experiência das caatingas...

Experiência das caatingas, sim, senhor! O domínio das particularidades naturais e sociais do nosso semiárido entrava na órbita de interesses da corporação militar como valor a não ser desdenhado. A espingarda acima da caneta. Não surpreende. A fé de ofício do sergipano inspirava confiança. Um típico "oficial de estudos", como dizem na caserna, não sem algum desdém, os militares que se consideram "operacionais". Os "tarimbeiros". Theodoreto dedicava-se a compreender as corporações armadas, em evolução galopante de conceitos desde os primeiros anos da década. Lia a respeito. Teorizava, no necessário. Um erudito, na condição de oficial planejador que detinha. Mas um erudito que se conservava longe de desprezar o camoniano "saber de experiência feito". Sobretudo para o emprego na guerra do cangaço. E que podia opor a seus críticos ações de combate em que se envolvera quando da passagem da Coluna Prestes pelo Nordeste, na virada de 1925 para 1926.

Não havia muito, entre 1931 e 1933, reformara a Polícia Militar de seu estado, credenciando-se ao elogio do major do Exército Augusto Maynard Gomes, interventor federal de Sergipe em boa parte do Governo Provisório de Getúlio Vargas, que se estendeu até a reconstitucionalização de 1934. Já então tinha os olhos voltados para tudo quanto dissesse respeito ao banditismo rural e às comunicações entre o comando litorâneo e as unidades distantes – ou destas entre si – notadamente pelotões e destacamentos situados no sertão.

Não foi pequeno o sacrifício de Alagoas com a reorganização da estrutura de segurança pública, particularmente com a criação da unidade sertaneja de polícia. O ano de 1936 abatera-se sobre o estado com uma das maiores secas dos últimos trinta anos, a apresentar como novidade de todo indesejável a inclusão, na área flagelada, da zona fértil de exploração agrícola, a faixa litorânea dominada principalmente pela cana-de-açúcar, comprometendo o desempenho de uma economia de exportação secularmente produtiva. O fumo e o algodão sofreram por igual, o estio talando as terras de transição para o agreste e a zona propriamente sertaneja.

Os números oficiais do ano de 1937 deixam claro que os efeitos depressivos sobre a economia do açúcar não ficaram restritos ao ano da seca. Em documento oficial, o governador informava que a retração na oferta do produto atingira os 51%, mesmo quando os números fossem comparados aos da safra de 1936. A receita anual do estado, orçada em 15.778 contos de réis, frustrara-se em nada menos que 1.391 contos, a arrecadação não indo além dos 14.387 contos. A par disso, a despesa, fixada pela Assembleia Legislativa em 17.668 contos, arrastava o governador a admitir um déficit de 3.281 contos. O quadro recebia pinceladas de tragédia quando se cotejavam os dados com o número da arrecadação realizada concretamente no ano de 1935: 16.087 contos de réis.

O programa rodoviário em andamento indica bem o *malaise*. O ritmo das obras cai de maneira severa, quase largados os canteiros de Atalaia a Palmeira dos Índios; desta a Santana do Ipanema; de São Luís do Quitunde a Porto Calvo e a Maragogi; de Curralinho a Leopoldina; de São Miguel a Pão de Açúcar e a Piranhas, prejudicadas igualmente todas as ligações com o estado de Pernambuco, tidas como de grande interesse para Alagoas.

Apesar de todos os obstáculos, o II Batalhão estava criado. O sossego da área sertaneja não mais ficaria na dependência do cobertor curto da velha Quinta Companhia Isolada da Força Policial Militar, a se debater com a escassez de tudo desde o início dos anos 1920. O governador corre a justificar o passo maior do que a perna: "O certo é que, ao assumir o meu mandato, a situação era simplesmente de pânico para o interior, com o consequente despovoamento das caatingas", dirá ao presidente Vargas, em relatório sobre o exercício de 1937. E não parava por aí: "Entendi que o primeiro dever dos governos é o de garantir a vida e os bens dos seus habitantes e, assim, não tive dúvidas em arcar com as despesas realmente pesadíssimas da criação desse batalhão".

Considerando que os gastos com a manutenção do corpo, transportes e municiamento obrigavam o estado a despender "cerca de mil contos de réis anuais" com a unidade sertaneja, em universo orçamentário geral de 14 mil contos de réis, Loureiro credencia-se perante Vargas ao concluir que o estado de Alagoas suportava no setor "dispêndio comparativamente dos mais elevados da Federação". E suportava irremediavelmente só, não indo além do plano moral o reconhecimento de mérito obtido junto ao Catete.

Malgrado o esforço do governador, cumpre registrar que o II Batalhão não se conservou à margem da crise, naturalmente. É assim que apenas vem a atingir em plenitude seu papel quando reforçado pela Lei Estadual n. 1.324, de 14 de julho de 1937, que fixava o efetivo do Regimento, como um todo, em 967 soldados, e o da Polícia Civil, em 179 agentes, com vistas ao exercício seguinte. O do batalhão novo em folha, não custa repetir: 434 homens, incluídos os oficiais.

Em seu Art. 3º, reiterava a lei que "um dos batalhões do Regimento de Polícia Militar será localizado na zona do sertão, compreendendo esse batalhão uma companhia de preparadores de terreno". Era o empurrão que faltava, vindo com atraso de um ano. E punha fim à disputa ferida entre lideranças políticas municipais quanto à localização geográfica da unidade recém-criada, cada uma procurando puxá-la para sua área de atuação.

Em 1974, escrevemos ao ex-governador Osman Loureiro sobre o assunto. Sobre possível apoio material recebido da parte do presidente Vargas na campanha contra o cangaço, objeto até mesmo de folhetos de cordel espalhados à época pelo sertão, a exemplo dos versos de Manoel de Almeida Filho que transcrevemos no capítulo imediatamente anterior.

Por carta de 5 de julho, o antigo mandatário nos surpreendia com desmentido cabal ao apoio alardeado. Não se detendo no ponto, carregava nas tintas de queixa a conterrâneo poderoso, o general Pedro Aurélio de Góes Monteiro, ministro da Guerra na ocasião, por mãos de quem a torneira se fechara para Alagoas, segundo deixa patente. É ponto de relevo para a história da região, valendo que transcrevamos as palavras do governador responsável pelo golpe de morte desferido contra o cangaço em 1938:

> Antes de tudo, devo acentuar que nenhuma orientação a respeito recebi do presidente Getúlio. Nem direta nem indiretamente, Sua Excelência interveio naquela direção. Contrariamente ao que se deveria supor, nem sequer me foi facilitada a munição que recebi para promover a campanha. O Ministério da Guerra, então entregue a um alagoano – o general Góes Monteiro – negou ma, sob a alegação falaciosa de que seria para encaminhar uma revolução. Na emergência, valeu-me Carlos de Lima Cavalcanti, dirigente do estado de Pernambuco, que teve o bom senso e o sentimento de solidariedade que o movimento chegou a despertar, que ma emprestou. Munição para fuzis, vale frisar. Quanto à aquisi-

ção de armas automáticas [metralhadoras], tive de fazê-lo no comércio livre. É claro que não poderia arriscar a vida das nossas volantes, sem uma certa superioridade de fogo, a fim de lhes valer na iminência de recontros.

De fato, embora muito se tenha escrito sobre um suposto apoio federal voltado para a extinção do cangaço no ano de 1938, até o presente momento nenhum arquivo trouxe à luz determinação formal específica dirigida pelo presidente da República, ou por ministro de Estado, aos governadores da região assolada pelo fenômeno, com promessa de recursos materiais para esse fim. Governadores, muitos destes, entre os quais o de Alagoas, embandeirados em interventores federais a partir de novembro de 1937, não esquecer, e assim cooptados pelo poder maior por meio dessa via constitucional estralando de nova. Mas será injusto com o estancieiro de São Borja quem ignorar as providências difusas com que o poder federal exortou os mandatários da região a multiplicar os esforços comuns de modernização do país, de que faria parte naturalmente o desaparecimento dos "estadualismos anacrônicos porventura ainda vicejantes nas periferias do Brasil", capitaneados pelo "fanatismo religioso" e pelo "banditismo rural", para usarmos a retórica corrente no período, já o dissemos acima. Retórica brandida à exaustão durante o Encontro dos Interventores, verificado em Maceió, em fins de abril de 1938.

Até certo "namoro" do Governo Vargas com a porção nordestina do vale do São Francisco é possível flagrar na quadra, a exemplo da instituição, no começo de junho, de certa Comissão de Estudos do Rio São Francisco, encarregada de encetar pesquisas, no âmbito administrativo da Inspetoria Federal de Obras Contra as Secas, sobre aspectos geográficos, geológicos, agronômicos e agrológicos da área, de modo especial "com vistas à identificação de terras irrigáveis". A comissão teria sede "em Cachoeira de Itaparica, antiga Jatobá de Tacaratu, Pernambuco". No final do mês, Getúlio manda "contratar serviço de navegação pública unindo Penedo a Piranhas". Dos três acontecimentos se ocupa a *Gazeta de Alagoas*, edições de 28 de abril, 2 e 26 de junho de 1938.

No que diz respeito ao II Batalhão, é preciso ter em vista que a paciência do povo é curta e a do sertanejo, em particular, vinha sendo posta à prova havia muitos anos. De maneira que, passados os meses de expectativas as mais risonhas, a unidade militar está debaixo de críticas da imprensa de Maceió já na segunda metade de 1937, por conta da escassez de resultados, alguns leitores chegando a mencionar a ocorrência de simulações em lugar de combates, em alguns casos, prática capaz de encobrir desvios de toda ordem, notadamente de armas e munições. Suspeitas pesadas.

Em edições sucessivas da prestigiosa *Gazeta de Alagoas*, a partir de 9 de julho, passando por todo o mês de agosto e invadindo outubro e dezembro, fere-se o pingue-pongue de aço da polêmica travada entre leitores do sertão e o major Lucena. Que chega a perder a serenidade quando a folha da capital parte para endossar, na edição de 12 de agosto, proposta de leitor no sentido de que as forças policiais viessem a ser removidas do sertão, "para que o sertanejo deixe de continuar entre dois fogos", mesmo que "ao preço de ficar entregue à própria sorte". Um mal menor, assegurava o autor da "solicitada", para a fúria de Lucena.

A 21, em carta espichada que envia ao jornal, depois de demonstrar humildade na admissão de possíveis falhas de seus homens – porque "quem lida com quatrocentas naturezas espalhadas por todo o sertão, por mais que seja rigoroso, será surpreendido, vez por outra, com irregularidades de seus subordinados", cabendo ao comandante "promover prisões e exclusões, como estamos fazendo" – Lucena investe pesado sobre a família Malta e seus muitos aliados de prestígio em Mata Grande e arredores, reputados "inimigos desde antes de 1930", a quem chama para o combate em termos rubros. "Há um recurso para que fiquem os meus acusadores com o campo livre e evitem que os desmascare, na medida em que forem aparecendo os artigos: confabulem com os grupos de cangaceiros e me embosquem, pois viajo sempre", joga a luva em desespero. Sem deixar de advertir: "Não percam a partida, pois saberei aonde ir bater e ajustarmos contas". No fecho do recado, ultrapassa definitivamente o equilíbrio que se exige de uma autoridade: "De uma coisa fiquem cientes os mentirosos: estou disposto a tudo. Não pensem que retrocedo. Mesmo que termine na cadeia, irei como homem, não como desmoralizado".

Apesar da reação esboçada a cada um dos ataques desferidos pela imprensa, a que respondera com maior ou menor ímpeto, mas sem se furtar de fazê-lo, Lucena não escapa de ser chamado a Maceió no começo de fevereiro de 1938, baixada a poeira da polêmica, para dar explicações ao comandante Theodoreto acerca das razões da falta de resultados da unidade de Santana do Ipanema. A cobrança era cabível. Afinal, a despeito das críticas públicas, Lucena fora promovido de major a tenente-coronel, por decreto de 17 de novembro de 1937, pelo mesmo ato ascendendo de tenente-coronel a coronel pleno o comandante-geral Theodoreto. Um e outro não tinham do que reclamar a Loureiro. Ao contrário, precisavam corresponder às expectativas de quem os promovera.

Aumentando as sombras, havia um clamor à solta nos diferentes círculos de opinião pública da capital ante o ataque que o cangaceiro Jararaca, o segundo desse vulgo no bando de Lampião, acabara de levar a efeito próximo à área urbana da segunda cidade do estado em importância, Palmeira dos Índios, chegando os homens de seu subgrupo, dados à cachaça como o chefe, a cortar a orelha de uma senhora e o dedo de um rapaz, depois de invadir a sementeira da cidade e de ocupar o distrito de Palmeira de Fora. De onde tinham descido para Sertãozinho, Cacimbinhas e Minador do Negrão, onde o rastro de desordem não fora menor, como a imprensa tratou de alarmar.

De Lucena, na audiência a portas fechadas no quartel da velha Praça da Cadeia, centro de Maceió, o comandante-geral diz esperar que identificasse o "dedo misterioso que incidia sobre o contexto da campanha militar e levava àquele resultado deplorável". Homem enérgico, embora polido, como se impõe a um oficial do Exército, o coronel Theodoreto abre a fala ressalvando "que não punha em dúvida a lealdade e a competência de seu subordinado, mas que precisava descobrir a causa da frustração e eliminá-la, custasse o que custasse". E porque "cumpria restaurar a confiança das populações massacradas pelo cangaço nas providências de governo", pontuava palavra por palavra, "não abriria mão, a partir de agora, de ação efetiva e ajustada, sob pena de apelar para medidas drásticas e até arbitrárias contra aqueles que fossem apanhados violando suas determinações".

Lucena pouco fala. Ao fazê-lo, já no final da audiência, somente lhe acode rememorar o que dissera à imprensa na polêmica de meses atrás: que lhe parecia impossível garantir a honradez de cada uma das quatrocentas individualidades que comandava no sertão. Mas não deixa de prometer providências. E deixa o Regimento Policial "tão amargurado, que ruma dali para a catedral, a fim de pedir a Deus ânimo e luzes para se safar do sério embaraço em que se via metido".

Tudo isso o tenente-coronel comandante do II Batalhão revela no dia seguinte ao coronel Pedro Rodrigues Gaia, em Palmeira dos Índios, um amigo de muitos anos e de tempos difíceis, a quem viria a indicar, com sucesso, para prefeito nomeado de Santana do Ipanema no meado do ano, tão grande era a confiança existente entre ambos. Gaia confiaria o desabafo angustiado de Lucena ao memorialista de

Palmeira dos Índios, Valdemar de Souza Lima, que o aproveita em livro de 1977, *Lampião e o IV Mandamento*.

De volta à caatinga, um Lucena mais que ressabiado "reúne os comandantes de volantes, passa-lhes o ocorrido, frisando que não estava ali apenas como um emissário de seu chefe para fazer-lhes uma advertência, mas, na verdade, como um executor inflexível de suas novas ordens". Ato contínuo, manda rodar e distribuir pelos quatro cantos do sertão um boletim de advertência a coiteiros e matutos em geral, no sentido de que encerrassem, de uma vez por todas, as ações de favorecimento ao cangaço, deixando claro que o Batalhão estava de posse da carta branca por que ansiava havia tempo. E parte para olhar os seus comandados nos olhos.

Nos fundos da Igreja de Mata Grande, a reunião se desenrola tensa, salão apinhado pelas presenças dos delegados de polícia, comandantes de companhias e de volantes, à espera da palavra de Lucena sobre o que havia acertado com o comandante-geral. Ouve-se uma mosca. De Santana de Ipanema, sede do Batalhão, comparecem o segundo-tenente Antônio Ferreira de Oliveira e o sargento Manoel Valentim Gomes, auxiliares diretos do comando, aos soldados de inteira confiança Arthur Rodrigues dos Santos e José Pereira cumprindo garantir a dureza das palavras do tenente-coronel com bala na agulha de metralhadoras portáteis ocultas sob mesa lateral à sala; de Pedra de Delmiro Gouveia, faz-se presente o aspirante a oficial Francisco Ferreira de Mello, comandante da volante do lugar; de Pão de Açúcar, o tenente José Tenório Cavalcanti, o Juca Tenório, delegado e comandante de companhia, ao lado do tenente José Calu, do irmão deste, sargento Euclydes, mais o cabo Juvêncio Correia de Lima, chefes de volantes com sede ali; de Piranhas, chega o tenente João Bezerra da Silva, também chefe de volante, figurando como anfitriões, de certa forma, sediados que eram em Mata Grande, o capitão Elpídio Magalhães, delegado e comandante de companhia, e o cabo Aniceto Rodrigues dos Santos, chefe de pequena coluna volante local.

Portas fechadas, Lucena não alivia ninguém. Queixa-se de que estava "sendo tapeado por alguns camaradas de farda", em quem a jornada inútil de anos, contra inimigo supostamente invencível, teria amolecido a disciplina. Isso, quando não provinha a diluição moral de fato mais grave: de recompensas oferecidas discretamente por um cangaço tornado muito rico nos anos 1930. Dedo em riste, indica as fraquezas de alguns subordinados, de seu conhecimento antigo e comprovação recente – para o que estava usando "secretas" comandados pelo sargento Valentim e soldado Marcelino, como se veio a saber depois – e deixa no ar a escolha: a cabeça de Lampião ou a de quem insistir em acobertá-lo!

Em livro de memórias, o antigo secretário da Prefeitura de Mata Grande, Manoel Bezerra e Silva, sustenta que Lucena chegara a perder a serenidade e gritar: "Quero a cabeça de Lampião dentro de quinze dias!". Exagero do memorialista. Às voltas com o talento guerreiro indiscutível de Virgulino havia dezessete anos sem sucesso, Lucena bem sabia que prazo assim apertado não se aplicava quando estivesse em jogo a figura do Rei do Cangaço. Mais realista é ficarmos com a margem dada de dois meses, aquela que o tenente João Bezerra revelaria à imprensa, logo depois do desfecho do Angico, ter sido o desafio do superior. Prazo que se desdobrará com o "estouro" de pouco menos de quatro meses em relação ao tempo prescrito, vale que se diga aos que amam as exatidões.

Quase a se encerrar o encontro de trabalho, sem que declarasse jamais o propósito subjacente às palavras – no que nos permitimos identificar o emprego de fino estratagema psicológico – o major avisa a todos que veria com bons olhos a solução do abandono definitivo do pasto por parte do Rei do Cangaço e seus homens. Que deixassem Alagoas e o Nordeste em paz, indo para longe, como tinham feito tantos cangaceiros famosos, a exemplo de Sinhô Pereira e de Luiz Padre, tantas vezes mencionados. Uma solução aceitável ao olhar do comando. Ao que um comandante de volante dos mais suspeitos de transações com o cangaço, mordendo a isca, indaga se o chefe cangaceiro se retiraria "com as armas e todos os seus haveres".

Nos tais "haveres" é que residia o nó da questão. Lampião tinha um lado acintoso. Gostava de arrotar a fortuna que possuía. Conduzida consigo e com Maria Bonita, em dinheiro e em ouro, ou depositada nas mãos de coiteiros de alto coturno, em regra, coronéis de barranco. Que "lavavam" os muitos contos de réis por meio de agiotagem. Não foram poucos os que ouviram do bandoleiro a comparação deliciosamente regional com que fazia praça da superação da origem humilde: "Dinheiro, eu tenho mais do que bosta de cabra em chiqueiro velho". Exagero?

Veja o leitor a passagem real, a despeito dos ares de anedota, que nos foi contada pessoalmente pelo desembargador Pedro Ribeiro Malta, alagoano de Mata Grande, filho de chefe político muito amigo de Lucena, o já mencionado coronel José de Aquino Ribeiro, Juca Ribeiro para os amigos. Em Maceió, chefiando caravana de estudantes, o jovem Malta depara-se com o militar em rua movimentada da cidade, pouco mais de ano decorrido do episódio do Angico. No afã de mostrar prestígio perante os colegas, e confiado na amizade familiar, interpela o comandante, passado então de famoso a famosíssimo, mãos nos quartos:

– Coronel Lucena, quem matou mesmo Lampião?

E o militar, desassombrado como sempre, nem pisca o olho antes de soltar a sentença que vale por um tratado de sociologia:

– O dinheiro dele!

Importa abrir parêntese para dizer que o acordo no sentido de que Lampião deixasse o Nordeste em paz não era miragem. O coronel Joaquim Resende – chefe político de prestígio em todo o Baixo São Francisco, com atuação centrada em Pão de Açúcar, Alagoas, de onde era prefeito na ocasião – amigo de confiança tanto do cangaceiro quanto do comandante militar, agia, debaixo de instruções secretas deste, "objetivando uma forma de composição entre os dois grandes inimigos". É o que sustenta Valdemar de Souza Lima no livro que mencionamos, contemporâneo dos fatos e amigo próximo de Resende. A palavra ao memorialista de Palmeira, para que fale sobre o resultado da "composição" intentada, de cuja veracidade confessa ter duvidado num primeiro momento, tamanha a ousadia que encerrava:

> Apesar, porém, do meu ceticismo, garantiram-me que as negociações para a "assinatura da paz" iam de vento em popa, quando o tenente João Bezerra tomou de abafo o covil de Angico e desmanchou a pantomima. Tanto que Joaquim Resende ficou amargurado com o inesperado desfecho, principalmente porque Bezerra estava a par de suas diligências. Mas, que fazer se o volante confiava mais na ação do fuzil do que nos cacoetes da diplomacia de roça, ainda que manipulada pelo escovado prefeito de Pão de Açúcar?

Voltemos à reunião do início de fevereiro de 1938. À atmosfera no salão paroquial de Mata Grande, tornada pouco menos que irrespirável àquela altura. Houvesse ou não o propósito por trás das palavras do comandante, o certo é que a ação policial desenvolvida nos próximos meses deixará claro que o aviso teve o poder de tirar o sono dos militares acomodados diante do cangaço, quando não beneficiários deste, lançando-os sobre o dono de um tesouro em risco de escapulir do Nordeste.

Até os espinhos da caatinga sabiam que o soldado volante, especialmente nos anos 1930, tinha no saque a cangaceiro morto a versão militar do sonho paisano de achar uma botija. A esperança da sorte grande. E por isso combatia. Nada desprezível, portanto, a sutileza lançada ao ar pelo tenente-coronel Lucena ao final do encontro de Mata Grande, declarando abertas as portas para que Lampião abandonasse o Nordeste. Sutileza comparável à da resposta dada ao estudante Pedro Malta.

No dizer da caserna, "quem dá a missão, dá os meios". Assim, terminada a plenária, Lucena abria "confessionário" em sala discreta, de que se saberia depois ter sido a ocasião da oferta aos chefes de volantes de recompensas destinadas a seduzir os coiteiros mais ativos, procurando levá-los a trair a freguesia de chapéu de couro estrelado, entregando-a à ação pretensamente renovada da lei.

Comandante pressionado, batalhão sob suspeita e chamado aos brios, climas político e jurídico propícios a uma repressão policial virtualmente sem limites, está aí o caldo de cultura que irá desaguar na morte de Lampião. Correndo por fora, com a força do interesse material, o propósito de impedir a todo custo que o tesouro do cangaço deixasse os domínios da caatinga, a confirmação da fuga do bando devendo funcionar como espoleta de deflagração do processo contrário à partida, tão logo a notícia viesse à tona.

Veremos abaixo que o chefe cangaceiro, despido da cautela proverbial, revelará ao coiteiro Pedro de Cândido, a 21 de julho, no instante mesmo da chegada para a permanência de uma semana na Grota do Angico, o propósito de migrar para o interior de Minas Gerais, para o que esperava reunir cem de seus homens nos próximos dias. O empenho de compra de uma metralhadora a oficial corrupto estando igualmente em campo, como parte do plano.

Os primeiros resultados da escalada partida das cobranças de Mata Grande não se fazem esperar. A 8 desse mesmo fevereiro, tomba degolado o cangaceiro Pontaria, um veterano do subgrupo de João Vital, o Tempestade, em combate com a volante do cabo Aniceto, na fazenda Retiro, de Água Branca. A recompensa não demora. O cabo passa a sargento, para o que necessitara – vale a nota cômica – deslocar-se de ônibus para Santana do Ipanema, levando a cabeça de Pontaria num caixote com pó de serra, devidamente impermeabilizado por folhas de bananeira. Coisas do tempo...

Ao leitor curioso por detalhes, esclarecemos que havia, já então, um ônibus para vinte passageiros, a "sopa", no dizer local, ligando Santana do Ipanema à Pedra de Delmiro Gouveia.

Também em Água Branca, a 18, um Aniceto animado com as divisas que recebera, presenteia o interventor Osman Loureiro, em visita ao sertão, com o chapelão de couro de Corisco, um dos mais belos do cangaço, coberto de peças de ouro, que acabara de tomar em lance de sorte: combate ligeiro verificado próximo a Entremontes, com um Corisco quase desmaiado por bebedeira da véspera. A mostra orgulhosa ao mandatário se completa com a apresentação de um cachorro que juravam todos ser de Lampião, aprisionado havia duas semanas.

A 20, a degola se abate sobre os cabras Serra Branca, Eleonora e Ameaço, do subgrupo de Moita Braba, na fazenda Patos, de Mata Grande, por uma fração da volante Bezerra. Este, um dos comandantes mais pressionados pela maledicência no Baixo São Francisco, dadas as ligações notórias da família de sua esposa com cangaceiros – recebidos com habitualidade na fazenda Jerimum, na margem sergipana do rio, feudo do pai de seu sogro, coronel Antônio José Correia de Britto, chefe político na região – sofria denúncias de que costumava jogar cartas noites inteiras com Lampião, no Jerimum, ou na fazenda Emendadas, de Pão de Açúcar, lado alagoano, ou mesmo no Angico, a que tinha acesso discreto saindo do Jerimum e atravessando pela caatinga os fundos da fazenda Colete, até dar na grota, na companhia de dois soldados de confiança. Toda essa boataria corre ainda hoje na boca dos velhos de Entremontes. Alertado pela família, o tenente João Bezerra não fica de braços cruzados.

Sentindo o perigo rondar sua abalada fé de ofício, abalo agravado além de tudo pela denúncia de que representava comercialmente uma casa de armas e munições de Maceió, suspeita da venda de armas aos cangaceiros, Bezerra parte, em dias de maio, para visitas a ribeirinhos que sabia serem coiteiros de confiança de Lampião, aos quais oferece a patente de sargento, mais cinco contos de réis em dinheiro – valor correspondente ao de um automóvel novo, não custa repetir – por denúncia de que resultasse a eliminação do chefe cangaceiro. Aguardaria dois meses, após o que anularia as ofertas e partiria para um ajuste de contas pesado. Terminante. Deixava claro ter o apoio do comandante do Batalhão, no que não mentia, como ficou visto no encerramento dos trabalhos de Mata Grande. Era a polícia a se render finalmente ao saber sertanejo: "Não se chama o boi batendo na perneira".

Seja dito que as denúncias de promiscuidade com cangaceiros e coiteiros que envolveram Bezerra não se viram comprovadas em qualquer tempo, o que teria sido tarefa bem difícil, aliás. Mas lhe trouxeram amargura, em todo caso. Tanto que, na entrevista de maior importância que deu à imprensa depois do feito do Angico, aquela que lhe asseguraram seria lida pelo presidente Getúlio Vargas, concedida ao *Correio da Manhã*, do Rio de Janeiro – estando o oficial de férias com a esposa no Hotel Catete, do então Distrito Federal – e transcrita na *Gazeta de Alagoas* de 15 de outubro, o já então capitão Bezerra atribui toda a maledicência contra si ao fato de "seguir a mesma orientação de Lampião no trato com os coiteiros" na campanha militar.

Ante a surpresa da redação em peso, esclarece o oficial: "É que, como ele, procuro captar a simpatia dos coiteiros, dando-lhes alimentação, roupas e remédios", no interesse de "também ficar benquisto na caatinga". E arremata: "Esse era, do mesmo modo, o segredo do bandido, apenas com uma diferença: enquanto Lampião obtinha auxílios sob promessa de poupar as propriedades e pessoas dos coiteiros, eu prestava-lhes auxílio em nome do governo, sob promessa de ordem, sossego e segurança".

Uma lição de psicologia de guerrilha, a serem procedentes as justificativas apresentadas. E mais um flanco aberto, em última análise, a novas alegações de que tanta doçura com os aliados do inimigo pudesse ter motivação menos nobre. Em todo caso, palavras inteiramente afinadas com a retórica do Estado Novo. Sobre as quais Graciliano Ramos já se debruçara para dizer pela imprensa carioca, em artigo do *Diário de Notícias* de 2 de outubro, que, "pelas informações aqui recebidas, sabemos que o tenente Bezerra maneja com proficiência a metralhadora e é perito na arte de cortar cabeças, coisas na verdade bem difíceis". E ia além: "Também não podemos considerar o tenente Bezerra incapaz de improvisar discursos decentes. É possível até que ele seja um ótimo orador: tem boa figura, voz agradável e sorri mostrando um dente de ouro que lhe enfeita a boca".

À margem a controvérsia sem fim e sem rosto sobre a procedência das acusações contra Bezerra, resta claro que a alma do povo fez recair sobre seus ombros o peso de ter destruído um mito. O maior da região naquela primeira metade de século. Sentenças assim não são leves nem revogáveis.

Ponto de essencialidade absoluta na composição das razões financeiras que pesaram na morte de Lampião, acha-se na revolta dos coiteiros, sentida a partir da incursão de abril de 1938. Chocados com a mudança súbita de atitude por parte do cangaceiro, que não mais se interessava pela rolagem tradicional das finanças em comum, desejando agora apurar tudo em balanço derradeiro – e não apenas apurar como receber materialmente os valores aplicados – os coiteiros arrancam os cabelos da cabeça. Menos a arraia-miúda que os detentores dos grossos capitais do cangaço, depositários de inteira confiança, em regra também aplicadores desses capitais, por meio de agiotagem, praticamente sem risco de inadimplência. Quem estaria doido de dar calote em Lampião?

O sonho avançado de deixar definitivamente o Nordeste e seguir para muito longe, como iremos ver em detalhes no capítulo seguinte, levava o Rei do Cangaço a cometer a heresia sem perdão de se indispor com os que o favoreciam de mil maneiras – pelos mais diferentes motivos, é certo, do interesse material à admiração pelo épico, mas invariavelmente à custa de muitos riscos – aos quais estava precisando dar as costas, premido pela necessidade de apurar o patrimônio financeiro a toque de caixa. Atitude cabível apenas da parte de quem estivesse dando um "adeus" definitivo à caatinga, não mais o "até breve" do costume.

Nos dias seguintes ao Angico, a perda súbita de função dos "segredos de morte" guardados até ali pelos coiteiros leva-os a abrir a boca sobre o assoalho econômico motivador do empenho policial das últimas semanas, fazendo a festa da imprensa. O jornal baiano *A Tarde*, de 1º de agosto, a propósito dos passos derradeiros de Lampião, sustentava "que se sabia ter ele recebido, poucos dias atrás, várias cotas de fazendeiros amedrontados com suas ameaças, perfazendo essas cotas um total de cem contos de réis". Uma fortuna. Valor de vinte automóveis novos. Revelava ainda "estar em poder de certo fazendeiro de Mata Grande cinco quilos de ouro, recebidos de um enviado de Lampião". Era a coleta se desdobrando da noite para o dia, ao ritmo de quem acertara data para viagem.

Em conversa de 1970, o coronel Audálio Tenório de Albuquerque nos confirmou o fato insólito e o alarme que não poderia deixar de correr entre os poderosos do sertão. O que o chefe político de Águas Belas não nos disse – e tivemos de ouvir do cangaceiro Candeeiro, queixo caído com a ocorrência, ainda por ocasião do depoimento – foi que ele, Audálio, mandou um de seus jagunços atirar no bando, quando este, em meio à incursão de abril, aproximava-se do casarão do Riacho Fundo, refúgio habitual na Serra das Antas, em busca de descanso. Segundo o antigo integrante da guarda pessoal de Lampião, "o tiro grosso, de fuzil Comblain, passou raspando a orelha de Seu Luiz Pedro", levando o bando a deixar o município quase às carreiras, no breu da noite.

O fato surpreendente denota ter havido também recusa à prestação de contas apressada, por parte de alguns tomadores mais poderosos, como autoriza que se conclua pela conveniência econômica dessas reações para as finanças dos coronéis, subitamente liberados de restituições bem onerosas. A reação de Audálio causou surpresa absoluta no chefe do bando, segundo nos assegurou Candeeiro.

Tomada a decisão de se enfurnar em Minas Gerais, resta claro que Lampião partiu para queimar as pontes quanto a possível regresso. Afinal, como ouvimos de Lauro Cabral de Oliveira, em 1980, com exagero que não anula a sentença: "No sertão, não houve bandido: houve protetor de bandido". Na linha do que comentou o cangaceiro menino Volta Seca, perante a autoridade pública da Bahia, quando de sua prisão, em fevereiro de 1932: "Lampião, sem os coiteiros, é metade...".

Voltemos à beira do São Francisco. Joca Bernardo, o Joca do Capim, um dos abordados por Bezerra, se entusiasma com a oferta. Valor elevado em dinheiro e mais a proteção do alistamento. Nada mal. Adeus vaqueirice penosa, adeus preocupações de vida. Cabedal gordo e segurança. Que mais poderia desejar? O danado é que não dispunha do roteiro do bando, com que se avistava apenas nas visitas fortuitas que recebia, como acabara de acontecer com o subgrupo de Pancada.

Pedro de Cândido, compadre de Joca, de quem apadrinhara um filho, outro dos procurados por Bezerra, dá de ombros e desconversa. Ganharia mais dinheiro com Lampião, há de ter pensado, como vinha acontecendo sem sobressaltos. O dedo do cangaceiro – melhor dizer o bolso – presente nos negócios de toda a família na vila de Entremontes. Ele, Pedro, com venda aberta na rua e chata no rio; Oseas, um dos irmãos, com padaria, e Zezé, outro irmão, subdelegado de polícia do lugar, com armazém. E se chegava a uma situação curiosa: quem não sabia do roteiro da cabroeira queria delatar, enquanto o senhor da rosa dos ventos do cangaço, no Baixo São Francisco, aferrava-se no silêncio.

A esperança de sucesso de Joca baseava-se unicamente no que ouvira Pedro fanfarronar em sua casa, no começo de julho, por ocasião de uma compra vultosa de queijos que este fizera para o bando na fazenda Novo Gosto: que "Lampião, estando em Alagoas ou Sergipe, eu tenho conhecimento de onde ele está". Ora, havia alguns dias, também em sua casa, depois de um gole, o cangaceiro Pancada escorregara, em meio a conversa, que o chefe tinha acabado de atravessar para Sergipe. Joca começa a organizar seu plano.

Em abril, já vimos, Lampião toma Alagoas de assalto, subindo de Traipu a Jirau do Ponciano, Lagoa da Canoa, Arapiraca, Craíbas, Sertãozinho, Cacimbinhas e Minador do Negrão, até ganhar Pernambuco por Águas Belas, entrando pela fazenda Santo Antônio. Descansa e sobe para Buíque, antes de empreender o retorno ao São Francisco e ao refúgio de Sergipe, nos dias de julho que estamos vendo.

Bezerra acompanhara a marcha do bando desde Palmeira dos Índios até entrar em Pernambuco, sua volante chegando a efetuar a prisão de coiteiros em Buíque. Cumpria mostrar ação. Melhor ainda ação interestadual, como no caso. Não é outro o propósito que o leva a emendar a busca com um vascolejo pesado em pontos suspeitos das caatingas de Penedo, Santana do Ipanema, Pão de Açúcar, Piranhas e Pedra de Delmiro, sua volante unida agora às do aspirante Ferreira e do sargento Aniceto, como recomendado pelo comando do Batalhão.

Na polícia desde 1º de agosto de 1925, e tendo servido sob as ordens diretas de Lucena logo nos primeiros meses de caserna – quando se apresentara voluntário na composição do contingente militar de 150 homens que o governador Álvaro Paes oferecera ao presidente Arthur Bernardes para o combate à Coluna Prestes, integrando-se no conjunto de forças do Exército sob os comandos sucessivos dos generais João Gomes Ribeiro Filho e Álvaro Guilherme Mariante – Ferreira era considerado acima de suspeitas.

Subindo até o Maranhão, onde combateu e foi mencionado por ato de bravura – passando a anspeçada a 12 de dezembro do mesmo ano – e varando o Piauí, a Paraíba, Pernambuco e o nordeste baiano, em condições as mais penosas, na convivência próxima com Lucena, no rastro dos revoltosos de Prestes, não é de estranhar que Ferreira tivesse granjeado naturalmente a confiança de representante informal do superior tornado amigo, por vezes agindo como olheiro deste, por vezes arvorado em braço longo, a serviço do comandante em lugares distantes das vistas do Batalhão, a despeito de ter vindo a abusar do copo, por um tempo, na segunda metade dos anos 1930.

Na linha da estimativa do prestígio militar de Ferreira, soou-nos de importância certa revelação feita de modo despretensioso por sua irmã, Zélia Ferreira Leite, a Dona Mocinha, a quem visitamos na residência de Maceió, no final de outubro de 2004. Depois de falar sobre a origem da família no município alagoano de Quebrangulo; do pai, José Ferreira de Mello, decaído economicamente pela perda de terras em Correntes, Pernambuco, obra de "perseguição política"; da mãe, Leonor; da irmã, Apolônia; e dos irmãos, Antônio, José Filho, o Juca, e Francisco, o Chico, todos três a se engajar nas forças volantes por necessidade, tratou de ilustrar a confiança que Lucena tinha nos homens da família com uma pergunta: "O senhor já notou que, na campanha final de 1938, havia um de meus irmãos em cada uma das volantes destacadas no sertão?". E detalhava, temendo que a memória de 91 anos pudesse levá-la a trocar as posições: "Antônio acompanhava Bezerra e Juca engajava com Aniceto". Não por vontade própria, mas "por ordem de Lucena", os irmãos viam-se obrigados a ficar "longe um do outro, naquela vida de perigos".

Requintando na tendência do tempo, a tropa conduz quatro metralhadoras portáteis, como detalharemos à frente. Os cangaceiros estão em número de 42 homens e sete mulheres, divididos em seis subgrupos, sob o comando geral de **Lampião**, que responde ainda pelo comando direto dos oito homens de sua guarda pessoal, de que fazem parte Quinta-Feira, Elétrico, Laranjeira, Candeeiro, Alecrim, Vila Nova, Quixabeira e Chá Preto, além do agregado José, com dezesseis anos de idade presumíveis, sobrinho do chefe maior, alistado na véspera, e mais os subgrupos de **Luiz Pedro**, com Moeda – irmão de Alecrim – Cobra Verde, Amoroso, Cruzeiro, Vinte-Cinco e Azulão; de **Zé Sereno**, com Cajazeira, Marinheiro, Pernambuco e Ponto Fino; de **Balão**, com Bom Deveras, Mergulhão, Marcela e Besouro; de **Criança**, com Santa Cruz, Colchete e Cuidado; de **Juriti**, com Borboleta – primo de Alecrim e de Moeda – Penedo e Mangueira; de **Diferente**, com Xexéu e Beija-Flor; e mais dos cabras Zabelê, Lavandeira, Pitombeira e Delicado – irmão de Cuidado e primo de Penedo – que "costumavam andar sós", na palavra de esclarecimento dada por Cobra Verde, a cuja memória fresca de jovem de 21 anos de idade, na ocasião, ficamos a dever a segurança do arrolamento acima, apresentado à imprensa poucas semanas depois do combate. Arrolamento que não deixou de incluir as mulheres, com Maria Bonita; Enedina, de Cajazeira; Maria, de Juriti; Sebastiana, de Moita Braba; Sila, de Zé Sereno, irmã de Marinheiro e de Mergulhão e prima de Penedo; Dulce, de Criança, e Dinda, de Delicado. É conferir na *Gazeta de Alagoas*, edição de 9 de novembro de 1938.

Pelo lado do cangaço, está aí o elenco completo do auto do inferno encenado na Grota do Angico naquele final de julho: uma coreografia de vertigens. Os homens da lei estão em lista igualmente completa, no apêndice deste livro, saiba o leitor.

Importa constatar que a teia de parentescos e de amizades de que se compunha o bando, nessa metade dos anos 1930, provinha, em regra, das áreas mais carentes de oportunidades econômicas do Nordeste, a exemplo de Poço Redondo, em Sergipe, e de Bebedouro, na Bahia. Mais do que nunca, a geografia do cangaço se esmerava em decalcar as linhas secas da geografia da fome na região, oriundas de razões naturais e sociais conhecidas de longa data, dentre as quais se inscrevia o próprio cangaço, tornadas agudas em 1938, por motivo da baixa persistente do preço do algodão nos últimos dois anos, efeito da superoferta mundial do produto e do controle manipulador de nosso mercado pelas grandes casas compradoras estrangeiras, à frente a Sanbra, Sociedade Algodoeira do Nordeste Brasileiro, e a Anderson Clayton.

Afinal, o mundo esfregava os olhos depois da Depressão de 1929 a 1934. Do que se aproveitava o governo paulista para custear a emigração sistemática de sertanejos para os campos de café e de açúcar daquele estado, com a promessa de pagamento de adicional para as áreas ainda por desmatar e a condição férrea de que o novo colono não embarcasse sozinho, mas com toda a família, nos navios do Loide Brasileiro especialmente fretados para esse fim. Toda a despesa de alimentação, deslocamento e instalação na área de destino sendo custeada pelo estado anfitrião, vale dizer.

Como é diferente a história do êxodo maciço de famílias nordestinas, em benefício da pujança agrícola do grande estado produtor do Sudeste, da que contam hoje os paulistas em tom de queixa, a afetar ares de nação invadida pela pobreza indesejável. Quando o certo é que deslocaram para o Brasil setentrional uma poderosa máquina de aliciamento de braços produtivos, a Diretoria de Terras, Colonização e Emigração, órgão da Secretaria de Agricultura, Indústria e Comércio do Estado de São Paulo, abrindo agências em várias capitais do Nordeste, a imprensa local se alarmando com a sangria de braços. A 2 de junho de 1937, a *Gazeta de Alagoas* abria a manchete: "A bordo do navio Afonso Pena, duzentos sertanejos emigrando para o Sul". A 14, nova matéria: "Continua, de modo assustador, o embarque de alagoanos para o Sul". A 20, voltava à carga: "Despovoa-se o sertão alagoano".

A 29 de agosto, o jornal agitava ainda uma vez o assunto com matéria analítica de qualidade, acenando com o motivo da inquietação do patronato local: "Há falta de braços na lavoura alagoana". Na mesma linha e pela mesma fonte, o sertanejo Antônio Feliciano, de Garanhuns, Pernambuco, pronto para embarcar à frente de duzentos vizinhos que aliciara, pergunta ao repórter que lhe criticara o propósito:

"Vosmecê me diga como pode um cristão viver aqui, com a cuia de farinha a quinze e a dezoito mil-réis?".

Em Pernambuco, a situação não era diferente, como se vê. Um dos cronistas mais lidos do *Diário de Pernambuco*, Manoel Gomes Maranhão, publicava a 11 de julho o artigo "Matolão da Miséria", em que protestava contra "certa medida recente do governo de Pernambuco, proibindo o embarque de roceiros pernambucanos para São Paulo".

Enquanto isso, o ministro do Trabalho do governo Vargas, Agamenon Magalhães, um professor de geografia, visitando os sertões de berço na margem esquerda do São Francisco, não somente constatava o vazio demográfico em curso avançado, como ampliava a denúncia do mal-estar para incluir os animais de criação e uma outra modalidade de emigração igualmente nefasta para a zona sertaneja: a que tinha por destino a faixa verde próxima à pancada do mar, sem que o desertor deixasse o Nordeste. Não se furtava a dar as razões pelo *Jornal do Comércio*, do Recife, de 10 de agosto: "Vê-se que o sertão está despovoado. As populações emigram para o litoral, onde encontram trabalho, meio de vida mais fácil, salário mais ou menos compensador". Confessava a angústia de "atravessar léguas e léguas sem ver um boi", em um quadro de decadência que doía, ao contraste inevitável das recordações do menino que fora ali. Pregava, por fim: "É preciso restabelecer o sertanejo são-franciscano em sua vida pastoril".

No ano seguinte, o governador Osman Loureiro, alarmado, dirigia-se ao presidente Vargas, tomando por base os últimos doze meses, para denunciar "não ser exagero estimar em 40 mil o número de pessoas que então deixaram a terra natal, ou pelo porto de Maceió, ou demandando o rio São Francisco e outras direções".

E do lado de Lampião, que projeto animava ainda o chefe cangaceiro naquele meado de 1938, depois de quatro décadas de vida sacrificada?

10
Ouro de Minas

[...] Francisco Araújo, Chico Maranhão, Chico Piauí, Sebastião Pereira ou Sinhô Pereira, que comandara Lampião e seu bando por muito tempo, com a fama de ser o Terror do Nordeste, e que, após andar por ceca e meca, viera para Minas Gerais, para Patos, sempre em busca de paz, sob a proteção do coronel Farnese Dias Maciel.

Manchete, Rio de Janeiro, 13 de agosto de 1977.

A travessia do rio São Francisco pelos cangaceiros revestia-se de cautela. Não era coisa de chegar na margem e botar o pé na embarcação. Cumpria fosse efetuada em canoa estreita, não em chata, a preferência recaindo sobre a que dispusesse de tolda ou coberta, debaixo da qual a cabroeira se espremia em magote, fugindo das vistas de curiosos. De cima das margens elevadas a prumo, semelhando falésias em pontos do Baixo São Francisco, o descortino pode atingir muitas centenas de metros, colocando em risco o sigilo de que o bando devia cercar-se invariavelmente. Na impossibilidade de todos ficarem cobertos, a ordem era clara para os expostos: tirar os chapéus, com que a identificação se via dificultada, os chapelões de couro ornamentados denunciando facilmente a condição de seus donos. E não ficava nisso.

Correspondendo aos desafios da fixação do Rei do Cangaço no Baixo São Francisco, sentida dolorosamente pelo homem da caatinga a partir do início de 1934, a Conferência Policial que reunira no Recife, a 9 de junho do ano seguinte, os governadores de Alagoas e de Pernambuco, como medida preparatória para a celebração, na mesma cidade, do grande Convênio de Combate ao Banditismo, a se desdobrar de 10 a 12 de julho desse mesmo 1935, envolvendo, ao lado do anfitrião, os estados da Bahia, Sergipe, Alagoas, Paraíba, Rio Grande do Norte e Ceará, já preconizava "o controle das canoas nos rios que limitam os estados", o que levara a autoridade pública a reforçar a exigência de matrícula para cada uma das embarcações.

Desde então, importava que os chefes de bando ouvissem os coiteiros de área sobre a presença de *macacos* assuntando nas margens, ou mesmo nas fazendas ribeirinhas, a cada véspera de travessia. Ficara para trás o tempo em que cruzar o São Francisco representava para o cangaceiro o cumprimento daquela jornada de prazer, puxada a pincel pela poesia sertaneja, em meio a fumaças bíblicas:

> Lampião, no São Francisco,
> Atravessa aonde quer:
> A piranha cai o dente,
> Perde a força o jacaré.

> O rio de São Francisco,
> No seu mais fundo lugar,
> Abre-se em toda a largura
> Para Lampião passar...

Quando atravessou pela última vez o grande rio, do Iqui para o Sacão, despedindo-se de Alagoas e ganhando Sergipe, a 21 de julho, Lampião foi recepcionado por Pedro de Cândido de maneira um tanto fora da rotina: com um vivo cumprimento por se encontrar o grupo com o enxoval todo novo. Vistoso. Chapéus, bornais, cartucheiras, correias, armamento, tudo lustrando de novo. Ou em bom estado de conservação, quando nada. Festa para os olhos de qualquer sertanejo. Estava ali, afinal de contas, a arte autóctone da região. Arte portada pelo dono. Arte de projeção do homem, como a definiu Gilberto Freyre e desejamos repetir. Do apuro gabado pelo coiteiro, dá abono a fotografia histórica das cabeças dos cangaceiros e de seus equipamentos, colhida na escadaria da Prefeitura de Piranhas, no próprio dia da chacina.

A Manoel Félix, membro da segunda família de coiteiros anfitriões no lado sergipano, notadamente no Angico e arredores – ao lado do tio e sogro, Júlio, e do irmão, Adauto – de cujo ar ingênuo de moleque de dezoito anos de idade Lampião dependia para as missões silenciosas de levantar pistas de *macaco* no Bom Jardim, no Mulungu, no Colete, nas Quiribas, até na Arara, fazendas próximas, por vezes em pontos mais arredados, no Cajueiro, no Jacaré, no Poço dos Porcos, no Porão da Passagem, a impressão não foi diferente, a suscitar os mesmos elogios ao enxoval da cabroeira.

A explicação não tardou, vinda com a sem-cerimônia habitual do chefe cangaceiro no falar, quando havia confiança: "Ah, meus amigos, é que eu vou fazer uma viagem muito grande com esse povo. Nós vamos roubar no estado de Minas Gerais. O negócio lá vai ser pesado. Quem quiser ir, vai; quem não quiser, fica. Estou fechando minhas contas por aqui e cuidando de ajuntar cem homens". Palavras colhidas por Manoel Félix, nossa fonte por muitas visitas.

O chefe cangaceiro não mentia. Os convites estavam correndo, levados por coiteiros bem instruídos, havendo respostas positivas da parte de Elétrico, de Laranjeira e de Vinte-Cinco, que já tinham engajado no grupo central, com vistas à expedição mineira, e acenos da parte de Jandaia e de Jitirana, no mesmo sentido. Para a mágoa sobretudo de Corisco, "padrinho" dos cinco desertores. Também de Labareda, outro chefe de subgrupo veterano, que já perdera Xexéu para a expedição e temia perder Saracura. Irmão de Jandaia, Xexéu catequizava o mano para não viajar só. Português, que no passado perdera Candeeiro para Lampião, receava que acontecesse o mesmo com Velocidade, um dos esteios de seu bando de cinco homens.

Diante dos resmungos, pode-se arriscar não tenha sido obra do acaso a ausência da Grota do Angico, no momento final, de quatro dos chefes de subgrupo: Corisco, quedado na fazenda Emendadas, de Pão de Açúcar, praticamente diante do Angico, mas do lado alagoano do São Francisco; Labareda, na fazenda Alecrim, de Jeremoabo, Bahia, muito longe, pretextando o tratamento de uma tosse; Português, em descanso na Serra da Taborda, Alagoas, refúgio habitual; Moreno, alternando danças e saques lá para as bandas da Serra de Tacaratu, Pernambuco, todos à frente de seus homens. Ou do que restara destes, depois da cooptação mineira. Findaram por dever a sobrevida à indecisão com que se puseram diante do sonho ousado do chefe mais alto do bando.

Outra revelação dessa hora que parece corresponder ao vulto da missão em preparo diz respeito aos esforços de Lampião para comprar ao menos uma metralhadora de mão. Pela qual se dispôs a pagar cem contos de réis, segundo divulgou a imprensa de todas as capitais do Nordeste, com base em matéria colhida "de conversas com coiteiros", após o desfecho da Grota do Angico. Está aí uma verdadeira fortuna. Valor de vinte automóveis novos. Morto o cangaceiro, e não havendo mais motivo de segredo, a conversa da imprensa com alguns coiteiros alaga as folhas, o *Diário de Pernambuco* dando detalhes do pormenor arrepiante a 31 de julho; o *Estado da Bahia* e o *Jornal de Alagoas*, a 1º de agosto; e o *Sergipe Jornal*, a 2 do mês, entre tantas outras fontes. Registrava-se até mesmo o debique de Lampião diante da estranheza do coiteiro com o valor elevado: "Ah, quando eu era lavrador, dava dez mil-réis por uma enxada. Agora não é nada demais que eu dê cem contos por uma metralhadora...".

No começo do mês de julho, quando abriu o assunto da viagem para a cabroeira, ainda em Alagoas, o chefe não conseguira contornar desentendimento pesado com os cangaceiros Devoção e Barreira, indo ao ponto de agredir fisicamente o primeiro, a quem derruba no chão, cara no pó, tomando o equipamento e o deixando nu da cintura para cima. Com o segundo, a discussão foi pesada, com ameaça de expulsão ou de coisa pior. Tudo porque os dois choramingam não desejar se meter em missão tão arriscada, preferindo "ficar em Sergipe, mesmo", nos disse Barreira.

Somente a intervenção enérgica do lugar-tenente do bando alcança deter o agressor: "Compadre Lampião, você está doido? Nós vamos perder os homens! E o que é que nós somos sem esses homens, Virgulino?" – sustenta um Luiz Pedro forrado de prudência. Mas a viagem já tinha sido acertada e era uma grande interrogação, a justificar o nervosismo do chefe, mais ainda o da cabroeira. A necessidade não se discutia. Mais de uma vez, o chefe alertara os auxiliares de que o mundo começava a se fechar para cangaceiro no Nordeste, especialmente naquele Baixo São Francisco, talado à exaustão.

Estava se tornando frequente fazendeiro receber mais de um bilhete de cobrança ao mesmo tempo, o atendimento ficando impossível devido aos valores altos praticados. Lampião chegou a entrar em choque muito duro com Juriti por esse motivo. E o chefe de subgrupo pensou em matar o "padrinho" no dia da semana destinado à reza noturna do Ofício de Nossa Senhora – que Lampião sabia de cor e repetia na escuridão mais cerrada – por causa do "gato" público que recebera, sendo demovido por Candeeiro, que deixou claro que o agressor morreria também: "Você mata o Véio, mas nós mata você, ao depois!". Com Balão houve incidente do tipo.

A capacidade contributiva do Baixo São Francisco para o cangaço dava sinais de esgotamento. E Lampião era cego apenas de um olho. O progresso, por outro lado, de par com a organização administrativa dos estados, sob as linhas verticais de um Governo Federal endurecido e onipresente, começava a cobrar seu preço. "Agora, a vida está ruim pra cangaceiro. Tem uma coisa em que se fala aqui e ouve no Rio de Janeiro: um tal de aparelho", Candeeiro não esqueceria as palavras de alerta ouvidas do chefe em conversas reiteradas. Como guardou a geografia amarga, desfiada por aquele em mais de uma ocasião: "A gente vai pra a Bahia, leva bala; vai pra Pernambuco, leva bala; corre pra Alagoas, bala. Quem diabo aguenta tanta bala?". E lá vinha a cantilena de Minas como solução.

Várias são as fontes que nos permitem levantar as linhas gerais do que chamaríamos de solução mineira. Se considerarmos que Lampião não costumava deslocar-se sem roteiro prévio – uma sondagem sobre o destino em mente, quando nada – concluiremos pela necessidade da existência de um anfitrião local. Havia. E seguro: Sinhô Pereira, o chefe admirado, o mais reconhecido professor de cangaço do jovem Virgulino, a quem seguira de 1921 a 1922.

Depois de transmitir o bando ao jovem Lampião, deixando o Nordeste definitivamente a 8 de agosto de 1922, Sinhô batera por ceca e meca, Piauí, Bahia, Goiás, até tomar domicílio no município de Santo Antônio de Patos, hoje Patos de Minas, a oeste do estado de Minas Gerais, divisa com Goiás.

Região da Mata da Corda, a dividir as bacias do Prata e do São Francisco por seus rios Paranaíba e Areado, respectivamente, clima ameno, o tropical de altitude;

chuvas regulares, nos 1.500 mm anuais; cobertura de cerrado de porte alto, verdadeira mata seca sem fim. Enriquecida pelo cultivo do milho, do arroz, do café, do fumo, da cana-de-açúcar, das plantas medicinais, pela extração das madeiras de lei e pelo criatório do gado de leite e de corte.

Nos minérios, destaque para o ferro, o chumbo, a prata, o manganês. De modo particular, assinale-se a febre do diamante, que atingiu o distrito de Chumbo e a barra do ribeirão da Extrema, do rio Abaeté, a partir de 1933, com pedras de valor sendo encontradas. Até 1938, a caça ao tesouro marcaria a vida econômica de Patos com a turbulência invariável nesses surtos.

Na linha das qualidades negativas, Patos se debatia com a precariedade das vias de comunicação. Compreensível. Um sumidouro só, naqueles anos 1920, a vastidão de 13.400 km² da área municipal, a despeito da sede ser comarca desde 1878 e de apresentar população de 55 mil habitantes em 1919, dos quais apenas mil cidadãos estavam habilitados a votar. Sobre as dificuldades de comunicação, abrangendo os seis distritos à época, Lagoa Formosa, Santa Rita de Patos, Quintinos, Ponte Firme, Santana de Patos e Chumbo, empresário pernambucano de formação erudita, Othon Bezerra de Mello, depusera ao *Diário de Pernambuco* de 2 de julho de 1938, impressionado com a incomunicabilidade espessa do interior mineiro: "Ao lado da grandeza de seus campos e da riqueza mineral, Minas tem seu calcanhar de Aquiles na ausência de vazão para o que produz, a circulação das mercadorias sendo perra e viciosa, as suas vias de comunicação, deficientes, e o sistema ferroviário, obsoleto".

No horizonte aberto de dezenas de léguas entre a sede municipal e a localidade de Lagoa Grande, parte do distrito de Ponte Firme, com grandes áreas ainda por desbravar, o forasteiro Francisco Araújo, ou Chico Maranhão, ou Chico Piauí, nomes adotados por Sinhô Pereira como "passaportes" para a fase mineira de suas aventuras, entra no convívio da comunidade, sob o amparo de chefe político dos mais poderosos, o coronel Farnese Dias Maciel.

Nascido em 1862 – filho de Antônio Dias Maciel, segundo barão de Araguari, chefe do Partido Liberal na região por décadas – "agrimensor a relógio" no começo da vida, a efetuar as medições "de cima do cavalo e de olho no tempo", como se impunha nas vastidões; também juiz de direito substituto de Patos, de 1904 a 1907; coronel da Guarda Nacional desde 1898, com patente assinada por Prudente de Morais exposta na sala de visitas da fazenda Gameleira, Farnese vê seus poderes robustecidos com a chegada do irmão mais velho, Olegário Maciel, à chefia do estado de Minas, em 1930, com o título de "presidente", como rezava a nomenclatura constitucional à época. Foi quanto nos passou sua filha, escritora Risoleta Maciel Brandão, em conversa deliciosa de 1984.

Morto Olegário, como governador, em 1933, Farnese herdará parte do prestígio político do irmão, agremiando fidalgamente os correligionários em reuniões memoráveis no feudo da Gameleira, com quase 50 mil hectares, por trás de porteiras intransponíveis. Mas não era apenas o grande senhor de terras, às voltas com o roçado e o curral. Longe disso.

Nos anos 1920, os negócios de Farnese abrangiam indústrias de beneficiamento de arroz, de milho, de café, fabrico de manteiga e de queijo, de açúcar, de aguardente e de rapadura. Os parentes Adelino Dias Maciel, médico, e Agenor Dias Maciel, farmacêutico, ocupavam a presidência e a secretaria geral do município, o segundo sendo também suplente de juiz federal substituto.

É lícito supor que o interesse de Farnese em receber o bando de Lampião residisse no calor da luta política entre Borges e Macieis, que entrara em nova quadra aguda de disputas em 1936, depois do rompimento de longo período de paz que remontava ao ano de 1904, quando o patriarca dos Borges, o major Olympio, um cordato serventuário de Justiça, preocupado com a escalada da violência política em Patos, extremara-se na resolução de afastar a família das disputas eleitorais, abrindo o pasto à ousadia dos Maciel pelos vinte anos que se seguiriam. É que, em 1904, ante uma derrota iminente de Olegário Maciel, jagunços da família deste tinham alvejado a casa de Randolpho Borges, no arraial de Lagoa Formosa, improvisada em junta eleitoral em razão dos mesários não terem comparecido às seções eleitorais na sede do município.

Para o caldeirão, mais uma vez devolvido à fervura extrema, contribuíra a criação, em 1924, do denominado Partido Político Popular de Patos, o PPPP, iniciativa ousada das famílias Queiroz, Caixeta e Borges. A desagradar em cheio os Maciel, a despeito de Farnese ser casado com Adelaide Caixeta de Mello desde o ano de 1883. E a luta se trava entre o Senhor da Gameleira e o presidente do PPPP, Deiró Eunápio Borges, contagiando a vida política da sede e de todos os distritos. Os novos caudilhos a substituir, com dureza maior, as lideranças prolongadas de Olympio Borges e de Olegário Maciel, de parte a parte. Tanto assim que as eleições de 1927, e a extraordinária, de 1928, fazem-se debaixo de bala, com o resultado de duas mortes do lado dos Borges, na primeira dessas ocasiões, ainda uma vez em Lagoa Formosa.

Com amargura, o presidente do estado, Antônio Carlos Ribeiro de Andrada, lamentava terem os fatos de Lagoa Formosa se constituído "em dolorosa exceção à ordem que, por todos os municípios, reinou durante o transcurso das eleições". Segue--se a anulação do pleito em Patos, marcando-se novo certame para março de 1928. É quando a máscara de pacifismo da situação política macielista cai por terra de vez.

O presidente da seção única eleitoral, instalada na Câmara de Vereadores, Diniz de Medeiros Muniz, abre os trabalhos "cercado e apoiado por indivíduos mal-encarados, jagunços, quatro dos célebres 'maranhenses', inclusive o de nome Florentino Araújo". Dentre os quatro, o depoente estima estivesse presente, além de Florentino, o indivíduo Francisco Araújo, apelidado de Chico Maranhão ou Chico Piauí, que outro não era senão o afamado cangaceiro Sinhô Pereira, Sebastião Pereira e Silva, chefe do mais poderoso bando dos sertões do Nordeste entre os anos de 1916 e 1922, atraído para Patos em fins de 1923, fixando-se pouco depois em Lagoa Grande, sob as asas de Farnese.

Quanto a Florentino, nada de melhor a dizer. Trata-se de Tiburtino Inácio de Sousa, o não menos afamado cangaceiro Gavião, que servira sucessivamente a Sinhô e a Lampião, no Nordeste, integrando o "estado-maior" de ambos os bandos de cangaço. Com um agravante: Gavião era filho do major José Inácio de Sousa, o Zé Inácio do Barro, nome do feudo de residência deste no município de Milagres, ao sul do Ceará, reputado o chefe político mais bandido de todo o sertão do Nordeste, no primeiro quartel do século XX, responsável por assaltos, saques e mortes sem fim, inclusive de outros coronéis e de suas famílias. Dele, diria Lampião, em entrevista ao jornal *O Ceará*, de Fortaleza, edição de 18 de março de 1926: "Conheci muito José Inácio, do Barro. Era um homem de planos e o maior protetor de cangaceiros do Nordeste, em cujo convívio se sentia feliz".

Queimado perante as autoridades cearenses, pernambucanas e paraibanas, notadamente depois de orquestrar o ataque de setenta cangaceiros ao padre José Furtado de Lacerda, na vila do Coité, município de Mauriti, também ao sul do Ceará, em verdadeira batalha campal de seis horas de duração, Zé Inácio migrara para São José do Duro, Goiás – hoje Dianópolis, em Tocantins – no começo de março de 1922, com o nome de João Martins. Onde fixa residência, contando com as boas-vindas de outro chefe de bando de cangaceiros igualmente aportado ali, o não menos famoso Luís Padre, Luís Pereira da Costa Jacobina, que batera asas do Pajeú pernambucano em dezembro de 1918.

Às voltas com novas questões, o major Zé Inácio será assassinado, lá mesmo em Goiás, em março de 1923, por certo Doutor Chiquito, que outro não era senão o jagunço Aldo Borges de Araújo, aventureiro perigosíssimo, mesmo para os padrões da terra, que dera de clinicar por ali na pele de falso médico. Gavião, filho do major, continuará a viver das armas, encostado em Sinhô Pereira, em Lagoa Grande. E terminará os dias mansamente em Belo Horizonte, ao lado da família, no ano de 1986.

Outro exemplo: o do já mencionado cangaceiro José Pereira da Silva Terto, o Cajueiro, que integrara a linha de frente dos grupos de Né Pereira e do irmão deste, Sinhô, seus primos, tanto quanto o de Lampião, em tempos sucessivos, findando por se quedar igualmente na vastidão remota da Lagoa Grande, a serviço de Farnese e de Sinhô. E não foram apenas esses cabras de sangue no olho a migrar para Goiás e Minas, como veremos.

Resta claro que os cangaceiros que deixavam o Nordeste para trás não iam em busca de uma existência isolada, no destino escolhido. De esquecimento, sim. Nada de se abrir sobre o passado, a merecer borracha corretora, isto sim. De isolamento, não. Fácil compreender.

Preocupados com a segurança em terra estranha, e não querendo reduzir os negócios ao transporte de mercadorias em lombo de burro, ocupação que se oferecia no primeiro momento, lançavam olhos de cobiça sobre as possibilidades econômicas que se abriam para o ofício da violência, de que eram mestres consumados, domínio completo sobre as astúcias da "arte de matar gente", tão cultivada na caatinga.

No desdobramento da ideia, tratavam de atrair para o convívio a flor das vocações cangaceiras que tinham deixado para trás, antigos cabras, parentes e amigos dispostos, ainda em atuação no Nordeste, do que ia resultando a montagem de verdadeira cabeça de ponte do cangaço no noroeste mineiro.

Para tanto, a sementeira não tinha limites, uma vez que o clã dos Pereira esgalhava-se em ramos colaterais não menos aguerridos, a exemplo dos Lins, dos Gavião, dos Valões, dos Aguiar, dos Maranhão, dos Maroto, dos Cavalcanti de Lacerda, dos Raquel, os rapazes desses ramos tendo tratado, quando nada, de se iniciar na arte da guerrilha de base tapuia desde a morte a tiros de uma referência da família: Manoel Pereira Maranhão, o Né do Baixio ou Né Delegado, em junho de

1905, no auge da feira de Vila Bela, de que fora responsável uma outra fera, Antônio Clementino de Carvalho, o Antônio Quelé ou Quelé do Santo André, nome de sua fazenda de residência, no vizinho município de São José de Belmonte.

Ocorrência com força de soprar a brasa da velha questão com a família Carvalho, da mesma região, a se arrastar doravante, muito ampliada, pelos vinte anos que se seguiriam. Os Carvalho não eram menos aguerridos nem menos numerosos em seus desdobramentos pelos ramos Nogueira, Alves e Barros. Como os rivais Pereira, distribuíam-se entre Serra Talhada e Belmonte, como também em algumas fazendas do vizinho município paraibano de Conceição do Piancó.

Não custa insistir na constatação de que o primeiro quartel do século XX, no vale do Pajeú e na ribeira do Riacho do Navio, assinala-se por duas questões sangrentas a que a imprensa da época deu os títulos recorrentes de "questão da Vila Bela", a contrapor as famílias Pereira e Carvalho, e de "questão de Floresta", entre os bandos de Cassimiro Honório e de José de Souza, o Zé de Soiza, do dizer local. Jornais de prestígio, a exemplo do *Jornal do Recife*, chegaram a criar seções fixas com esses títulos, alimentadas a cada semana pela crônica das ocorrências, vindas do sertão geralmente por cartas, muitas cartas, a que davam o nome de "solicitadas". Crônicas de guerra, espichadas em detalhes.

De 1905 a 1923, Pajeú e Navio arderiam em chamas, sendo conscritos para a luta armada os jovens das famílias locais, sem distinção de classe. Uma preferência apenas, fácil de compreender: fossem solteiros, para não enlutar mulheres e meninos, se possível. "Não sendo, entrava tudo", como nos disse Manoel Pereira Valões, o Neco Valões, em 1970.

Voltando ao fluxo de cangaceiros para Goiás e Minas, era assim que as coisas se passavam, em regra. A palavra a Sinhô Pereira, em entrevista a Nertan Macedo, de 1975, lá mesmo em Patos, deitando luz sobre a migração iniciada em 1923: "No ano seguinte, chegaram dois primos nossos, de Pernambuco. Depois foram chegando outros".

Entre esses "outros", além de Cajueiro e de Gavião, devem figurar com igual destaque – em lista que está longe de ser exaustiva – os nomes dos também cangaceiros Gato; Coqueiro; Vicente de Marina, o Nego Véio, considerado a melhor pontaria do bando de Sinhô; Joaquim Tomás, o Mergulhão; Deodato, o Cacheado; Clarindo Antônio da Silva; e Antão José dos Santos. Os três últimos, mortos ainda em Caracol, povoado de São José do Duro, hoje no Tocantins.

Concluindo, com tintas carregadas, a lista dos migrantes perigosíssimos com que Minas se viu às voltas, cabe juntar o nome de um dos carrascos mais impiedosos do bando de Lampião, Antônio Inácio da Silva, o cangaceiro Moreno – que apreciava o cognome alternativo de Sebastião Morenagem – promovido a chefe de subgrupo no final de outubro de 1936.

Morto Lampião, Moreno ainda ensaia uma resistência desesperada na caatinga, agora cheia de soldados. De soldados e de um perigo ainda maior para o futuro do cangaço: a oferta de perdão por parte de alguns governos estaduais a quem depusesse as armas, à frente Bahia e Alagoas. Em meio à disputa pela coroa vacante de Rei do Cangaço com Labareda e com Corisco, como animava a imprensa à época, Moreno desiste da carreira, arrebanha ouro e dinheiro em mãos dos coiteiros e abandona o Nordeste no início de fevereiro de 1940, em companhia da mulher, Durvalina, a cangaceira Durvinha, de beleza decantada na crônica do cangaço. Findará os dias na cama, como cristão, no ano de 2010, aos 101 anos de idade, cercado pelos filhos, em Contagem, região metropolitana de Belo Horizonte, depois de viver por muitos anos na cidade de Augusto de Lima, explorando casas de prostituição. Como Sinhô Pereira e os outros que vimos, Moreno é a comprovação viva de que o sonho mineiro de Lampião nada tinha de miragem.

Caso curioso nesse tema das migrações rumo ao sul, a merecer que se abra uma janela de apresentação, é o da prima e companheira de Sinhô, Alina Eponena de Sá, vivente no cangaço com o marido desde 1º de abril de 1919, data em que se casa com ele no religioso – a cerimônia sendo "oficiada pelo padre Campos, sob um pé de umbu, na caatinga" – e que irá acompanhá-lo a Minas, com ele morando em Lagoa Grande até o ano de 1958, quando se vê trocada por uma rival mais jovem.

Nascida em Vila Bela, a 14 de fevereiro de 1903, Alina passa a infância na vila de São Francisco, do mesmo município, ali convivendo desde cedo com o futuro marido, nove anos mais velho do que ela. A ser verdadeiro o que disse ao escritor Otacílio Anselmo, em matéria publicada na edição de 6 de setembro de 1968, do jornal *O Povo*, de Fortaleza – e não há razão para duvidar – a companheira de Sinhô arrebataria de Maria Bonita o pioneirismo da condição de cangaceira perante a história da região, uma vez que, como registrou Anselmo, "Alina passou a viver com o marido a partir do dia do casamento, havendo tomado parte em todos os combates travados desde aquela data, utilizando um rifle 'cano de mamão' de oito tiros".

Uma cangaceira consumada. Combatente, além de tudo, e não apenas companheira de seu homem. Da estirpe da futura Dadá, de Corisco, em ação, esta, entre os anos de 1929 e 1940.

Fechando o parêntese, damos ao leitor o ponto alto das aventuras da sertaneja desassombrada, novamente na palavra de Anselmo: "O que mais assinalou sua audacíssima união com Sinhô Pereira foi o nascimento do filho, Severino Pereira Valões, ocorrido a 24 de junho de 1922, em terras da fazenda Pé do Morro, do coronel Salvador, no estado de Goiás". Não esquecer que a travessia de Sinhô para Minas Gerais foi marcada por tiroteios pesados em terras goianas.

Retomando a narrativa, cabe esclarecer que o agravamento do quadro político de Patos, em 1936, dá-se por conta da derrota eleitoral dos até então invictos Maciel, ocorrida no pleito municipal daquele ano. A legenda "Por Deus e pela Pátria" dando a vitória finalmente aos Borges e a facções coligadas, no histórico 7 de junho. Compreende-se que os derrotados tenham entrado em confabulações, admitindo a necessidade de adotar providências extraordinárias, para não dizer extravagantes, de que a violência não representaria novidade.

Atraindo o bando de Lampião para a luta aberta, ao lado de Sinhô, de Gavião e de outros cabras emigrados do Nordeste, o compromisso de Farnese seria o de não coibir a ação do Rei do Cangaço em Minas, ao menos no início, até que, esmagada a oposição das famílias rivais, fosse possível pacificar os cangaceiros, que trocariam paulatinamente o fuzil pela sela ou a enxada, ocultos na vastidão da Gameleira e arredores.

É o que se pode deduzir das palavras desabridas de Lampião a Pedro de Cândido, vistas acima, de que estava indo "roubar no estado de Minas Gerais" e de que "a questão lá vai ser pesada", como o coiteiro segredou ao irmão Zezé de Cândido, palavras anotadas e passadas a nós pelo filho deste, Antônio Correia Rosa, em sua fazenda histórica da Lagoa dos Patos, a 1º de fevereiro de 2006.

Por fim, dentre as razões de atração presentes em Minas Gerais, não será demais trazer à baila, de novo, a febre do diamante, em alta em alguns distritos de Patos desde 1933, capaz de fazer brilhar os olhos de qualquer salteador...

Como quer que seja, um grande serviço à causa da ordem pública no Nordeste do Brasil poderia ter significado a combinação entre Farnese e Sinhô, de que tivesse resultado a saída de Lampião do pasto velho de vinte anos, a neutralizar possíveis críticas ao chefe dos Maciel. Exercício de suposição que junta alguma nobreza ao propósito do coronel mineiro.

Quanto às bases reais desse propósito, quando dúvida houvesse sobre acontecimentos assim extravagantes, difíceis de crer pela ousadia, o próprio Sinhô – o já então alquebrado, mas altivo, sobrinho-neto do barão do Pajeú, sobrevivente por muitos anos à extinção do cangaço – levanta a viseira e confirma todo o plano na conversa de 1975 a que aludimos, cinquenta anos decorridos dos fatos. É ouvi-lo, na versão compreensivelmente atenuada pelos cabelos brancos com que os oitenta anos bem vividos já lhe pintavam a cabeça:

> Meu chefe e protetor político, aqui em Minas Gerais, o coronel Farnese Dias Maciel, irmão do presidente Olegário Maciel, quis atrair Lampião para Patos, a fim de pacificá-lo com a sociedade. Mandei uma carta a Lampião. Lampião recebeu essa carta em Macapá, ou Jati, no Ceará, porém não deu resposta. O coronel Farnese achava que Lampião, caso não pretendesse permanecer em Minas, poderia viver tranquilamente o resto dos seus dias em Mato Grosso. Lampião não quis.

Pelo testemunho de ex-cangaceiros, à frente Candeeiro, Vinte-Cinco e Barreira, além das revelações feitas por Pedro de Cândido ao antigo coiteiro, depois soldado, Sebastião Vieira Sandes, em palavras que vimos acima, mais certo será concluir que Lampião não recusou o convite, apenas se permitindo reter a carta de Sinhô para respostar em hora que lhe parecesse conveniente. E de viva voz. Batendo na porta do remetente. Olho no olho. O que findou não conseguindo.

Cumpre dar uma palavra a mais de detalhamento sobre o caráter da missão a Minas. Seria mesmo de paz a jornada em esboço, como diz um Sinhô Pereira possivelmente interessado em não inflamar disputas sobre as quais o tempo já se encarregara de passar a borracha, mas de que poderia resultar agravo à memória de amigo a quem tanto devia, no caso, o coronel Farnese?

A soma dos fatos apontados acima parece não abonar a versão de Pereira, desfiada em 1975. Ao contrário, com maior propriedade nos remete ao que ouvimos de Candeeiro nas muitas entrevistas que nos deu a partir de 1984: que Lampião jamais escondeu de seus homens que "o negócio lá vai ser pesado". No mínimo, um período inicial de guerra ou de intimidação eficaz estava no horizonte do grande bandoleiro, é lícito concluir. Reentronada a hegemonia política dos Maciel, quem sabe, os chapéus de couro estrelados poderiam finalmente descansar nos baús. Afinal, qual a razão do projeto de compra pelo bando de uma metralhadora portátil? Por que engrossar o efetivo, buscando chegar aos cem homens? Por que foi encontrada na barraca de Lampião, no Angico, a demasia de seiscentas balas novas de fuzil, vistas por vários soldados, entre os quais Antônio Vieira da Silva, que nos relatou a surpresa de todos, e pelo próprio tenente João Bezerra, a estranhar igualmente o estoque avultado pelas páginas do recifense *Jornal do Comércio*, edição de 2 de agosto de 1938?

Outra questão de interesse: a referência feita por Sinhô ao estado do Mato Grosso como plano B, lugar de todo em todo desconhecido do nordestino de instrução básica, nos permite confirmar a chegada da carta deste a Lampião. Nos depoimentos com que a cangaceira Sila recompôs, nos três pequenos livros de memórias que deixou, a conversa de desabafo que teve com Maria Bonita, na noite que antecedeu o desmoronamento de 28 de julho, está dito de modo invariável que a companheira de Lampião, angustiada pela falta de perspectivas para o bando àquela altura do tempo, e fumando sem cessar, queixara-se, por duas vezes, da aparente indefinição do marido em deixar o Nordeste para "irem morar no Mato Grosso". Fim de mundo – nos diria Sila sorrindo, em nosso primeiro contato, no ano de 1984 – que nenhuma das duas fazia a menor ideia de onde pudesse ficar ou sequer que existisse, restando claro que Maria Bonita tratava do que ouvira do companheiro. Este, a reproduzir a sugestão de Farnese, ecoada por Sinhô na tal carta.

Penduradas as diferentes molduras de circunstância que envolveram protagonistas e coadjuvantes no crescendo da campanha movida pelo II Batalhão de Polícia de Alagoas, podemos voltar à Grota do Angico. Mas voltar para o início da ação. Para o momento em que Joca do Capim evolui da simples cogitação para a denúncia fatal, depois de ruminar longamente as razões que apresentamos acima, em meio à impassibilidade gelada que lhe marcava o temperamento, na voz de quantos privaram com ele no eixo Pão de Açúcar-Piranhas.

Nos dias que se seguiram, olhar para Joca era o mesmo que ver pasmaceira de boi comendo bucha de jaca...

11
A flor do pereiro

O fazendeiro trabalhador e pacato, vivendo no meio da caatinga a cuidar do seu criatório ou do roçado de algodão, longe, muitas léguas, da pequenina e atrasada cidade, sede do município, sem a possibilidade de invocar, de momento, o socorro da autoridade pública, não pode deixar de acolher o cangaceiro, se não quiser passar pelo dissabor de ver os seus bens, sua honra e sua vida condenados ao saque, ao ultraje e à morte. Aquele que tomar atitude contrária, vai ser condenado a viver constantemente em armas, exposto ao ataque inopinado dos bandoleiros e a emboscadas traiçoeiras e fatais.

> Discurso do deputado Affonso Ferraz, na sessão de 7 de outubro de 1936, da Assembleia Legislativa de Pernambuco, Recife, apud Luiz Ruben Bonfim, *Como capturar Lampião*, 2013.

No dia 26 de julho, a chamado telegráfico do capitão Elpídio Magalhães, delegado de Mata Grande, o tenente João Bezerra se desloca para a Pedra de Delmiro. Lampião teria sido avistado na fazenda Gravatá, próxima à vila do Inhapi. Na Pedra, apura a improcedência da pista e se queda ali em confabulações com o aspirante Ferreira de Mello, que vimos ser chefe da volante local.

Enquanto isso se dava, o sargento Aniceto Rodrigues reunia seus homens, deixava Mata Grande e abalava em direção às caatingas da Lagoa da Camisa, onde contava surpreender o cangaceiro Português e seu grupo. Denúncias. De novo, a informação era furada. Mas havia rastros a seguir, e estes findam por levar sua volante à vila de Entremontes, no beiço alagoano do São Francisco. Nada. Descansa bem e apanha o vaporeto para Piranhas, onde aproveitaria para visitar a noiva, moça da família Britto que residia ali, sendo prima da esposa do tenente Bezerra, Cyra de Britto Bezerra, e filha do prefeito do município, João Correia de Britto, o Correinha.

Logo ao chegar, inteira-se de que Lampião estaria na fazenda Capim, próxima de onde passara na véspera. Fica de orelha em pé. No silêncio das 10 horas da noite – como adiantamos no sexto capítulo – quando se despedia de João Jacinto, amigo que o visitara, Aniceto se assusta ao ver Joca Bernardo sair das sombras e pedir para lhe falar. "Que é que há, Joca, para você estar por aqui a uma hora dessas?", indaga o sargento. E Joca, fazendo uso de sentença ambígua muito corrente no sertão: "Não hái nada, seu sargento, e havendo sempre". Pede para falar com o tenente Bezerra. Cientificado da ausência deste, e de que fora "atirar em Lampião no Inhapi", abre-se com Aniceto: "Os senhores estão sendo enganados. Os cangaceiros estão bem pertinho da gente".

Depois de desfiar os fatos recentes, martelando as palavras ao repassar as recompensas prometidas a ele pelo tenente Bezerra, em nome do comandante Lucena, cinco contos de réis em dinheiro e as divisas de sargento do Regimento Policial Militar do Estado de Alagoas, finda por segregar a recomendação que considerava segura: "Apertem Pedro de Cândido, mas apertem mesmo, que ele bota os senhores em cima do coito do Capitão Lampião, certinho. Comprando de tudo por grosa e arroba, como está comprando nos últimos dias, tenho certeza de que ele está fazendo feira para o bando maior".

A hora escolhida não fora obra do acaso. Ninguém mais matreiro e desconfiado do que Joca. Capaz de sair da fazenda Novo Gosto no dia 25, a cavalo, por dentro do mato, até Pão de Açúcar, pegando a lancha de carreira Comendador Peixoto para Piranhas, pela tarde, chapéu desabado sobre os olhos, somente para não ser visto por ninguém. E de esperar dia inteiro pela melhor hora para apresentar a denúncia, só o fazendo com os bacuraus. Na pintura do perfil de homem dissimulado ao extremo do enredeiro que estamos vendo, importa dizer que seu regresso se dará na madrugada de 26, varando a caatinga a pé até a fazenda Novo Gosto, às voltas com o mundo de espinhos da macambira, do alastrado, do quipá, do facheiro, do rabo-de-raposa, da urtiga-branca, em jornada das mais penosas com que tratava de assegurar a invisibilidade prevista em seu plano.

A tramoia lhe renderá, no balanço final, apenas um conto e cem mil-réis, dos cinco prometidos, e a patente de sargento da polícia de Alagoas, que termina recusando "porque sargento ganha pouco e não tem paradeiro definido". Pedro de Cândido, sócio a pulso na empreitada da morte de Lampião, recebe o mesmo valor e aceita a patente de cabo. Morrerá cabo e delegado de polícia, esfaqueado lá mesmo em Piranhas, no ano de 1941.

Venderam barato a cabeça do Rei do Cangaço. Para que o tenente João Bezerra pudesse faturar os 25 contos de réis das recompensas alardeadas publicamente desde 1930. E tudo tendo partido de mágoa entre compadres, que não era menor o vínculo social entre Joca e Pedro, que se frequentavam com habitualidade, famílias amigas por igual. Mas deixemos que o primeiro revele suas razões, como fez ao *Jornal do Brasil* de 11 de maio de 1977, na mesma entrevista em que justifica a recusa à patente de sargento:

> Pedro de Cândido sabia que eu fabricava queijos. Uma vez, chegou em casa e me disse que comprava todos os queijos que eu fabricasse. Pudesse guardar que ele comprava tudo. No outro dia, lá vem ele atrás de queijo. Eu disse que não tinha. Ele olhou para uns queijos que eu ia entregar, de encomenda, e disse: "E esses aí, cabra safado, de quem são?". Respondi que eram do juiz de Pão de Açúcar e que não podia vendê-los. Aí ele disse. "Juiz coisa nenhuma!". E levou tudo. Fiquei com raiva. Logo arranjei um jeito de me vingar de Pedro. Descobri que todos os queijos eram para Lampião e seu bando. Aí, procurei o sargento Aniceto, em Piranhas, e disse a ele que não sabia onde estava Lampião, mas que ele apertasse Pedro de Cândido que ele dizia tudo. Assim foi feito.

Joca ainda diria ao jornal que não traiu Lampião nem desejou a sua morte: "O que eu queria, na verdade, era que Pedro de Cândido levasse uma surra da polícia".

A espoleta do destino nem sempre pode ser compreendida fora do acanhado do meio e da mentalidade dos homens...

Retomemos a diligência policial. No dia seguinte, 27, uma quarta-feira, dia de feira em Piranhas, Aniceto encosta no guichê do agente local adjunto dos Correios, Waldemar Damasceno dos Santos, pelas 9 horas da manhã, e dita o telegrama que ficaria célebre:

> Tenente João Bezerra da Silva, Pedra de Delmiro Gouveia, Alagoas, 27 – Tudo certo. Boi no pasto. Venha. Saudações – Sargento Aniceto Rodrigues dos Santos.

No mesmo momento, o telegrafista dispara cópia da mensagem para a sede do II Batalhão de Polícia, em Santana do Ipanema, em cumprimento a circular recebida da Diretoria Regional dos Correios e Telégrafos de Alagoas, firmada pelo titular, Themistocles Salles Costa. Que dava acolhida, com a providência, a uma solicitação reservada do Governo de Alagoas, segundo se dizia. Não esquecer a prioridade absoluta de que as comunicações desfrutavam no esquema de administração militar implantado pelo coronel Theodoreto em Alagoas, desde 1936.

Feito isso, Aniceto espera o movimento da feira fervilhar. Pelas 10 horas, derruba a carga de açúcar e arroz do caminhão de Zé Nicolau, requisitando a viatura para o deslocamento de parte de sua força com o propósito requentado, mas agora gritado aos quatro ventos, de ir "atirar no Cego, no Inhapi". Não é preciso dizer que os coiteiros, olhos e ouvidos abertos em todos os setores da feira, correm para avisar Lampião, o Cego, na Grota do Angico. Um dos pombos-correio, o coiteiro Manoel Félix, tendo ouvido do grande cangaceiro que "as sentinelas, hoje à noite, vão poder dormir de cuecas", em seguida ao recebimento da notícia, ao cair da tarde. Nada de novo na recomendação.

Desde o meado dos anos 1930, Lampião costumava orientar jocosamente a cabroeira por meio de uma gradação de riscos a ser levada em conta nas andanças: "Pernambuco e Bahia, demorar pouco; Alagoas, dormir de pijama; Sergipe, dormir de cueca".

Léguas rio acima, à frente das volantes respectivas, Bezerra e Ferreira achavam-se na vila da Pedra de Delmiro, em casa de José Bandeira, o Zé Miúdo, figura curiosa de delegado de polícia do lugar, depois de ter sido sacristão por muitos anos na povoação do Salgado. Em sala arredada, conversavam à mesa e beliscavam petiscos, na companhia do sargento Odilon Flor, da volante baiana, de passagem para Floresta, Pernambuco, em visita à família. É nessa oportunidade que o aspirante Ferreira consegue a cessão da metralhadora portátil de Odilon, uma Bergmann alemã, modelo 1934, calibre nove milímetros, carregador em cofre para 32 tiros, de inserção horizontal pelo lado direito da arma, no propósito declarado de "atirar nuns ladrões de cavalo perigosos". Na modalidade, não havia arma mais moderna no mundo, equipamento das tropas de assalto do Reich nazista na ocasião, o prospecto da arma rezando cadência de fogo entre os setecentos e os oitocentos disparos por minuto, fabricação da Theodor Bergmann & Co, Berlim.

Fazia dias que Bezerra obtivera do tenente volante pernambucano Gabriel Mariano de Queiroz, sob o mesmo pretexto, o empréstimo de arma similar, embora mais antiga, modelo 1918, carregador em cofre para cinquenta tiros, mesmo calibre, inserção também horizontal, só que pela esquerda da arma, cadência de fogo bem mais modesta, à volta dos quatrocentos disparos por minuto. Também uma Bergmann.

Ambos os petrechos estarão nas mãos dos depositários em Angico, na manhã seguinte, complementados por equipamento padrão da polícia alagoana, no caso, duas pistolas-metralhadoras Royal, fabricação espanhola sob patente alemã da Mauser, mesmo calibre, nove milímetros, carregador em cofre vertical disponível para vinte, quinze ou dez tiros, inserção pela parte inferior da arma, operadas pelo cabo José Gomes e pelo soldado Agostinho Teixeira de Souza. Os comandantes de volantes optavam pelo carregador de maior capacidade. A cadência de fogo podia chegar aos oitocentos disparos por minuto, havendo um seletor que permitia reduzir o ritmo para os seiscentos ou setecentos tiros. Um luxo.

Estamos diante de quatro armas automáticas de grande poder de fogo, potencializado pelo conjunto a que finalmente se chegou, prestes a intervir no espaço arrochado da Grota do Angico.

O coronel Eliseu Gomes, político experiente e amigo de todos, espera matreiramente a saída de Odilon Flor para só então se apresentar à porta com o telegrama de Aniceto, que o telegrafista lhe confiara. Troca de olhares entre os comandantes. O "tudo certo" do telegrama não era figura de retórica. Sinal de peixe na tarrafa lançada às águas barrentas do São Francisco por Bezerra havia semanas, debaixo das pressões nada leves do comandante Lucena, subscritor das recompensas econômicas e militares prometidas em nome de ambos. Os preparativos de partida das volantes ganham ritmo, em razão da novidade. Despedidas.

Pelo meio do dia, as volantes de Alagoas abalam a pé, à falta de condução no momento. Depois de umas duas horas de marche-marche animado, chegam à localidade Pia do Gato, de Piranhas, hoje município de Olho d'Água do Casado, duas ou três casas perdidas no mar de caatinga da fazenda Riacho Seco, propriedade de Zezé do Riacho Seco. Quando os soldados "quebravam madeira para arriscar um café", ouvem zoar um motor ao longe. Logo se desenha o caminhão de Doro da Mata Grande, como era conhecido o proprietário, vindo de Piranhas no rumo de casa, com uma carga de sal grosso. Carga removida, oficiais na boleia, a soldadesca se escancha de todo jeito. Meia-volta do caminhão para Piranhas, onde chegam ao cair da tarde, sem qualquer escala, aguardando o lusco-fusco para a entrada discreta na rua. O sigilo já se impunha.

Aniceto os recepciona dentro da cidade, da qual se afastara apenas momentaneamente no meio da feira, pelas 10 horas, encenando o pantim do Inhapi, destinado a ser visto pelos coiteiros. E se recolhera em casa, adoentado. Sair mesmo, naquele dia, só para o almoço na casa da noiva, dentro de Piranhas. Discretamente. A experiência dizia ser preciso não denotar qualquer agitação. O pormenor tem sua importância, à vista de versões de que sargento e tenente teriam se avistado ainda durante o dia, no meio do caminho entre a Pedra e Piranhas, para acertos com um coiteiro misterioso, para o que Aniceto teria deixado a segunda das cidades. Na voz do soldado Santo, Sebastião Vieira Sandes, guarda-costas do aspirante Ferreira: "Ninguém segura uma mentira dessas na minha frente!". Ao jornal cearense *O Povo*, de 15 de agosto de 1938, Aniceto fere a mesma tecla: que o reencontro das três volantes somente teria lugar dentro de Piranhas, sem margem a avistamentos prévios de meio de caminho.

Com a chegada de Bezerra e Ferreira a Piranhas no finalzinho da tarde, aí sim, os dois oficiais e o sargento recolhem-se imediatamente à casa do primeiro e passam a confabular sobre a denúncia de Joca. O tenente expede ordens terminantes no sentido de que todos os soldados ficassem trancados no casarão que servia de quartel para a volante, próximo de sua residência, sem que fosse permitido o afastamento sequer para a compra de cigarros ou recado para a família. Janelas fechadas. Sigilo absoluto.

Bezerra aguarda escurecer completamente antes de se deslocar, apenas com os guarda-costas, para acertar o ajoujamento das canoas de vela, conseguindo que fossem amarradas três destas. A viagem da noite, rio abaixo, estava garantida. Descanso geral. Bem mais um respiro.

Pelas 8 da noite, a tropa vai deixando a cidade a pé, do modo mais discreto possível. Sem fumar, cantar ou gargalhar. Sobe como se demandasse a vila do Olho d'Água do Casado, porém anda pouco. O suficiente para se encobrir das vistas da cidade. Logo retrocede no rumo da beira do rio e avança pelas areias alvíssimas até entrar nas canoas, tudo na mais completa escuridão. E descem o rio os cinquenta homens, sob chuva fina persistente, nas mãos de canoeiros de experiência, à frente João de Almeida Sena, o João Bengo, proprietário das canoas; seu irmão Pedro Bengo; Cícero Gomes Pedrosa, o Ciço Preto, e dois auxiliares.

Ziguezagueando ao giro do traquete, em bordos sucessivos, as volantes navegam rio abaixo no manso da correnteza. Cedo vencem os nove quilômetros de destino. Passam ao largo da prainha da fazenda Remanso sem se deter, atracando poucos metros antes de chegar ao povoado alagoano de Entremontes. Já tendo na vista os candeeiros das casas. Onde o cabo Bida, Francisco Nery da Silva, e o soldado Elias Marques de Alencar são despachados a pé para o arruado, a efetuar a prisão de Pedro de Cândido. Que reluta em vir, alegando estar "com febre e não desejar levar chuva". Ouvindo que se tratava de volante comandada por Bezerra, o coiteiro-mor do Baixo São Francisco recupera o fôlego e se sai com proposta inconcebível para um paisano em face de oficial de polícia naquele sertão velho: "Diga ao tenente que venha conversar comigo aqui em casa, por obséquio".

Recado dado, Ferreira explode junto ao superior, temendo estar perdida toda a caçada àquela altura: "Compadre Bezerra, a ousadia desse cabra é demais: vai ver, já fugiu!". Nova missão. Quatro soldados são mais convincentes do que dois. Voltam os primeiros, secundados por Antônio Bertholdo da Silva e por Amaro José Henrique, o Maro Preto, este último, um dos "gatilhos" do tenente para missões silenciosas. Sujeito temido. Ordem de Bezerra: "Tragam Pedro, nem que seja pendurado!".

Dez minutos de suspense quanto ao sucesso de toda a ação militar ainda em meio. O preso se apresenta de cara fechada. Confiadíssimo, muitos não sabiam em quê.

Alguns arriscam, na conversa de mão sobre a boca. O certo é que tinha deixado de ser mistério em Piranhas, de algum tempo, a amizade entre Bezerra e Pedro, como nos confirmou pessoalmente a viúva do oficial, Cyra de Britto Bezerra, em declarações publicadas pela jornalista Ariadne Quintela no *Jornal Bandepe*, do Recife, edição de fevereiro de 1985, tratando de contornar maledicências que sabia terem circulado à época:

> Meu marido não costumava perseguir os coiteiros, porque fazia uma política de aparente amizade com todos eles. Fazia-se de amigo para poder ter notícias de Lampião. Havia um coiteiro que ele recebia lá em casa e tratava muito bem: era Pedro de Cândido. Eu desconfiava desse homem, achava que ele traía, mas Bezerra dizia para mim: "Minha filha, tenha paciência, isso é um jogo". E assim ele insistia que Pedro de Cândido fosse lá em casa, que jantasse conosco e eu ficava revoltada!

A confirmação de que a proximidade surpreendente entre oficial e coiteiro não mais estivesse entre as quatro paredes da família do militar, mas que andasse solta pelas ruas da Piranhas acanhada de 1938, nos vem das palavras do então jovem chefe político municipal Francisco Rodrigues Pereira – coronel Chico Rodrigues, para os seguidores – proprietário de armazém que ia da ferragem aos tecidos, passando pelos secos e molhados, homem que dispunha da informação abundante trazida pela clientela do mato. Para ele, recuperando o que pensava à época:

> João Bezerra, até aí, vinha passando a mão na cabeça de Pedro de Cândido. Não sei por quê. Consideração com Pedro, não adiantava. Esperando não sei o quê. Estando com Lampião, Pedro dizia: "Pode confiar". Quando estava com o tenente, dizia: "Pode confiar". Era embrulhão. Perigoso. Ficava nesse jogo.

Apesar disso, os fatos agora estavam postos de modo a exigir mudança drástica de atitude. Não era mais hora de prevalecer a velha amizade entre Bezerra e Pedro, que levava o último ao desplante de encomendar a Manezim de Piranhas, melhor alpercateiro da cidade, peças para o chefe da volante e para o chefe do bando, ao mesmo tempo. Ambos, aliás, calçando 40. E Manoel Gomes Barbosa ia vendo sua arte arrastá-lo a acender velas às duas leis, a do litoral e a do sertão, à ordem pública e ao cangaço, a oficina de couro próxima ao Palácio Pedro II, oitão da prefeitura, chegando a ser recompensada por Maria Bonita com a doação de máquina de costura alemã Gritzner Durlach, a mais moderna disponível. Com que Manezim, cooptado finalmente pelas finezas da Rainha do Cangaço, findava por desbancar rivais de prestígio no fornecimento ao bando, como os sergipanos Zé da Ilha, de Poço Redondo, e Zé Hipólito, de Canindé do São Francisco.

Compreensível o apreço dos cangaceiros por alpercatas capazes de reunir resistência e comodidade. Para quem tinha de varar as léguas sem fim daquele sertão do nunca mais, boas alpercatas eram tudo. Montar-se a cavalo não passava de raridade no dia a dia do cangaço.

Somente assim é possível começar a entender a permanência de Pedro em casa, sem abrir no mundo no breu da noite, após ouvir as três pancadas lentas e duas, breves, dadas em pau oco que lhe ficava nos fundos do terreiro. A senha de confiança. Isso, mesmo depois do diálogo com os primeiros emissários do tenente.

Para que a informação não fique incompleta, cabe dizer que havia na volante de Bezerra um soldado muito prestigiado pela valentia, de apelido Antônio Jacó, que dava proteção a Pedro de forma ostensiva por se ter na conta de parente do coiteiro. Jacó era homem de muitas identidades, certamente para fugir de algum passado nebuloso em sua terra natal, Santa Brígida, na Bahia. A mesma de Maria Bonita, por sinal. Assinava Manoel Marques da Silva, mas também Euclides Marques da Silva, além de possuir um segundo apelido: Mané Velho. Acontece que a mãe de Pedro, Guilhermina Gomes Rosa, viúva de Cândido Rodrigues Rosa desde 1936, era igualmente natural de Santa Brígida, descendendo dos Gomes e dos Marques. Os Marques de Antônio Jacó. Cujo tio, Elias Marques da Silva, o Elias Barbosa, vimos ter feito parte da volante baiana do tenente Liberato de Carvalho, tombando no combate terrível da Maranduba, Sergipe, a 9 de janeiro de 1932. Ocasião em que o sobrinho Jacó jurara vingança e pegara em armas contra o cangaço, na versão romanceada que este não perdia vaza de repetir. Mesmo depois de a imprensa baiana desmascarar o "tio Elias", como vimos e iremos recapitular a seguir. De maneira que ninguém mexesse com Pedro esperando continuar de bem com o perigosíssimo Antônio Jacó.

Desconhecendo a solidariedade viscosa existente no seio das famílias, crucial na união dos parentes no sertão patriarcal de outrora, houve quem dissesse que a confissão de Pedro, que narraremos a seguir, teria sido obtida por Jacó mediante a retirada à faca de todas as unhas do coiteiro. Nada mais falso. Possivelmente, outra das ficções de que Jacó parece ter sido pródigo. Tanto quanto o tio finado na Maranduba. Que, alardeando inimizade figadal a Lampião, como trunfo para ser admitido na volante, vem a ser desmascarado, logo, logo, mês e meio depois de sua morte, pela delação do cangaceiro Volta Seca à imprensa de Salvador, em que é apresentado como quinta-coluna a serviço do cangaço, infiltrado nas forças legais. Infâmia que há de ter encontrado no parentesco com Maria Bonita sua motivação, cabe arriscar.

Na escuridão das 11 horas, Bezerra passa a mão no rosto de Pedro para identificá-lo com inteira segurança. Nada de usar a lanterna de pilha. E se afasta uns poucos passos, com este e Ferreira, para lugar mais discreto, um roçado de milho ali mesmo, na prainha de Entremontes, onde se dará o interrogatório sumário, ouvido por um dos guarda-costas do segundo, nossa fonte.

Pede notícias de bandido. Pedro nega saber. Bezerra enverada pelo patético: "Pedro, eu estou pedindo, eu estou implorando por notícias e você não me dá?". Silêncio. Conformado, o tenente olha para o aspirante e faz a entrega do coiteiro, dizendo: "Olhe, compadre, o senhor está vendo, o homem não quer falar. Agora, o senhor resolva aí com ele".

Ferreira não precisa de mais. Toma Pedro nas mãos com energia e lhe adianta que tinha ordens diretas de Lucena para matá-lo. Nada. O punhal sai da bainha do aspirante e é encostado no pescoço de Pedro, pouco abaixo da orelha. Com meio centímetro de penetração, o coiteiro desmorona: "Pare, seu aspirante, que eu vou contar tudo, mas vai morrer muita gente". Aponta para o outro lado do rio e alerta Ferreira a não bater mão da poderosa Petromax, com que este pensava em alumiar o estrago feito pelo punhal: "Nem pense em acender a lanterna, seu aspirante: os homens estão bem ali, do outro lado do rio".

O passo seguinte de Pedro é a tentativa de fazer terror: "Lampião estava com oitenta cabras na chegada, dia 21, mas já deve ter juntado os cem homens que deseja, com os grupos de Zé Sereno, Criança e Balão tendo encostado anteontem". Opina que "os soldados são poucos para brigar desse jeito". Bezerra parece vacilar. Volta-se para Ferreira com a advertência, referindo-se a Lampião: "Aquele negro é perigoso, compadre!"". Sugere o desmanche da jornada, para aguardar momento mais propício, mediante reforço do efetivo. Ferreira diz que, sendo assim, irá adiante apenas com seus quinze homens. Com a volante da Pedra de Delmiro. Bezerra reage, metido em brios. Os preparativos para o embarque de travessia do rio começam à sua ordem. Em acelerado.

As dúvidas parecem dissipar-se na alma de Bezerra nessa hora, ao que os fatos estão a indicar. Será o comandante resoluto da etapa final da missão, a despeito do baixo empenho demonstrado no aspecto braçal do combate.

Pedro começa a se derramar em solicitudes para com o detentor da sentença de morte lavrada contra si pelo comandante do II Batalhão. Seu aspirante pra cá, seu aspirante pra lá, salamaleques que vão diluindo a animosidade de Ferreira. É quando este se volta para o mais jovem dos dois guarda-costas que possuía, o soldado Santo, já apresentado ao leitor, na energia dos 22 anos, e ordena seco: "Tire o relho e se amarre nesse coiteiro safado, com toda segurança". O relho de couro, longo e estreito, destinado principalmente a sujeitar bodes para a carneação, era peça de uso geral de quem andasse na caatinga.

Dito e feito. O relho dará vida aos irmãos siameses do Angico dentro de poucas horas. Unidos por escolha que nada tinha de aleatória e que deixa entrever que Ferreira desdobrava um plano. Que o leitor atente: apenas Pedro poderia localizar e identificar Lampião na grota, onde estivera na véspera; somente Santo poderia confirmar uma identificação cercada de suspeitas em razão da fonte. Excluído Bezerra, que se conservaria em posição resguardada no combate de logo mais à frente, nenhum outro militar da missão conhecia o Rei do Cangaço sequer de vista. Somente o soldado Santo. Fato sem contestação. Mas este conhecia bem. Tinha sido amigo e coiteiro de inteira confiança de Virgulino, de 1934 a 1937, além de alfaiate de couro a serviço deste. Até de olho fechado, Santo conseguia chamar a imagem do amigo na mente: "alto, moreno, apazudo, bunda chocha, meio zambeta, amacacado nos gestos ligeiros".

Sem pai desde os três anos de idade – Joaquim Vieira Sandes, primo em segundo grau da baronesa de Água Branca, morrera ali, no surto de febre amarela de 1919, na fazenda Riacho Seco, dos filhos da baronesa, posse que dividia com um irmão e um amigo – Santo se convertera em uma espécie de afilhado postiço do cangaceiro, no segundo ano da amizade, desprezando as advertências de sua mãe, Maria Joaquina da Conceição, a Dona Mocinha, filha de Quinca Gomes, da

Cachoeirinha. E quando preso à ordem de Lucena, em casa de seu tio Antônio Zezé, no Riacho Seco, no meado de 1937, optara por fugir do fuzilamento a que estava destinado, aceitando transformar-se em soldado de polícia. No *macaco* de que tanto debochara nas conversas com o ex-amigo de chapéu de couro estrelado.

O Riacho Seco, uma solta sem fim, inteiramente livre da sujeição do arame, era fazenda aforada à baronesa de Água Branca, como quase tudo por ali. Fica em meio à ribeira do Bom Jesus, que desce da Serra de Mata Grande, passa na ponta da Serra de Água Branca, contorna a Serra do Craunã, lambe o povoado do Tingui e a fazenda Cachoeirinha, indo despejar no Talhado, já no beiço do rio São Francisco, a bem dizer.

Do Riacho Seco para a Cachoeirinha, dá uma légua de caatinga cheia, arbórea, com madeiras de qualidade. Onde Santo campeava menino, "fugindo das aulas da finada Totonha" – da gente do barão, Joaquim Antônio de Siqueira Torres – lá mesmo no Riacho Seco, velhinha boníssima, que não sossegaria antes de alfabetizar o fujão.

Lá um dia de maio de 1934, quase a cochilar na passada baixa do cavalo, entre os dois sítios de propriedade da família, Santo é despertado por um perfume delicioso que parecia desprender-se da galharia em volta, vindo mais forte da estrada à frente. Estranhou. Só a floração do pereiro pode dar um prazer assim, vem ao pensamento. Mas janeiro ficara para trás havia muito, fechando a primavera na ribeira. Quando chegou na casa da tia Maria, no Riacho Seco, ouviu desta, ainda trêmula, que Lampião passara ali havia pouco, na companhia de três cabras, e levara como guia seu marido, Antônio Zezé, depois de um café ligeiro. A casa estava que era um perfume só, agora de mistura com as velas acesas pela volta de Zezé, tio de Santo.

Fazia anos que Lampião não andava por ali. Desde o meado de 1928, para ser preciso, quando abandonara Alagoas e Pernambuco, migrando para o sertão baiano sem fim e para o verde de Sergipe, buscando aliviar a perseguição policial. Estava de volta ao pasto. E gostaria de contar com os amigos de ontem novamente. Santo anota bem a novidade cochichada pela tia. Uma cautela a mais para o ainda rapazola que reinava naqueles ermos.

Nem bem se passam dois meses, quando andava atrás de uma égua que parira um burrinho e malhava, ano de chuva, na ipueira da fazenda Cachoeirinha, onde havia lagoas com muito capim nas margens, é surpreendido por um psiu enérgico. Olha em volta e vê um sujeito debaixo de cangaço, chapéu de couro de aba quebrada, fuzil na mão, saindo de moita próxima. "Eh, rapaz, vá ali que o Capitão

Lampião quer ver você", Santo ouve gelado, mal se recompondo do susto. Não há o que fazer, ao alcance do tiro como se acha.

Dá na espora e avança na direção indicada. Logo é interceptado por um homem alto, moreno, cara fechada, traje vistoso, faiscando de ouro, que lhe toma a rédea e pergunta quem ele era e o que andava fazendo por ali. Tremendo, Santo não esconde nada. Lampião volta à carga, perguntando pela cor da égua e do burrinho. "A égua é roxa e o burrinho é preto, com uma bicheira nova na barriga, seu Capitão". Nova pergunta: "Essa égua tem um chocalho vistoso, alatoado?". E Santo, sem esconder o constrangimento: "Não senhor, seu Capitão, ela tem é um chocalho velho, broco, meio amassado e penso que o badalo até caiu".

O semblante do chefe cangaceiro se abre: "Está certo, rapaz, sua égua está na terceira lagoa e a bicheira do burrinho eu tratei, rezando no rastro". Conversam um pouco. Santo é despachado com a recomendação de que levasse lembranças para seu tio Antônio Zezé, no Riacho Seco.

Estava aberta a porteira para uma grande amizade. Dando ares na ribeira do Bom Jesus, passa a ser invariável Lampião mandar chamar Santo ao acampamento para acertos de trabalho. Para o envio de cartas de cobrança, para a compra de bens e principalmente para a confecção, lá mesmo no coito, de peças de couro, ofício em que o jovem era perito. O "Galeguinho", como Lampião e Maria Bonita o chamaram sempre.

De couro, aliás, Santo só não carecia de fazer ali o corpo dos chapéus e as alpercatas para o bando – "tinha quem fizesse", disse-nos seco, a denotar serem essas tarefas chãs – mas carteira de boiadeiro, correia de cantil, testeira e barbicacho para chapéu, bandoleira para suster o fuzil à tiracolo, coldre de pistola, bainha de faca, relho e todos os enfeites de vaqueta de cores variadas, fazia bem, a merecer elogios. Pespontos, debruns, frisos, ilhoses, botões rápidos, nada tinha mistério para ele na aplicação.

Quantas vezes, ao lado do chefe cangaceiro – outro perito no assunto também desde menino, nas origens em Serra Talhada, Pernambuco, como vimos – não costurara noite adentro, entrando pela madrugada, lá no coito do Riacho da Barraca, de Olho d'Água do Casado? O chefe na máquina Singer de mesa, ele com a agulha ou a sovela, fosse fino ou grosso o couro a perfurar, à luz suave das candeias.

Quantas vezes não cortara mato com todo gosto, acerando o que seria o *dancing* para o baile perfumado da noite madrugada, a anunciar invariavelmente a partida do bando para a manhã seguinte? Quantas vezes não se deslocara, de sítio em sítio, na missão de convidar as famílias próximas para a festa em nome de Lampião, as moças solteiras na companhia de seus pais, respeito absoluto, comida farta? Boi ou bode na brasa para quem desejasse encher o bucho. Como esquecer as cenas de sua mãe, casada com o cangaceiro Barra Nova em segundas núpcias – Manoel Maurício dos Santos, na pia, o morto da Lagoa de Domingos João – a dançar com o chefe do bando, ao tempo em que ele, Santo, rodopiava com Maria Bonita? Não uma nem duas vezes. A ponto de sua noiva, Santinha, irmã da cangaceira Durvalina, a Durvinha, reclamar de tanto chamego na amizade com a Bonita.

Homem caprichoso naquilo a que se entregava, em poucos meses Santo convertera-se em "coiteiro fino", chegando a efetuar viagens de compra delicadíssimas a Propriá, a Pão de Açúcar, à Pedra de Delmiro, na busca do remédio, do perfume francês e do uísque escocês da preferência do cangaceiro, a espionagem policial lhe bafejando no cangote. Lucena tinha criado um setor de inteligência no II Batalhão. Para dar-lhe vida, escalara os cinco soldados mais velhos de que dispunha. "Secretas", como eram conhecidos. Ao soldado Marcelino coubera observar as andanças de Santo no começo de 1937.

Para o caminho das águas do São Francisco, de que o jovem coiteiro se valia nas missões que o levavam ao primeiro dos destinos acima, aprendera com o chefe do bando de cangaceiros a comprar muito sebo de gado, formar uma bola volumosa, acondicionar as encomendas no interior e impermeabilizá-la por meio de leve aquecimento externo. Virava uma boia. E dava, de quebra, álibi perfeito: a declaração de que a gordura se destinava à fábrica de sabão existente em Piranhas, blindando o embuste, não descurava de levar porções do breu e da soda cáustica do estilo. Havendo alarme por conta da presença de "secretas" a bordo, Santo deixava cair a noite e se lançava às águas agarrado ao flutuador, a corrente o deixando em ponto da margem pouco abaixo. Se a operação extrema se desse acima de Entremontes, havia cabras a aguardá-lo com cavalos na rédea em lugares ajustados.

Já na farda de soldado, e entre gargalhadas, Santo precisara atender à curiosidade do "secreta" Marcelino sobre o modo como desaparecia da canoa... Mas a situação agora era bem outra. Estava do lado oposto da relação de conflito. De coiteiro consumado, passara a soldado exemplar, honrando o compromisso que assumira com os dois homens que lhe tinham poupado a existência: o tenente-coronel Lucena e o político José Torres, da fazenda São Bento, um dos chefes de Água Branca, amigo do comandante do II Batalhão e do finado pai do depoente.

Estava ali agora, para o que desse e viesse, amarrado a Pedro, seu ex-colega de favorecimento ao bando. Dois ex-coiteiros. Dois vira-casacas. Um, de ano e meio atrás; outro, com poucas horas de conversão a pulso. A pontaço de punhal, melhor se dirá. Optantes, ambos, pela vida. Quantos fariam diferente?

Não saía da cabeça de Santo – ou Galeguinho, se o leitor preferir – a frase com que convencera o comandante do II Batalhão a deixá-lo vivo, no meado de 1937, convertido em *macaco*. Em casa da viúva Júlia Malta, na Pedra de Delmiro – chamego de Pedro Lisboa, delegado de polícia do lugar na ocasião – encontravam-se os amigos Lucena, José Torres e Olímpio Ramalho, quando o jovem prisioneiro é introduzido na sala por três sargentos para se explicar ao comandante Lucena. Que parte para provocá-lo, bem-humorado:

– Menino, se você me visse na caatinga com a volante, em quem você atirava?

Santo, sem pestanejar:

– No senhor, seu coronel. Soldado é raposa. Morre uma, aparecem vinte...

Lucena volta à carga:

– E se for Lampião, com os cangaceiros?
– Conto da mesma história, seu coronel: o tiro é nele.

"Está engajado", Lucena bate com o pingalim na mesa e abre a gargalhada. Com poucos dias, nascia o soldado n° 954, alistado "como voluntário" e "incluído no estado efetivo deste Regimento, na 5ª Companhia do II Batalhão", como dá conta o Boletim Regimental n° 144, de 1° de julho de 1937. Em que se lê que era "de cor branca, solteiro, cabelos escuros e lisos, agricultor, alfabetizado, vacinado, sabia nadar, nascido em Água Branca, Alagoas, em 1916, com 1,69 metro de altura". A filiação é precisamente a que nos declarou em conversa: Joaquim Vieira Sandes e Maria Joaquina Sandes.

Todas essas recordações se dissipam de repente. Santo é devolvido ao instante de inquietação que estava vivendo. Seria chegado o momento de ser fiel à jura feita a Lucena?

12
O preá na macambira

Como se sabe, a polícia
Degolou os cangaceiros,
Trazendo pra Maceió
O crânio dos bandoleiros:
Cabeças de celerados,
Rostos maus e deformados
De bandidos verdadeiros.

João Martins de Athayde, ibidem, 1938.

No país dos nordestinos,
de agouros infinitos,
ainda se ouvem os gritos
do seu feroz combater:
na toada das rendeiras,
na voz do cego das feiras,
o peito quente do povo
espera o seu renascer.
Corpo agora sem cabeça,
virou alma do outro mundo,
medusa de um profundo
sonho sem amanhecer...

Nertan Macedo, *Cancioneiro de Lampião*, 1959.

As canoas unidas singram o São Francisco agora rio acima, em traquetes difíceis, como se estivessem de regresso a Piranhas, deixando para trás a visão da casa-grande ribeirinha da fazenda Angico, no beiço sergipano. Tudo no curto. Distâncias pequenas. E encostam em minutos na prainha de areias brancas da Forquilha, lado de Sergipe também. Mais uma travessia que uma viagem propriamente dita. O desembarque se dá sem alterações.

Com autorização de Ferreira, Santo se afasta para satisfazer necessidades, ficando o coiteiro momentaneamente sob as vistas do segundo dos guarda-costas do aspirante, soldado Antônio Honorato da Silva, o Noratinho. Um madurão de quarenta anos de idade alegada – não dispunha de documento anterior à caserna que o comprovasse – aparência de muito mais. É na ausência de Santo que se dá a prisão de Durval Rodrigues Rosa, irmão de Pedro, na casa-grande alvíssima da fazenda Angico, efetuada apenas pelos dois comandantes principais e alguns de seus guarda-costas, em pequena caminhada a pé pela beira do rio.

Convencido por Pedro da impossibilidade de negativa às indagações, postas em meio a espancamento rápido, Durval se incorpora à volante de Bezerra debaixo de ordem. Mas não guardava mágoa do irmão, como nos disse em conversa de 22 de agosto de 2001, em sua casa de Poço Redondo, confessando ter passado o resto da vida a amargar a resposta imprudente com que se denunciara à volante, sussurrada de dentro de casa, na suposição de que as batidas em sua porta fossem uma nova visita de cangaceiros: "Não tem mais bebida, não. A que tinha, já levei toda para os senhores". Quem já não teve a inexperiência dos dezoito anos?

Para desenganar os irmãos coiteiros quanto ao êxito de alguma artimanha que pudesse salvar os cangaceiros àquela altura, Bezerra faz ver que o tempo da tolerância havia passado, que a lei de Getúlio Vargas agora era a mais dura possível e que a cabeça de todos ali estava em risco a partir daquele momento, sem excluir a de quem falava... Batendo com a mão na perneira, eleva a voz e despeja: "Ou a cabeça de Lampião ou a da gente!".

Ato contínuo, atrai a todos para a proteção do paiol de milho da fazenda, puxa do bornal um telegrama e foca sobre este a lanterna portátil, passando a ler, martelando palavra por palavra, a mensagem do comandante do II Batalhão de Polícia, homem conhecido por cumprir as promessas mais duras, doesse em quem doesse. A nosso pedido, em sua casa de Poço Redondo, Sergipe, em meio à entrevista de 2001, Durval puxa pela boa memória de sertanejo e nos dá o teor do telegrama de Lucena, gravado a fogo em sua lembrança:

Tenente Bezerra – Piranhas, 27

> Garrote no curral. Fazenda Angico. Vaqueiro Pedro de Candido. Cabeça do garrote ou a sua e de Pedro. Cumpra-se. Tenente-coronel Lucena.

A existência dessa mensagem confirma o que nos disse o telegrafista adjunto de Piranhas à época, Waldemar Damasceno dos Santos, quanto a ter expedido para a sede do II Batalhão, em Santana do Ipanema, por determinação da titular do serviço, Enísia Santos, cópia do telegrama da mesma data, passado pelo sargento Aniceto para o tenente Bezerra, na Pedra de Delmiro Gouveia, como narramos no capítulo anterior. É pormenor que ilumina o modo pelo qual o comandante Lucena pôde ativar sua espionagem na identificação do "curral" e do "vaqueiro", no espaço de poucas horas.

Santo é novamente atrelado a Pedro, sem se avistar com Durval em momento nenhum. Chegava a duvidar da presença do caçula dos Cândido na missão. Escuridão é a peste.

Todos juntos de novo na Forquilha, pelas 2 horas da manhã, as volantes dão início à caminhada de altos e baixos de penetração do terreno difícil, alcantil dos piores que se possa imaginar, caatinga fechada, mar de espinhos, noite escura, librina renitente, quedas, sustos, armas enlameadas, proibição absoluta do uso de lanternas. Um dos sustos, capaz de levar um soldado jovem a urinar fora de hora, deu-se pelo tropel repentino de três animais enchocalhados. Que depois se saberia terem sido as burras de sela responsáveis pelo transporte das cangaceiras Sila, Dulce e Enedina, de Zé Sereno, Criança e Cajazeira, respectivamente. O consolo era o chão úmido, as folhas não denunciando o avanço. Gastam nisso um par de horas até breve parada no alto das Perdidas, onde Bezerra forma a tropa em duas linhas rasas e fala aos homens: "Se prepare todo mundo, quem morrer, morreu, quem escapar, escapou, que nós vamos brigar com Lampião, já e já!".

O soldado Santo se recorda de que as correias dos fuzis começaram a tremer e os canecos, a tilintar. Uma coisa era brigar com subgrupo, com Zé Sereno, com Labareda, com Português, com Moreno, com Balão, com Moita Braba, até mesmo com Corisco, outra, bem diferente, era defrontar-se com o Rei do Cangaço, lenda viva de mais de vinte anos. Homem habituado a sangrar lentamente a punhal os soldados que saíam feridos dos combates.

Bezerra pede ao bagageiro que lhe passe a cachaça e vai servindo um gole no caneco de cada subordinado. Com as próprias mãos. Ares de despedida.

Desde a Forquilha, no afã de desmanchar a sentença de morte contra si, Pedro dera a Ferreira garantias de que tinha condições de orientar a execução sumária de Lampião por meio de tiro de ponto dado de surpresa, a partir de lugar insuspeitado. Indagara então ao oficial, sem receber resposta: "De que vale matar dez desses meninos bestas se Lampião ficar vivo, seu aspirante?". A mesma tese de Joca Bernardo, amiudada em recorrência naquele 1938: "Sem quebrar a touceira, o mato volta com mais força".

Ainda nas Perdidas, o passo seguinte é dividir as volantes em grupos de combate, cada qual recebendo roteiro e condutor. Momento de maior brilho da estrela militar de Bezerra, a nosso ver, a despeito de ter-se prestado a atrair sobre ele nova maledicência. Como poderia dispor tão bem as tropas no solo, em meio à escuridão mais completa, se não conhecesse a fundo o sítio em que se achava? A indagação não era vazia. E novamente chegou a incomodar o oficial, que tratou de isolar a suspeita no livro de memórias que fez publicar em 1940: "O coiteiro informou-me minuciosamente de todos os acidentes topográficos do terreno". Mesmo assim, não é fácil imaginar o sucesso de uma aula de geografia física no breu da noite acerca de terreno tão acidentado. Sobre que a cangaceira Sila diria em livro, sessenta anos depois de ter escapado de lá com as mãos pelo chão, tratar-se de "lugar muito esquisito e de difícil acesso", aonde "só ia quem soubesse", por não ser menos que "um verdadeiro esconderijo". Especificamente sobre a grota, emprega ainda os adjetivos "triste" e "tenebrosa", queixando-se do silêncio opressivo e de que, "às cinco horas da tarde, tudo já tinha escurecido".

Características físicas assim difíceis, não surpreende que viessem a servir, mais uma vez, para acrescer na maledicência corrente contra Bezerra, sobretudo entre Piranhas e Entremontes, partida de residentes que conheciam bem as dificuldades geográficas da área. Maledicência que faz parte da história, não devendo o historiador sonegá-la ao conhecimento do leitor – desde que envolta nas ressalvas devidas – se alimenta o propósito de reconstituir por inteiro o clima humano do tempo, entendendo a razão de atitudes, de ressentimentos, de mágoas e até de aplausos.

Por essas bocas de comadre, a familiaridade do oficial com os desvãos da grota se explicaria por ele frequentar o local para jogos de carta de noite inteira com o chefe dos cangaceiros. Não uma nem duas vezes, ouve-se ainda hoje nas ruas de Entremontes. Fechemos a cortina à boataria que envolveu os fatos e retomemos a ação em andamento.

O plano da divisão se conclui. Ele mesmo, **João Bezerra da Silva**, com dez homens, ficaria na encosta direita e menos íngreme do riachinho do Ouro Fino – na visão de quem olhasse para a nascente do Tamanduá, águas acima do riacho, que será nossa orientação espacial doravante – ocupando o centro da linha de fogo esboçada e se conservando a cerca de duzentos metros do fio de água; o soldado **Antônio Bertholdo da Silva**, com oito homens, iria tomar a mesma encosta, porém mais para baixo, cobrindo o flanco esquerdo do dispositivo de ataque; o sargento **Aniceto Rodrigues dos Santos**, com quinze homens, ocuparia o flanco direito dessa linha de atiradores, na mesma encosta, ultrapassando a posição de Bezerra e se pondo à direita deste, no esforço por fechar o flanco na porção superior do curso d'água e impedir a possível fuga dos cangaceiros riacho acima; o cabo **Juvêncio Correia de Lima**, com dois homens, buscaria – sem o conseguir em nenhum momento – cruzar o riacho pela parte ainda mais de cima e se aproximar da grota pela encosta esquerda, findando por se quedar embolado entre os soldados de Bezerra. Por fim, à volante de **Francisco Ferreira de Mello** caberia a vanguarda, descendo pela esquerda do dispositivo, ladeando a unidade de Bertholdo e ganhando o leito de pedras do córrego bem abaixo, com vistas a varrê-lo de baixo para cima, com quinze integrantes e mais Pedro de Cândido à guisa de periscópio.

Salvo quanto à posição especial escalada para a volante de Ferreira, da qual se esperava o protagonismo que se reserva às vanguardas, todo o dispositivo de ataque, espichado em linha de atiradores, orientava o olhar para o leito do riacho. Em cujas areias lavadas e margens adjacentes se espalhavam as barracas dos cangaceiros, guardando de seis a oito metros de distância entre si. Um pouco mais isoladas as toldas dos casados.

Alertado pelo coiteiro, o pelotão do aspirante não tomaria chegada no fio de água com menos de duzentos metros abaixo do salão da grota, em cujo pé de escarpa ficava a barraca de Lampião, sob uma árvore. É que, com 150 metros abaixo da tenda do chefe, se alagava o poço do Tamanduá, de maior oferta d'água do coito, lugar frequentado pelos bandidos a qualquer hora. Poder observar o movimento dos cabras no local, de uma distância de cinquenta metros, de início, seria uma boa cautela para a tropa, recomendava um Pedro derramado em atenções que findariam por lhe salvar a vida. No ponto em que se dá a chegada do troço de Ferreira, o Riacho do Ouro Fino se divide em dois, um ramo descendo para o São Francisco pela prainha da Forquilha, o outro despejando no oitão da casa-grande da fazenda Angico.

É precisamente no encerramento da partilha tática que o aspirante vê chegado o momento de pedir a Bezerra a missão de sacrifício, a mais delicada e cheia de riscos: a de tirar a vida ao chefe maior dos cangaceiros previamente ao combate. Objetivo estratégico para cuja consecução garantia contar com a palavra de Pedro, de guiar a ponta da vanguarda até a parte de trás da barraca de Lampião, armada sob uma craibeira de porte médio que se erguia defronte e levemente à direita da boca da grota, estando o coiteiro de todo em todo desenganado quanto às duas opções que se abriam à frente em seu destino: a cabeça do chefe cangaceiro ou a sua própria. Como esquecer o telegrama de Lucena?

Há de se imaginar que Ferreira dispusesse de créditos para fazer pedido dessa monta em instante tão crítico. Os créditos de que o leitor já se acha inteirado, oriundos da confiança antiga de Lucena e – como se saberia depois do combate – de outra confiança recente e ainda mais elevada: a do coronel Theodoreto, comandante-geral da polícia de Alagoas, como veremos adiante. O certo é que Bezerra não reluta. E o aspirante deixa o *briefing* das Perdidas com sua volante arvorada em unidade de execução a frio. Investida da missão de comando letal de que falamos acima, a rapidez do diálogo soando a Santo mero coroamento de alguma coisa acertada de antemão entre os dois comandantes e compadres.

Às apalpadelas, em meio à escuridão mais espessa, as unidades começam a se derramar sobre o solo difícil da Grota do Angico, caindo aqui, levantando acolá, os lenços-jabiraca acionados na limpeza do barro sobre o mecanismo de repetição das armas. Terreno difícil, importa dizer, tanto para atacantes quanto para defensores. Talvez até mais para os segundos, os cangaceiros, por incrível que possa parecer. É que, a despeito de se tratar de coito recorrente do Rei do Cangaço, sítio de sua livre escolha, a conformação espacial da Grota do Angico não deixa de ser taticamente indefensável.

No plano intuitivo, Corisco tinha condenado a posição em conversas anteriores com o chefe, afetando ares fúnebres na advertência: "Capitão, Angico é cova de defunto". Não fora outra a frase com que procurara traduzir a evidência de que a ravina escavada entre dois outeiros, de margens íngremes e escorregadias no inverno, dava escapula apenas pelo leito do riachinho quase seco, para cima ou para baixo. Tapado um lado por linha de fogo, nada haveria a fazer senão tomar o outro lado como rota de fuga e ser fuzilado por quem se quedasse comodamente à espera.

"Armadilha com uma só entrada é garrafa: quem fechar a boca faz o que quiser com o miolo", Corisco dissera ao chefe quando ali estivera no ano anterior, de onde "saíra às pressas", como nos revelou pessoalmente a cangaceira Dadá.

Há testemunho de que, na antevéspera do combate, interrompendo afoitamente conversa entre Lampião e Pedro de Cândido no final da tarde, Zé Sereno o advertira da precariedade da posição e da demora de uma semana no local. Riscos à vista. Ao que o chefe, pousando a mão sobre o ombro de Pedro de Cândido, procura dar tranquilidade ao auxiliar: "Qual, compadre Sereno, eu estando com esse coronel aqui, só tenho medo mesmo é dos castigos de Deus". O mesmo que o chefe dissera a Candeeiro, outro queixoso da posição, procurando tranquilizá-lo: "Você já deve ter visto que aqui a gente só tem amigo".

A essa altura do relato, ciente de que Lampião não era homem de facilitar a vida aos adversários, o leitor chegará naturalmente à conclusão de que a muralha supostamente instransponível do Angico era feita de um granito que nada tinha de mineral. Era política. A garantia do interventor Eronides de Carvalho. Do amigo do peito de Getúlio Vargas. O primeiro dos governadores do Nordeste a quem o presidente consultara no limiar da decretação do Golpe de Estado de 10 de novembro de 1937. Ao emissário especial da sondagem discreta promovida pelo Catete, o mineiro acariocado Francisco Negrão de Lima, cabendo colher um "sim" entusiasmado em Aracaju, convém não esquecer. O que pusera Eronides nas graças do ditador do Estado Novo. De quem receberia, de mão beijada, quando desejou se aposentar da política, as delícias financeiras de um cartório na avenida Sete de Setembro, no coração do Rio de Janeiro, o então Distrito Federal.

Eis a razão por que o chefe sergipano não estava convencido da morte de Lampião até as 10 horas da noite de 2 de agosto, quando recebe para entrevista a reportagem dos Diários Associados, em seu apartamento nº 105, do Palace Hotel, no centro do Rio de Janeiro. "É estranhável, o fato", sustentará Eronides na abertura de longa explicação desfiada quatro dias depois do estardalhaço dos jornais de todo o país e do estrangeiro, uma vez que "a fazenda Angico está instalada à margem do São Francisco e dista poucos quilômetros da fronteira alagoana". Acrescendo nos motivos de persistência da dúvida, não se recusa ao detalhamento das razões: "Nosso governo tem uma estação de rádio na localidade Monte Alegre, distante dezenove quilômetros e meio do local onde teria tombado Lampião: daí minha natural estranheza quanto ao fato".

Como poderia o dirigente sergipano conceber que um oficialzinho de polícia de estado vizinho, à frente de um punhado de soldados matutos – alguns dos quais nem dispunham da condição de militar, não passando de sertanejos "contratados" temporariamente, além de analfabetos, na maioria – invadindo sem aviso o território de seu estado na calada da noite, ousasse desafiar-lhe os poderes de interventor federal, de oficial do Exército, de executor do "estado de guerra" constitucional em Sergipe e de amigo de Getúlio, o ditador que tudo podia no momento? Mas acontecera.

Em Maceió, às primeiras notícias do feito do Angico chegadas do sertão, Osman Loureiro não tarda a colocar o caso em si, pressentindo a mágoa do colega sergipano. Cumpria atalhar o incidente o mais breve possível. Tirar dos seus ombros de governante atento aos imperativos de cortesia o peso da invasão quase clandestina do estado vizinho do sul. Se a questão pedia outros ombros, os de Lucena mostravam-se largos e fortes.

Em Piranhas, aonde chegara ainda na madrugada da sexta-feira, 29, em companhia de médico e fotógrafo, o comandante do II Batalhão cumpria jornada estafante. O acontecimento da grota era grande demais para permitir um instante de descanso sequer. Inúmeras providências aguardavam por sua iniciativa. Sobejando no ordinário das medidas burocráticas, o inusitado de onze cabeças humanas metidas em salmoura de açougueiro, que começavam a mudar de cor e soltar a pele, para não falar do cheiro... Até isso.

No meio do dia, um rádio do Palácio dos Martírios coloca para Lucena a questão fronteiriça. O mal-estar em perspectiva. Feitas as reflexões necessárias, o comandante do II Batalhão dispara telegrama para o coronel Rivaldo Britto, comandante-geral da Polícia Militar de Sergipe, no qual chama a si a responsabilidade pela invasão do território sergipano. Vale que lhe examinemos a sutileza diplomática, para que o leitor sinta o clima que envolvia a todos no momento:

> Piranhas, 29. Lampião, acossado minhas forças, atravessou rio São Francisco, localizando-se fazenda Angico, esse estado. Tenente Bezerra e aspirante Ferreira de Mello, acordo minhas instruções anteriores, atravessaram e travaram com-

bate ontem, cinco horas manhã, resultando mortes famigerado Lampião, Luiz Pedro, Jorge Horácio, vulgo Quinta-Feira, Elétrico, Diferente, Caixa de Fósforos, Cajarana, Maria Bonita, Enedina, Mergulhão e mais um, não identificado [...]. Mandamos bater fotografias, das quais vos enviarei cópias logo estejam prontas. Sigo Santana do Ipanema, sede Comando. Saudações – J. Lucena, tenente-coronel comandante II Batalhão.

O uso reiterado do possessivo em texto tão curto dá bem a medida do afã de Lucena em eximir o interventor Osman de críticas, encampando a responsabilidade frontal pela ação ousada. Ousada e única possível, como opção militar, uma vez que até as pedras em Alagoas sabiam que dividir o plano de ataque com a polícia de Eronides seria o mesmo que transmiti-lo a Lampião...

Preocupações diplomáticas à parte, governador e comandante militar alagoanos não ignoravam que a travessia sorrateira do São Francisco, no plano friamente jurídico, punha-se a coberto de censuras com base nas disposições do Convênio Interestadual de Combate ao Banditismo, celebrado no Recife, a 12 de julho de 1935.

Reunindo o estado anfitrião e mais os de Alagoas, Bahia, Ceará, Paraíba, Rio Grande do Norte e Sergipe, a tinta fresca do acordo assinado no Palácio das Princesas reproduzia, com alguma troca de palavras, velha fórmula que remontava a acertos congêneres, nomeadamente os de 1922 e 1926, firmados também no Recife, no tocante à travessia de fronteira estadual por força de polícia em ação. O Artigo 2º rezava expressamente sobre a matéria: "Em caso de perseguição continuada, poderão as autoridades e os comandantes de forças penetrarem nos territórios dos estados convenientes, comunicando-o imediatamente à autoridade local e, o mais breve possível, ao chefe de polícia respectivo".

Quando muito, caberia a Sergipe abrir polêmica em torno da elasticidade da locução adjetiva "perseguição continuada", para alguns cabendo no termo apenas a hipótese de esforço ininterrupto, como elemento de circunstância, enquanto outros admitiam abrangida a pura ação repetida ou sucessiva.

Claro que Alagoas pendia para esse último entendimento. Afinal, no episódio do Angico estivera presente, quando muito, uma perseguição fracionada em dias, não um esforço ininterrupto. Como saltava aos olhos de todos ter havido tempo para a comunicação prévia à autoridade sergipana, o que remeteria a questão para o burocrático Artigo 3º do Convênio, segundo o qual "tratando-se de criminosos pronunciados, homiziados em território de outro estado, essa penetração só poderá verificar-se depois de solicitada e concedida a necessária permissão por parte do estado onde estes se encontrarem, exibindo o comandante mandado ou requisição da autoridade competente".

É de se imaginar a volante de Alagoas abicando na margem sergipana na madrugada de 28 de julho, a exibir para os paus da caatinga o papelório da exigência legal...

Recebido o telegrama de Lucena, a propaganda política de Sergipe não se faz de rogada: rapidamente apanha o limão azedo contido na mensagem e o espreme no crisol com que procura, pela milésima vez, lavar a testada das acusações de colaboracionismo com o cangaço que pesavam sobre o dirigente sergipano. A mesma edição de 2 de agosto do *Diário Oficial do Estado de Sergipe* que transcreve o telegrama de Lucena, sustenta que o teor deste "evidencia que Lampião não estava em território sergipano e que para este veio acossado pelas forças que lhe deram o último combate". Somente assim, tangido à bala, Lampião poderia ser visto nas caatingas de Sergipe, insinua a mensagem com desfaçatez digna de nota.

Para Eronides, findou por sair barato o desfecho trágico de 28 de julho: perdeu o bom-humor e um pouco da autoconfiança, não deixando de chorar a perda de cabo eleitoral persuasivo, que outra coisa não era Lampião para ele nos últimos cinco anos. Ao Rei do Cangaço, coube perder a cabeça, com a mulher e nove de seus cabras. Literalmente. Um e outro pendurados na palavra fluida do estancieiro de São Borja, ditas em meio à fumaça do charuto inseparável.

Fiel até a morte a Júlio de Castilhos, Vargas há de ter optado pela modernização abrupta da área sertaneja também no instante decisivo – bebendo na filosofia de Auguste Comte – mesmo que à custa de algum arranhão na amizade com o chefe de Sergipe. Arranhão cedo superado, que ninguém resiste à pedagogia da vitória. Ou à outorga, de mão beijada, de um cartório na avenida Sete de Setembro, no Rio de Janeiro...

Angico não precisava empinar-se em fortaleza material, dentro da circunstância política que estamos examinando. Mas o abuso foi além da conta. Um descuido completo. Confiança cega adotada por um chefe guerrilheiro veterano – Rei do Cangaço por todos os méritos militares pelos quais se deseje julgá-lo – em quem a desconfiança sempre se mostrara proverbial. Fiel ao figurino do jagunço, confiou no patrão. O jagunço em que Eronides o amesquinhara em Sergipe, nos anos finais de uma vida inteira de arma nas mãos. E deu um pontapé no beabá da arte da guerra.

Para não irmos longe, atentemos para o capítulo nono da obra mais clássica sobre o assunto, *A arte da guerra*, em que Sun Tzu sumaria os conhecimentos acerca do fator geográfico afetado à ação mlitar: "Todos os exércitos preferem terrenos elevados em vez de baixos, e lugares ensolarados em vez de sombrios". E, no que parece escrito ainda uma vez por quem estivesse a olhar para a Grota do Angico, arrepiando-se com o cenário, trata de alarmar:

> As regiões que tiverem rochedos íngremes, entremeados de enxurradas, com profundos buracos naturais, lugares confinados, moitas desordenadas, pântanos e fendas, devem ser abandonadas o mais rápido possível, e não devemos nos aproximar delas.

Tudo isso é intuitivo. A guerra é arte, não ciência. Quando muito, os ensinamentos de que se vale vão beber parte do conteúdo no saber empírico teorizado em escritos. Não se cuide em pensar que os cangaceiros tivessem de ler Sun Tzu para entrar na posse das lições que apresentamos, velhas de vinte séculos.

O cangaço, bem mais que secular no tempo de que nos ocupamos aqui, soubera gerar seus códigos de oralidade, debruçado sobre as guerras móvel e estática, sobre a arte de matar gente, sobre a mesa e sobre a festa de seus protagonistas, produzindo uma subcultura dentro do quadro pastoril do Nordeste. Subcultura de guerra.

De resto, lembrar que só não há no Angico o pântano arrolado, coisa difícil de se encontrar no semiárido brasileiro. Tudo o mais está lá. Agravado por cobertura arbórea densa, elevada e espinhosa, a roubar a visão para além dos seis metros, em regra. O perfeito "lugar sombrio" da referência.

Uma revelação, dentro do tópico tratado: em agosto de 2001, o professor Peter Burke, da Universidade de Cambridge, antigo oficial do exército britânico, atendeu a convite nosso para que conhecesse o local onde fora entoado o canto de cisne de Lampião, figura que sempre lhe despertou interesse. E veio de lá, em companhia da esposa, a também professora Maria Lúcia Pallares-Burke, da mesma universidade famosa, para a jornada campal de estudos. Mais do que o historiador de fama mundial nos dias atuais, nos interessava ouvir a opinião do antigo militar dos anos 1950. E foi assim que obtivemos uma apreciação especializada de natureza tática, cujo núcleo dividimos com o leitor, a confirmar a linha da condenação patente da paragem do combate derradeiro:

> O que me impressionou no Angico foi o fato de o sítio ser perigosamente atraente, oferecendo relativo conforto, ao custo de sua vulnerabilidade a um ataque de surpresa vindo de cima, possivelmente combinado com outro assalto, mais convencional, pelo leito do riacho seco que dava acesso ao acampamento. Para o local ser seguro, teria sido necessária uma vigilância de noite inteira, olhando do alto da montanha para toda a área do abarracamento. Disparar de cima para baixo sobre os cangaceiros daria aos soldados uma grande vantagem.

Eis aí uma apreciação militar sobre os altos e baixos do Angico, sumariada por quem se graduou em *fieldcraft* no exército do Reino Unido. No tocante à vigilância, de necessidade tão realçada no estudo, convém não esquecer que o engodo da véspera do combate, gritado a plenos pulmões pelo sargento Aniceto no auge da feira de Piranhas, levara os coiteiros a dar a Lampião a notícia risonha de que não havia tropas na área naquele meio de semana do final de julho, o que induzira as sentinelas a "dormir de cuecas" por ordem deste. Como veremos à frente, algumas não o fizeram, mantendo-se nos postos.

A atração exercida pela paragem do Angico tem a ver com a oferta abundante de água de boa qualidade, à frente de outras razões. Os cangaceiros sobreviventes se alegravam ao relatar a possibilidade do banho diário no poço abaixo da grota, luxo com que não estava habituada a maioria dos rapazes do bando, a assinalar a diferença entre o beiradeiro são-franciscano e o vivente do miolo da caatinga, sujeito, este último, a passar semanas sem se banhar.

Retomando a narrativa desde a divisão tática das forças, na antemanhã de 28 de julho, diremos que toda a iniciativa do ataque se afunilará nas mãos do grupo de combate do aspirante Ferreira de Mello – arvorado em comando da morte, como vimos – a partir do momento em que as frações conseguem, de modo mais ou menos completo, ocupar as posições no terreno. Durante os vinte minutos do combate em vias de ocorrer, aos homens de Bezerra, de Aniceto, de Juvêncio e de Bertholdo se reservará um papel meramente reativo, de intensidade determinada pelo volume maior ou menor do esforço de fuga dos cangaceiros. Mais forte riacho acima, engajando na ação a volante de Aniceto, responsável pela morte de três cabras, pelo menos, todos longe do salão da grota; menos forte na posição de Bezerra, por onde se deram quase todas as fugas, a doçura do aclive ali e a distância do leito do riacho em que se conservou o comandante geral, com seus homens e mais o coiteiro Durval de Cândido, respondendo pelo baixo engajamento em combate naquele sítio.

Avancemos com os homens de Ferreira de Mello, pé ante pé, na descida até a bifurcação do Riacho do Ouro Fino, onde este distribui, aos cochichos, quatro ondas de varredura, a guardarem entre si, na evolução riacho acima, cerca de "quinze braças" ou 33 metros de distância.

A "cabeceira" ou vanguarda, de três combatentes, mais o próprio aspirante, com sua metralhadora Bergmann, ao lado do soldado Agostinho Teixeira de Souza, de grande experiência, portando a metralhadora Royal afetada ordinariamente à volante com sede na Pedra de Delmiro Gouveia. Com a tarefa de alimentar as duas armas automáticas, distribuindo e remuniciando os carregadores, vinha o "contratado" Venceslau Ramos da Silva, o Zé Cocadinha, como bagageiro. Por fim, nosso depoente principal, soldado Sebastião Vieira Sandes, o Santo, atrelado ao coiteiro delator Pedro de Cândido. Os dois últimos, agindo à guisa de periscópio dessa primeira fração de força. Nas mãos da dupla – ou nos olhos, melhor se dirá – a tarefa delicadíssima de apontar o Rei do Cangaço ao aspirante, não custa insistir.

A segunda onda, compondo a primeira parte do "contracoice" ou grosso, com o mesmo efetivo, trará o veterano Antônio Honorato da Silva, o Noratinho – guarda-costas do aspirante, tal como Santo – ao lado de José Panta, também nosso informante, de Abdon Cosmo de Andrade e de Antônio Francisco de Lima, o Antônio Ferro. Logo a seguir, como segunda parte da estrutura do grosso, vinham José Tertuliano de Souza, o Terto, Antônio Vieira da Silva e João Leandro dos Santos.

Por fim, no "coice" ou retaguarda, fechando o efetivo, marchavam João Tibúrcio da Silva, o João Toste, Guilherme Francisco da Silva e Adrião Pedro de Souza.

Dois nomes se perderam na memória de nossos informantes – um, da segunda seção do grosso; outro, da retaguarda – nomes provavelmente de contratados, não de soldados. De "tapa-buracos", "cachimbos" ou "soldados de barro", das expressões de desprezo correntes entre cangaceiros para designar os enxertos de "paisanos" de que se valiam os governos estaduais para completar o efetivo de praticamente todas as forças volantes. Improvisação tornada popular por trazer economia significativa para o erário público.

Reunidos no leito do riacho, a duzentos metros abaixo do salão da grota como vimos, os homens de Ferreira recebem duas instruções finais, sopradas em termos duros: esperar quinze minutos antes de iniciar a varredura riacho acima e somente romper fogo após ouvir o disparo a ser efetuado pelo aspirante. É então que, para surpresa dos demais soldados, Ferreira desgarra com sua vanguarda, escalando a encosta esquerda do córrego até ficar coberto pelo beiço desta, dando início a uma evolução pelo alto da margem, em paralelo com a linha d'água. Era a missão secreta que começava a se desdobrar, seus protagonistas curvados na caminhada silenciosa sobre o tapete de folhas secas, empastadas pela chuva desde a véspera.

Pedro e Santo passam à frente, atrelados; o aspirante e o bagageiro Zé Cocadinha vindo logo a seguir, cabendo a Agostinho caminhar quase que de costas, cobrindo a retaguarda, a despeito de Pedro ter assegurado que as barracas armadas na margem esquerda ficavam acima da grota, para não devassar a intimidade do casal real durante as noites.

Pouco antes de tomar posição no platô, por cima do arco de rochas da boca da grota, a natureza resolve dar espetáculo para os soldados que levantam as vistas sobre o cenário derredor, mirando o leito quase enxuto abaixo e a encosta contrária à frente – a encosta direita de quem olha riacho acima, não custa repisar a orientação que adotamos – onde se espalham cerca de dezesseis barracas de cangaceiros. Em meio à neblina rala, o calor dos corpos da cabroeira, acentuado por pequenos fogos acesos em alguns casos, faz com que se elevem sobre as tendas colunas afiladas e alvíssimas de nevoeiro de vapor, as linhas da condensação denunciando cada uma das moradias provisórias. Nada mal para soldados que levavam o propósito de abrir fogo dentro de minutos sobre aquele enorme paliteiro de névoa, a espetar um céu carrancudo, ainda em luta por dissipar as trevas derradeiras. Um *naïf* de Henri Rousseau poderia reportar essa beleza, enlaçada à capoeira agressiva.

Ocupada a posição, a um sinal do aspirante, Pedro se aproxima da borda do penhasco e recua de repente, branco como papel: avistara Lampião logo abaixo, em frente a uma pedra pontuda muito grande que fechava o espaço da barraca de que o chefe cangaceiro se servia com Maria Bonita, sustida a empanada – cretone floreado em vermelho – por forquilhas e correias atadas às ramas de uma craibeira de porte médio.

O Rei do Cangaço está "a menos de oito metros de distância, em pé, inteiramente equipado, salvo pelo chapéu e pela cartucheira de ombro, pousados sobre a pedra". Santo o vê com clareza. Inconfundível. Pedro olha para Santo com expressão de súplica. Sabia que o combate iria estalar e desejava correr. Por meio de gestos e de movimentos de boca, Santo confirma a identificação para o aspirante, sem ignorar que decretava a morte de Lampião nesse momento. Em resposta, Ferreira olha para Santo e amolega o dedo indicador na direção de Pedro. A senha para que este fosse eliminado aos primeiros tiros, por não fazer mais sentido a presença dele em meio à força.

A claridade banha timidamente o salão da grota. A conversa dos cabras já é perceptível por frases inteiras: "Levanta daí, cabra mole"; "vamos terminar o jogo, compadre"; "junta os cantis e desce para o poço, colega". Gargalhadas são ouvidas. Os cangaceiros recostados no paredão de pedra da grota estão tão próximos que "era mais o caso de avoar em cima e pegar com as mãos", nos disse o soldado Santo.

Lampião olha para os lados e caminha em direção à barraca, saindo de cena. A inquietação dos algozes atinge o máximo. Teria ele dado fé de alguma coisa? Segundos viram horas. O cangaceiro volta mansamente, trazendo nas mãos a chaleirinha do samovar. Luiz Pedro se aproxima, atraído pelo cheiro do café fumegante. Cumprimenta Lampião e volta para a sua barraca, certamente para pegar o caneco.

Em cima da grota, o aspirante eleva a Bergmann à posição de tiro e, fosse por ceder à evidência de serem as metralhadoras armas contraindicadas para o tiro de pontaria, fosse por sentir o peso do esgotamento físico absoluto, traduzido na respiração ofegante, desiste do gesto e faz sinal a Santo – de quem conhecia muito bem a excelência como atirador – autorizando-o a fazer uso de seu fuzil de serviço: o nosso conhecido Mauser alemão, de modelo 1908, calibre sete milímetros, cano extralongo e raiamento espiral interior em passo curto, características que respondem pela rotação elevada com que parte o projétil e pela decorrente estabilidade impressa à trajetória deste, municiado com balas novíssimas, de 1932, como vimos.

Falamos de arma que dominou os torneios militares de tiro ao alvo no Brasil ao longo de todo o século XX, tamanha a precisão de seu desempenho, na voz do coronel Carlos Nogueira, especialista em material bélico do Exército Brasileiro, a quem ouvimos sobre o pormenor nada desprezível.

Santo prepara o disparo, apadrinhando-se em catingueira jovem. Faz a pontaria e se detém: um cangaceiro desce da encosta direita para cumprimentar Lampião, entrançado de cantis para abastecer no poço abaixo. É Zé Sereno, chefe de subgrupo, chegado na antevéspera com seus homens, na companhia dos também chefes que tinham os apelidos de Balão e Criança.

Recebida a bênção do "padrinho" e comandante, Zé Sereno se afasta a tempo de ver que Luiz Pedro retorna. Lampião se abaixa para atacar a alpercata do pé esquerdo. Novamente em pé, pega o caneco na pedra pontuda. Quando vai levá-lo à boca, girando o corpo com agilidade, parte o tiro do soldado Santo, de cima para baixo, quebrando o sossego de catedral até então reinante na grota, arranhado apenas pelo "converseiro" dos cabras. Santo assiste à "queda desconjuntada do corpo; queda de quem cai pra não levantar mais".

Por ter alvejado o corpo em movimento, chega a recear que o tiro pudesse ter penetrado pelas costas. "Matar o Capitão é uma coisa; ser covarde com ele, não", lhe ocorre de momento. Respeito que conserva ao responder à indagação de Eliseu Gomes Neto e nossa sobre a dificuldade do tiro. Olhar no infinito, responde emocionado: "Foi como atirar em preá na macambira...".

Lampião recebera o disparo em diagonal, pouco abaixo do lado esquerdo do umbigo. E cai fulminado sem uma palavra sequer, nem mesmo tempo para soltar aquele grito com que tantas vezes "salvara a boiada" do cangaço sob ataque repentino, cavalgando o provérbio sertanejo. Não dessa vez. Costas coladas ao leito de pedras da ravina, duas das quais, pouco mais altas, vêm a lhe servir de travesseiro e de apoio para a coxa direita, olhos vidrados no céu, o Rei do Cangaço está morto com apenas um tiro.

Para muitos, muitos mesmo, coisa de não se acreditar. Trapaça de "macacos" na busca por galões... Para uns tantos, presos ao fatalismo corrente na caatinga, "no dia escalado por Deus, até de topada se morre...". E as orações fortes, os breves, as jaculatórias de fé, mofadas de velho no caborje de couro fino conduzido ao pescoço pela vítima, por que não obraram seus efeitos? É que não dispõem de força dentro d'água, sentenciam os iniciados nas sabenças do catolicismo popular, correndo a esclarecer: apesar de quase enxuta na ocasião, a grota é caminho d'água do Riacho do Ouro Fino. Assim...

Ruído metálico, nasal, captado pelos homens da vanguarda no instante mesmo do disparo assassino, seria esclarecido somente quando os soldados puderam dar conta de mossa alongada produzida por choque fugidio desse primeiro projétil sobre a superfície externa da lâmina de aço do punhal do cangaceiro, mais propriamente um triscado forte, o estrago da bala rasgando em elipse o ponto correspondente da bainha de liga de prata em que se achava metido o estilete. Importa assinalar que a arma branca, devidamente embainhada, já se achava na posição em que é conduzida na marcha, é dizer, por trás das cartucheiras de cintura, cingindo transversalmente o abdome de seu dono, da direita para a esquerda, em linha descendente. O choque desvia um pouco a bala para baixo, rasgando a parede do ventre e decretando a exposição completa das vísceras, no que um médico classificaria como prolapso do intestino. No momento em que desceu da barranca para cortar a cabeça de Lampião, ainda em meio à fumaça, o soldado Santo pôde ver a extensão do dano descrito. "Estavam de fora as tripas grossas e finas", foi o comentário que nos fez.

Perícia balística sumária que promovemos no conjunto punhal-bainha, com base em fotografias colhidas no Instituto Histórico e Geográfico de Alagoas, em Maceió, onde a arma se conservava intocada desde 1938, permitiu ao perito criminal Eduardo Makoto Sato, do Instituto Nacional de Criminalística, da Polícia Federal brasileira, concluir, sob as reservas de ciência, que o disparo teria se dado em trajetória descendente, segundo ângulo estimado entre os 30 e os 38 graus em relação à superfície frontal-vertical do conjunto punhal-bainha, considerada a posição invariável de porte do estilete sobre o abdome, segundo a estética corrente no cangaço. Tradição que o chefe cangaceiro não transgredia no instante derradeiro de vida.

Importa dizer que a recuperação da trajetória do projétil, efetuada a partir da marca oblonga impressa na bainha, nos remetendo a ângulo coincidente com o desnível que se pode flagrar experimentalmente, ainda hoje, na topografia conservada do sítio do Angico, entre indivíduo de estatura mediana – figurando o soldado Santo, com seu 1,69 metro de altura – postado no platô a cavaleiro da grota, e outro indivíduo, de configuração física bem mais elevada – reproduzindo o cangaceiro Lampião, com 1,74 metro de altura – igualmente em pé, pouco mais abaixo, sobre o leito de pedra do salão, confirma os testemunhos recolhidos sobre os planos distintos ocupados por algoz e vítima no momento do disparo. Um tiro de cima para baixo, em ângulo doce. Traz luz ainda sobre as razões da ruptura da parede abdominal desse último, com o resultado de morte instantânea que se viu, bem como sobre o sentido frontal do impacto do projétil sobre o alvejado, embora em trajetória levemente oblíqua, como descrito.

Por fim, se considerarmos o testemunho geral não desmentido de que Lampião levava placidamente o caneco de café aos lábios no momento fatal, a indicar o desfrute de ambiente de completa paz até aquele instante, confirmaremos a conclusão de não ter o chefe perecido em combate; de ter sido executado previamente em lance típico de comandos – "conforme fora acertado de antemão", não custa repetir as palavras de Bezerra – e de ter a acefalia que se seguiu respondido pela debandada dos cangaceiros em todas as direções, logo após estalar a troca de tiros.

Nessa linha, registros não menos uniformes atestam que o lugar-tenente do bando, Luiz Pedro, único dotado de qualidades pessoais suficientes para ocupar o lugar do morto, empolgar a cena e ensaiar a resistência, teria gritado para este aos primeiros tiros, já então inutilmente: "Compadre Lampião, vamos fugir que é gente muita!". Colhendo o silêncio em resposta, volta em busca do compadre e o avista caído. Apanha o chapéu do morto, faiscante de ouro, engancha-o no braço e corre riacho acima, repetindo a plenos pulmões: "O compadre morreu!".

Rei morto sem rei posto, as ações se desenrolarão dolorosamente para o lado do cangaço a partir desse momento, perdidas todas as esperanças de um possível contra-ataque.

Abaixo, na ravina, vencidos os quinze minutos da ordem final de Ferreira, a primeira seção do grosso avançara até bem próximo do olho-d'água e tinha alguns cangaceiros na alça de mira. O soldado Abdon, em particular, estava tão próximo de Amoroso que sentira ganas de inaugurar o combate, caso o cabra o avistasse. Somente o risco de transgredir a ordem do aspirante o paralisa para além da prudência.

Com o primeiro disparo vindo de cima, o "tiro seco, de bala nova" dado por Santo, Abdon deu-se por liberado para detonar o que viria a ser o segundo pipoco da manhã, estalado logo a seguir. Tiro perdido incrivelmente, em razão da distância nula para o alvejado, apenas rasgando a camisa e cortando a alça de um dos bornais do cangaceiro. Não contara o soldado com a sorte de Amoroso, proverbial no bando desde fins de 1937, quando, "moreninho, gordinho, baixinho, dezessete anos, baleado no pau da venta, de corte, no fogo pesado da Pedra d'Água, sarou quando todo mundo pensava que fosse morrer, depois do sangue que perdeu", nos disse seu colega Candeeiro.

Outra perda lamentada pelos mesmos soldados, a confirmar a pouca experiência de alguns dos homens de Ferreira, fica por conta da escapula mais que ousada do chefe Zé Sereno. Surpreendido na fonte d'água, ensaia descer o leito do riacho, mas avista o pessoal do aspirante subindo em sua direção. Nada tendo a fazer, sustém o mosquete com a mão direita e, erguendo a esquerda espalmada, grita repetidamente, em meio à fumaça dos disparos que já tomava conta da grota: "É companheiro, não atire, é companheiro!".

A circunstância de não estar usando chapéu de couro na ocasião, e sim um chapéu de feltro de tipo muito empregado pelos soldados volantes, de abas não muito largas, há de ter contribuído para o êxito do conto de vigário salvador. Além disso, a mistura de forças volantes diferentes deve ter tornado a identificação precária entre os soldados. E Sereno se vai, deixando para trás a mulher. A formosa Sila, do sonho molhado dos "macacos".

Esta, segundo nos contou em conversa de 1990, no Recife, estava na meia encosta direita, onde Sereno – sempre desconfiado com a configuração do Angico – armara a tolda por trás de um muro natural, formado por lajeiros de altura que chegava à cintura de um homem. Dormia um segundo sono, depois de ter conversado um nada com o marido que deixava a barraca, quando o tiro quebra o silêncio. Pula do leito de mato forrado, passa a mão nos bornais e corre descalça, na intenção de escapar a todo custo. Cedo a fumaça dos disparos se espalha pela ravina. Agachada, recebe convite do chefe Criança e da mulher deste, Dulce, que passavam na carreira, para que os acompanhasse. Vai. Adiante uns cinquenta metros, vê Candeeiro atirando e logo cair com o braço direito quebrado por bala. Fogo amigo vindo do companheiro Santa Cruz, que corria disparando para trás.

Sila apanha o mosquete do guarda-costas de Lampião, a pedido deste, a tempo de vê-lo enrolar o lenço-jabiraca no braço inutilizado. Começam a subir o riacho quando Enedina, mulher de Cajazeira, se incorpora ao grupelho em fuga. Cerca de trinta passos à frente, um tiro destampa o crânio da cangaceira adolescente, lançando parte dos miolos sobre as vestes de Sila. "Não se tinha tempo para chorar", como esta nos disse emocionada, pouco mais de cinquenta anos passados da tragédia.

Chegam ao alto, onde procuram respirar, percebendo que os tiros rareavam por ali. E conseguem finalmente "escapulir do inferno", descendo pela encosta esquerda, sem que o momento os poupasse de um derradeiro quadro de morte: a do companheiro Moeda, alcançado em cheio pela metralhadora do soldado José Gomes do Nascimento, dos membros mais experientes da volante do sargento Aniceto naquele dia.

Cabe uma palavra sobre a presença no alto do jovem cangaceiro Santa Cruz, Pedro Alves de Matos, primo de Criança, seu chefe imediato, no interesse da compreensão do desfecho de 28 de julho como um todo. Na véspera do combate, ignorando o relaxamento da vigilância, Santa Cruz ganhara o topete da ravina a convite de Azulão, que havia se postado ali de sentinela nas últimas quatro noites, renunciando, ambos, a "dormir de cuecas". No interesse da própria pele, tocaiavam o que pudesse vir pela vereda de bode que ia dar na vila de Poço Redondo, por onde transitavam com frequência as volantes baianas mais perigosas. De costas para a grota abaixo, vigiavam o único ponto de risco admitido pelos veteranos do bando, a nenhum destes acudindo a possibilidade de chegada do inimigo pelas águas do rio. É nessa linha que se inserem as palavras de Santa Cruz ao *Jornal de Alagoas* de 8 de novembro de 1938: "A força atacou por baixo, pelo lado do riacho, por isso, nada vimos".

Cai por terra, com as palavras de Santa Cruz, um dos objetos da discussão interminável que se trava sobre o Angico: o de que não havia sentinelas na madrugada do combate. Havia. Duas, até. Só que voltadas exclusivamente para a possibilidade de ataque por terra, não pela água. Reflexo da preocupação com o que poderia vir da Bahia, via Sergipe, é dizer, com as volantes do tenente Zé Rufino, ou dos sargentos Besouro, Odilon Flor ou Zezinho Figueiredo. Mãos pesadas notórios. Alagoas não franzia a testa do velho capitão do cangaço, por suas forças espalhadas no pasto.

Refeito da surpresa com os tiros inaugurais, Quinta-Feira, decano do bando, com seus 55 anos, deixa a barraca que passara a dividir com o caçula da cabroeira, o adolescente José, sobrinho de Lampião, e parte para socorrer o chefe. Fuzil em riste, Jorge Horácio Vilar, seu nome na pia da fazenda Ipueiras, em Mata Grande, Alagoas, e vaqueiro celebrado pelos cantadores nos espinhos da quase vizinha Pedra de Delmiro Gouveia antes de tomar a mescla do cangaço, solta o brado de guerra do costume: "Arreda, doença do rato!".

Curioso como a cultura sertaneja, retentiva e arcaica por excelência, continua a assombrar o cotidiano do homem da caatinga com obsessões filtradas da Baixa Idade Média, a exemplo do diabo e das pestes, à frente a peste bubônica ou peste negra, doença transmitida pela pulga do rato. É difícil trocar palavras com sertanejo velho sem flagrar a recorrência do apelo às palavras cão, diabo, demônio ou peste. Duas na mesma frase, com frequência.

Noratinho e Abdon tinham conseguido ultrapassar a aguada, detendo-se por trás de umas pedras altas que estreitam o curso do riacho, de onde podiam vislumbrar algum movimento no salão da grota, cerca de trinta metros adiante. Avistam um cabra aos pinotes. Negaças típicas da guerrilha sertaneja de base tapuia. A fumaça ainda era pouca. Caboclo quase índio, cabelos pretos e lisos, alto, magro, maduro na idade e até mesmo cego de um olho, eis as características de Quinta-Feira que podem ter convencido Noratinho de se encontrar diante do próprio Lampião, quando se defrontava mesmo era com o temido integrante da guarda pessoal do chefe: o Véi' Quinta-Feira, do apreço dos companheiros de bando.

Embalado pela ilusão, Noratinho empunha o mosquete e alveja a figura, na crença de estar abatendo o chefe maior. É ouvi-lo, na transcrição erudita constante do *Diário de Pernambuco* de 2 de agosto de 1938: "Vi Lampião se erguer, apresentando na face a expressão de um enorme pavor. Levei o fuzil ao rosto. Mirei bem. A mulher do bandoleiro, nesse instante, estendeu os braços pedindo clemência. Fiz fogo e o chefe dos cangaceiros baqueou. Acompanhei sua queda com dois tiros".

Verdadeiro libreto de ópera, o quadro pintado por Noratinho, na tradução de uma imprensa ávida por indicar o herói. À margem a dificuldade temporal de acompanhar a queda de um corpo com dois tiros, quando se dispunha de simples arma de repetição e não automática, cabe comentar que ninguém jamais conseguiu que Noratinho encarasse o engano. Vimos que até sua morte, em agosto de 1962, em Tabuleiro dos Martins, Alagoas, por mãos desconhecidas, ao que se apurou, o já então sargento de pijama, conterrâneo e contemporâneo do próprio Lampião, sustentaria ser o autor do regicídio que fizera desmoronar a realeza do cangaço.

Ilusão robustecida pela imprensa do Sudeste que acorreu ao sertão de Alagoas em 1938, capaz de ver no relato de Noratinho a chance de reeditar, na Grota do Angico, um dos sentimentalismos caros à Primeira Guerra Mundial: a página épica do soldado velho disposto a avermelhar com sangue os cabelos brancos na defesa de ideal de que não lhe viria recompensa desfrutável, mesmo quando bem-sucedido. Foi quanto ouvimos pessoalmente de um dos repórteres da ocasião, Melchiades da Rocha, na conversa de 1983, referida no capítulo sobre Maria Bonita. A Noratinho não faltavam os cabelos cor de prata, caros também aos poetas.

O brado de insulto não mais se reproduz. Sem enfrentar resistência de peso, Noratinho reenceta o avanço, ao lado de Abdon, seguido de perto por Zé Panta e Antônio Ferro.

Cabe um esclarecimento aos versados na geografia atual do Angico, capazes de estranhar a relativa fluidez no avanço dos soldados de Ferreira, riacho acima, tamanha a sucessão de pedras enormes pelo caminho que se flagra hoje em dia. Quando experimentamos o privilégio de refazer os passos finais da volante, a 21 de julho de 1996, na companhia de Candeeiro, de Zé Panta e do antigo coiteiro Manoel Félix, ouvimos dos três octogenários, a uma voz, o alerta de que a compreensão dos movimentos de 1938 pede ter em mente que o curso do Riacho do Ouro Fino possuía ao menos meio metro a mais de areia em relação ao que tem hoje. Tapete de areia branca e fina, lavada pelo jorro do inverno e arrastada lentamente para o São Francisco a cada ano. "Somente assim se pode entender a carreira de dez metros que eu dei no rumo da barraca de Lampião em determinado momento", frisou um Panta comovido, no local mesmo em que acelerara os passos havia 58 anos.

Candeeiro, sentado em uma pedra ao lado, aproveita a quase tertúlia que se forma sob a rama das catingueiras para clarear outra controvérsia sem fim entre pesquisadores: a do silêncio dos cachorros do bando, em número de cinco naquele 28 de julho – praticamente um para cada subgrupo presente – diante do avanço da tropa. Lampião estava apenas com Guarani, uma vez que Ligeiro, xodó de Maria Bonita, tinha sido ferido levemente e capturado pelos "macacos" após o tiroteio das Guaribas, em Buíque, Pernambuco, meados de 1937.

Para começo de conversa, deve-se ter em vista que "cachorro de cangaceiro não late para estranhos de jeito nenhum: apenas murcha as orelhas e balança o rabo, dando sinal", ensina o antigo membro da guarda pessoal do Rei do Cangaço. Para isso, os cães eram adestrados duramente, por motivo de segurança. Afinal, o latido reiterado alarma a perseguidores e perseguidos. Pegar o bode na carreira, mordendo na garganta e o matando logo, ou apenas cravando os dentes na perna do bicho para detê-lo até ser peado pelo relho do cangaceiro que vem atrás, eis o segundo ponto de treinamento dos animais do cangaço.

A chuva fina e constante que se abatia desde a véspera do combate, presença familiar por ali no período de maio a agosto, aliada à quadra de frio intenso que corresponde precisamente ao mês de julho, há de ter metido os cachorros nas toldas, entanguidos pela friagem, encorujados, a dar seus sinais apenas para quem estivesse próximo e atento.

Candeeiro nos brinda com ilustração puxada da memória, remontando a fins de abril de 1938. O grupo central procurava atravessar a estradinha de chão entre a cidade de Águas Belas e a vila de Pau Ferro, Pernambuco, quando ouvem zoar um caminhão. Abaixam-se na margem, protegidos por um trançado de jurema-preta, velame e pega-velho. Para inquietação dos 22 cangaceiros, mais Maria Bonita, o caminhão se detém à altura de onde estavam os cabras, da boleia saltando o tenente Gabriel Mariano de Queiroz, da volante pernambucana, metralhadora a tiracolo, em busca de lugar para satisfazer necessidade. Na carroceria, os soldados aproveitam para fumar. Dá alguns passos e se acocora a não mais de quinze passos de onde se achava Lampião, tendo ao lado o fiel Guarani. Inteiriçado, o cachorro oferece toda a *mise-en-scène* do alarme, sem dar pio. E assim a cena fica congelada por quase dez minutos, que pareceram dia inteiro, até que a volante retoma o rumo sem suspeitar de nada. Não há retrato mais vivo dos cães do cangaço. "Que só não falavam porque Deus não consente", Candeeiro fecha a lição.

Nada de diverso ouvimos de Sila, na entrevista referida. Termos iguais aos do companheiro de bando. Contudo, a estranheza sempre existiu, induzida pela expectativa natural do latido fácil que caracteriza o cachorro do paisano. O próprio coronel Theodoreto deixou-se levar pela cisma e sindicou junto aos subordinados que tinham combatido no Angico. Ao jornal *Estado da Bahia*, de 12 de agosto de 1938, o médico Arnaldo Silveira reproduziu entrevista feita com o comandante-geral da polícia de Alagoas, na qual o militar lhe informava ter-se convencido finalmente de que "só a chuva foi o fator da surpresa de que resultou a morte de Lampião", acrescentando que "o bando possuía cinco cães que ficavam de guarda, a boa distância do coito", e que, "na manhã do cerco, os animais, vencidos pela chuva que tombava sem cessar, retiraram-se de seus postos". Dessa maneira, concluía, "nenhum sinal avisou os bandidos de que a força se aproximava". Ainda quanto ao frio, um registro final expressivo: nas muitas entrevistas que nos deu a partir de 1984, Candeeiro jamais deixou de referir o "xale de lã muito vistoso" que estava usando para se defender do rigor das madrugadas no Angico, lamentando tê-lo perdido "para os garranchos da caatinga", na carreira em meio às balas de 1938.

Quanto ao Lampião proverbialmente desconfiado que todos conhecemos, atento de ordinário ao sinal dos cães, como de resto a todo e qualquer indicativo de risco que a não menos proverbial agudeza de sentidos pudesse lhe trazer, o desentendimento pesado com Maria Bonita na noite da véspera, relatado por esta a Sila, na quase madrugada de 28, em meio a baforadas nervosas dos vários cigarros que fumou na oportunidade, há de ter embotado o melhor da percepção do chefe, é lícito supor. Sila disse mais.

269

Referindo-se ao companheiro, Maria chegara ao extremo de desabafar com indagação sobre o motivo de Lampião não morrer, "quando tanta gente nova do bando está se acabando". Não aceitava o veto do marido ao corte de cabelo *à la garçonne*, que ensaiara na estada mais recente em Propriá. Que se danasse a tradição sertaneja de enxergar desonra no cabelo curto das mulheres! Preferia a modernidade. A moda. A janela para o mundo que as conversas perfumadas com Benjamin Abrahão tinham aberto para ela em 1936. E o acesso às revistas nacionais mais recentes que este tivera a gentileza de trazer consigo, repletas de fotografias de mulheres de roupa de banho, cabelos curtos, cigarro em desafio na piteira longa e pernas de fora, apenas confirmava. Era o que estampavam as melhores publicações brasileiras do momento: *O Cruzeiro*, que vinha de 1928, e *A Noite Ilustrada*, nas bancas desde 1931.

Fora mesmo no meado daquele 1936 que, mostrando ascendência sobre o amado na presença de Abrahão, Maria conseguira espetar nas mãos de um Virgulino com cara de poucos amigos – a fotografia não mente – exemplar d'*A Noite Ilustrada* de 25 de maio, para ser apanhado pelas lentes gulosas do sírio. Que se empenhava em levar ao mundo, por meio do cinema e da fotografia, um Lampião amigo da leitura. "Um apaixonado admirador dos misteriosos entrechos policiais de Edgard Wallace e de Georges Simenon", autores da moda, como dissera ao *Diário de Pernambuco* de 20 de fevereiro de 1937, em evidente exagero. Mas tratávamos da fotografia ousada de uma bela mulher de maiô, colocada nas mãos de chefe de cangaço que era a encarnação mais autêntica do arcaísmo da cultura sertaneja, quer pela forma de vida adotada, quer pela intransigência de patriarca nos modos, quer pela justiça privada que distribuía como se vivesse nos primórdios de nosso processo colonial.

A capa destacava a beleza de Ann Evers, nadadora e atriz norte-americana, em preparo para ditar moda nas Olimpíadas de Berlim, previstas para agosto daquele 1936, pernas de fora, cabelos curtos acamados em "pastinha" ao estilo do tempo, "exibindo um formoso modelo praiano" emoldurado por longa rede de pesca. Toda a ousadia tendo por pano de fundo as areias de Santa Mônica, na Califórnia. Manchete: "A sereia e sua rede". Inspirada na atriz de Hollywood, quem sabe Maria não embalara o sonho de uma sereia sertaneja, a encantar as praias de areias não menos alvas do Baixo São Francisco?

Lampião bem que tinha seus motivos na arenga de 1938, coitado. No sertão velho, ninguém ignorava que o corte a pulso dos cabelos femininos constituía ofensa tão grave quanto pisa dada em homem. Desmoralização completa. Como Júlio César, o cangaceiro devia achar que sua companheira devesse ser e parecer honesta. Cabelos inteiros e no lugar. E o pior a ter em vista, em se tratando de mulher – e mulher atenta a seus encantos, como no caso de que tratamos – é que a inquietação mental de Maria devia estar batendo no somático, como diria um psicólogo. É que "estava gorda". Em seu pescoço, na hora do corte, o soldado Bertholdo notara "mais de dois dedos de banha", pelo que traz o vespertino *O Nordeste*, de Aracaju, 6 de agosto de 1938.

De todo modo, nenhuma explicação nos parece suficiente à margem do mar de confiança que vinha da proteção política dispensada ao bando pelo interventor federal do estado de Sergipe. É bem provável que os cachorros tenham encenado seu espetáculo, em cena muda, com a fidelidade habitual, murchando orelhas e abanando caudas, sem contar com plateia interessada: parte a esfregar os olhos, parte entregue francamente ao sono no interior das tendas.

Voltemos à ação central, desdobrada pelo comando da morte. No topo da grota, ato contínuo, Ferreira destrava a metralhadora e a descarrega sobre o salão, onde alguns cabras atarantados ensaiam o socorro ao Rei do Cangaço, alvejando também, em rajadas sucessivas, as barracas da encosta direita à frente. O cano da Bergmann esquenta ao rubro, depois de engolir os quatro carregadores disponíveis. São 128 tiros despejados em pouco mais de dois minutos. Na mesma linha de ação, o soldado Agostinho imita o aspirante e passa três dos carregadores da Royal, sem se deter. São mais sessenta tiros de metralhadora sobre a cabroeira em pânico. Barragem de fogo de quase duzentos disparos, em tempo praticamente nulo.

Mais grave. À *Gazeta de Alagoas*, de 2 de agosto de 1938, Ferreira diria uma frase a ser meditada, referindo-se aos cabras que corriam pelo salão da grota, desavorados ante a perda do chefe maior: "Abri fogo, alvejando os bandidos à queima-roupa". Para o civil, a expressão "queima-roupa" muitas vezes não vai além de recurso literário de ênfase. Artifício retórico. Não assim na boca de quem, verificando praça a 1º de agosto de 1925, como sabemos, dispunha de quase quinze anos de experiência militar a mais movimentada, naquele 1938, tendo chefiado delegacias pelo interior e se familiarizado com os assuntos da chamada polícia judiciária. Estamos diante de distâncias inferiores tecnicamente a três metros, em alguns casos, o que nos traz à lembrança o desabafo que fez Candeeiro, fechando longa conversa em nossa casa, no ano de 2005: "Ah, meu amigo, ainda hoje eu me pergunto como foi que a gente deixou aqueles 'macacos' chegarem tão perto...".

Tendo nos olhos a queda instantânea do antigo "padrinho", Santo se permite uma ousadia, em nome da gratidão e da necessidade prática de se libertar para intervir no combate iniciado. Desamarra-se de Pedro e lhe sopra ao ouvido, sem tempo de aliviá-lo do relho na cintura: "Corre, condenado!". A visão derradeira que Santo teve do coiteiro nessa agonia foi a de um bicho no galope que arrastasse o rabo pelo chão de folhas molhadas. Não pôde deixar de rir...

É hora de reprisarmos parte das palavras do cangaceiro Vila Nova, um dos que viram a morte de perto no lance descrito, ditas ao *Jornal de Alagoas* de 25 de outubro de 1938 – como transcrevemos no final do capítulo sétimo – com a autoridade de quem ocupava "uma das barracas mais aproximadas do rancho de Lampião":

> Imediatamente depois dos tiros, houve um pequeno intervalo, e os cabras que estavam perto de Lampião foram acossados por fortes rajadas que partiam quase da mesma direção, vindas por cima de uma elevação. Logo caíram, mortalmente feridos, Quinta-Feira, Mergulhão, Colchete, Maria Bonita e Marcela.

Na lembrança do soldado José Panta, o cangaceiro Alecrim deve figurar nesse rol, o que confirma a exatidão do testemunho de Santo, colega de farda, para quem, "na área da barraca do chefe, caem, logo, logo, sete cangaceiros". Não é de se duvidar da memória de Panta também quanto ao pormenor. Afinal, coube a ele a tarefa de cortar a cabeça do jovem cangaceiro de Poço Redondo, no conjunto das três que decepou naquela manhã, "a túnica ficando vermelha com os esguichos".

Morto de cansado – depois de dar os primeiros tiros de retruque pelo lado do cangaço – com a baba fazendo liga na boca, Luiz Pedro não vai longe na rota de fuga que ensaia riacho acima. "Umas dez a quinze braças", na estimativa do aspirante Ferreira.

A exemplo do compadre e chefe Lampião, o lugar-tenente do bando já não era menino. Beirava os quarenta anos, idade avançada diante das exigências do estilo de vida do cangaço. Já escrevemos outrora que "cangaceiros são bailarinos: como estes, morrem de velho muito cedo". Andava com Lampião desde quando este ascendera à chefia de bando, como herdeiro de Sinhô Pereira, nos longes de 1922.

Por trás do tronco grosso de uma ingazeira, Luiz Pedro se detém, a tempo de ver o soldado Antônio Jacó, da volante de Bezerra, aproximar-se ardilosamente. Dá os cinco tiros da carga do mosquetão sobre este, sem sucesso. Magro e ligeiro, o soldado faz cabriola e se livra das balas. E quando o bandido parte para engatilhar a pistola, consegue alvejá-lo mortalmente, sendo quase impedido por gesto do tenente Bezerra, que se aproximava em acelerado. Tivera o comandante da tropa a veleidade de poupar a vida ao lugar-tenente do bando, a quem devia fineza antiga confessada, embora nunca detalhada. De todo modo, as palavras de alguns dos sobreviventes pelo lado do cangaço, à frente Vila Nova, dão ao cangaceiro veterano, de cabelo ruivo e barba vermelha, natural do pé da serra de Triunfo, no Pajeú de Pernambuco, a honra do primeiro tiro desferido em resposta ao ataque da força. Nenhuma surpresa. Lampião se comprazia em dizer que "compadre Luiz vale por trinta bocas de fogo".

A intensidade da metralha que vai crivando a encosta direita, coalhada de barracas de cangaceiros, à razão de dois homens solteiros ou casal por coberta, surpreende até mesmo o experiente Balão, no cangaço havia dez anos, levando--o a considerar obra de Deus o momento em que a necessidade de reabastecer os carregadores das metralhadoras, tarefa manual invariavelmente lenta, determina o intervalo – que toma por "enguiço" da arma – de que se vale para fugir, sem poder salvar o companheiro. A palavra ao veterano cangaceiro, alegria nos encontros do bando por ser exímio na sanfona e na gaita de beiço, em depoimento dado à revista *Realidade*, de novembro de 1973:

> Numa rajada, a metralhadora serrou a ponta de minha barraca. Meu companheiro, Mergulhão, levantou-se de um salto, mas caiu, partido ao meio por nova rajada [...]. Não havia tempo para chorar. As balas batiam nas pedras, soltando faíscas e lascas. Ouviam-se gritos por toda parte. Um inferno. Luiz Pedro ainda gritou: "Vamos pegar o dinheiro e o ouro na barraca de Lampião". Não conseguiu. Caiu atingido por uma rajada. Corri até ele, peguei seu mosquetão e, com Zé Sereno, consegui furar o cerco. Tive a impressão de que a metralhadora enguiçou no momento exato. Para mim, foi Deus.

Cobra Verde e Laranjeira, no costume, tinham ido buscar o leite no povoado Cajueiro, beira do São Francisco, meia leguinha para o Angico. No retorno, ouvem os tiros iniciais e o teto do mundo desabar sobre a grota no momento seguinte. Mesmo evitando a aproximação, o primeiro não escapa de ferimento no mole da coxa, tamanha a intensidade dos disparos. Dão meia-volta e ganham a caatinga.

De um jovem sergipano de Poço Redondo, a nova geração do cangaço esperava muito. Elétrico, eis seu vulgo nas armas, ou Manoel de Pedro Miguel, apelido quando paisano – "meio vermelho", segundo Candeeiro; "sarará", pela boca despreocupada de Manoel Félix – apresentara valentia em mais de um episódio. Lampião soubera e o atraíra para a sua guarda pessoal, bom caçador de noviços como sempre se mostrou. Gostava dele, que retribuía as atenções do chefe com uma promessa pública: "Se um dia o padrinho Lampião morrer, o cangaço só se acaba se eu morrer com ele", ouvimos de ambas as fontes apontadas. Havia motivo para a promessa.

No final de 1937, o comandante Lucena prendera vários coiteiros entre Belo Monte e Pão de Açúcar, Alagoas, e os levara para a cadeia da segunda cidade, aonde chegam em petição de miséria, encangados por corda como caranguejos e jurados de morte. Procedimento comum no período. Entre os condenados, achava-se o excelente vaqueiro Pedro Miguel, que traquejava o rebanho da família Machado na fazenda Barra do Ipanema havia anos.

O coronel Júlio Machado, chefe político de prestígio, amigo e primo distante de Lucena, bota a mão na cabeça e corre para acudir o auxiliar de valor. Lucena, na amizade, brinca com o parente: "Ah, Júlio, lá vem você salvar o colega, não é?". Rindo, Lucena propõe uma acomodação salomônica: "Seu vaqueiro escapa dessa vez, mas nunca mais bota o pé fora das fazendas da família, sob pena de morte imediata!". Júlio aceita o trato e alcança tirar o empregado do xadrez.

Não se passa uma semana, um rosto sem nome aborda o político na rua de Pão de Açúcar e pede delicadamente um particular. Trazia para Júlio cartão de visita de Lampião, com a foto deste no anverso, metido em envelope de luxo. Salvo-conduto poderoso, valendo contra cangaceiros em geral e trazendo, de quebra, alerta manuscrito contra falsificações de sua "firma". Peça que custava um conto de réis, na tabela de preços estatuída pelo Capitão Virgulino para as empresas que circulavam valores pela caatinga. Júlio liga os fatos. Não ignorava que o encourado a quem salvara fosse o pai de Elétrico. Por doação de Olavo de Freitas Machado, em mãos de quem examinamos, o cartãozinho acha-se hoje no Instituto Histórico e Geográfico de Alagoas, testemunhando a curiosa teia de relações do tempo do cangaço. Com espaço para alguma elegância...

Esse Elétrico, energizado pelas atenções reiteradas do chefe do bando, a quem ficara a dever, por fim, a vida do próprio pai, será protagonista da reação mortal derradeira da era lampiônica, abatendo com um tiro no pescoço o soldado Adrião Pedro de Souza, da volante de Ferreira, além de quebrar um braço a Guilherme Francisco da Silva, da mesma força. Integrantes, ambos, da onda mais recuada da varredura dos homens do aspirante Ferreira riacho acima, como vimos.

A barraca de Elétrico ficava na encosta esquerda, pouco acima do salão da grota, área preservada quando dos tiros iniciais por não ter sido ocupada pelo sargento Juvêncio com seus homens. E é ali que o cangaceiro se queda nessa ocasião, dividido entre a fuga relativamente fácil e o cumprimento suicida da palavra dada ao chefe. Escolhe o segundo caminho. Sem nenhuma pressa, vai descendo a encosta paralelamente ao riacho, já amortecido o combate, até que avista o coice dos homens de Ferreira evoluindo em sentido contrário. Frio, atira de ponto em dois dos inimigos, com o resultado que vimos: um morto e um ferido.

O negro João Tostes, com a experiência de ter servido na volante de Aniceto por dois anos, em Mata Grande, ampara-se por trás de um lajeiro e observa a cena com a mesma calma do atacante. Sem ver movimento, Elétrico se expõe por um instante, a tempo de ser alvejado por Tostes. Atingido em cheio na barriga, o cangaceiro vê o mosquetão ser lançado num enrosco de macambira, sem conseguir mover-se para retomá-lo. Passa a atirar de pistola, invisível, expondo todos a risco.

O tenente Bezerra é chamado e desvia a rota de chegada ao salão da grota. Apontam-lhe a fonte estimada dos disparos. Bezerra dá duas rajadas. Cessam os tiros de pistola. Prostrado, Elétrico vive seus momentos finais. Mas ainda tem tempo de insultar Bezerra, que se aproxima com dois soldados. "Traidor sem-vergonha", grita o cangaceiro para o comandante geral, cuspindo sangue no momento da declaração sibilina. Os soldados puxam os punhais, abreviando-lhe a agonia.

Nem bem cessados os tiros no salão da grota, Santo desce a ribanceira no primeiro momento e se aproxima da barraca de Lampião. Uma temeridade. O aspirante ainda grita, na tentativa de obstá-lo. A fumaça leva o afoito a tropeçar em cadáveres, embora deva tê-lo envolvido numa cortina de salvação, é de se imaginar. Chega ao pé da craibeira. Maria Bonita, atingida por apenas um tiro transfixante dado pelas costas, à altura da omoplata esquerda, com orifício de saída sob a clavícula, pouco acima do coração – do qual "podia ter escapado", ao que opinou Santo – queda-se no pé da árvore, "entre sentada e deitada". Reconhecendo o amigo de outrora, a Rainha do Cangaço ensaia um meio sorriso e lhe dirige apelo, um filete de sangue se desprendendo do orifício da bala a cada palavra soprada: "Galeguinho, pelo amor de Deus, não deixe acabarem de me matar!".

Noratinho e Abdon se aproximam. Santo os contém. Abaixam-se os três para ouvir o que ela sussurra. Quando Santo bate mão de um cigarro para lhe oferecer, Zé Panta chega na carreira e atira por cima dos companheiros. Justifica "o direito de terminar de matar a bandida" por ter sido o autor do primeiro tiro que a alvejara, dado de cerca de quinze braças de distância, ruge para os companheiros.

Atingida no ventre pelo segundo disparo, a cangaceira tem apenas alguns momentos de vida. A poucos metros de distância um do outro, Lampião e Maria Bonita estão mortos. A separá-los, a grande pedra pontuda por trás da qual lhes ficava a barraca. Constatada a eliminação da realeza do cangaço, o festejo rude tem início ali mesmo, em volta da coberta, logo que amaina a troca de tiros. Pudera.

Para soldados encharcados, bocejantes, famintos, flechados por espinhos de todos os tipos, a barraca do casal finado não era menos que um oásis. Havia "doces, carnes em conserva e bebidas em abundância", além da bênção das bênçãos: "café quente". Ao lado de itens que aguçariam a curiosidade dos leitores de jornais, a exemplo do arquivo do chefe, metido em bornal, contendo "todas as cartas e bilhetes que lhe dirigiam os fazendeiros amigos do peito...". Ou um tubo de vidro pequeno, tamanho de uma caneta, contendo "um pó amarelo inodoro, solúvel apenas no éter, clorofórmio, tetracloreto ou carbono, do qual foi injetado um miligrama em uma cobaia e a matou em menos de um minuto", os testes sendo feitos no Gabinete de Pesquisa Científica da Polícia Civil do Rio de Janeiro e divulgados a 8 de agosto. Está tudo lá, no *Jornal de Alagoas*, Maceió, de 31 de julho, 1º e 2 de agosto de 1938, e no diário *Estado da Bahia*, Salvador, de 9 do mesmo mês.

Na entrevista de 1965, o aspirante Ferreira acrescentaria ao rol de comodidades magras do Rei do Cangaço dois cavalos mansos na corda, selas e cabrestos, duas máquinas de costura de mesa, manuais, missais, páginas soltas em latim, jornais, medalhas. O coiteiro Manoel Félix não esqueceria dois candeeiros simples e o samovar de cobre, com chaleira e bico de chama a gás – que era como o sertanejo chamava o querosene naquele tempo – e ainda três cadeiras rústicas. O dia a dia no coito ficava menos áspero dessa maneira.

Uma visão intrigou a todos. Na barraca do casal havia um saco de lona grossa contendo seiscentas balas de fuzil novas, brilhando, contadas por três soldados antes de serem divididas em lotes para facilitar a condução na caminhada de volta para as canoas, nos disse Santo. O tenente Bezerra não deixou de assinalar o achado pelas páginas do *Jornal do Comércio*, Recife, edição de 2 de agosto. A propósito da observação que fizera de que cada cangaceiro conduzia duzentas balas de fuzil no máximo, o comandante estranhava as seiscentas balas na barraca de Lampião.

Durval de Cândido, com todos os motivos para ter raiva de Bezerra, nos jurou ter assistido à chegada das balas à grota, na antevéspera do combate, vindas de Piranhas rio abaixo, em canoa, baldeadas depois para lombo de jegue e conduzidas por um rapazola com ar de inocência, certo Cadinho Machado, morador na fazenda Beleza, em Pão de Açúcar. Encomenda enviada por Bezerra, sustentava Durval, dedos em cruz sobre a boca.

Tanta munição afasta a ideia de crise na logística do bando, como também o pensamento de alguns de que o chefe andasse pensando em se entregar. Provisão para a encrenca em Minas Gerais, aí, sim, é bem possível. Como é possível que se destinasse a completar os arsenais de Corisco, Labareda, Português e Moreno, subgrupos ainda esperados como aderentes tardios ao projeto mineiro. Impossível saber.

Vagando pela caatinga, os cangaceiros sobreviventes não sabiam o que fazer. Nem para onde ir. Escondidos nas moitas a improvisar curativos, catar espinhos uns nos outros, enganar a sede mastigando folhas de umbuzeiro, esmorecidos pelo susto e pela carreira. Os feridos tinham pressa.

O alívio somente vem pelas 10 horas do dia, quando escutam a carga da pistola miúda detonada por Zé Sereno. O chamado "tiro de capitão", arrasto velhíssimo que remonta à marinharia lusitana do tempo das navegações. A ouvidos treinados, o roteiro se abre fácil: fazenda Cuiabá, em Canindé do São Francisco, mesmo lado sergipano. Em não mais de três dias, estarão ali 32 órfãos do Rei do Cangaço.

O chefe Balão, passando por Pão de Açúcar com um dos braços quebrado, sustenta serem quinze os mortos do lado do cangaço, não os onze cadáveres contados na grota, "porque muitos morreram na fuga, pelas serras", como traz o sergipano *O Nordeste*, de 1º de agosto. Balão não dá os nomes do trio que juntava à lista policial, no entanto.

Pedro de Cândido corre, corre, corre sem parar, cai, levanta, retoma a corrida, não se detendo sequer para tirar o cabresto pendurado. Apanha uma chata na beira do rio e atravessa para Entremontes. Sem pedir licença ao sacristão, invade a capela e repica o sino até que muitos se juntam no quadro da feira, imaginando a ocorrência de incêndio, como de costume. Que não deixava de estar havendo. O incêndio do cangaço.

Depois de satisfazer a curiosidade geral sobre os tiros ouvidos no clarear do dia, reúne os homens de representação do lugar, quase todos seus parentes, e resume o que passara desde a véspera. Por fim, pedindo que não houvesse alarme, manda todos se armarem à espera de um ataque dos cangaceiros. Suas palavras, como nos reproduziu o sobrinho Antônio Correia Rosa, em 2006: "Por Lampião, não, que esse eu vi morrer com meus olhos e não temos de ter receio. Quanto aos outros, eu não garanto. Se Seu Luiz Pedro tiver escapado, ou qualquer outro dos grandes, nós estamos perdidos. Eles batem já aqui!". E o povoado se vira em trincheira até o começo da tarde, quando as informações tranquilizadoras começam a chegar.

Retomando a frieza de temperamento que lhe era característica, Pedro estará dentro da rua de Piranhas para os primeiros festejos, pelo meio da tarde desse dia 28, ainda cheio de espinhos pelo corpo. Ao se apresentar ao aspirante Ferreira, ouve deste que era para ele estar morto. Voltando-se para Santo, o aspirante indaga: "Por que você não matou esse filho da puta?". E Santo: "Ah, seu aspirante, eu vendo cangaceiro na minha frente, vou atirar em paisano?". Riso geral. Tudo era festa.

Nos pastos do cangaço, a vida segue seu curso de qualquer modo. No dia mesmo do combate, o coiteiro responsável pela primeira denúncia, Joca Bernardo, outro temperamento gelado, visita Corisco na fazenda Emendadas, terras de Entremontes, lado alagoano, com a notícia da morte de Lampião, Maria Bonita e dos demais. Não distando o coito da margem do rio, Dadá nos disse que todos tinham podido escutar o tiroteio pesado da manhãzinha, vindo da grota. E os tiros isolados que se seguiram, Corisco comentando com ela que estavam "matando os feridos".

Tinham almoçado tarde e descansado, quando Joca aparece. Macio, silencioso, dissimulado, como quem não quer, querendo... O cabra Pancada diria à *Gazeta de Alagoas*, de 8 de novembro, que estava junto do chefe quando Joca deu a notícia: "Corisco parou, cobriu os olhos e disse: acabou-se o divertimento do mundo!".

Dadá, temperamento forte, logo se recupera e passa a animar a todos, duvidando das palavras do coiteiro: "Compadre Lampião está acostumado a morrer...".

Joca fica de voltar com fotografias. Tanta prestimosidade não se dava sem motivo. O delator escolhia o melhor momento para jogar a culpa de sua denúncia sobre os ombros de outro serviçal do cangaço, o vaqueiro Domingos José Ventura, da fazenda Lagoa dos Patos, do coronel Antônio José de Britto, o Antônio Menino, avô da esposa do tenente Bezerra. Nada mais fácil para a desfaçatez insuperável de Joca, personagem de Shakespeare perdido na caatinga. No dia seguinte, com as imagens nas mãos, Corisco ouve o fuxico de Joca e assina a sentença de morte de Domingos. Deste e de praticamente toda a sua família.

No dia 3 de agosto, pelas 8 horas da noite, a sentença é executada nos moldes preconizados pelas antigas ordenações do Reino quanto à pena capital em casos graves: morte com crueldade. Foi o que não faltou. Casa arrombada, o vaqueiro e seu filho Manoel são amarrados e arrastados para trás do curral. Corisco ordena aos gritos: "Cortem a cabeça desses bandidos!". Os facões já estão fora das bainhas e deslizam rapidamente. Voltam todos à casa. Dois filhos mais de Domingos são levados para o curral, Odon, casado, e José, solteiro. A cena se repete. Nova ida à casa. Guilhermina Nascimento Ventura, esposa do vaqueiro, e a jovem Waldomira Ventura, filha solteira, são presas e degoladas – com o "privilégio" de serem antes abatidas a cacete – "para pagar as mortes de Maria Bonita e de Enedina", na voz do carrasco de olhos verdes. As seis cabeças são arrumadas ao pé do mourão da porteira para escorrer o sangue.

Duas horas se passam nesse corre-corre. A casa agora se improvisa em salão de festas, todos os candeeiros acesos. Cachaça, violão e realejo dão a nota, animando o arrasta-pé. Os filhos poupados de Domingos, Antônio, de doze anos, Silvino, de dez, e Carmelita, de onze, são "convidados" a dançar.

Estão ali, na execução das ordens de Corisco, os cabras Atividade, Caixa de Fósforo, Jandaia, Jitirana, Pancada, Peitica, Velocidade, irmão do primeiro, e Vinte-Cinco, a quem se deve o rol fornecido à *Gazeta de Alagoas* de 8 de novembro, quando se entrega à polícia. De mulher, apenas duas: Dadá, de Corisco, com papel ativo como de costume, e a de Pancada, Maria Jovina, que se mantém arredada da ação.

Depois de um saque em regra, os dez bandidos deixam a casa pela meia-noite e vão para a fazenda Pedrinhas, do mesmo dono, onde Corisco manda acordar João Crispim de Moraes, vaqueiro velho, a quem entrega um saco de estopa com as cabeças, determinando que as levasse para Piranhas no dia seguinte e as entregasse ao tenente Bezerra ou, na falta deste, ao prefeito João Correia de Britto, outro contraparente do militar, "para fazer uma fritada".

Junto, vinha um bilhete que o político abre aos olhos de todos os presentes da imprensa adventícia – e a uma comitiva de segundanistas da Faculdade de Direito do Recife que se deslocara especialmente até ali, composta de Alfredo Pessoa de Lima, Wandenkolk de Souza Wanderley, Elísio Cantarelli Caribé, Décio de Souza Valença, Plínio Ignacio de Souza e Haroldo de Mello – antes de encaminhar para o secretário do Interior, José Maria Correia das Neves. Bilhete que a *Gazeta de Alagoas* reproduzirá a 11 do mês, mantendo a grafia, mas se permitindo introduzir uma censura entre colchetes, tal qual se vê abaixo:

> João da Besta Bizerra [seguem-se três palavras indecorosas]
>
> Vae estas cabeça qui he para ver si voceis Acha Bom. Pode fica siente qui eu de hora por diante Vou ficar Bom qui só Aroz dôsi. Estas duas mulhé, ção em paga das duas. Não escrevo mais porque pasase qui estou muito contrariado.
> Capitão Corisco
> Noiti de 3/8/38

Ao entrevistar o vaqueiro Crispim, a estudantada de Pernambuco se impressiona com seu pavor. Mesmo rodeado por jornalistas e policiais, "o velhinho tremia", como assinalaram no relatório *Sertão, fanatismo e cangaço*, publicado em maio de 1942.

Mirando o presente, Corisco tratava de dissipar dúvidas gerais quanto ao sucessor de Lampião. O herdeiro do Rei do Cangaço. Nada de Labareda, o mais cotado na aposta do tenente-coronel Lucena perante os jornalistas. Nada de Zé Sereno, o segundo de Lucena, nada de Moreno ou de Português. Como ficava claro, a coroa iria para o Diabo Louro. Olhos sobre o futuro, atendendo à questão sempre delicada da sujeição dos coiteiros, Corisco dava o recado de que o terror seria o mesmo ou maior. O arroz-doce seria ainda mais enjoado do que no tempo do finado Virgulino, no prato de quem recusasse a nova realeza.

É muito difícil conter em palavras a comoção que o massacre da Lagoa dos Patos produziu em todo o país. Nomes da melhor imprensa do Sudeste conservavam-se em Maceió quando pipocou a notícia. As melhores revistas ilustradas. Bons correspondentes locais. José Onias de Carvalho e Melchiades da Rocha, com o fotógrafo Maurício Moura, do jornal *A Noite*, além de Oswaldo Souto, da *Gazeta de Alagoas*, e até mesmo um jovem intelectual de prestígio, diretor da Biblioteca Pública de Maceió e do Departamento de Estatística e Publicidade, Aurélio Buarque de Holanda Ferreira, como enviado do *Jornal de Alagoas*, dos Diários Associados, tomam carro para ir a Santana do Ipanema, boca do sertão, garimpar as últimas notícias.

Da chã da caatinga aos pés de serra, passando pelos currais, pelas mangas e pelas soltas a perder de vista, a conversa do sertanejo de alpercata e chapéu de couro continuava a se balizar pelo talento do rapsodo mais amado. Sim, João Martins de Athayde não cruzaria os braços diante do despautério de Corisco. No folheto *A chegada das cabeças a Maceió e Corisco vingando o chefe*, o poeta proclama o bandido novo "chefe supremo do cangaço", sem aliviar o peso da mão sobre os gestos recentes deste:

>Os jornais, agora mesmo,
>Informaram que Corisco,
>Sem se temer da polícia
>E afrontando qualquer risco,
>Assassinou beiradeiros,
>Junto com seus bandoleiros,
>Pois voltou ao seu aprisco.
>
>Corisco era um dos chefes
>No grupo de Lampião,
>Do Angico, caiu fora,
>Voltou de armas na mão,
>E agora, ajeitou no braço
>A chibata do cangaço,
>Pra flagelar o sertão.
>
>Seu velho chefe morreu,
>Cumprindo o negro destino,
>Corisco assume a chefia
>Do grupo de Virgulino,
>Perverso, vil, salafrário,
>Nada falta no sicário
>Pra ser completo assassino.

> Na primeira das carniças,
> Que o bandido praticou,
> Seus instintos miseráveis
> Bem depressa demonstrou,
> Seis vaqueiros inocentes
> O malvado, e seus agentes,
> Friamente degolou.
>
> Depois, pegou as cabeças,
> Enviou ao fazendeiro,
> Dizendo: seguem estas seis,
> Que eu pude arranjar primeiro,
> Mas, espere pelo resto,
> Vocês hão de ver se presto
> Pra chefe de cangaceiro...

Internado no Hospital São Vicente, em Maceió, para tratar do ferimento à bala recebido "no terço médio da coxa direita e no metacarpo da mão correspondente, sem perfuração", o tenente João Bezerra deita falação pelas folhas: assim que se restabelecesse do balaço, iria atrás de Corisco... Outra coisa não diz o sargento Aniceto Rodrigues.

Para aplacar a cobrança da imprensa por novas medidas efetivas de repressão, por um novo 28 de julho, desta vez contra Corisco, Lucena divulga haver distribuído por todo o sertão "milhares de boletins impressos", cobrando lealdade aos sertanejos no fornecimento de pistas para a polícia. A 12 de agosto, a *Gazeta de Alagoas* se engaja na campanha e publica o texto do impresso, logo criticado por se apresentar um tanto pomposo, vazado na segunda pessoa do plural, fadado, assim, a passar por cima do homem simples da caatinga, único a dispor das informações que interessavam.

Uma polêmica se fere quando o editorialista da folha carioca *O Imparcial*, de 4 de agosto, comentando a vingança de Corisco, traz de volta à cena os excessos cruentos praticados na Grota do Angico. "Eis aí o belo resultado da façanha da volante alagoana, decapitando os mortos, maculando, assim, um feito que, sem esse sinistro pormenor, seria honroso e merecedor de todos os louvores", apimenta. Voltando-se para o lado, mira órgãos irmãos sem meias palavras: "Eis aí, também, uma linda perspectiva para aqueles jornais cuja sede de escândalo atinge os limites do sadismo". A conduta da polícia alagoana finda posta no mesmo patamar da barbárie de Corisco. Que teria apenas imitado os homens de João Bezerra...

O *Correio da Manhã* vai além, ameaçando veladamente a revista *A Noite Ilustrada*, ambos do Rio de Janeiro, com censura religiosa que já estaria em andamento. "A maioria das famílias católicas está proibindo a entrada em suas residências do número de certa revista ilustrada que estampa, em rotogravura, portanto, com nitidez, as cabeças de Lampião e seus asseclas, alinhadas em prateleira", avisa. Somente a revista da Praça Mauá, nº 7, Centro, Rio de Janeiro, fazia uso habitual da clicheria apontada.

Ainda na Bahia, o *Diário de Notícias* entra na dança e dá publicidade a todo o *affaire* na edição de 12 de agosto. Em peso, os jornais do Nordeste fazem eco à querela fluminense.

A coisa pega fogo quando o diário *Estado da Bahia*, da mesma data, faz praça de que os troféus arrecadados no Angico seriam expostos no Rio de Janeiro, o orgulhoso Distrito Federal, "devido a um pedido que fez ao interventor um vespertino carioca". Assim, "deverão seguir para lá, onde permanecerão durante algum tempo em exposição". E a polêmica segue por semanas, alimentando edições extras dos periódicos travados no duelo barbárie *versus* civilização, ao que se comentava, tendo como arautos os jornais *A Noite* e *Correio da Manhã*, respectivamente.

Nas capitais do Nordeste, o pudor cristão não tinha mais chance de êxito. As fotografias do espólio do Angico, principalmente das cabeças, estavam postas à venda em muitos lugares. Em Aracaju, por exemplo, a Casa Amador as comercializava na Rua João Pessoa, no Centro, "destinando metade do que for apurado ao Orfanato Dom Bosco, por solicitação da filantropa Dona Nilita Nascimento...".

Dez dias antes, surdas à polêmica, as cabeças tinham seguido um roteiro insuspeitado de festas populares por todo o trajeto para Maceió, à base de apresentações maiores ou menores ao público, o rico bordado colorido dos bornais, o ouro e a prata dos equipamentos conseguindo atenuar o horror dos despojos malcheirosos.

Em Piranhas, tarde da noite, as cabeças iniciam a peregrinação no rumo da Pedra de Delmiro Gouveia, onde despontam pela madrugada de 29, a salmoura improvisada sendo substituída somente aí pelo álcool, igualmente ineficaz para deter o apodrecimento. A volante é fotografada para o registro oficial. Demora pouca. Seguem para Água Branca e, daí, passando nas fazendas Cobra e Chupete, chegam a Mata Grande, locais, estes dois últimos, onde Lampião residira ao tempo de Virgulino, e onde muitos correm para reconhecê-lo. Não poucos para chorá-lo. Canapi, Maravilha e Poço de Trincheira recebem mostras sumárias. Cabeças puxadas de latões de galão do Querosene Jacaré, pelos cabelos.

O circo de horrores chega a Santana do Ipanema nesse mesmo 29, começo da noite, indo direto para a sede do II Batalhão. A cidade fervilha de oficiais do Exército e das polícias da região, além de jornalistas alagoanos e do Sudeste. Entre os militares, destaque para o capitão Mário de Carvalho Lima, do 20º Batalhão de Caçadores do Exército, exercendo no momento o cargo poderoso de delegado de Ordem Política e Social de Alagoas. Olhos e ouvidos do coronel Filinto Müller, chefe de Polícia do Distrito Federal e informante direto do Catete.

Por toda a manhã do sábado, 30, o povo não se farta de ver os despojos. Há curiosos chegados da Bahia, de Sergipe, de Pernambuco. Das ribeiras do Pajeú e do Navio, chegam alguns dos primeiros desafetos do cangaceiro, ou seus representantes, com o propósito de patentear-lhe a morte como condição para a dispensa de guardas onerosas fixadas nas fazendas. Cantidiano Valgueiro de Barros, do Tabuleiro Comprido e da Barra da Forquilha, ambas em Floresta, um destes. Envia um capanga, Francisco Miguel, ex-cangaceiro de Lampião com o vulgo de Pássaro Preto.

Durante a tarde, as cabeças se recatam para receber injeções abundantes de solução de formol a 90%, trazida de Maceió por automóvel do Serviço Médico-Legal. Cinco litros. Tarefa difícil foi conter os retardatários, ávidos pelo "espetáculo".

Lucena recebe em casa João Bezerra e Chico Ferreira para almoço de confraternização, a tarde ia em meio. A conversa segue amena até que Ferreira levanta a voz, irritado por ver que Bezerra somente enaltecia o soldado Antônio Jacó, no relato do combate feito ao anfitrião. "Compadre, o senhor sabe muito bem que esse Jacó, quando desceu para a grota e matou Luiz Pedro, o combate já estava resolvido", pontua Ferreira. Bezerra discorda. O clima esquenta. Ferreira o chama "para resolver lá fora". Bezerra se levanta. Sem alterar a voz, Lucena intervém como um Salomão, abrindo mão da hierarquia: "Podem ir, agora, o que sobrar, é meu...". Água na fervura. O comandante-geral, coronel Theodoreto, é poupado da cena. Somente chega para o jantar.

Às 5 horas da manhã do domingo, 31, em meio a alvorada puxada a foguetório e banda de pífanos, organiza-se o cortejo de ida para Maceió, com muitas escalas previstas. A maior destas, em Palmeira dos Índios, naturalmente. O agreste alagoano está em peso na cidade marcada pela passagem de Graciliano Ramos. É lá que o humor se insinua no ambiente carregado das cabeças em desfile. O velho Jovino Novato, matuto do grotão, pede a palavra e dirige elogios a Lucena. No fecho, todo entusiasmo, vaticina: "É, coronel, agora que seus homens quebraram a touceira, o resto se acaba até de balada de badoque!".

Limoeiro de Anadia, Mosquito, São Miguel dos Campos, o cortejo avança. Em automóveis, Theodoreto, Lucena, Bezerra, Ferreira e demais militares, sem falar dos correspondentes da melhor imprensa brasileira. Duas cabeças, as mais estragadas, ficam em Palmeira para receber cuidados adicionais. Seguirão pelo primeiro trem da segunda-feira.

Ao chegar a Bebedouro, os militares se alarmam com o volume de pessoas. E quando olham para trás, verificam que o caminhão com os troféus, comandado pelo capitão Manoel Victor Ferreira e secundado pelos sargentos Salviano Ferreira da Silva e João Rodrigues de Amorim, mais o cabo Francisco de Oliveira e os soldados Antônio Paulino e Manoel Bernardino dos Santos, está sendo acompanhado por nada menos que cinquenta automóveis. E chegando mais...

Vencida a etapa do dia, e depois de dezesseis horas de viagem, chegam finalmente ao quartel do Regimento Policial Militar. São 9 horas da noite. Mesmo assim, aos gritos, o povo obriga os viajantes exaustos a improvisar uma apresentação. O sargento Silvestre Viana da Silva, descansado, toma a si a tarefa de atender o clamor, mostrando, peça por peça, da sacada do prédio imponente da Praça da Cadeia. "Cada semblante denotava a ânsia de ver mais e melhor", resume o repórter da *Gazeta de Alagoas*, de 2 de agosto, na longa cobertura do evento.

Por unir sertão, agreste, mata e faixa litorânea em comoção comum, multidões enlouquecidas por todo o trajeto da caravana macabra, arriscamos que Alagoas não tenha visto acontecimento semelhante. Somente em Maceió, foram dez mil pessoas, a imprensa não se cansou de dizer.

No dia 3, com publicação no *Diário Oficial do Estado* do dia seguinte, o interventor Osman Loureiro se apressa em baixar Ato fazendo justiça aos participantes diretos e indiretos do episódio da Grota do Angico. Elegantemente, faz encabeçar a lista de promoções pelo nome do soldado Adrião Pedro de Souza, única baixa fatal no combate, que vem a galgar o posto de terceiro-sargento, "por bravura". O tenente-coronel Lucena vê-se graduado no posto de coronel, enquanto o primeiro-tenente João Bezerra sobe a capitão; o aspirante Ferreira de Mello, a primeiro-tenente, e o terceiro-sargento Aniceto Rodrigues, a aspirante a oficial, todos três por bravura.

Essa justiça iria além no ano seguinte, no que toca ao morto na ação. Pelo Decreto n. 2.516, de 24 de maio de 1939, Loureiro concedia "a Dona Teresa Brandão de

Souza, viúva do terceiro-sargento Adrião Pedro de Souza, morto na manhã de 28 de julho, na fazenda Angico, no estado de Sergipe, quando tomava parte no combate de que resultou a morte do famigerado bandoleiro Lampião, pensão anual de um conto e duzentos mil-réis, paga em prestações mensais". Fiel aos costumes do tempo, o Artigo 2º condicionava a generosidade: "A pensão vigorará enquanto a beneficiária se conservar em viuvez e honestamente". Tudo no *Diário Oficial* do dia seguinte.

Pouco antes disso, a 30 de março desse mesmo 1939, pelo Decreto n. 2.505, Loureiro abrira "crédito especial da quantia de cinquenta contos de réis, para distribuição à volante do II Batalhão do Regimento Policial Militar do estado que abateu o bandido Lampião e dez comparsas de seu bando, no ano passado".

Tomando conhecimento da medida, o interventor Landulpho Alves de Almeida, da Bahia, se apressa em liberar a mesma quantia, com o mesmo propósito, honrando compromisso que remontava ao governo interino de Frederico Costa, assumido poucos meses antes do movimento revolucionário de 1930.

Feita a junção de capitais, a 21 de dezembro, "em ato solene" presidido por Loureiro no Palácio dos Martírios, a distribuição é efetuada em nome de ambos os estados. Do alto das novas patentes em que se achavam investidos desde 1938, o capitão João Bezerra recebe 25 contos de réis, sendo cinco, por Alagoas, e vinte, pela Bahia; o primeiro-tenente Ferreira de Mello, quinze contos de réis, sendo cinco, por Alagoas, e dez, pela Bahia; o aspirante a oficial Aniceto Rodrigues, dois contos e quinhentos mil-réis, por Alagoas, e quatrocentos mil-réis, pela Bahia; o primeiro-sargento Francisco Nery da Silva, dois contos e quinhentos mil-réis, por Alagoas, e quatrocentos mil-réis, pela Bahia; o terceiro-sargento Juvêncio Correia de Lima, 729.166 réis, por Alagoas, e quatrocentos mil-réis, pela Bahia, este último valor sendo tabelado para todos os demais combatentes do Angico, fossem cabos ou soldados.

Em caráter extraordinário, percebendo a mesma quantia, integram a lista a viúva do terceiro-sargento póstumo Adrião Pedro de Souza e os civis – canoeiros que se ofereceram para o combate, recebendo armas – Cícero Gomes Pedrosa e João de Almeida Sena, além do contratado Venceslau Ramos da Silva. O coiteiro delator, mencionado como Pedro Cândido Rodrigues e aproveitado na força como cabo nº 867, não fica sem receber.

O polêmico soldado Antônio Jacó não é sequer mencionado na relação completa publicada no Boletim Regimental nº 289, de 22 de dezembro de 1939, sendo lícito supor que a fuga que empreende para o Sul, levando o quilo e cem de ouro que arrebatara por morte ao cangaceiro Luiz Pedro, pesado no armazém do coronel Francisco Rodrigues Pereira, em Piranhas, tenha se dado na condição de desertor. Ele não ignorava, segundo nos disse o coronel Rodrigues, "que seria morto por seus comandantes, caso permanecesse no Nordeste". A relação completa dos combatentes do Angico se acha no final do livro.

Fechado o parêntese, voltemos a 1938. No sertão, Corisco patina na própria falta de liderança, no temperamento autoritário de sua mulher, a cangaceira Dadá, que intervém nas questões do bando a cada passo, e na inapetência quanto aos assuntos administrativos do cangaço. Faltam-lhe os pendores logísticos junto a fornecedores, como lhe falta a diplomacia no trato com os coronéis. A quem Lampião seduzia, empregando luvas de veludo. A comparação inevitável com o desempenho do chefe morto, quanto a esses itens, põe Corisco ainda mais a nu. E o empurra de vez para a cachaça. Dias inteiros embriagado.

Ao se apresentar à polícia alagoana, a 7 de setembro, com a cabeça do companheiro Atividade, por ele cortada como trunfo para adoçar os termos de sua rendição, o cangaceiro Barreira não fizera por menos: "Corisco vive farreando em plena caatinga, bêbado dia e noite: é um fracassado", publica o *Estado da Bahia* de 9 de setembro.

Nos quinze anos finais de uma existência de vinte, de arma nas mãos, Lampião dera vida ao seu cangaço-empresa, bebendo na matriz dos negócios do empresário Delmiro Gouveia, a quem servira como tropeiro, de olhos bem abertos. A organização desse cangaço moderno temperava os aspectos verticais do poder do chefe da quadrilha com a horizontalidade da distribuição do mando entre instâncias intermediárias, os subgrupos, em doses adequadas a não comprometer a harmonia do todo, senão a reforçá-la, como a história nos mostra. Por mérito, valentia, capacidade de urdir planos e até pela excelência na costura, os que ascendiam ao comando de um subgrupo tratavam de levar ao destino as lições recebidas, reproduzindo ali o espaço de referências bebido do chefe maior. Não eram senão franqueados, como se diz hoje em dia.

Morto o chefe no Angico, quebra-se a linha vertical de comando e o cangaço regressa ao tempo velho da configuração em arquipélago. Cada bando por sua conta e risco, a exemplo do que se dera por séculos na história do fenômeno. O quadro costumava seguir assim até que surgisse um novo general do cangaço. Um *capo di tutti capi* ao feitio siciliano, mal comparando.

Formação incipiente nos estratos mais baixos da caserna, soldado raso que fora do 28º Batalhão de Caçadores, em Aracaju, faltará a Corisco, na necessidade, o preparo que lhe permitiria estancar a marcha a ré do cangaço, os bandos remanescentes do 28 de julho seguindo órfãos. Cada um por si. E por um tempo não superior a dois anos, sem surpresa.

Restabelecida a configuração primitiva, cada subgrupo passa a superpor, sem controle, os pedidos encaminhados aos paisanos ricos da caatinga, a pedido já feito por bando irmão, que perdia, só por isso, o atributo de irmão e se investia no papel de rival, ainda que involuntariamente.

Entre julho de 1938 e o término do grande cangaço de feitio lampiônico, em maio de 1940, os bandos sobreviventes atuarão como rivais nas questões financeiras e de logística. Não por que o desejassem. Pela simples falta de consciência panorâmica acerca do quadro regional. Carência que cabia ao chefe maior mitigar.

Muitos coronéis abandonam as fazendas em mãos de prepostos e se refugiam em cidades de certo porte, poucas semanas passadas da morte de Lampião. Foi o caso de José Gonçalves de Oliveira, senhor da fazenda Picos, em Piranhas, imponente nos seus 8 mil hectares de soltas para o gado. Correu para Propriá, que não era idiota de ficar recebendo dois e três bilhetes de cangaceiros ao mesmo tempo, como nos disse seu filho, o engenheiro Euler Gonçalves, em 1991.

Não que o inconveniente não ocorresse no tempo de Lampião. Mas é de se ver o cuidado com que este ia em cima e cauterizava a ferida, contornando o melindre do fazendeiro vítima. Tirando-o do apuro. Bom exemplo desse movimento rápido de socorro ao "contribuinte" fomos encontrar em cartão-postal escrito por Lampião, com fotografia no anverso, provavelmente do ano 1936, autógrafo que nos foi doado gentilmente por Euler, no qual a vítima atendida era mesmo seu pai. Vai transcrito na grafia original:

Amº José Goncalvis,

Recebi um recado seu. Vou providenciar aos cangaceiro todos para que não lhi aburecam ms. Si por acauso receber carta de alguem, não resposte com dr. Mandi dizer que si entendam commigo. Faça tudo com este portador e ao seu dispor.

Do Amº Capitão Lampião

Sem se firmar no posto de Rei do Cangaço, Corisco não podia ignorar que o fenômeno estivesse com os dias contados, o abuso da aguardente vindo daí, quem sabe. Da certeza de uma existência sem futuro.

Em Maceió, o diretor do Serviço Médico-Legal de Alagoas, o jovem médico José Lages Filho, recebe as cabeças somente às 11 horas da noite, no necrotério da Santa Casa de Misericórdia. Nove delas. Duas viriam de Palmeira dos Índios no dia seguinte, sabemos. Os miolos estavam reduzidos a um líquido gelatinoso, sem valor pericial. Descartado em pia.

"Infelizmente, o estado em que a cabeça chegou à morgue não permite um estudo acurado e minucioso, à luz da antropometria criminal e da anatomia", abre o laudo sobre a peça de Lampião. Ressalva cabível, ante a expectativa de resultado em que se inquietavam os seguidores do determinismo criminal de fundo antropológico, então novamente em alta no Velho Mundo. Os olhos estavam voltados para Maceió.

De Curitiba, certo professor F. A. da Nóbrega, em nome de vários colegas, apresenta sugestão de que os cérebros dos cangaceiros fossem enviados para o Instituto Guilherme II, de Berlim, "destinado ao estudo do cérebro de gênios e de grandes criminosos", na Alemanha nazista. Oferecia-se para custear o envio para a capital alemã, tamanho o interesse. O pedido chegava tarde, já se vê.

Antropólogo de renome, Arthur Ramos frustra os que contavam com um atestado de criminalidade nata para malsinar de vez a memória do Rei do Cangaço. Bem ao contrário, sendo o deste um crânio comprovadamente dolicocéfalo, estava-se "diante de um caso de cabeça-comprida, em meio aos cabeças-chatas que caracterizam a região". Por conseguinte, um "crânio superior", à luz da antropometria em voga.

Berillo Neves, cronista da moda no Rio de Janeiro, escreve longo artigo sobre a surpresa para a revista *A Noite Ilustrada*. Título: "Lampião dolicocéfalo".

A agitação em torno das cabeças paralisa o governo alagoano e começa a incomodar o interventor Osman Loureiro, às voltas com pedidos de doação, cessão para estudos ou simples exposição, vindos de vários estados. Propostas sérias, ao lado de muita maluquice, como se dá com peças que mexem com o inconsciente coletivo.

Chama o legista Lages Filho ao Palácio dos Martírios e indaga o que precisaria ser feito com as peças. Ouve que cumpria retirá-las do formol, para serem embalsamadas de modo duradouro. Solução de potássio e água, para começar. Álcool diluído a 90%, passo seguinte. A consolidação viria por meio da mistura de glicerina de potássio e água. O orçamento estava pronto: trezentos mil-réis por cabeça, nada menos.

Diante das onze cabeças já reunidas em Maceió, o interventor delibera por conservar apenas as do casal real do cangaço. Não via propósito em pagar mais de três contos de réis para salvar o conjunto. Nem propósito nem orçamento.

A 15 de agosto, as nove cabeças são enterradas discretamente no cemitério da capital alagoana, as de Lampião e Maria Bonita seguindo por via aérea para a Bahia, pelas mãos do professor Arnaldo Silveira, no intuito declarado de alimentar estudos na tradicional Faculdade de Medicina, em Salvador. Silveira agia em nome do titular da cadeira de Medicina Legal, Estácio de Lima, um alagoano abaianado havia muito.

Concluídos tais estudos, as cabeças deveriam voltar a Alagoas, o que não aconteceu por falta de interesse do comodante. No Instituto Nina Rodrigues se quedariam por trinta anos, sem qualquer estudo digno do nome, ao lado das cabeças de Azulão, Canjica, Zabelê e Maria Dora, ali desde fins de 1933. No meado de 1940, receberiam a companhia da cabeça e de um braço de Corisco, metralhado na fazenda Cavaco, em Brotas de Macaúbas, Bahia, a 25 de maio.

Em meio a nova polêmica, dessa vez indo além da imprensa e envolvendo o parlamento federal, o enterro final do conjunto se daria somente em 1969, em Salvador, no Cemitério da Quinta dos Lázaros, salvo os restos de Lampião e Maria Bonita, reivindicados pela família e levados para Aracaju, com propósito privado.

Como era de se esperar, as rendições em cascata começam a acontecer, passado o atordoamento em que a cabroeira mergulhara por todo o mês de agosto. Governos, como o da Bahia, instituem incentivos à deposição das armas. Alagoas imita o gesto.

No início de setembro, Corisco chega ao coito do Cuiabá e se apresenta aos companheiros sobreviventes do Angico, Zé Sereno à frente. Ouve de Vila Nova detalhes da morte de Lampião. Almoçado, pendura um espelhinho em rama de catingueira e começa a tirar a barba que deixara crescer em sinal de luto. Na metade do asseio, o cabra Juriti se aproxima para comunicar que estava chegando da fazenda Pilões, entre Sergipe e Bahia, proximidades de Jeremoabo, aonde fora negociar a rendição com o tenente Alípio Fernandes da Silva e outras autoridades baianas, na

companhia de Zé Sereno. Corisco joga o espelho longe e rosna: "Isso é covardia!".
E abandona o coito com uma banda do rosto barbeada e a outra cheia. Candeeiro
nos disse nunca tê-lo visto tão possesso, "chorando de raiva".

Além da preservação da vida e do amaciamento de possível pena, a pedra de
toque do incentivo das autoridades residiu na tolerância de semanas concedida aos
cangaceiros para que, de posse de suas armas, catassem os coiteiros e recuperassem
os valores em mãos destes, enviando o produto para onde desejassem. Foi a isca
do anzol.

A 15 de outubro, no povoado sergipano de Poço Redondo, o chefe Pancada
se entrega com todo o seu bando de circunstância: Cobra Verde, Peitica, Santa
Cruz, Vila Nova, Vinte-Cinco, Maria Jovina e outros.

Passados cinco dias, mais três chefes de subgrupo de destaque, Zé Sereno, Balão e Criança, baixam as armas em Jeremoabo, com seus homens: Azulão,
Beija-Flor, Borboleta, Cacheado, Candeeiro, Chá Preto, Cuidado, Devoção, Juriti,
Laranjeira, Marinheiro, Novo Tempo, Penedinho, Pernambuco, Ponto Fino, Quina
Quina e mais três novatos, totalizando 22 cabras. Sila, mulher de Sereno; Dulce, de
Criança, e Maria, de Juriti, acompanham os maridos.

Todos aproveitam as missões que os capuchinos italianos frei Francesco da
Urbania e Agostino di Loro Piceno pregavam ali, acolitados pelo vigário local, o
monsenhor português José Magalhães e Souza, para confessarem os pecados e receberem a comunhão. Para muitos, as rendições não eram menos que um milagre.
A notícia do prodígio se espalha.

Mês e meio depois, outro chefe famoso, Moita Braba, com a sua Laura,
rompe com Corisco e se entrega, na companhia de Boa Vista e da cangaceira Sebastiana, mulher deste.

Em Mata Grande, Alagoas, a 26 de dezembro, chega a vez de Pedra Roxa
deixar a caatinga, na companhia de seu ajudante de ordens, o cangaceiro menino
Barra de Aço, quinze anos de idade. Seguiam o gesto do chefe do bando, o cabra
Português, que se entregara, junto com a companheira Quitéria e o cangaceiro Velocidade, havia poucos dias.

A se dar crédito à imprensa, os já agora ex-cangaceiros começavam a se adaptar à vida nova escolhida. Passando em Palmeira dos Índios, sob escolta, os homens
de Pancada são abordados pelo repórter da *Gazeta de Alagoas*, de 8 de novembro:
"E então, chefe, está satisfeito?". E Pancada: "Estou. O coronel Lucena trata todo

mundo bem. Ainda ontem à noite, nós assistimos a uma fita de cinema. Eram uns calunguinhas correndo, que a gente viu num pedaço de pano branco estirado".

Recolhidos ao Regimento, em Maceió, os cangaceiros podiam passear pelo comércio do centro da cidade em alguns dias. Não davam trabalho aos soldados da escolta. Cobra Verde, 21 anos, alvo, olhos verdes, cabelos lisos batendo nos ombros, fazia sucesso com as moças. Uma delas se achega e lhe dá um pacote com três mangas-rosa maduras, dizendo-se preocupada: "Não vá esquecer do que me prometeu!". O que ela reclamava, esclarece o repórter, "era um retrato do bandido, ao que este respondeu que haveria de lhe mandar".

Os namoricos se sucedem. Barreira, vinte anos, alto, atlético, traços finos, é pedido em casamento por uma vitalina. Aceita, mas diz achar que ela estava "mangando" dele: "A senhora vai lá se casar com um cangaceiro...".

Sobre a assimilação dos valores urbanos pela cabroeira, a folha alagoana traz muitos outros flagrantes pitorescos, traçando um mosaico sobre o choque cultural repentino. A 8, abre a manchete: "Da calma agreste das caatingas, para o bulício da cidade civilizada". No dia seguinte: "O povo não se farta de ver os bandidos". Fecha a matéria com observação digna de nota:

> O fato é que os facínoras criaram, no seio da população, um ambiente de simpatia. Não são poucos os que justificam os crimes que lhes são atribuídos. Umas crianças, dizem uns. Vítimas do meio e da ignorância, dizem outros.

O sangue, sempre o sangue, salpica o idílio da população com os cangaceiros no começo de 1939. Fevereiro ia em meio. Recolhido ao II Batalhão, em Santana do Ipanema, o chefe Português é abatido a tiros, diante do prédio da unidade, pelo soldado Pedro de Aquino dos Santos, 22 anos, que entrega sua arma ao coronel Lucena, ato contínuo. Pedro e João, filhos do sitiante Thomaz José de Aquino, conhecido por Thomaz do Buracão, nome do sítio, lá mesmo em Santana, tinham assentado praça na polícia em julho de 1937, com o propósito de vingar a morte do pai, torturado e morto a cacete pelas mãos de Português e dois de seus cabras, a 30 de outubro de 1934. Drama corriqueiro nos domínios do cangaço.

Novas rendições vão pingando ao longo do ano. Restam em ação discreta os bandos de Moreno, derredor de Brejo Santo, Ceará; de Labareda, entre Bahia e

Sergipe; e de Corisco, que tomava por base a caatinga alagoana. Quase invisíveis, conseguem chegar ao ano de 1940.

A 2 de fevereiro, Moreno e sua mulher, Durvalina, abrem no mundo em direção a Minas Gerais, pondo fim a bando em que a valentia rivalizava com a perversidade extrema.

Em abril, 2 do mês, chega a vez de Labareda entoar o canto de cisne, dissolvendo a quadrilha e se entregando formalmente às autoridades baianas, na companhia de Saracura, lugar-tenente; Deus-te-Guie; Devoção; Jandaia e Patativa.

Corisco, já sem fazer uso dos braços e suster o mosquetão, baleado que fora em Paripiranga havia meses, com a perda dos cabras Guerreiro e Roxinho, tomba metralhado finalmente a 25 de maio, ao lado da sua inseparável Dadá, que finda, esta, por perder uma perna. Roupas civis, cabelos cortados, armas curtas, joias e dinheiro metidos numa tranqueira, cuidavam de fugir no rumo do sul quando são alcançados no centro da Bahia, como vimos acima.

A exemplo de Lampião, Corisco pagava o preço de ser um "pé de dinheiro". A volante do tenente Zé Rufino – informada por um delator, o fazendeiro João Maria de Carvalho, de Serra Negra, Bahia, segundo nos disse Dadá, em 1978 – não perderia a oportunidade de tirar a sorte grande... E peregrinaria por quinze dias atrás do Diabo Louro, chegando a sair dos pastos tradicionais do cangaço, alcançando-o em Brotas de Macaúbas.

Com a queda daquele que se atribuía patente igual à de Lampião, requintando a assinatura, por vezes, com um espavantoso "Chefe de Grupo dos Grandes Cangaceiros", o Capitão Virgulino conhecia uma segunda morte: a do gigantesco cangaço-empresa que organizou e regeu por vinte anos.

Em Maceió, por esse tempo, o povo cerca o Royal-Cine, na rua Dias Cabral, atraído pelo cartaz enorme: *O bando sinistro*. Decepção. A película da United Artists tratava das aventuras da Polícia Montada do Canadá...

13
Por quem os sinos não dobraram

> Uma das finalidades da minha ida ao sertão foi conhecer minuciosamente o Angico, local em que tombou morto o "rei do cangaço". Tencionava há tempo analisar, com minudências, as circunstâncias em que se desenrolou o combate de que resultou ser eliminado Lampião. Acabo de satisfazer esse desejo, do que dependia a segurança da minha opinião a respeito. E, analisando a posição ocupada pelas forças volantes e a em que se achavam os celerados, entre outras conclusões, cheguei à de que, das volantes, a mais valorosa foi, sem dúvida, a comandada pelo então aspirante, hoje 1º tenente, Francisco Ferreira de Mello, pois se achava em situação cheia dos maiores perigos. Aliás, segundo o depoimento do bandido Vila Nova, aquele oficial, durante o combate, parecia "o diabo em pessoa". Os facínoras julgavam-no embriagado, tal a sua violência na luta e a sua coragem.
>
> Coronel Theodoreto Camargo do Nascimento, comandante geral do Regimento Policial Militar do Estado de Alagoas, *Gazeta de Alagoas*, 25 de outubro de 1938.

> E reinou absoluto
> Virgulino, Lampião,
> Foi o maior bandoleiro
> Das caatingas do sertão.
> E a pergunta que não cala,
> De vez em quando, alguém fala:
> – Foi herói ou foi vilão?
>
> Paulo Moura, *Lampião: sua história contada em verso e prosa*. Recife: Coqueiro, 2002.

> Esse foi reino de ferro,
> Daqueles que não se esquece:
> Quanto mais conta, mais foge,
> Quanto mais foge, mais cresce.
>
> Janice Japiassu, *Sete cadernos de amor e de guerra*. Recife: UFPE; Departamento de Extensão Cultural, 1970.

Além de servir de tema, desde a madrugada de suas façanhas, a ciclo vastíssimo de literatura de cordel, como procuramos mostrar a cada página deste livro, não sabemos de nome de brasileiro que rivalize com o de Lampião em número de biografias – a partir das duas em vida que apontamos – em estudos, romances históricos, poesia erudita, cinema, seriados de televisão, discos e aproveitamento da imagem nos meios de divulgação em geral. Quem não pode faltar nas quadrilhas juninas a cada ano? Quem não encontra rival nas barracas de feira de Caruaru e de outras cidades, na cerâmica figurativa imortalizada pela melhor crítica de arte desde a descoberta de Vitalino, em 1948? Não é preciso responder.

A tendência do povo é convertê-lo em símbolo desesperado de resistência dos humildes à opressão das elites, como já fora nominalmente do "proletariado", diante da "burguesia" empedernida, na visão corrente no meio acadêmico por cinquenta anos. De nada valem as provas históricas de ter sido ele protegido até mesmo por um governador de estado, o de Sergipe, cuja família se inscrevia entre os maiores latifundiários do Nordeste, com cerca de quarenta fazendas de açúcar, de arroz, de algodão e de gado, com indústrias de beneficiamento conexas. Nada importa. O povo precisa de seu Robin Hood. E o mito que aderiu aos passos do bandido ainda em vida só tem feito crescer.

A Lampião nos liga o perfil de homem primordial que encarna. O homem necessariamente cruento que devassou as terras do poente nordestino e se impôs sobre o índio e o animal bravio, assentando as fazendas de criar. Seu pecado foi não ter vivido nos séculos XVI, XVII ou XVIII. Teria sido um desbravador admirável. Um colonizador de energia apreciada. Em um século XX de sertão tocado pela presença coercitivamente organizadora do poder público, não havia lugar para seu arbítrio senão na cadeia. Como não era homem para isso, lutou até morrer, tendo se conservado livre, absoluto no seu querer, sem nunca ter cedido a injunção cavilosa de autoridade ou dependido de terceiros para rebater agravo sofrido.

Para ele, a obrigatoriedade da lei era nada. A coerção imposta por esta podendo fazer-lhe mossa à liberdade, mas apenas quando concreta. Traduzida em atos eficazes. Mesmo assim, somente quando se apresentava de arma nas mãos, por seus agentes.

Na relação com as pessoas, o minuto de vida do grande cangaceiro encerrou tanta liberdade quanto a de que dispõe o homem urbano atual ao longo da vida inteira. Liberdade estonteante que foi capaz de fascinar certa baronesa europeia de espírito aventureiro e beleza invulgar, a baronesa Buckop, vinda a Pernambuco pelo meio de 1928, com o propósito de entrevistar o grande cangaceiro. Estácio Coimbra, governador que recebe fidalgamente a dama ilustre, entra em polvorosa ao ouvir-lhe o pedido de apoio para a missão. E a encaminha para Gilberto Freyre, secretário de gabinete do governo pernambucano, que não mede palavras ao deitar as cartas na mesa:

– Minha senhora, trata-se de um absurdo. Esse homem é um selvagem. Não se rege por qualquer lei, senão pela própria vontade. Um encontro desses seria imprevisível. Depois, sendo a senhora uma mulher muito bonita, ele... poderá atacá-la...

Ao que a baronesa atira os olhos para o alto, endireita-se no *tailleur* e deixa escapar em bom francês:

– Fascinante... Fascinante...!

A história, que correu Pernambuco como anedota, nos foi contada pelo próprio Gilberto Freyre e é verídica. Exotismo de europeia entediada com os níveis de domesticação social a que chegou o Velho Mundo, talvez. Mas um episódio que ilumina a razão pela qual o bandido passeou pelas páginas dos jornais de todo o Brasil e do estrangeiro, Paris e Nova York entre estes, à força do fascínio que sua liberdade selvagem exerce, a desfilar pelo mesmo tempo cronológico do nosso cativeiro de homem moderno.

Para o brasileiro em geral, o do Nordeste com especialidade, Lampião é o emblema sideral de um tempo e de um chão em que o estado não conseguia andar montado no cangote do povo, a lhe sugar até o sangue. Não estranha que sua legenda reluza tanto, para o que há de contribuir também a condição de vencedor de desafios que ninguém lhe recusa, para além das vitórias à bala.

Moreno escuro, cego de um olho, manco, acorcundado, sem cultivar barba, bigode, costeletas ou cavanhaque, óculos professorais a lhe desenharem o rosto estreito, nem o mais novo nem o mais velho dos irmãos, faz-se chefe de grupo e capitão de cangaço, arrostando os padrões sertanejos, ainda atentos a preconceitos ligados à cor, à deficiência física, à ausência de sinais capilares de virilidade, à ordem de nascimento na família e contra novidades em geral, estas últimas, vistas por ali como "coisas do cão".

Ao entrar como celebridade na terra do Padre Cícero, surpreende a todos por ser "o mais escuro do grupo", como a imprensa inflamou. Mas era chefe. E chefe de autoridade jamais posta em dúvida, apesar da convivência de duas décadas com os homens mais perigosos do sertão. Topou paradas pesadas, do nosso conhecimento documentado, com Sabino, com Antônio de Engrácia, com Gato, conseguindo impor a autoridade ou contornando o conflito como um pai.

Administrador intuitivo e empírico, discípulo silencioso do empreendedor Delmiro Gouveia, confedera os bandos existentes em sua época e passa a comandar comandantes. No passado, somente João Calangro e Antônio Silvino o conseguiram, na virada do século XIX para o XX, e em ponto bem menor. Tinha sempre, como nos disse emocionado o cangaceiro Medalha, "o pensamento adiante da palavra", de par com a força moral de quem "só comia e bebia depois que todos tivessem comido e bebido; só montava depois que todos estivessem montados".

Luís da Câmara Cascudo certamente explicaria por aí, ao lado do apelo sertanejo da vingança de pai e de mãe, o sucesso de Lampião nos meios de comunicação de seu tempo. São do mestre de Natal as palavras: "Coragem, bravura, arrojo, provocam a simpatia, mas não a solidariedade no sertão. É indispensável uma justificativa moral que todos compreendam". Estão na preliminar de seu *Flor de romances trágicos*, de 1966.

Com habilidade ímpar, tira proveito das principais ocorrências nacionais que repercutem no Nordeste, desde a suspensão das obras contra as secas, no governo Arthur Bernardes, em 1922, que abre para o bando um voluntariado precioso, à base dos desempregados jogados ao léu subitamente, até a passagem da Coluna Prestes, de que se vale para obter, arredando mil ardis dos representantes do governo federal, armamento militar da melhor qualidade, da mesma maneira se aproveitando da desorganização das forças policiais por ocasião dos movimentos revolucionários de 1930, 1932 e 1935.

No universo fechado do Pernambuco de 1922, estreara na arte política tirando proveito da violenta ruptura conhecida como Movimento Autonomista, reação armada à ingerência eleitoral do Catete na sucessão do governador José Rufino Bezerra Cavalcanti, falecido no cargo, à frente o senador Manoel Borba, que drenou para o Recife, por meses, as tropas em serviço volante pelo interior.

Excelente dançarino, nunca descurou do lazer para seus homens, promovendo bailes singelos no próprio coito, à razão de um ou dois por mês, sempre na véspera de deixar o local, como cautela contra delações. As moças e senhoras da redondeza eram convidadas e vinham com seus pais, todos se fartando com um boi escolhido para o sacrifício. O melhor sanfoneiro do lugar não ficava de fora. Bebida farta e respeito absoluto.

Lampião se sentia livre para dançar com qualquer dama, o mesmo se dando com Maria, na escolha do cavalheiro. Todo o bando imitava a atitude civilizada. Casados e solteiros. Mas tudo isso já vimos.

Despreocupado em coitos de segurança, tratava de quebrar a monotonia do tempo com o carteado, o "trinta e um" a dinheiro, com boca de até quinhentos mil-réis. A luta romana, a "roleta" – pronúncia aberta – envolvia os recrutas, sem que restassem mágoas. O mesmo se dava com as lutas entre cachorros. Torcidas ululantes. Rebatizados para o combate, os animais trazidos pelos coiteiros davam margem a que se prestasse "homenagem" aos comandantes de volantes, em prélios concorridos. Manoel Neto *versus* Odonel, espécie de disputa envolvendo Pernambuco e Bahia; Manoel Henrique *versus* Zé Rufino, Sergipe contra Bahia; Juvêncio *versus* Baltazar, Alagoas contra Sergipe, passando por disputantes de menor calibre, os cachorros Prata e Cajuí.

No meado dos anos 1920, Lampião possuíra um cachorro vermelho muito gabado, Solon, "homenagem" ao tenente pernambucano Solon de Oliveira Jardim. Capturado em combate, os soldados se vingam do deboche presenteando Solon ao arqui-inimigo de seu dono, o tenente Lucena.

Da ausência desse humor mordaz, combatente, por assim dizer, feito à base de piadas que corriam o sertão na viola ou na rabeca de cantadores, Lampião jamais se ressentiu. Ao contrário. Com frequência se saía com dichotes para ferir o orgulho do inimigo, abatendo-lhe o penacho perante a opinião pública de chapéu de couro. Não surpreende que o cangaço tenha vencido sempre a guerra da comunicação.

Ao governador de Alagoas do período 1924-28, que era então o jornalista de nomeada Pedro da Costa Rego, manda dizer que estava "acostumado a saltar riacho, quanto mais rego...".

Cara torcida, o tenente João Bezerra recebe, um dia, o recado:

> – Diga a ele que eu nunca tive medo de boi velhaco, quanto mais de bezerra...

Tomando cerveja em meio à prosa com o povo de Tucano, Bahia, em 1928, sai-se com este "raciocínio", humor negro de boa cepa:

– Quando eu cubro um macaco na mira do pau furado, ele morre porque Deus quer; se Ele não quiser, eu perco o tiro...

Com o sargento Evaristo, em Queimadas, Bahia, 1929, esse humor invade a faixa do macabro. Com sangue nas mãos, depois de sangrar a punhal os sete soldados do destacamento, volta-se para o comandante, que mal se sustinha nas pernas, e comenta:

– *Não sei por quê, nunca vi homem corado na minha frente...*

Apesar da irregularidade do cotidiano que abraçou, teve vida pública surpreendentemente intensa, não deixando de se realizar minimamente no plano da família. Foi marido e pai. Amoroso com os parentes até as lágrimas, vê a tragédia abater-se sobre estes como decorrência da notoriedade da vida que levava, em que amarga a perda sucessiva de três irmãos convertidos em cangaceiros e de um primo, paisano. Mas não se emenda. Na véspera da morte, costurava o traje de um sobrinho que acabava de atrair para o bando...

Notívago, usava noites e madrugadas ao estilo do homem urbano atual, sendo frequente que acertasse encontro de negócios, sobretudo com poderosos, para as primeiras horas da madrugada, que dançasse até clarear o dia, que se deixasse ficar nas águas do São Francisco – medicinais, ao que dizia – após as 10 horas da noite, a lua o fazendo proteger a identidade por chapelão de palha de pescador.

A eficiência neurológica da rede de protetores, informantes e fornecedores que teceu e de que desfrutou por toda a vida permanece misteriosa por muitos de seus aspectos, notadamente o do fornecimento de armas militares, sendo um caso raro de sigilo perfeito em organizações do tipo.

Logo depois do Angico, um de seus algozes mais antigos, o já coronel Lucena Maranhão, não esconde o respeito pelo talento do inimigo também quanto às informações, ao apreciar, em entrevista ao *Diário da Manhã*, do Recife, edição de 5 de setembro, a teia protomafiosa que esquadrinhava a caatinga:

Os bandidos mantinham uma grande organização orientada pelo comandante supremo, que era Lampião. Nenhum passo se dava sem sua ordem. Então, na questão das ligações, a coisa era admirável. Por mais distantes que estivessem os grupos, uns dos outros, entendiam-se e comunicavam-se quase misteriosamente, sabendo de tudo, da localização das forças, dos seus movimentos.

Candeeiro nos disse ter ficado velho sem saber como Lampião tomou conhecimento da morte do cunhado, o notório chefe de subgrupo Virgínio, o Moderno, no mesmo dia em que esta se deu, em ponto da fronteira de Pernambuco com a Paraíba, fins de 1936. É que estavam em Alagoas, olhando para Sergipe, em centro de caatinga arredado de tudo.

A Lampião se deve ainda a introdução no cangaço da revolução estética que marcaria os anos 1930, gerando a marca definitiva do fenômeno; do ofício religioso coletivo; das mulheres desfrutáveis por seus homens, porém úteis ao coletivo; da organização e dos equipamentos militares; de procedimentos estratégicos e táticos racionais; da documentação escrita dos negócios, sendo ele um alfabetizado em meio a uma sociedade ágrafa; do uso intuitivo da informação, da contrainformação e da guerra psicológica, mas também do sequestro a resgate; dos sangramentos sistemáticos; das castrações como procedimento vulgar, não raro jocoso.

Quanto à relevância da primeira das revoluções que apontamos, basta a transcrição de telegrama oficial de Gustavo Capanema, chefe absoluto da cultura no Estado Novo de Getúlio Vargas, dirigido ao interventor Osman Loureiro e reproduzido no *Diário Oficial do Estado*, a 3 de agosto de 1938:

> Rio, 1º agosto, Oficial – Interventor Osman Loureiro, Maceió
>
> Seria útil incorporar patrimônio de museus ou instituições culturais esse estado ou do país objetos encontrados entre despojos grupo cangaceiro Lampião e que apresentam interesse do ponto de vista da etnografia e da arte popular. Solicito, por isso, vossencia fineza providenciar no sentido de recolher tais peças, como sejam: roupas, especialmente

aquelas que tiverem características de indumentária regional ou profissional, armas, objetos de uso pessoal, amuletos, papéis de assentamentos, rezas escritas etc.

Saudações cordiais – Gustavo Capanema, ministro da Educação e Saúde

Dentre qualidades negativas, assinale-se ainda o desprezo reiterado pelos negros, mais por palavras do que por gestos, muito ao estilo dos debiques correntes em sertão onde a presença negra se mostrava rarefeita, *vis-à-vis* do litoral. "Negro não é gente", "negro é a imagem do cão", "negro, quando não caga na entrada, caga na saída", eis frases que povoavam sua boca, como a do sertanejo primitivo em geral.

Apresentado em Queimadas, Bahia, por ele tomada em 1929, a juiz de direito, escrivão, tabelião e oficial de Justiça, todos negros, estralou para estes: "Terra desgraçada, até a Justiça é preta...". E ordenou ao juiz que lhe servisse um copo d'água! Ao receber, pega na mão do magistrado e, sentindo a maciez, volta à carga: "Ah, negro bom pra uma enxada...".

Em 1931, também na Bahia, precisando de provisões, escolhe para matar um boi pertencente a fazendeiro conhecido como Antônio da Várzea do Burro, tão rico quanto escuro. Passa a pistola na testa do animal e se volta para os presentes com a frase: "Não sei pra que preto quer boi. Só se for pra andar por aí dizendo que é fazendeiro...".

De outra feita, meados de 1936, em visita à fazenda Borda da Mata, do coronel Antônio Caixeiro, pai do governador de Sergipe – onde se permitia, de tão à vontade, pedir a Dona Branca que pusesse no gramofone os sucessos recentes de Francisco Alves, de Orlando Silva ou de Sylvio Caldas, deliciando-se com Maria Bonita – o casal aceita convite para passar a noite no belo chalé à beira do São Francisco. No quarto em que dormem, fica o oratório da casa. Dia seguinte, cedo, apita para a cabroeira na manga próxima e viajam todos. Dona Branca inspeciona o quarto. Tudo em ordem. Quando vai ao oratório, encontra cédulas gordas enfiadas nas mãozinhas dos santos, à guisa de espórtula. São Benedito, destoando, recebera quase nada. Na visita seguinte, rindo, a dona da casa pergunta a razão, ouvindo do chefe: "Ah, Dona Branca, quem já viu negro ser santo...".

Nem por isso deixou de ter auxiliares negros, negroides, mulatos, cabos--verdes e sararás de toda confiança, à frente dos quais Zé Baiano, a quem presenteou com um dos maiores e mais belos punhais do cangaço, cabo de prata, várias alianças de ouro incrustadas.

Seria Lampião um supersticioso, é pergunta que muitos se fazem. De maneira geral, o cangaceiro, condicionado pelas crendices do meio rural a que pertencia, dava importância a sonhos, sinais, avisos, cismas, coincidências e outras tantas expressões supostamente premonitórias – e a serem interpretadas devidamente – que poderiam configurar-se em urro insistente de boi, saltos à toa de cabritos, uivos de raposa em noite sem lua, mergulho desajeitado de gavião sobre o pasto, briga de pássaros ou o choque de um destes com aba de chapéu de viajante, sem esquecer as manifestações codificadas de velho como agourentas, casos do soluço do acauã, da gargalhada da coruja em horas mortas, do voo rumorejante do bacurau dentro da noite, do canto de galo fora de hora.

Não há notícia de que Lampião desse valor maior a sonhos, ao contrário com o que se passava com Antônio Silvino, verdadeiramente escravizado por seu onirismo, de exacerbação devida, talvez, ao amor que devotava ao jogo do bicho.

No caso do cangaço, a base de crendices próprias do campo se via acrescida de um sedimento oriundo do caráter perigoso da "profissão" abraçada, fenômeno comum a toureiros, domadores, trapezistas e soldados em zona insegura, todos formando grupo em que vicejam as rezas fortes, os patuás, os bentinhos, as figas, os caborjes. O cangaceiro abraçava tudo isso.

Lampião levava consigo, por baixo de todo o traje, um saquinho de vaqueta atado ao pescoço com oito orações protetoras diferentes. Era o chamado caborje, comum entre cangaceiros, mas não privativo destes. Como peça do catolicismo popular brasileiro, frequentava o pescoço de boiadeiros, vaqueiros, tropeiros, carreiros, tangerinos, violeiros e de quantos viajassem pelas veredas incertas da caatinga. Também no pescoço, o crucifixo de ouro da baronesa de Água Branca, com resplendor articulado e corrente grossa, fruto do roubo célebre do meado de 1922. Coisas já vistas acima.

No pé baleado, uma palmilha "pé de anjo" fixada sob a meia, além de compensar alguma diferença de altura para a marcha, servia para consagrar datas marcadas ali a fogo: 1932 e 1934. Nascimento de Expedita, a filha única, a primeira destas, ao que ouvimos de Candeeiro, nada se sabendo sobre a segunda. Rumores de um segundo parto de Maria, sem sucesso.

Às sextas-feiras da Paixão, o grupo arranjava jeito de passar o dia com as armas descarregadas. Nesse dia, o chefe não falava, o que acontecia às vezes em sextas-feiras menos penosas. Tudo isso e mais umas esquisitices a que se entregava sem explicação, como atravessar um ramo verde na estrada e retroceder no caminho, após consulta íntima, olhos pregados no céu, ou tirar o chapelão à noite e ler as estrelas, balbuciando orações, atraiu sobre si a crença geral de que adivinhava.

Homens razoavelmente esclarecidos, como o antigo comandante de volantes de Pernambuco, David Jurubeba, a quem ouvimos em 1984, em sua casa do Rosarinho, no Recife, chegou aos cabelos brancos preso à convicção inabalável de que isso ocorria. Contava não poucos casos em que ele e camaradas de armas teriam sido vítimas dessa virtude misteriosa do adversário. E quando se levantava dúvida sobre o prodígio, indagava irritado: "Me aponte uma única emboscada em que ele tenha caído?". Colhia o silêncio...

Não é preciso dizer que Lampião jamais moveu uma palha para desmentir crença de tanta utilidade para si, por levar desânimo aos que o combatiam, quando mais não fosse. Crença que dava suporte a outra não menos frutífera militarmente: a da invencibilidade.

Não podemos deixar de reproduzir aqui relato que nos soa como síntese perfeita da predominância em Lampião da frieza racional. Foi-nos trazido em testemunho de vista pelo ex-cangaceiro Medalha. O grupo descansava na fazenda Serra do Mato, pelo meio de 1924, deliciando-se com as águas medicinais da fonte da Pendência, nos contrafortes da Chapada do Araripe, entre Missão Velha e a Barbalha, no Cariri cearense, refúgio do coronel Antônio Joaquim de Santana, poderoso na política, apreciador dos homens de armas e coiteiro incorrigível de cangaceiros desde os tempos de Antônio Silvino, nos idos de 1901. Logo na chegada, Lampião mandara aviso para um fornecedor de munição que tinha no Juazeiro do Padre Cícero, Júlio Pereira, de que estava à espera de fornecimento. Dia seguinte, cedo, o coiteiro apeia do burro com dois sacos de bala divididos na carona da sela. O chefe cangaceiro festeja a vinda do colaborador e lhe indaga:

> – Esteve com meu Padrinho?
> – Estive, Capitão. Ainda ontem à noitinha.
> – Ele falou de mim?
> – Falou, sim, Capitão. E disse mais que eu ia perder a visita de hoje, porque o senhor estava em Alagoas, perto do rio São Francisco.

Lampião volta-se para a cabroeira e a interpela, com um meio sorriso maroto:

– Taí, rapaziada, vocês não dizem que ele adivinha?

Supersticioso, sim. *Ma non troppo...*
A proverbial capacidade de intuição quanto a riscos e acontecimentos em geral que possuía Lampião não funcionou no Angico. A grota sombria transformou-se em lugar eleito pelo destino para devolver o extraordinário *condottiere* às dimensões humanas de que parecia ter-se apartado havia vinte anos.

Sem nem de leve intuir o perigo que se avizinhava, foi negligente. Distraído das responsabilidades a que estava jungido pelo nome gigantesco que granjeara. Para além do tesouro ambulante que conduzia sobre si, auxiliado pela sua Maria, alongados, ambos, em ímã da cobiça de soldados, de coiteiros e de todos os paisanos da caatinga.

Angico é também palco de travessia. Travessia tecnológica. Antepõe-se ali o tiro de precisão, o "tiro de ponto" do falar sertanejo – que prosperara a partir da metade do século XIX, fruto do aprimoramento das armas longas, findando por se consagrar no combate de infantaria como tendência – à novidade do tiro de massa, de varredura, de rajada, moderno e arrasador. O tiro sequencial da pistola Parabellum, empregada pelo cangaceiro largamente, não passando da cadência semiautomática, ficava longe do disparo automático despejado pela metralhadora de mão, sendo esta uma arma de ataque, além de tudo, não apenas de defesa aproximada, como a pistola. O fogo da fazenda Pedra d'Água, um ano antes, fora uma *avant-première* em ponto menor. As Bergmann tinham gargalhado por lá. Duas.

Para esse homem imponente, de fala serena, gestos contidos, docemente paternal com os seus, mais do sorriso que do riso, moderado no fumo, no rapé e na bebida, exímio na agulha, nas linhas e no artesanato em couro, vitorioso na vaqueirice, no amansamento de burro brabo e na almocrevaria, anfitrião irrepreensível de pequenos e de grandes, afilhado de Nossa Senhora da Conceição e devoto de Santo Expedito, a vida humana não valia nada, tanto fazendo matar um homem como mil, segundo suas próprias palavras.

A solução violenta, envolvendo espancamento, corte de orelha ou língua, tatuagem a fogo, castração, execução lenta ou sumária a punhal ou arma de fogo, era a que primeiro lhe acudia ao espírito diante de conflito. Ou de fuxico de coiteiro, queixa de coronel amigo ou pedido de membro do bando. E era um alfabetizado. Um leitor de folhetos de cordel, de jornais, de revistas e de livros, um freguês de salas de cinema, sempre que possível.

Sem o mais leve sinal de arrependimento, nele a vida adotada parece ter correspondido à vocação. Um perfeito ajustado no cangaço. No cangaço de que se tornou rei absoluto e que lhe forneceu o passaporte para a imortalidade, pelas vias da história, da literatura de ficção, do cinema e do folclore.

A morte aos quarenta anos, quando se mostrava absorvido pelas questões da retirada para Minas Gerais, e um tanto ausente nas conversas com seus homens e com os coiteiros, nos faz pensar na disposição compulsória da Ópera de Paris, aposentando os bailarinos aos 45 anos de idade. Os desafios físicos do cangaço pediam um homem de 23 anos. Média de idade dos cabras em armas. Com a ajuda das balas da polícia, Lampião morreu de velho, a bem dizer.

Lúcido como sempre se mostrou, o Capitão Virgulino Ferreira da Silva tinha consciência de que, no sertão cortado pelas rodovias, embalado ao som do gramofone e do rádio, quebrando o pescoço à passagem de zepelins e de aviões de carreira sobre a caatinga, conduzido por carros de passeio, por ônibus e por caminhões, além de dominado pela luz elétrica, o seu lampião já não clareava muita coisa.

Desculpas ao leitor pela generalização contida na denominação deste capítulo de encerramento. É que houve ao menos uma exceção ao silêncio dos sinos. Na igrejinha de São Miguel dos Campos, Alagoas, o padre Júlio de Albuquerque "celebrou missa pela alma de Lampião, assistida por sessenta fiéis que comungaram", ao que informou o jornalista Moreno Brandão pela imprensa. Interpelado pelas autoridades, o padre disse "ter sido inspirado por Deus". Amém!

Apêndice

a – DECRETO N. 2.505, DE 30 DE MARÇO DE 1939:

> *Abre crédito especial da quantia de cinquenta contos de réis (50:000$000), para distribuição à volante do II Batalhão do Regimento Policial Militar do Estado que abateu Lampião e seus comparsas.*

O Interventor Federal no Estado de Alagoas, no uso das atribuições que lhe são conferidas pela Constituição Federal, e
Considerando altamente relevante o serviço prestado à causa pública pela volante do II Batalhão do Regimento Policial Militar do Estado, dando combate e abatendo o bandido Lampião e dez dos seus comparsas,

DECRETA:

Art. 1º – Fica aberto, no orçamento vigente, um crédito especial da quantia de cinquenta contos de réis (50:000$000), para distribuição à volante do II Batalhão do Regimento Policial Militar do Estado que abateu o bandido Lampião e dez de seus comparsas, no ano passado.
Art. 2º – A distribuição a que se refere o artigo anterior deve ser feita da seguinte forma: 10% para cada oficial, 5% para cada sargento, devendo o restante ser dividido, em partes iguais, com as praças e dois civis que acompanharam a referida volante.
Art. 3º – Revogam-se as disposições em contrário.
O secretário de Estado dos Negócios da Fazenda e da Produção assim o tenha entendido e faça executar.
Palácio do Governo do Estado de Alagoas, em Maceió, 30 de março de 1939, 51º da República.

OSMAN LOUREIRO
Álvaro Corrêa Paes

[Publicado no *Diário Oficial do Estado de Alagoas* nº 7.624, de 31 de março de 1939.]

b – BOLETIM DO REGIMENTO POLICIAL MILITAR DO ESTADO DE ALAGOAS Nº 289, DE 22 DE DEZEMBRO DE 1939, contendo transcrição, na íntegra, do Ofício nº 752, Maceió, 20 de dezembro de 1939, do Interventor Federal Osman Loureiro, Palácio do Governo do Estado de Alagoas, dirigido ao comandante da Corporação:

Ilmo. Sr. Coronel Theodoreto Camargo do Nascimento, MD Comandante da Força Policial Militar do Estado,

Passo às mãos de Vossa Senhoria, por intermédio do auxiliar deste Gabinete, Sr. José Ovídio da Costa Braga, a importância de cinquenta contos de réis (50:000$000), referente ao prêmio instituído pelo Governo do Estado da Bahia à coluna que extinguiu o bando de Lampião.

Conforme determinação do Interventor Landulpho Alves, deverá ser entregue ao Capitão João Bezerra a quantia de vinte contos de réis, recomendando eu, de minha vez, que, do restante, seja entregue ao Tenente Francisco Ferreira de Mello a importância de dez contos de réis, distribuindo-se o saldo equitativamente entre os demais componentes da referida coluna.

Aproveito a oportunidade para renovar a Vossa Senhoria os protestos de estima e elevada consideração. Saúde e fraternidade, (a) Osman Loureiro, Interventor Federal.

Em consequência, esse prêmio, juntamente com o deste Estado, foi distribuído ontem, em Ato Solene, pelo Exmo. Sr. Interventor Federal, obedecendo a forma seguinte:

Capitão João Bezerra da Silva: Alagoas – cinco contos de réis; Bahia – vinte contos de réis;

Primeiro-tenente Francisco Ferreira de Mello: Alagoas – cinco contos de réis; Bahia – dez contos de réis;

Aspirante a oficial Aniceto Rodrigues dos Santos: Alagoas – dois contos e quinhentos mil réis; Bahia – quatrocentos mil réis;

Primeiro-sargento nº 147 Francisco Nery da Silva: Alagoas – dois contos e quinhentos mil réis; Bahia – quatrocentos mil réis;

Terceiro-sargento da 5ª Companhia nº 502 Juvêncio Correia de Lima: Alagoas – setecentos e vinte e nove mil e cento e sessenta e seis réis; Bahia – quatrocentos mil réis.

Nota do Autor: fazendo jus, por igual, à última soma declarada acima, segue-se a relação dos premiados, segundo patente, número e nome, obedecida a ordem constante do original. Notar que os primeiros três itens contemplam os treze soldados promovidos a cabo por bravura em combate, ao lado do coiteiro delator, Pedro de Cândido, engajado nesta última patente. Assinale-se ainda a premiação dos dois canoeiros que pediram armas e participaram do combate:

Cabos da 5ª Companhia:

309 – Amaro José Henrique; 136 – Antônio Honorato da Silva; 557 – José Panta; 757 – Sebastião Vieira Sandes; 538 – João Batista de Oliveira; 412 – Severiano Costa da Silva; 518 – João Donário da Silva; 750 – Alfredo Alves da Rocha; 501 – Guilherme Francisco da Silva.

Cabos do P/E – II:

135 – Luciano Bezerra; 867 – Pedro Cândido Rodrigues.

Cabos da Companhia de Sapadores:

696 – Antônio Justino da Silva; 523 – José Balbino de Souza; 640 – Antônio Bertholdo da Silva.

Soldados da 4ª Companhia:

665 – Antônio Fabiano da Silva; 484 – Antônio Francisco de Lima; 514 – Elias Marques de Alencar; 283 – Antônio Ferreira de Lima; 852 – Sabino de Souza; 545 – Francisco Rocha de Oliveira; 868 – Inácio Gomes de Carvalho; 869 – José Gomes do Nascimento; 837 – João Sabino de Brito; 522 – João Inácio da

Silva; 525 – Manoel Pereira da Silva; 508 – Pedro Alves de Oliveira; 790 – Antônio Vieira da Silva; 507 – Otacílio Bezerra de Messias; 499 – Antônio Pedro de Oliveira; 768 – Manoel Vieira dos Santos; 836 – Cecílio Alves Fernandes; 519 – João Cordeiro de Santana; 822 – João Tibúrcio da Silva.

Soldado do P/E – II:

694 – Agostinho Teixeira de Souza

Soldados da Companhia de Sapadores:

652 – José Bezerra da Silva; 583 – Silvino Afonso do Nascimento; 755 – José Tertuliano de Souza; 620 – Benedito Alípio da Silva.

Ex-cabo da 5ª Companhia:

409 – Abdon Cosmo de Andrade.

Ex-soldado da 5ª Companhia:

693 – João Leandro dos Santos.

Viúva de ex-soldado da 4ª Companhia, morto em combate:

675 – Adrião Pedro de Souza.

Civis:

Cícero Gomes Pedrosa; João de Almeida Sena (vulgo Joca).

Por não se acharem presentes à distribuição, foram recolhidos à Tesouraria Regimental os prêmios conferidos ao soldado da 4ª Companhia 817 – Antônio Fernandes da Silva; aos ex-soldados 268 – Otávio Inácio da Silva e 748 – José Gomes de Sá, e ao civil Venceslau Ramos da Silva.

Fonte: Arquivo da Polícia Militar do Estado de Alagoas, Maceió, pesquisa, revisão e copiagem sendo orientadas gentilmente pelo coronel-médico da Corporação Eduardo Gaia Maia, a quem o autor agradece.

c – ORAÇÕES DE LAMPIÃO RECOLHIDAS POR MORTE:

c.1 – *Da Pedra Cristalina*

Minha Pedra Cristalina, que no mar foste achada, entre o Cálice e a Hóstia consagrada. Treme a Terra, mas não treme Nosso Senhor Jesus Cristo no Altar. Assim, tremem os corações dos meus inimigos quando olharem para mim. Eu te benzo em cruz e não tu a mim, entre o sol, a lua e as estrelas, as três Pessoas da Santíssima Trindade. Meu Deus, na travessia, avistei meus inimigos. Meu Deus, que faço com eles? Com o manto da Virgem Maria sou coberto e, com o sangue de Meu Senhor Jesus Cristo, sou valido. Tens vontade de atirar, porém não atiras; se atirar, água do cano da espingarda correrá; se tiveres vontade de me furar, a faca da mão cairá; se me amarrar, os nós desatarão e, se me trancar, as portas se abrirão.

Oferecimento: salvo fui, salvo sou, salvo serei, com a chave do sacrário eu me fecho. Um Padre Nosso; três Ave Marias; três Glória ao Padre, e ofereço às Cinco Chagas de Nosso Senhor Jesus Cristo.

c.2 – *Das Treze Palavras Ditas e Retornadas*

Digo uma, uma é a Casa Santa de Jerusalém, onde Jesus Cristo nasceu; Duas, são as duas tábuas de Moisés, que Nosso Senhor Jesus Cristo trouxe em seus sagrados pés; Três, são os três cravos que cravaram Jesus Cristo na cruz; Quatro, são os quatro evangelistas: São João; São Mateus; São Marcos e São Lucas; Cinco, são as Cinco Chagas de Meu Senhor Jesus Cristo; Seis, são os seis bentos da Casa Santa de Jerusalém; Sete, são os Salmos de Nossa Senhora; Oito, são os oito corpos santos da Casa Santa de Jerusalém; Nove, são os nove Coros de Anjo que para o Céu subiram; Dez, são os Dez Mandamentos de Meu Senhor Jesus Cristo; Onze, são as Onze Mil Virgens que estão em companhia de Meu Senhor Jesus Cristo; Doze, são os Doze Apóstolos de Meu Senhor Jesus Cristo; Treze, são os

Treze Reis que partem tudo e arrebentam, assim como eu hei de arrebentar e partir o coração de fulano ou fulana.
Oferecido ao Senhor Livino Ferr^a de Sou^a

c.3 – De Nosso Senhor Jesus Cristo

Assim como vejo a luz do dia, vejo Meu Senhor Jesus Cristo e a Virgem Maria, tão grandes onde eu neste... como andou Meu Senhor Jesus Cristo... que fizesse Deus por mim, ninguém contra mim, corpo e sangue de Meu Senhor Jesus Cristo.
Oferecido ao Senhor Livino Ferreira da Silva, Passagem das Pedras, 3 de outubro de 1916.

c.4 – Da Beata Catarina

Beata Senhora Catarina, vós que fostes filha de uma rainha, de uma Rainha de Santidade e Espanha [...] e não alcançarão, não lhe tirarão e não amarrarão, as armas de teus inimigos contra ti não dispararão e, em ti, a pedra e o fuzil, por esta Hóstia Consagrada, até correrá água pela boca. Defendei-me de meus inimigos; se eu estiver dormindo, acordai-me, pelo amor de Deus. Com o poder da Senhora Beata Catarina, os meus inimigos os olhos terão de [...] com três sanguinhos, com três Padres Beatos da Casa Santa de Jerusalém, pelo sagrado nome de Meu Senhor Jesus Cristo e o poder da Senhora Santa Catarina, amparai-me. Meu Jesus, em penhor de sua mãe, Maria Santíssima, e a hóstia consagrada e o Mistério da Cruz, cinco Padre Nossos, cinco Ave Marias, oferece. Ofereço esse [...] a sagrada Morte e Paixão de Meu Senhor Jesus Cristo, em louvor de suas Cinco Chagas, que me livrai de meus inimigos; se eu estiver dormindo ou trabalhando [...] velando para que não ofendam a mim.
Oferta de Livino.

c.5 – Milagrosa Oração do Santo Lenho

Jesus Nazareno, Rei dos Judeus, nome vitorioso contra os ataques dos meus inimigos, eis aqui a cruz do Senhor, fugi adversos inimigos, venceu o Leão da Tribo de Judá. De Cristo, estarei guardado, assim como N. S. J. C. guardado esteve no ventre da Virgem Maria, por nove meses. Entre mim e o perigo, está o sangue de Cristo. Com o poder de Deus e deste sangue divino, com parte do Santo Lenho, as armas dos meus inimigos não dispararão; suas facas cairão das mãos. Levante-se Deus, com seu braço poderoso, em minha defesa, contra os meus inimigos; vinde com presteza. Com o manto da Virgem Maria me cubro; com sua face, me envulto, assim como a cruz e a pedra d'ara são privilegiadas, que, sem elas, os padres não poderão dizer missa, assim como serei livre de todo perigo do corpo e da alma, invocando o santo nome do Senhor. Oferecimento – Salvo andarei e salvo viverei, assim como N. S. J. C. salvo foi e salvo veio, com sua pia benta, quando foi se batizar. Na barquinha de Noé, me embarco, me fecho e me tranco, com a chave de São Pedro. Jesus de natus, Jesus de natus é: a vós me entrego, com o Santo Lenho. Valha-me Jesus de Nazaré.

Fonte: Instituto Histórico e Geográfico de Alagoas, Maceió, Caixa 22, onde se acham ainda, também de Lampião, as orações: De Santo Agostinho; Da Virgem das Virgens (prodigiosa) e Do Salvador do Mundo, totalizando oito rezas em papel, recolhidas do caborje do cangaceiro em 1938. A grafia foi atualizada. Há lacunas por ilegibilidade. Ao presidente do Instituto, Jayme Lustosa de Altavila, o melhor agradecimento pelo acesso.

d – MANUSCRITOS DE LAMPIÃO:

d.1 – Carta de advertência dirigida a Pedro Augusto, Ceará, c. 1924:

Major Pedro Augusto,

Boas saudações. Hoje mesmo estive com um rapaz seu. Apois veja como o homem fez. Este disse que vinha para me auxiliar. Apois inda outro dia conversei com um filho do delegado e dei todas as minhas opiniões: que não tenho má vontade para este estado, como tenho provado. Não acho direito é vocês estarem armados e juntando gente. Isto não está direito. Preciso dar passagem deste logar e não quero alarmi no Ceará! Bem. Quero ser amigos dos srs, e nada más. Não sou moleque para andar com histórias erradas.

Virgulino Ferreira
Vulgo Lampião

d.2 – Carta de cobrança dirigida a Antônio Mando, 1926:

Illmo. Sr. Antônio Mando,

Estimo suas saudações com todos. O fim desta para lhi pedir dois contos de rs. Espero isto sem falta, agora alarmi e não mande qui depois vae se sahir muito mal, resposta pello mesmo portador, sem mais, não falti, olhi, olhi.

Capm Virgulino Ferreira
Vulgo Lampião

d.3 – Carta de cobrança dirigida a João da Costa Pinto Dantas, Aracaju, Sergipe, sem data:

Illmo. Sr,

Suas saudações com todos. Lhi faço Esta somente para lhi pedir 3 conto di reis, apois seio qui osenhor não Ignora eu pedir i so peço a quem tem, por este mutivo, espero sem falta, aresposta entregue a seu Vaqueiro.
Agora faça poco, e alarmi a pulicia. Resposta com toda Urgença.

Eu, Capitão Virgulino Ferreira, Lampião

d.4 – Carta de reiteração da cobrança anterior:

Ilmo. Sr,

Suas saudações com Os Seus, faço-lhe esta devido a Uma carta qui ja lhi mandei e não tivi resposta, portanto lhi faço esta outra para ter a certeza, penço que O senhor não faz duvida, apois o qui lhe tracto E pedir-lhe 3 conto penso que VSça não faz duvida, resposte logo, com toda Urgença. Mandi Botar na sua fasenda. Espero e confio

do Sempri
Capm Lampião

d.5 – Carta de proposta de amizade dirigida a Alfredo Soares, sem data:

Amigo Alfredo Suaris

Estimo Suas Saudações. Presentimente não lhi conheço, porem, convercei com o nosso amigo Quilarindo i fiquei siente qui O Sr. também e meu Am° [amigo], portanto, Espero qui ahi chegando algumas ordens, minha, Espero ser despachado, portanto não tenham o menor coidado no qui for di Vmceis, i o mais, estou as ordens. Em todas carta minha tera Esta marca, antes di Eu me asenar: V. F. L. Desponha do seu Crdo.

Virgulino Ferreira da Silva
Vulgo Lampião

Adias Qui convercei com major Cornel e disse qui nois era amigo. O mesmo.

d.6 – Carta de advertência dirigida a Veremundo Soares, 1926:

Sr. Verimundo Suaris

Suas Saudações

O fim desta somente para saber Qual seu plano. Em minha paçagem O Sr. mandou Uma força a ir atrás d'eu mesmo. Pelerehou [pilheriou] Bastante di mim. Em outra oura nois já fumos Inimigo, porem para opresente, Eu pençava Que nois hera Amigo, para Sr. Eu Era ms. Para si mi Pareci Qui O Sr. Era meu inimigo, portanto Eu lhi faço Esta, para Saber qual E seu Destino. Já mandei avizar ao Padri Ciciro, Qui Nesta minha diligença Quim si Alteroci contra mim foi o município di Salguero, tenha muita cautela Eu não volte para U mesmo Qui Eu era outas óra. Eu Bem Qui quero virar Santo e fazer a felicidade para Voceis mesmo.
Sem ms. asunto

Capm Virgulino Ferreira

d.7 – Carta de advertência dirigida ao sargento José Antônio do Nascimento, Juazeiro, Ceará, 1926:

Illmo José Antonio

Eu lhi faço este, até não devia mi sujeitar a ti escrever porem sempre mando ti avizar pois eu soube qui no dia qui cheguei ahi na fazenda esteve prompto para vir mi voltar, porem, Eu sempre lhi digo qui Voce crie juízo e deixi de violências, pois Eu venho chamado é por home, mesmo assim, com zuada não mi faz medo. Eu tenho visto é cousa forte e não me asombra, portanto deve é tratar de fazer amigos não para fazer como diz voce. Sempre lhi avizo, qui E para depois não si arrepender e nada mais: não se zangue, isto E um conselho que lhi dou.

Do Capm Virgulino Ferreira da Silva

d.8 – Ultimato dirigido ao prefeito Rodolpho Fernandes, Mossoró, Rio Grande do Norte, 1927:

Cel Rodopho,

Estando Eu ate aqui pretendo é dr° [dinheiro]. *Já foi um a viso, ahi para oSinhoris, si por acauso resolver mi a mandar-me a importança qui aqui nos pedi, Eu envito di Entrada ahi porem não vindo esta Emportança eu entrarei até ahi, pençou qui adeus querer, eu entro, i vai aver muito estrago, por isto si vir o dr°. Eu não entro ahi mas nos resposte logo.*

Capm Lampião

d.9 – Mensagem escrita a lápis na parede de bilhar de cidade sergipana, 1929:

CAPELLA – 25 – 11 – 1929
SALVI
EU CAPM VIRGULINO FERREIRA
LAMPIÃO

Deixo Esta Lça. [lembrança] *para o officiá qui aqui parçar Em minha perceguição, apois tenho Gosto qui Voceis me persigam, Desculpe as letra qui sou Um bandido como voceis me chama pois eu não Mereço, Bandido é voceis qui andam roubando e deflorando as famias aleia porem eu não tenho este costume, todos me desculpe a gente a quem odiar!*

ACEITE LÇAS. DO MEU IRMÃO EZEQUIEL
VULGO PONTO FINO E DE MEU CUNHADO
VIRGINIO VULGO MODERNO

d.10 – Carta de ameaça dirigida a Elias Barbosa, c. 1931:

Illmº Sr. Elias Barboza

Estimo Suas Saudações com todos. Lhi faço Esta Envista di ter por Nuticias qui O Sr. esta com um peçoal Em arma contra mim, portanto Quero qui faça como home, saia da Rua e me pegue. Estou pençando qui U Sr. Esta ganhando muito porque quer pegar questão com migo, Sem ter menor agravo demim ou por outra quem Pença qui sou tolo

Eu tenho comido toicinho com Mais cabelo. Se ohome Qui tem questão comigo dormi poco e quando pega questão sem Razão, muito pior, apois Nunca lhi agravei, se lhi contaram alguma historia E mentira, u qui eu tenho para lhi dize di pelehra fica para nos se Encontra na luta.

Sem ms

Capm Virgulino Ferrᵈ da Silva
Vulgo Lampião U terror di Sertão

d.11 – Carta de autenticação dirigida ao cinegrafista Benjamin Abrahão, 1936:

Illmº Sr Bejamim Abraão,

Saudações

Venho lhi afirmar que foi a primeira peçoa que conceguiu filmar Eu Com todos os meus peçoal cangaceiros, filmando assim todos us movimento da Noça Vida

Nas catingas dos Sertões Nordistinos. Outra peçoa Não Consiguiu nem consiguirá, nem mesmo Eu consintirei mais.
  Sem Mais, do amigo

      Capm Virgulino Ferreira da Silva
      Vulgo Capm Lampião

  d.12 – Bilhete de licenciamento de atividade econômica dirigido ao negociante José Gonçalves de Oliveira, de Propriá, Sergipe, c. 1936:

Illmº Sr. José Goncalvis

Amº [amigo] *tudo arumei com José Sereno u vaqrº* [vaqueiro] *poça tratar da Fazenda, agora u amº mandi um agradinho para elli u qui lhi convinhér e estou a seu dispor.*
 Sem ms.

      Capt Lampião

  d.13 – Bilhete de licenciamento de atividade econômica dirigido ao negociante Ávio Brito, Sergipe, c. 1936:

Sr. Bricto

Lhi faço este para osenhor ter liberdade de realizar oseu negocio com
 Doroteu da forma qui for pucivel, qui já convercei com o amº José Sereno i esta tudo serto. Depois qui resolver mandi 200 mil rs. fora. Espero não faça duvida, sem mais asunto, do seu amº

      Capt Lampião

d.14 – Bilhete de licenciamento de negócio imobiliário dirigido ao deputado federal Antônio da Silva Souto Filho, de Pernambuco, c. 1937:

Dr. Soto Filho

Lhi faço este para O Sr. mandar-me 4 contos de rs. Esta fazenda Qui o Sr. comprou os donos eram para mi mandar uma emportança e não deram, agora o Sr. manda-mi sem falta. Espero e Confio.
Sem ms.

Capm Lampião

d.15 – Cartão de salvo-conduto, com foto no anverso, dado a Joaquim Resende, prefeito de Pão de Açúcar, Alagoas, c. 1937:

A U Amº Joaquim Rezendis com prova di Amizade e garantia perante os Cangaceiro.
Offereci

C. Lampião

d.16 – Carta de cobrança e confissão de mágoa antiga dirigida ao fazendeiro Cantidiano Valgueiro de Barros, de Floresta, Pernambuco, 1938:

Illmº Cantidiano Valgueiro

Lhi faço esta para Vc mandar-mi dois conto direis, isto sem falta, não tem menos, para Vc saber si a sinar Em telegrama contra mim como Vc si a sinou Em um, com Gomi Jurubeba. Eu vi e inda hoje tenho elli.
Sem ms. reposte logo para envitar preguiço...
Sem mais a sunto

Capm Virgulino Ferreira
Lampião

Fontes: pela ordem, *Correio do Ceará*, Fortaleza, 11 de novembro de 1925; *A Noite Ilustrada*, Rio de Janeiro, 2 de agosto de 1938; *Lampião*, Ranulpho Prata, Rio de Janeiro, 1934, p. 174 e 175 (itens 3 e 4); Museu do Sertão, Petrolina, Pernambuco, coleção Luiz Soares Diniz (itens 5 e 6); *Jornal Pequeno*, Recife, 17 de abril de 1926; Coleção Raul Fernandes, Natal (cópia do original); Prata, op. cit, p. 130; *Fatos & Fotos*, Rio de Janeiro, 3 de novembro de 1962; *A Tarde*, Salvador, Bahia, 24 de agosto de 1932; *Diário de Pernambuco*, Recife, 18 de fevereiro de 1937; Coleção Pernambucano de Mello, Recife; Coleção Luiz Antônio Barreto, Aracaju, Sergipe; *Diário de Pernambuco*, 8 de abril de 1936: Coleção Melchiades da Rocha, Rio de Janeiro; Acervo Clara Torres Barros Neta, Floresta, Pernambuco. Conservada a grafia no possível. Os agradecimentos do Autor.

e – PERÍCIA DA CABEÇA DE LAMPIÃO:

Ao Serviço Médico Legal do Estado de Alagoas, deu entrada, às 22 horas do dia 31 de julho de 1938, a cabeça do célebre bandoleiro Lampião, que durante vinte anos foi o terror dos sertões nordestinos. Infelizmente, o estado em que a mesma chegou à morgue não permite um estudo apurado e minucioso à luz da Antropometria Criminal e da Anatomia, pois, atingido Virgulino Ferreira por um projétil de arma de fogo, que lhe atravessou o crânio, indo sair na região occipital, fraturando vários ossos, como o mandibular, ao nível de sua porção média, o frontal, o parietal direito, o temporal direito e os ossos da base, que ficaram reduzidos a múltiplos fragmentos. Todavia, reconstituída a peça remetida, com cuidado, podemos assim traçar-lhe o perfil antropológico: pele pardo-amarelada, de jeito a se poder qualificá-lo como pertencente ao grupo dos "brasilianos xanthodermos", da classificação de Roquette Pinto; – testa fugidia; – cabelos do tipo lissótrico, negros, lisos e longos, arrumados em uma trança pendente; – barba e bigode por fazer, de pelos lisos, negros e falhos; – dolicocéfalo, contrastando com os outros indivíduos do seu grupo étnico, em geral braquicéfalos. O perímetro cefálico é igual a 57 cm. Diâmetro anteroposterior máximo igual a 200 mm. O diâmetro transversal máximo atinge a 150 mm. Índice cefálico 75. Face de tamanho relativamente reduzido, impressionando, à primeira observação, as dimensões do mandibular, pequeno e com os ramos horizontais a formar um ângulo reto, no encontro dos ramos as-

cendentes correspondentes. Assim, é o comprimento total do rosto de 170 mm; o comprimento total da face, de 130 mm; o comprimento simples da face, de 85 mm; o diâmetro bizigomático do transverso máximo da face, de 160 mm, sendo que o índice de broca é de 53,12. Quanto ao nariz, que é reto e de ápice grosso e rombo, guardando no dorso a impressão dos óculos, tem ele uma altura máxima de 37 mm. O índice nasal transverso é de 74. Uma mesorrinia franca. Lábios finos, medindo a largura da boca 37 mm. Abóbada palatina ogival. Dentes pequenos, podendo-se mesmo enquadrá-los no grupo dos microdontias. Orelhas assimétricas, havendo uma desigualdade manifesta no desenvolvimento das partes similares – orelha de Blainville. O comprimento da orelha direita alcança 65 mm. A largura da orelha direita é de 40 mm. Comprimento da orelha esquerda é de 53 mm. Índice auricular de Topinard, tendo-se em conta as dimensões da orelha direita de 165. Na face, há visível, na região masseterina direita, uma pigmentação escura arredondada, medindo 3 mm de diâmetro, em naevus *congênito. O olho direito apresenta um leucoma, atingindo toda a córnea. Em resumo: embora presentes alguns estigmas físicos na cabeça de Lampião, não surpreendemos um paralelismo rigoroso entre os caracteres somáticos da degenerescência revelados pela mesma figura moral do célebre criminoso. Assim, apenas verificamos, como índices físicos de degenerescência: as anomalias das orelhas, denunciadas por assimetria chocante, a abóbada palatina ogival e a microdontia. Faltavam as deformações cranianas, o prognatismo das maxilas e outros sinais aos quais Lombroso tanta importância emprestava, na caracterização do criminoso nato. Todavia, nem por isso os dados anatômicos e antropométricos assinalados perdem sua valia pelas sugestões que oferecem na apreciação da natureza delinquencial do famoso cangaceiro nordestino. – (a) Dr. José Lages Filho, médico legista da Polícia.*

Fonte: *Bandoleiros das caatingas*, Melchiades da Rocha, Rio de Janeiro, Ed. A Noite, 1940. Observações feitas pelo legista Duda Calado, diretor do Serviço Médico Legal de Alagoas e antigo assistente de José Lages Filho, em visita que lhe fizemos em Maceió, 1981.

Fontes

a – Livros citados ou consultados:

ALBUQUERQUE, Ulysses Lins. *Um sertanejo e o sertão*. Rio de Janeiro: J. Olympio, 1957.

Almanak Laemmert: administrativo, mercantil e industrial (RJ) – 1891-1940. Rio de Janeiro: Emp. Almanak Laemmert, 1940. ano 96.

ALMEIDA, Érico de. *Lampião*: sua história. Paraíba: Imp. Oficial, 1926.

ANDRADE, Manuel Correia de. *A terra e o homem no Nordeste*. 4. ed. São Paulo: Liv. Ed. Ciências Humanas, 1980.

ANSELMO, Otacílio. *Padre Cícero*: mito e realidade. Rio de Janeiro: Civilização Brasileira, 1968.

ARAÚJO, Antônio Amaury Correia de. *Assim morreu Lampião*. Rio de Janeiro: Ed. Brasília, 1976.

_____. *Gente de Lampião*: Dadá e Corisco. São Paulo: Traço, 1982.

_____. *Gente de Lampião*: Sila e Zé Sereno. São Paulo: Traço, 1987.

ASSUNÇÃO, Moacir. *Os homens que mataram o facínora*. Rio de Janeiro: Record, 2007.

BANDEIRA, Renato Luís. *A Coluna Prestes na Bahia*. Salvador: Ed. do Autor, 2013.

BAPTISTA, Pedro. *Cangaceiros do Nordeste*. Paraíba do Norte: Liv. São Paulo, 1929.

BARRETO, Ângelo Osmiro. *Assim era Lampião e outras histórias*. Fortaleza: LC Gráf. e Ed., 2012.

BARRETO, Luiz Antônio. *O incenso e o enxofre*. Aracaju: Sociedade Editorial de Sergipe, 2006.

BARROS, Luitgarde Oliveira Cavalcanti. *A derradeira gesta*: Lampião e nazarenos guerreando no sertão. Rio de Janeiro: Mauad; Faperj, 2000.

BARROSO, Gustavo. *Almas de lama e de aço*. São Paulo: Melhoramentos, 1930.

_____. *Heróis e bandidos*: os cangaceiros do Nordeste. Rio de Janeiro: Francisco Alves, 1917.

BASSETTI, José Sabino; MEGALE, Carlos César. *Lampião*: sua morte passada a limpo. São Paulo: Eme, 2011.

BONFIM, Luiz Ruben F. de A. *Como capturar Lampião*. Paulo Afonso: Graf Tech, 2013.

_____. *Lampião conquista a Bahia*. Paulo Afonso: Graf Tech, 2011.

_____. *Lampião e os governadores*. Paulo Afonso: Graf Tech, 2005.

_____. *Lampião e os interventores*. Paulo Afonso: Graf Tech, 2007.

BORGES JÚNIOR, Deiró Eunápio. *De Deiró a Deiró*: memórias de um menino de recados. Belo Horizonte: Cuatiara, 1994.

CANALE, Dario; VIANA, Francisco; TAVARES, José Nilo (Org.). *Novembro de 1935*: meio século depois. Petrópolis: Vozes, 1935.

CANDIDO, Antonio. *Formação da literatura brasileira*: momentos decisivos. 10. ed. Rio de Janeiro: Academia Brasileira de Letras, 2006.

CÂNDIDO, Manoel. *Fatores do cangaço*. São José do Egito: [s.n.], 1934.

CARVALHO, Sócrates Times de. *Traço de giz*. Recife: Fundarpe, 1985.

CASCUDO, Luiz da Câmara. *Flor de romances trágicos*. Rio de Janeiro: Cátedra, 1982.

CASTELO BRANCO, Adauto. *Prestes e Lampião*. São Paulo: Gráf. Irmãos Ferraz, 1926.

CASTRO, Felipe Borges de. *A derrocada do cangaço no Nordeste*. Salvador: Emp. Gráf. Bahia, 1976.

CASTRO, José Romão de. *Figuras legendárias*. Maceió: Ed. Orf. São Domingos, 1945.

CHANDLER, Billy Jaynes. *The Bandit King*: Lampião of Brazil. Texas, Estados Unidos: A &M University Press, 1978.

CLEMENTE, Marcos Edílson de Araújo. *Cangaço*: poder e cultura política no tempo de Lampião. Recife: Massangana, 2016.

CONRADO, Juarez. *A última semana de Lampião*. Aracaju: Sercore Art Gráf., s.d.

CORREIA SOBRINHO, Antônio. *O fim de Virgulino Lampião*: o que disseram os jornais sergipanos. Aracaju: Gráf. Santana, 2008.

COSTA, Alcino Alves. *Lampião além da versão*: mentiras e mistérios de Angico. Aracaju: Sociedade Editorial de Sergipe, 1996.

DANTAS, Sérgio A. de Souza. *Lampião*: entre a espada e a lei. Natal: Cartgraf, 2008.

_____. *Lampião e o Rio Grande do Norte*. Natal: Cartgraf, 2005.

DAUS, Ronald. *O ciclo épico dos cangaceiros na poesia popular do Nordeste*. Rio de Janeiro: Fundação Casa de Rui Barbosa, 1982.

DIAS, José Umberto. *Dadá*. Salvador: Emp. Gráf. Bahia, 1988.

DINIS, Manoel. *Mistérios do Juazeiro*. 2. ed. Fortaleza: IMEPH, 2011.

FACÓ, Rui. *Cangaceiros e fanáticos*. Rio de Janeiro: Civilização Brasileira, 1963.

FERNANDES, Leandro Cardoso; ARAÚJO, Antônio Amaury Correia de. *Lampião*: a medicina e o cangaço. São Paulo: Traço, 2005.

FERNANDES, Raul. *A marcha de Lampião*: assalto a Mossoró. Natal: Ed. Universitária, 1980.

FERRAZ, Cristiano Luiz Feitosa; SÁ, Marcos Antônio de. *As cruzes do cangaço*: fatos e personagens de Floresta. Floresta: TDA Gráf., 2016.

FERRAZ, Marilourdes. *Cadernos sertanejos*: subsídios para a história do Pajeú. Recife: Gráf. Ed. Liceu, 1990.

_____. *O canto do Acauã*. Belém: Falângola, 1978.

FERREIRA, Vera; AMAURY, Antonio. *De Virgolino a Lampião*. 2. ed. Aracaju: Sociedade do Cangaço, 2009.

FIGUEIREDO, Moisés Leite de. *Lampião no Ceará*. Fortaleza: [s.n.], 1927.

FILHO, Lourenço. *Juazeiro do Padre Cícero*. São Paulo: Melhoramentos, 1926.

FONTES, Oleone Coelho. *Lampião na Bahia*. Petrópolis: Vozes, 1988.

FREYRE, Gilberto. *Nordeste*. 2. ed. Rio de Janeiro: J. Olympio, 1951.

GASTÃO, Paulo Medeiros (Pesq. e org.). *Resgate do coronel Antônio Gurgel*. Mossoró: Sociedade Brasileira de Estudos do Cangaço, 2015.

GODINHO, Vitorino. *Combate de infantaria*. Famalicão, Portugal: Tip. Minerva, 1927.

GRUNSPAN-JASMIN, Élise. *Lampião*: senhor do sertão. São Paulo: Edusp, 2006.

GUEIROS, Optato. *Lampião*: memórias de um oficial ex-comandante de forças volantes. Recife: [s.n.], 1953.

LAMARTINE, Juvenal. *Velhos costumes do meu sertão*. Natal: Fundação José Augusto, 1956.

LAURINDO, Augusto. *Lampião, o maior dos bandoleiros*. Propriá: [s.n., 196-?].

LEVINE, Robert. *O regime Vargas*: os anos críticos, 1934-1938. Rio de Janeiro: Nova Fronteira, 1980.

LIMA, Alfredo Pessoa de. Sertão, fanatismo e cangaço. *Cadernos Acadêmicos*, Recife, n. 4, ano II, set. 1942.

LIMA, Estácio de. *O mundo estranho dos cangaceiros*. Salvador: Itapoã, 1965.

LIMA, Gustavo Augusto. *Cangaceiros*. Recife: [s.n.], 1959.

LIMA, João de Souza. *Lampião*: o cangaceiro. Paulo Afonso: Fonte Viva, 2015.

_____. *Lampião em Paulo Afonso*. Paulo Afonso: Serv. Gráf. Tec., 2003.

_____. *Moreno e Durvinha*: sangue e fuga no cangaço. Paulo Afonso: Fonte Viva, 2007.

LIMA, Lourenço Moreira. *A Coluna Prestes*: marchas e combates. 3. ed. São Paulo: Alfa-Ômega, 1979.

LIMA, Valdemar de Souza. *Lampião e o IV Mandamento*. Maceió: Serv. Gráf. de Alagoas, 1977.

LIMA IRMÃO, José Bezerra. *Lampião*: a raposa das caatingas. 2. ed. Salvador: JM Gráf., 2015.

LIRA, João Gomes de. *Lampião*: memórias de um soldado de volante. Recife: Fundarpe, 1990.

LORENA. Luiz. *Serra Talhada*: 250 anos de história. Serra Talhada: Sertagraf, 2001.

MACAULEY, Neil. *A Coluna Prestes*: revolução no Brasil. Rio de Janeiro: Difel, 1977.

MACEDO, Dimas. *Dona Fideralina Augusto*: mito e realidade. Fortaleza: Armazém da Cultura, 2017.

MACEDO, Manoel. *Juazeiro em foco*. Fortaleza: Ed. Autores Católicos, 1925.

MACEDO, Nertan. *Capitão Virgulino Ferreira Lampião*. Rio de Janeiro: Ed. Leitura, 1962.

_____. *Floro Bartolomeu*: o caudilho dos beatos e cangaceiros. Rio de Janeiro: Image, 1970.

_____. *Sinhô Pereira*: o comandante de Lampião. Rio de Janeiro: Artenova, 1975.

_____. *Volta Seca*: o menino cangaceiro. Brasília: Thesaurus, 1982.

MARROQUIM, Adalberto. *Terra das Alagoas*. Roma: Maglioni & Strini, 1922.

MARTINS, Januário. *Memórias irrefutáveis*. Recife: Gráfica Santo Amaro, 1980.

MEDEIROS, Honório de. *Massilon*. Natal: Sarau, 2010.

MELLO, Frederico Pernambucano de. *Guerreiros do sol*: violência e banditismo no Nordeste do Brasil. 5. ed. São Paulo: A Girafa, 2011.

_____. *Estrelas de couro*: a estética do cangaço. São Paulo: Escrituras, 2010.

_____. *Benjamin Abrahão*: entre anjos e cangaceiros. São Paulo: Escrituras, 2012.

MELLO, Oliveira. *Patos de Minas*: minha cidade. Patos de Minas: Prefeitura Municipal de Patos de Minas; Academia Patense de Letras, 1978.

MELO, Oscar. *Recife sangrento*. 4 ed. Recife: [s.n.], 1956.

MENDONÇA, Aldemar de. *Pão de Açúcar*: história e efemérides. Pão de Açúcar: [s.n.], 1974.

_____. *Fatos reais sobre o cangaço*. Pão de Açúcar: [s.n.], 1975.

MENEZES, Fátima; ALENCAR, Generosa. *Dossiê confidencial*: Padre Cícero e Floro Bartolomeu. Brasília: [s.n.], 1995.

MENEZES, Hildebrando. *Delmiro Gouveia*: vida e morte. Recife: Quipapá; CEPE, 1991.

MENEZES, Otávio Aires de. *O Juazeiro antigo*. Fortaleza: LCR, 2012.

MONTEIRO, Roberto Pedrosa. *O outro lado do cangaço*: as forças volantes em Pernambuco, 1922-1938. Recife: Printer Gráfica e Editora, 2004.

MONTENEGRO, Abelardo F. *Fanáticos e cangaceiros*. Fortaleza: Henriqueta Galeno, 1973.

MOTTA, Leonardo. *No tempo de Lampião*. Rio de Janeiro: Of. Ind. Gráfica, 1930.

NEVES, Napoleão Tavares. *Cariri*: cangaço, coiteiros e adjacências. Brasília: Thesaurus, 2009.

NETO, Antônio. *Lampião*: à luz da lei. Recife: Novoestilo Edições do Autor, 2017.

NETO, Sousa. *José Inácio do Barro e o cangaço*. Cajazeiras: Real, 2011.

NOGUEIRA, Valdir. *São José do Belmonte*. Recife: Fidem, 1999.

NONATO, Raimundo. *Lampião em Mossoró*. 3. ed. Rio de Janeiro: Pongetti, 1965.

_____. *Jesuíno Brilhante*: o cangaceiro romântico. Rio de Janeiro: Pongetti, 1970.

OLIVEIRA, Aglae Lima de. *Lampião, cangaço e Nordeste*. 3. ed. Rio de Janeiro: Emp. Gráf. O Cruzeiro, 1970.

OLIVEIRA, Xavier de. *Beatos e cangaceiros*. Rio de Janeiro: Tip. Rev. dos Tribunais, 1920.

ORECCHIONI, Jean. *Cangaço et cangaceiros dans la poésie populaire brésilienne*. Poitier, França: [s.n.], 1970. Edição artesanal.

PAIVA, Melquíades Pinto. *Uma matriarca do sertão*: Fideralina Augusto Lima, 1832-1919. Fortaleza: Livro Técnico, 2008.

PARREIRA, Abelardo. *Sertanejos e cangaceiros*. São Paulo: Paulista, 1934.

PERICÁS, Luiz Bernardo. *Os cangaceiros*: ensaio de interpretação histórica. São Paulo: Boitempo, 2010.

PINHEIRO, Irineu. *O Juazeiro do Padre Cícero e a Revolução de 1914*. Rio de Janeiro: Pongetti, 1938.

PORTELA, Fernando; BOJUNGA, Cláudio. *Lampião*: o cangaceiro e o outro. São Paulo: Traço, 1982.

PRATA, Ranulpho. *Lampião*. Rio de Janeiro: Ariel, 1934.

PRESTES, Anita Leocádia. *A Coluna Prestes*. 3 ed. São Paulo: Brasiliense, 1991.

RAMOS, Graciliano. *Viventes das Alagoas*: quadros e costumes do Nordeste. 5. ed. Rio de Janeiro: Record; São Paulo: Martins, 1975.

RIBEIRO, Jerônimo R. *Uauá*: história e memórias. Salvador: Ianamá, 1999.

ROCHA, Melchiades da. *Bandoleiros das caatingas*. Rio de Janeiro: A Noite, [194-?].

ROCHA, Tadeu. *Delmiro Gouveia*: o pioneiro de Paulo Afonso. Recife: UFPE, 1970.

SANTOS, Robério. *As quatro vidas de Volta Seca*. Itabaiana: Infographics, 2017.

_____. *O cangaço em Itabaiana Grande*. Itabaiana: Infographics, 2014.

SAPUCAIA, Antônio. *Arquivo de jornais*. Maceió: Imp. Of. G. Ramos, 2013.

SILVA, João Bezerra da. *Como dei cabo de Lampião*. Rio de Janeiro: [s.n.], 1940.

SILVA, Manoel Bezerra e. *Lampião*: suas façanhas. Maceió: Imp. Oficial, 1966.

SILVEIRA, Joel. *Um guarda-chuva para o coronel*. Rio de Janeiro: Biblioteca Universal Popular, 1968.

SOARES, Paulo Gil. *Vida, paixão e mortes de Corisco*: o Diabo Louro. Porto Alegre: L&PM, 1984.

SOUTO MAIOR, Mário. *Antônio Silvino*: capitão de Trabuco. Rio de Janeiro: Arquimedes, 1971.

SOUZA, Antônio Vilela de. *O incrível mundo do cangaço*. Cajazeiras: Real, 2006.

SOUZA, Ilda Ribeiro de. *Angicos, eu sobrevivi*: confissões de uma guerreira do cangaço. São Paulo: Oficina Cultural Monica Buonfiglio, 1997.

_____. *Sila*: memórias de guerra e paz. Recife: UFPE, 1995.

_____. *Uma cangaceira de Lampião*. São Paulo: Traço, 1984.

TORRES FILHO, Geraldo Ferraz de Sá. *Pernambuco no tempo do cangaço*: Theophanes Ferraz Torres, um bravo militar. Recife: Centro de Estudos de História Municipal, 2002. 2 v.

VALLADARES, Clarival do Prado. Arte de formação e arte de informação. In: MELO, José Marques de et al. *Folkcomunicação*. São Paulo: Escola de Comunicações e Artes/USP, 1971.

VILLELA, Jorge Mattar. *O povo em armas*: violência e política no sertão de Pernambuco. Rio de Janeiro: Relume Dumará, 2004.

WIESEBRON, Marianne L. *Antônio Silvino, cangaceiro do Nordeste*: sa période d'activités, 1897-1914. Paris III, France, Sorbonne Nouvelle, 1979.

WILSON, Luiz. *Vila Bela, os Pereiras e outras histórias*. Recife: UFPE, 1974.

b – Periódicos: as transcrições ou menções oriundas de jornais ou revistas, em regra indicadas as suas fontes ao corrente do próprio texto, foram colhidas nas coleções da Fundação Joaquim Nabuco, no Recife, no impresso ou em microfilme, bem como nas utilíssimas compilações publicadas em livro por Antônio Correia Sobrinho, Geraldo Ferraz de Sá Torres Filho, Luiz Ruben de Alcântara Bonfim, João de Souza Lima e Robério Barreto Santos, constantes na relação apresentada.

c – Depoimentos: colhidos em entrevista presencial, por telefone ou por carta, acham-se vistos ao corrente do texto ou indicados na seção "Introdução".

Biografia

Frederico Pernambucano de Mello nasceu no Recife, em 1947. Bacharel em Ciências Jurídicas e Sociais pela Faculdade de Direito do Recife, sua especialização profissional abrange, além do Direito, Administração de Assuntos Culturais. Em 1988, foi eleito para a Academia Pernambucana de Letras (APL). É membro do Instituto Arqueológico, Histórico e Geográfico Pernambucano. Foi procurador federal no Recife e, de 1972 a 1987, integrou a equipe do sociólogo Gilberto Freyre na Fundação Joaquim Nabuco, que o reconhecia, já em 1984, como "mestre dos mestres em assuntos de cangaço". Dentre outros livros, é autor de *Guerreiros do sol: violência e banditismo no Nordeste do Brasil* (A Girafa), *Estrelas de couro: a estética do cangaço* (Escrituras) e *A guerra total de Canudos* (Escrituras).